Trumpas anglų–lietuvių ir lietuvių–anglų kalbų ŽODYNAS

Short English–Lithuanian and Lithuanian–English DICTIONARY

VaiGa

Leidinio bibliografinė informacija pateikiama
Lietuvos nacionalinės Martyno Mažvydo bibliotekos
Nacionalinės bibliografijos duomenų banke (NBDB).

Šis trumpas žodynas, papildytas šnekamosios kalbos žodžiais ir jų junginiais, taip pat įvairių mokslo sričių terminais, skiriamas visiems, besidomintiems anglų kalba, ir ypač tiems, kuriems dažnai tenka bendrauti angliškai su svečiais Lietuvoje ir patiems svečiuotis užsienyje. Tikiuosi, kad naujoji žodyno redakcija bus naudinga visiems, kurie stengiasi nuolat papildyti turimą šnekamosios kalbos žodžių atsargą, padės geriau suprasti naują mokslo bei verslo terminą ar posakį, sutiktą kasdien turtėjančioje vartosenoje.

Linkėdama skaitytojui sėkmės, labai norėčiau, kad tie beveik 25 000 žodžių, sutalpinti į žodyną, neužsigulėtų jo kišenėje, bet greitai taptų kasdienės vartosenos lobynu ir suteiktų pasitikėjimo angliakalbėje aplinkoje.

Sudarytoja *L. Zabulienė*

ISBN 978-609-440-359-0

Fonetinės transkripcijos ženklai

Balsiai				Dvibalsiai	
ɪ	milk	ə	a	eɪ	lake
iː	meat	ɜː	learn	aɪ	like
e	net	ʊ	look	ɪə	beer
ʌ	nut	uː	moon	eə	bear
æ	cat	ɒ	mock	ɔɪ	toy
ɑː	card	ɔː	board	əʊ	go
				aʊ	now

Priebalsiai
(skirtingi nuo lietuviškų raidžių)

tʃ	cheese	ʃ	ship
dʒ	joke	ʒ	pleasure
θ	three	ŋ	sing
ð	this	w	wine

Kirčiai

ˈ pagrindinis kirtis
ˌ antrinis kirtis

Angliški sutrumpinimai

a	adjective būdvardis
adv	adverb prieveiksmis
conj	conjunction jungtukas
ger	gerundijus
idm	idiominis posakis
inf	infinitive bendratis
int	interjection jaustukas
n	noun daiktavardis
num	numeral skaitvardis
p.t.	past tense būtasis laikas
pl	plural daugiskaita
prep	preposition prielinksnis
pron	pronoun įvardis
sg	singular vienaskaita
smb	somebody kažkas, kas nors (kalbant apie žmogų)
smth	something kažkas, kas nors (kalbant apie daiktą)

Lietuviški sutrumpinimai

amer.	amerikonizmas
arch.	architektūra
av.	aviacija
bažn.	bažnytinis terminas
biol.	biologija
bot.	botanika
buh.	buhalterija
chem.	chemija
džn.	dažniausiai
ekon.	ekonomika
el.	elektra
fil.	filosofija
fin.	finansai
fiz.	fizika
geogr.	geografija
gram.	gramatika
kom.	komercija
kul.	kulinarija
lit.	literatūra
mat.	matematika
med.	medicina
men.	menas
pan.	panašiai
papr.	paprastai
prk.	perkeltine prasme
sport.	sportas
šach.	šachmatai

šnek.	šnekamoji kalba
tech.	technika
teis.	teisė
t.p.	taip pat
žem.	žemdirbystė
žr.	žiūrėti
*	nurodo netaisyklingą veiksmažodį, kurio formos pateiktos pirmoje žodyno dalyje.

Dictionaries are like watches: the worst is better than none, and the best cannot be expected to go quite true.
(Samuel Johnson)

ENGLISH-LITHUANIAN DICTIONARY

About 25000 words

ENGLISH ALPHABET

Aa	Jj	Rr
Bb	Kk	Ss
Cc	Ll	Tt
Dd	Mm	Uu
Ee	Nn	Vv
Ff	Oo	Ww
Gg	Pp	XX
Hh	Qq	Yy
Ii		Zz

A

abandon [ə'bændən]v 1) palikti; 2) atsisakyti; apleisti; ~ ed a apleistas; ~ ment n apleidimas

abbreviat || **e** [ə'bri:vɪeɪt] v (su)-trumpinti; ~ion [əˌbri:vɪ'eɪʃn]n (su)trumpinimas.

ability [ə'bɪlɪtɪ] n 1) sugebėjimas; 2) pl. gabumai.

able ['eɪbl] a 1) galintis, sugebąs; to be ~ galėti, pajėgti.

able-bodied [ˌeɪbl' bɒdɪd]a tvirtas, sveikas.

abolish [ə'bɒlɪʃ] v panaikinti; ~ ment n panaikinimas.

abolition [ˌæbə'lɪʃn] n panaikinimas.

abound [ə'baʊnd] v būti pertekusiam (in).

about [ə'baʊt] 1. adv aplinkui, visur; 2 apie beveik; 2. prep 1) apie, arti, prie.

above [ə'bʌv] 1. adv viršuje, aukščiau; 2. a aukščiau minėtas.

abroad [ə'brɔ:d] adv užsienyje, į užsienį.

absence ['æbsəns] n nedalyvavimas.

absent ['æbsənt] a nesąs; to be~ nedalyvauti, nebūti; ~-minded [-'maɪndɪd]a išsiblaškęs.

abstain [əb'steɪn] v sulaikyti; to ~ from drinking negerti, būti abstinentu; n ~ er negeriantis; total ~ er blaivininkas.

abund || **ance** [ə'bʌndəns] n gausumas, perteklius; ~ant n gausus

abuse 1. v [ə'bju:z] 1) piktnaudžiauti; 2) įžeisti; 3) plūsti; 2. n [ə'bju:s] 1) piktnaudžiavimas; 2) įžeidimas.

accept [ək'sept] v 1) priimti; 2) sutikti, pripažinti; ~able a priimtinas; ~ance n priėmimas.

access ['æksəs] n priėjimas; ~able a prieinamas, pasiekiamas.

accessary [ək'sesərɪ]; n bendrininkas; pagalbininkas

accomodat || **e** [ə'kɒmədeɪt] v 1) apgyvendinti; 2) aprūpinti; ~ion n 1) patalpa; 2) butas.

accompany [ə'kʌmpənɪ] v 1) lydėti; 2) akomponuoti.

accomplice [ə'kɒmplɪs] n bendrininkas.
accordance [ə'kɔ:dəns] n sutarimas, atlikimas; in ~ with pagal, sutinkamai su.
according [ə'kɔ:dɪŋ] adv ~ to pagal.
account [ə'kaʊnt] 1. n 1) sąskaita; 2) ataskaita; on ~ of dėl; 2. v ~ for atsiskaityti, pasiaiškinti; ~ability n atsakomybė; ~able atsakingas; ~ ant n 1) sąskaitininkas; 2) buhalteris.
accumulate [ə'kju:mjʊleɪt] v kaupti(s), gausėti.
accurate ['ækjʊrɪt] a 1) tikslus; 2) kruopštus.
accuse [ə'kju:z] v (ap)kaltinti (of).
accustom [ə'kʌstəm] v (pri) pratinti; to ~ onself (to) priprasti; ~ ed a įprastas.
ache [eɪk] 1. n (ilgai trunkantis) skausmas; 2. v skaudėti.
achieve [ə'tʃi:v] v pasiekti; gauti; ~ment n pasiekimas, laimėjimas.
acknowledge [ək'nɒlɪdʒ] v 1) pripažinti; 2) pranešti (apie gavimą); ~ ment n 1) pripažinimas; 2) pranešimas (apie gavimą).
acquaint [ə'kweɪnt] v supažindinti; to become / get ~ed with susipažinti; ~ance n 1) pažintis; 2) pažįstamas.
acquire [ə'kwaɪə] v į(si)gyti; ~ment n į(si)gijimas.
aquit [ə'kwɪt] v išteisinti; ~tal n išteisinimas.
across [ə'krɒs] 1. adv skersai; 2. prep per.
act [ækt] 1. n 1) veiksmas, poelgis; 2) (pjesės) veiksmas; 3) įstatymas, nutarimas; 2. v 1) veikti, elgtis; 2) vaidinti.
action ['ækʃn] n 1) veiksmas, poelgis; 2) teis. byla, ieškinys; to bring an ~ (against) iškelti bylą
activ || e ['æktɪv] a 1) aktyvus; 2) veikiąs; ~ service karo tarnyba; ~ity [æk'tɪvətɪ] n 1) veiklumas; 2) veikla, darbas.
actual ['æktʃʊəl] a faktiškas, tikras; ~ly adv faktiškai; dabar.
acute [ə'kju:t] a aštrus; įžvalgus.
add [æd] v pridėti, sudėti
addict n ['ædɪkt] n narkomanas; ~ion n polinkis, žalingas įprotis.
addition [ə'dɪʃn] n 1) pridėjimas, priedas; 2) mat. sudėtis; in ~ to be to; ~al a pridėtinis, papildomas.
adequate ['ædɪkwɪt] a atitinkamas, adekvatus.

adherent [əd'hɪərənt] n šalininkas, pasekėjas.
adjacent [ə'dʒeɪsənt] a gretimas; kaimyninis.
adjourn [ə'dʒɜ:n] v 1) atidėti; 2) perkelti (posėdį); ~ment n atidėjimas, perkėlimas.
adjust [ə'dʒʌst] v 1) sutvarkyti; 2) sureguliuoti; ~ment n (su)reguliavimas.
admir || ation [ˌædmə'reɪʃn] n susižavėjimas; ~e [əd'maɪə] v žavėtis; ~er n garbintojas.
admission [əd'mɪʃn] n 1) įėjimas; 2) priėmimas.
admit [əd'mɪt] v 1) priimti, prileisti; 2) sutikti, prisipažinti; ~tance n. admission.
adolescent [ˌædə'lesnt] 1. a jaunuoliškas; 2. n vaikinas, paauglys.
adopt [ə'dɒpt] v 1) įsūnyti, įdukrinti; 2) įsisavinti; 3) priimti (nutarimą); ~ion n 1) įvaikinimas; 2) priėmimas (nutarimo).
adore [ə'dɔ:] v garbinti, dievinti.
adorn [ə'dɔ:n] v puošti; ~ment n (pa)puošimas.
adult ['ædʌlt] n suaugęs.
advance [əd'vɑ:ns] 1. n 1) žengimas į priekį, progresas; 2) avansas; 2. v žengti pirmyn; 2) didėti; ~d a priešakinis, pažangus.
advantage [əd'vɑ:ntɪdʒ] n pranašumas, nauda; to take ~ of pasinaudoti; ~ous a naudingas, palankus.
adventur || e [ə'dventʃə] n nuotykis; ~er n nuotykių ieškotojas; ~ous a 1) drąsus; 2) rizikingas.
advertise ['ædvətaɪz] v reklamuoti; ~ment n skelbimas, reklama.
advi || ce [əd'vaɪs] patarimas; ~sable a patartinas.
advis || e [əd'vaɪz] v 1) patarti; 2) pranešti; ~er n patarėjas.
advocate ['ædvəkət] 1. n 1) šalininkas; 2) advokatas; 2. v ['ædvəkeɪt] ginti, palaikyti.
aerial ['eərɪəl] n 1. antena; 2. a oro, orinis.
affair [ə'feə] n reikalas; love ~ meilės romanas.
affect [ə'fekt] v 1) (pa)veikti; 2) paliesti; ~ed a 1. paveiktas; 2. manieringas.
affection [ə'fekʃn] n meilė, prisirišimas; ~ate a mylintis.
affirm [ə'fɜ:m] v (pa)tvirtinti, teigti; ~ation n tvirtinimas, teigimas; ~ative [ə'fɜ:mətɪv] a teigiamas; in the ~ teigiamai.

afford [ə'fɔ:d] v 1) pajėgti, leisti sau; 2) duoti, teikti.

afraid [ə'freɪd] a išsigandęs; to be ~ bijoti (of).

after ['ɑ:ftə] 1. prep po už, paskui; 2. conj po to kai; ~ all pagaliau.

afternoon [ˌɑ:ftə'nu:n] n popietinis; in the ~ popiečio metu.

afterwards ['ɑ:ftəwədz] adv po to, vėliau.

again [ə'geɪn] adv vėl, dar.

against [ə'geɪnst] prep prieš.

age [eɪdʒ] n (žmogaus) amžius; old ~ senatvė; to come of ~ tapti pilnamečiu; for ~s seniai

aged ['eɪdʒɪd] a pagyvenęs, senas.

agenda [ə'dʒendə] n dienotvarkė.

aggravate ['ægrəveɪt] v apsunkinti, pabloginti; ~ion n pablogėjimas.

agitat || e ['ædʒɪteɪt] v 1) jaudinti; 2) agituoti; ~ion n 1. jaudinimas(is); 2. agitacija.

ago [ə'gəʊ] adv prieš; long ~ seniai.

agree [ə'gri:] v 1) sutikti, sutarti (with, to); 2) susitarti (on, upon, about); ~able a malonus; ~ment n 1. sutikimas, sutarimas; 2. sutartis.

agriculture ['ægrɪkʌltʃə] n žemės ūkis.

ahead [ə'hed] adv priekyje, į priekį; ~ of time prieš laiką; go ~ toliau!, tęsk!

aid [eɪd] 1 v padėti 2. n pagalba; visual ~s vaizdinės priemonės; first ~ pirmoji pagalba.

ail [eɪl] v skaudėti; ~ing nesveikas, sergantis; ~ment negalavimas, liga.

aim [eɪm] 1. n tikslas; 2. v siekti.

air I [eə] 1. n oras; 2. a oro, aviacinis; 3. v vėdinti.

air II n išvaizda.

air || craft n lėktuvas, aviacija; ~ hostess n stiuardesė; ~ plane n lėktuvas; ~-raid n oro antpuolis; ~ sick a negaluojantis skrendant.

akin [ə'kɪn] a gimininingas, artimas.

alien ['eɪlɪən] 1. a 1) svetimas; 2) kitoks; 2. n svetimšalis; ~ate [-eɪt] v susvetimėti.

alert [ə'lɜ:t] 1. n pavojus; 2. a 1) budrus; 2) judrus.

alight [ə'laɪt] v išlipti, išeiti, nusileisti (apie lėktuvą).

alike [ə'laɪk] 1. a panašus, vienodas; 2. adv taip pat, panašiai.

alive [ə'laɪv] a 1) gyvas; 2) judrus; ~ and kicking sveikas ir gyvas.

all [ɔ:l] pron visas, visa, visi; ~ in ~ apskritai, iš viso; after ~ galų gale; not at ~ nėr už ką.

allot [ə'lɒt] v išskirti, teikti; ~ment 1) paskirstymas; 2) žemės sklypelis (sodui, daržui).

allow [ə'laʊ] v 1) leisti; 2) įgalioti; ~ance n 1) leidimas; 2) atlyginimas; family ~ pašalpa šeimoms už vaikus; to make ~ for atsižvelgti.

allude [ə'lu:d] v priminti, užsiminti (to).

allusion [ə'lu:ʒn] n priminimas, užuomina.

ally ['ælaɪ] 1. n sąjungininkas; 2. v. (su)(si)jungti.

almond ['ɑ:mənd] n migdolas.

almost ['ɔ:lməʊst] adv beveik, vos ne.

alone [ə'ləʊn] a vienas, vienišas.

along [ə'lɒŋ] adv 1) tolyn; 2) išilgai; come ~! eime!

aloud [ə'laʊd] adv garsiai, balsiai.

already [ɔ:l'redɪ] adv jau.

also ['ɔ:lsəʊ] adv taip pat, irgi.

alter ['ɔ:ltə] v keisti(s); perdirbti; ~ation n pakeitimas, perdirbimas.

alternative [ɔ:l'tɜ:nətɪv] n alternatyva, pasirinkimas.

although [ɔ:l'ðəʊ] conj nors, net jei.

altitude ['æltɪtju:d] n 1) aukštis; 2) pl. aukštumos.

altogether [ˌɔ:ltə'geðə] adv 1) visai; 2) apskritai.

always ['ɔ:lwəz] adv visada.

am [æm, əm] esam. 1. vns 1 asm., žr. be.

a.m. [ˌeɪ 'em] (ante meridiem) priešpiet.

amalgamat||e [ə'mælgəmeɪt] v jungti(s), susilieti; n ~ion susijungimas.

amateur ['æmətɜ:] 1. n mėgėjas; 2. a mėgėjiškas, saviveiklinis.

amaze [ə'meɪz] v nustebti; ~ment n nustebi(ni)mas.

ambassador [æm'bæsədə] n ambasadorius; ~extraordinary and plenipotentiary nepaprastasis ir įgaliotasis ambasadorius.

amber ['æmbə] n gintaras.

ambiguous [æm'bɪgjʊəs] a dviprasmiškas.

ambit||ion [æm'bɪʃn] n garbės troškimas, siekimas; ~ious a 1) trokštąs garbės; 2) siekiąs; 3) pretenzingas.

ambulance ['æmbjʊləns] n greitosios pagalbos mašina.

ambush ['æmbʊʃ] n pasala; to make/ lay an ambush suruošti pasalą.

amicable ['æmɪkəbl] a 1) draugiškas; 2) taikus.

among(st) [ə'mʌŋ] prep tarp, tarpe.

amount [ə'maʊnt] 1. n kiekis, apimtis; 2. v (pa)siekti, sudaryti (to).

amuze [ə'mju:z] v linksminti, juokinti; ~ment n linksminimas.

ancestor ['ænsɪstə] n protėvis, prosenelis.

anchor ['æŋkə] n inkaras; to cast / weigh ~ nuleisti / pakelti inkarą.

ancient ['eɪnʃənt] a 1) senas, senovinis; 2) antikinis.

and [ænd, ənd] conj ir, o, bet.

anger ['æŋgə] pyktis.

angle ['æŋgl] n. 1) kampas; 2) požiūris.

angry ['æŋgrɪ] a piktas, susierzinęs; to be ~ with smb pykti ant ko nors.

animal ['ænɪml] n gyvulys; ~ breeding / husbandry gyvulininkystė.

animated ['ænɪmeɪtɪd] a gyvas, judrus; ~ cartoon(s) / drawing animacinis filmas.

animosity [ˌænɪ'mɒsətɪ] n priešiškumas, neapykanta.

ankle ['æŋkl] n kulkšnis; ~joint Achilo sausgyslė.

annihilat || e [ə'naɪəleɪt] v sunaikinti, anuliuoti; ~ion n (su)naikinimas, anuliavimas.

anniversary [ˌænɪ'vɜ:sərɪ] n sukaktis, metinės, jubiliejus.

annouce [ə'naʊns] v skelbti, pranešti; ~ment n (pa)skelbimas, pranešimas; ~ r n pranešėjas, diktorius.

annoy [ə'nɔɪ] v įgrįsti, erzinti; ~ance n apmaudas; įkyrėjimas.

annual ['ænjʊəl] 1. a kasmetinis; 2. n metraštis (kasmetinis leidinys).

annul [ə'nʌl] v anuliuoti, panaikinti.

annoint [ə'nɔɪnt] v patepti, įtrinti.

anorak ['ænəræk] n striukė

another [ə'nʌðə] pron 1) kitas; 2) dar (vienas); 3) antras.

answer ['ɑ:nsɔ] 1. n atsakymas; 2. v atsakyti.

ant [ænt] n skruzdė.

anthem ['ænθəm] n himnas; national ~ valstybinis himnas.

anticipat || e [æn'tɪsɪpeɪt] v laukti, tikėtis; ~ion n laukimas, nuojauta.

anxi || ety [æŋ'zaɪətɪ] n 1) susirūpinimas; 2) nerimas; ~ous a 1) susirūpinęs, neramus (for, about); 2) trokštąs (for).

any ['enɪ] pron 1) koks nors; 2) bet kuris; ~body 1) kas nors; 2) bet kas; ~how adv bet kokiu būdu; ~thing pron 1) kas nors; 2) bet kas; ~way adv kaip ten bebūtų; ~where adv 1) kur nors; 2) bet kur.

apart [ə'pɑ:t] adv nuošaliai, atskirai; to know / tell ~ atskirti, atpažinti; to take ~ išardyti; ~ from neskaitant.

apartment [ə'pɑ:tmənt] n kambarys, butas; ~ house n daugiabutis namas.

apolog || etic [əˌpɒlə'dʒetɪk] a atsiprašantis; ~ize v atsiprašyti, pasiteisinti; ~y n atsiprašymas, pasiteisinimas.

appaling [ə'pɔ:lɪŋ] a baisus.

appeal [ə'pi:l] 1. n 1) kreipimasis, atsišaukimas; 2) teis. apeliacija; ~ for pardon malonės prašymas; 2. v 1) kreiptis, apeliuoti; 2) duoti apeliacinį skundą.

appear [ə'pɪə] v 1) pasirodyti; 2) atrodyti; 3) atvykti; ~ance n 1) pasirodymas; 2) išvaizda.

applau || d [ə'plɔ:d] v 1) ploti (delnais); 2) pritarti; ~se n 1) pritarimas; 2) plojimai.

apple ['æpl] n obuolys; ~tree n obelis.

appliance [ə'plaɪəns] n prietaisas, įtaisas.

applicant ['æplɪkənt] n 1) interesantas; 2) pretendentas.

aplication [ˌæplɪ'keɪʃn] n 1) prašymas; ~blank/form anketa; 2) pritaikymas, vartojimas (vaistų).

applied [ə'plaɪd] a taikomasis; ~ art taikomoji dailė.

apply [ə'plaɪ] v 1) kreiptis, prašyti (to - į; for - dėl); 2) pritaikyti; 3) vartoti (vaistus).

appoint [ə'pɔɪnt] v skirti; ~ment n 1) paskyrimas; 2) tarnyba; 3) susitarimas susitikti.

appreciat || e [ə'pri:ʃɪeɪt] v 1) (į)vertinti; 2) jausti; ~ion n 1) įvertinimas; 2) dėkingumas.

approach [ə'prəʊtʃ] 1. n 1) pri(si)artinimas; 2) požiūris; 2. v priartėti, prieiti.

appropriate [ə'prəʊprɪət] a (ati)tinkamas.

approval [ə'pru:vəl] n pritarimas.

approve [ə'pru:v] v 1) pritarti; 2) patvirtinti.

approximat || e [ə'prɒksɪmɪt] 1. a apytikris; 2. v [~meɪt] artinti(s); artėti; ~ion n priartėjimas.

apricot ['eɪprɪkət] n abrikosas.

April ['eɪprəl] n balandis (mėnuo); in ~ balandžio mėnesį.

apt [æpt] a 1) tinkamas; 2) linkęs; ~itude [~ɪtju:d] n 1) polinkis; 2) gabumai.

ardent ['ɑ:dənt] a karštas, veržlus.

ardour ['ɑ:də] n 1) karštis; 2) aistra.

are [ɑ:,ə] esam.l.vns 2-as asm. ir esam.l.dgs., žr. be.

area ['eərɪə] n 1) plotas; 2) rajonas, sritis; residential ~ gyvenamasis rajonas.

argu || e ['ɑ:gju:] v 1) ginčytis; 2) įrodinėti; ~ment n 1) argumentas, įrodymas; 2) ginčas, diskusija.

arise [ə'raɪz] (arose, arisen) v pasirodyti, iškilti.

arm I [ɑ:m] n ranka (nuo plaštakos ligi peties).

arm II (džn. pl.) ginklai.

armament ['ɑ:məmənt] n apsiginklavimas.

armchair [ˌɑ:m'tʃeə] n fotelis, krėslas.

armpit [ɑ:mpɪt] n pažastis.

around [ə'raʊnd] adv aplink, visur.

arouse [ə'raʊz] v žadinti, sukelti.

arrange [ə'reɪndʒ] v 1) tvarkyti, išdėstyti; 2) susitarti (with); ~ment n 1) tvarkymas, išdėstymas; 2) (džn. pl.) ruošimasis.

arriv || al [ə'raɪvl] n atvykimas; v ~e atvykti (in, at).

arrow ['ærəʊ] n strėlė.

art [ɑ:t] n 1) menas; 2) amatas.

article ['ɑ:tɪkl] n 1) straipsnis; leading ~ vedamasis straipsnis; 2) daiktas, prekė.

artificial [ˌɑ:tɪ'fɪʃl] a 1) dirbtinis; 2) netikras; ~teeth netikri dantys.

as [æz, əz] 1. conj 1) kai, kada; 2) nes; ~ if tartum; ~ to, for kas dėl; 2. adv 1) kaip; 2) kaip antai.

ascertain [ˌæsə'teɪn] v nustatyti, iš(si)aiškinti.

ash [æʃ] n (papr. pl) pelenai.

ashamed [ə'ʃeɪmd] a susigėdęs.

ashore [ə'ʃɔ:] adv krante, į krantą; to come / go ~ išlipti į krantą.

aside [ə'saɪd] adv 1) į šalį, šalia; 2) atskirai.

ask [ɑ:sk] v 1) klausti, teirautis (after, about, for); 2) kviesti.

asleep [ə'sli:p] a miegąs; to be ~ miegoti; to fall ~ užmigti.

aspir || ation [ˌæspɪ'reɪʃn] n troškimas, siekimas; ~e [ə'spaɪə] v trokšti, siekti.

ass [æs] n asilas.

assassin [ə'sæsɪn] n 1) samdytas žudikas; 2) teroristas; ~ation n (nu)žudymas.

assault [ə'sɔ:lt] 1. n (už)puolimas, ataka; 2. v pulti, atakuoti.

assemble [ə'sembl] v 1) su(si)rinkti; 2) sumontuoti.

assert [ə'sɜ:t] v 1) tvirtinti; 2) ginti (teisę); ~ion n teiginys.

assess [ə'ses] v 1) įkainoti; 2) įvertinti; ~ment n 1) įkainavimas; 2) įvertinimas.

assets ['æsəts] n 1) turtas; 2) aktyvai.

assign [ə'saɪn] v paskirti, asignuoti; ~ment n paskyrimas, asignavimas.

assist [ə'sɪst] v 1) padėti; 2) dalyvauti (in); ~ance n pagalba; to render ~ance suteikti pagalbą; ~ant n padėjėjas, asistentas.

assume [ə'sju:m] v 1) imtis; 2) manyti, tarti; 3) dėtis; ~d; a 1) išgalvotas; 2)tariamas.

assure [ə'ʃʊə] v 1) užtikrinti; 2) garantuoti.

astonish [ə'stɒnɪʃ] v nustebinti, apstulbinti; ~ment n nustebimas, nustebinimas.

at [æt ,ət] prep prie, pas.

ate [ət] žr. eat.

atro ‖ cious [ə'trəʊʃəs] a žiaurus, baisus; ~city [ə'trɒsɪtɪ] n žiaurumas.

attach [ə'tætʃ] v 1) pritvirtinti, prijungti; 2) teikti (svarbą); ~ment n 1) prisirišimas; 2) pritvirtinimas.

attack [ə'tæk] 1. n 1) ataka, užpuolimas; 2) (ligos) priepuolis 2. v 1) atakuoti, užpulti; 2) užeiti (apie ligą).

attain [ə'teɪn] v gauti, pasiekti; ~ment n pasiekimas.

attempt [ə'tempt] 1. n 1) pastanga, bandymas; 2. v. 1) stengtis, bandyti; 2) kėsintis (į - on; against).

attend [ə'tend] v 1) lankyti (mokyklą ir pan.); 2) dalyvauti (susirinkime ir pan.); 3) prižiūrėti (to); ~ance n 1) lankomumas; 2) dalyvavimas; ~ant n palydovas, patarnautojas.

attent ‖ ion [ə'tenʃn] n dėmesys; to pay/give ~ to kreipti dėmesį; ~ive a 1) atidus; 2) rūpestingas.

attitude ['ætɪtju:d] n 1) požiūris; 2) poza, laikysena.

attorney [ə'tɜ:nɪ] n advokatas, patikėtinis; by ~ pagal įgaliojimą.

attract [ə'trækt] v traukti, vilioti, žavėti; ~ion n traukimas, viliojimas; ~ive a patrauklus, žavus.

attribute ['ætrɪbju:t] 1. n požymis, savybė; 2. v [ə'trɪbju:t] priskirti, aiškinti (kuo nors].
auction ['ɔ:kʃən] n aukcionas, varžytinės.
audience ['ɔ:dɪəns] n 1) audiencija; 2) auditorija, publika.
August ['ɔ:gəst] n rugpjūtis (mėnuo); in ~ rugpjūčio mėnesį.
aunt [ɑ:nt] n teta, dėdienė.
authentic [ɔ:'θentɪk] a autentiškas, tikras.
author ['ɔ:θə] n autorius, rašytojas.
author || ity [ɔ:'θɒrɪtɪ] n 1) valdžia, įgaliojimai; 2) (papr. pl.) vyresnybė; 3) autoritetas; ~ize, ~ise ['ɔ:θəraɪz] v įgalioti, suteikti kompensaciją.
autumn ['ɔ:təm] n ruduo.
auxiliary [ɔ:g'zɪljərɪ] a pagalbinis, atsarginis.
available [ə'veɪləbl] a turimas, prieinamas.
avenge [ə'vendʒ] v keršyti (on - kam, for - už ką).
average ['ævərɪdʒ] n (bendras) vidurkis; on the/an ~ vidutiniškai; above/below the ~ aukščiau/žemiau vidurkio.
avoid [ə'vɔɪd] v vengti; ~ance n vengimas.
awake [ə'weɪk] v awoke; awoken) 1) kelti, budinti; 2) pabusti.
award [ə'wɔ:d] 1 v apdovanoti, paskirti (premiją); 2. n apdovanojimas.
aware [ə'weə] a žinąs, suprantąs; to be ~ žinoti, suprasti.
away [ə'weɪ] adv toli, šalin, he is ~ jo nėra (namuose ir pan.).
awful ['ɔ:fʊl] a baisus; ~ly adv baisiai; šnek. labai, nepaprastai.
awkward ['ɔ:kwəd] a 1) nerangus; 2) nepatogus; ~ly adv nejaukiai, nepatogiai.
awl [ɔ:l] n yla.
axe [æks] n kirvis.

B

baby ['beɪbɪ] n kūdikis, vaikas. ~ car mažalitražinis automobilis; ~sitter ateinanti auklė.
bachelor ['bætʃələ] n 1) viengungis; 2) bakalauras.
back [bæk] 1. n) nugara; 2) (kėdės, sofos) atrama; 3) išvirkščioji pusė; 2. a užpakalinis; 3. v 1) palaikyti; 2) trauktis atbulam; 4. adv. atgal.

backbone ['bækbəʊn] n 1) stuburas; 2) charakterio tvirtumas.
background ['bækgraʊnd] n fonas, antras planas.
backward ['bækwəd] 1. adv. atgal 2. a 1) atgalinis, 2) neišsivysčiusios.
bacon ['beɪkən] n rūkyta ar sūdyta bekoniena.
bad [bæd] a 1) blogas; to feel~ blogai jaustis; 2) sugedęs (apie maistą.
bade žr. bid.
badge [bædʒ] n ženklelis.
bag [bæg] n maišelis, rankinukas.
baggage ['bægɪdʒ] n bagažas.
bail [beɪl] n užstatas, garantija.
bake [beɪk] v 1) kepti; 2) degintis saulėje; ~r n kepėjas; ~ry ['beɪkərɪ] n kepykla, duonos parduotuvė.
bald [bɔ:ld] a plikas, praplikęs.
ball I [bɔ:l] n rutulys, kamuolys.
ball II [bɔ:l] n balius.
ballot ['bælət] n 1) rinkimų biuletenis; 2) (slaptas) balsavimas.
ball-point pen [ˌbɔ:l pɔɪnt'pen] n šratinukas.
ban [bæn] 1. n (už)draudimas; 2. v uždrausti.
band [bænd] n 1) būrys, grupė; 2) orkestras.
bandage ['bændɪdʒ] 1. n tvarstis; 2. v tvarstyti, bintuoti.
bang [bæŋ] 1. n smūgis, trenksmas; 2. v smogti, trinktelti.
banister ['bænɪstə] n pl. laiptų turėklai.
bank I [bæŋk] n pylimas, krantas (upės).
bank II n bankas; ~ of issue emisijos bankas; ~ note banknotas.
bankrupt ['bæŋkrəpt] 1. n 1) subankrutavęs asmuo; 2. a žlugęs; to go ~ subankrutuoti.
banner ['bænə] n vėliava, ženklas.
bar I [bɑ:] n 1) strypas, (pailgas) gabalas, ~ of chocolate šokolado plytelė; 2) dalba, kartis.
bar II n baras, bufetas.
bar III n the Bar advokatūra.
barber ['bɑ:bə] n kirpėjas.
bare [beə] a 1) nuogas, plikas; 2) tuščias.
bargain ['bɑ:gɪn] 1. n derybos, sandėris; 2. v derėtis.
bark I [bɑ:k] n žievė.
bark II n lojimas; 2. v loti.
barley ['bɑ:lɪ] n miežiai.
barn [bɑ:n] n klėtis, daržinė.
barrel ['bærəl] n statinė.
barren ['bærən] a bevaisis, nederlingas.

barrier ['bærɪə] n barjeras, užtvara.
barrister ['bærɪstə] n advokatas.
base I [beɪs] 1. n 1) pagrindas, bazė; 2. v paremti, grįsti.
base II a žemas, niekingas.
basement ['beɪsmənt] n rūsys, pusrūsis.
basic ['beɪsɪk] a pagrindinis.
basin ['beɪsɪn] n 1) dubuo; 2) rezervuaras; 3) (upės; akmens anglies) baseinas.
basis ['beɪsɪs] n pagrindas, bazė.
basket ['bɑ:skɪt] n pintinė, krepšys.
bat [bæt] n šikšnosparnis.
bath [bɑ:θ] n vonia; to take/have a ~ maudytis vonioje.
bath || e [beɪð] v maudytis; ~ing n maudymas(is).
battle ['bætl] n kova, mūšis.
bay [beɪ] n įlanka, įlankėlė.
be [bi:] v (was; were; been) būti, egzistuoti.
beach [bi:tʃ] n pliažas, pajūris.
beacon ['bi:kən] n švyturys.
bead [bi:d] n 1) rutuliukas, karolis; 2) pl. karoliai.
beak [bi:k] n snapas.
beam [bi:m] 1. n 1) spindulys; 2) sija, strypas; 2. v šviesti, spindėti.
bean [bi:n] n pupa.
bear I [beə] n 1) lokys, meška; 2) šiurkštus žmogus.
bear II v (bore; borne; born) 1) neš(io)ti; 2) gimdyti, duoti (vaisius); 3) pakęsti.
beard [bɪəd] n barzda; ~ed [-ɪd] a barzdotas.
beast [bi:st] n žvėris gyvulys; ~ of prey plėšrusis gyvulys; ~ly adv baisiai, biauriai.
beat [bi:t] (beat; beaten) v 1) mušti; 2) plakti (kiaušinienę ir pan.; 3) nugalėti (sporte); 4) plakti (apie širdį); idm. ~ about the bush kalbėti ne į temą.
beaut || iful ['bju:tɪfʊl] a gražus; ~y n 1) grožis; ~ parlour grožio salonas; 2) gražuolė.
beaver ['bi:və] n bebras.
because [bɪ'kɒz] conj. kadangi, todėl kad; ~ of dėl.
beckon ['bekən] v pamoti, duoti ženklą mostu.
become [bɪ'kʌm] v (became, become) 1) tapti, pasidaryti; 2) (pri)tikti.
bed [bed] n 1) lova, guolis; to go to ~ eiti miegoti; to make the ~ kloti lovą; 2) lysvė, ežia; 3) (jūros, ežero ir pan.) dugnas.
bedroom ['bedrʊm] n miegamasis.

bee [bi:] n bitė; ~ hive bičių avilys.
beef [bi:f] n jautiena; ~ tea sultinys.
beer [bɪə] n alus.
beetle ['bi:tl] n vabalas.
beetroot ['bi:tru:t] n raudonieji burokėliai.
before [bɪ'fɔ:] 1. prep. prieš, priešais; 2. adv. 1) priešais; 2) anksčiau; ~ long netrukus; 3. conj. anksčiau, negu, prieš.
beforehand [bɪ'fɔ:hænd] adv. anksčiau, prieš laiką.
beg [beg] v prašyti, maldauti (of, for) ~ pardon prašyti atleisti.
began žr. begin.
beggar ['begə] n elgeta; ~ly a skurdus, vargingas.
begin [bɪ'gɪn] v (began; begun) pra(si)dėti; to ~ with visų pirma; ~ner n pradedantysis, naujokas; ~ning pradžia.
behalf [bɪ'hɑ:f] n :on/in ~ of 1) dėl, kieno naudai; 2) kieno vardu.
behav || e [bɪ'heɪv] v elgtis; ~ yourself elki(tė)s kaip pridera; ~iour [-ɪə] n elgesys, manieros
behind [bɪ'haɪnd] adv. užpakalyje, atgal; to fall ~ atsilikti.
being ['bi:ɪŋ] n 1) būtybė, žmogus; human ~s žmonės; 2) būtis, egzistavimas.
belief [bɪ'li:f] n (pasi)tikėjimas.
believe [bɪ'li:v] v 1) (pasi)tikėti; 2) manyti; I ~ so aš taip tikiu.
bell [bel] n varpas, skambutis, varpelis.
belong [bɪ'lɒŋ] v priklausyti; ~ings daiktai, visa kas tavo.
below [bɪ'ləʊ] 1. adv. žemiau, apačioje; 2. prep žemiau; ~ the average žemiau vidurkio.
belt [belt] n 1) diržas; 2) ruožas, zona.
bench [bentʃ] n 1) suolas; 2) varstotas, staklės.
bend [bend] 1. v (bent; bent) 1) linkti, su(si)lenkti; 2) krypti; 2. n 1) išlinkimas; 2) posūkis, vingis.
beneath [bɪ'ni:θ] 1. adv. žemiau, žemai, 2. prep žemiau; ~ criticism neišlaiko jokios kritikos.
beneficial [ˌbenɪ'fɪʃl] a 1) naudingas; 2) gydąs.
benefit ['benɪfɪt] n 1) nauda, pelnas; 2) pašalpa (draudimo, nedarbo); ~ society savišalpos draugija, kasa.
benevol || ence [bə'nevələns] n 1) palankumas; 2) linkėjimas gero; ~ent a palankus.
bequeath [bɪ'kwi:ð] v palikti testamentu.
berry ['berɪ] n uoga.

berth [bɜ:θ] n 1) gultas (laive); 2) miegamoji vieta (vagone).
beside [bɪˈsaɪd] prep šalia, ties.
besides [bɪˈsaɪds] adv. be to, dar.
best [best] 1. a geriausias, didžiausias; 2. n tai kas geriausia; to do one's ~ daryti visa kas įmanoma; 3. adv. geriausiai.
bet [bet] 1. v (bet, bet) lažintis, kirsti lažybų; 2. n lažybos; to make a ~ eiti lažybų.
better [ˈbetə] 1. a geresnis; be ~, get ~ pasveikti (po ligos); 2. adv. geriau, daugiau; so much the ~ tuo geriau.
between [bɪˈtwɪ:n] prep. tarp.
bewilder [bɪˈwɪldə] v sugluminti, supainioti; ~ ed a sugluomintas; ~ment sumišimas.
beyond [ˈbɪˈjɒnd] prep už, anapus; ~ control nesuvaldomas.
bicycl||**e** [ˈbaɪsɪkl] 1. n dviratis;; 2. v. važiuoti dviračiu (t.p. ride a ~); ~ ist n dviratininkas.
bid [bɪd] v (bad(e), bid; bid(den) siūlyti kainą (aukcione, varžytinėse); to ~ farewell atsisveikinti; 2. 1) siūlomoji kaina; 2) siūlymas; ~ der n pirkėjas (varžytinėse, aukcione).
big [bɪg] a didelis; ~ bug/shot didelis viršininkas.
bill I [bɪl] n 1) įstatymo projektas, bilis; 2) sąskaita; 3) vekselis; ~ of credit akredityvas; ~ of lading važtaraštis, lydraštis; ~ of parcels faktūra; to foot the ~ apmokėti išlaidas.
bind [baɪnd] v (bound; bound) 1) (su)rišti, pririšti; 2) įrišti (knygą); 3) įpareigoti; ~ing n įrišimas; a įpareigojantis.
birch [bɜ:tʃ] n beržas, beržinė rykštė.
bird [bɜ:d] n paukštis; a ~ of pray plėšrusis paukštis; ~'s eye view vaizdas iš paukščio skrydžio; bendra perspektyva.
birth [bɜ:θ] n gimimas; by ~ iš prigimties, kilmės; ~ rate gimimų koeficientas.
bishop [ˈbɪʃəp] n 1) vyskupas; 2) šachm. rikis.
bit I [bɪt] n truputis, gabaliukas.
bit II žr. bite.
bite [baɪt] 1. v (bit, bit, bitten) 1) (į)kąsti, kandžiotis; 2) (į)gelti; 2. n 1) (į)kandimas, kandžiojimas; 2) (į)gėlimas.
bitter [ˈbɪtə] a 1) kartus; 2) aštrus; 3) piktas (apie priešą); ~ly adv. karčiai.
black [blæk] 1. a juodas, tamsus; 2. n juodumas, juoda spalva.
blackboard [ˈblækbɔ:d] n klasės lenta.
blackmail [ˈblækmeɪl] n šantažas.

blacksmith ['blæksmıθ] n kalvis.

blade [bleıd] n 1) ašmenys; 2) lapas, žolė.

blame [bleım] 1. n peikimas, priekaištas; 2. v peikti, kaltinti.

blank [blæŋk] 1. a tuščias, neprirašytas; 2. 1) blankas; 2) tuščia laisva vieta; 3) (dvasinė) tuštuma.

blanket ['blæŋkıt] v vilnonė antklodė.

blast [blɑ:st] n 1) stiprus vėjo gūsis; 2) sprogimas.

blaze [bleız] n 1) liepsna; 2) ryški spalva ar šviesa.

bleach [bli:tʃ] v balinti, balti (apie medžiagą).

bleak [bli:k] a 1) šaltas, atšiaurus; 2) tamsus, niūrus.

bled žr. bleed.

bleed [bli:d] v (bled; bled) kraujuoti, netekti kraujo.

bless [bles] v (blessed, blest) laiminti, šventinti; ~ing 1) (pa)laiminimas; 2) palaima.

blew žr. blow.

blind [blaind] 1. a aklas; to go / become ~ apakti; 2. n užuolaida; 3. 1) v (ap)akinti; 2) (už)temdyti.

blink [blıŋk] v mirkčioti.

blizzard ['blızəd] n pūga.

blood [blʌd] n kraujas; ~ group kraujo grupė; ~ pressure kraujo spaudimas; ~ -pudding kraujinė dešra.

bloom [blu:m] n žydėjimas.

blossom ['blɒsəm] n (su)žydėjimas, suklestėjimas; in ~ žieduose.

blot [blɒt] 1. n dėmė, sutepimas; 2. v 1) sutepti (ypač rašalu); 2) nudžiovinti (sugeriamu popieriumi).

blotting-paper ['blɒtıŋˌpeıpə] n sugeriamass popierius.

blouse [blaʊs] n palaidinukė.

blow I [bləʊ] n smūgis

blow II (blew;blown) pūsti, dvelkti , 2) sprogdinti (up); 3) užpūsti (out).

blue [blu:] a mėlynas, žydras; ~ blood aristokratiška kilmė.

blush [blʌʃ] v raudonuoti; nukaisti;

board I [bɔ:d]1. n 1) lenta; 2) maistas, valgis; 3) (laivo, lėktuvo) bortas; on ~ laive ir pan.

board II n taryba, valdyba, kolegija; B of Directors valdyba, direktorių taryba.

boarding-house n pensionatas;~ -school n uždara mokykla, internatinė mokykla.

boast [bəʊst] v girtis(s), didžiuotis (of, about).

boat [bəʊt] n valtis, laivas.

body ['bɒdɪ] n 1) kūnas; 2) korpusas; 3) organizacija, korporacija.

boil [bɔɪl] 1. n virimas; 2. v 1) vir(in)ti; 2) išvirti.

bold [bəʊld] a 1) drąsus; 2) įžūlus; ~ness n drąsa.

bond [bɒnd] 1. n 1) ryšys, ryšiai; 2) obligacija; 2. v rišti sieti.

bone [bəʊn] n kaulas.

bonus ['bəʊnəs] n premija;

book [bʊk] 1. n knyga; reference ~ vadovas, žiniaraštis; 2. v įtraukti, (už)registruoti; 2) užsakyti ar pirkti bilietą.

bookcase ['bʊkkeɪs] n knygų spinta.

booking-office ['bʊkɪŋ,ɒfɪs] n bilietų kasa.

bookkeeper ['bʊk,ki:pə] n buhalteris, sąskaitininkas.

boot [bu:t] n batas, aulinis batas.

booth [bu:θ] n būdelė, kioskas.

border ['bɔ:də] 1. n riba, siena; 2. v riboti, turėti bendrą sieną (on, upon).

bore I [bɔ:] v gręžti, ištekinti.

bore II 1. v įkyrėti, įgrįsti; 2. n nuobodus žmogus.

bore III žr. bear.

borne žr. bear.

bosom ['bʊzəm] n krūtinė; ~ friend artimas draugas.

both [bəʊθ] pron abu.

bother ['bɔðə] 1. n sunkumai, rūpestis; 2. v trukdyti, įgrįsti.

bottle ['bɒtl] n butelis, flakonas.

bottom ['bɒtəm] n dugnas, apačia; ~s up! iki dugno!

bought žr. buy.

bound I žr. bind.

bound II [baʊnd] a pasiruošęs vykti, vykstąs; be ~ for vykti (kur nors).

boundary ['baʊndərɪ] n riba, siena.

bow I [baʊ] n 1. nusilenkimas; 2. v 1) lenkti(s); 2) nusilenkti.

bow II [bəʊ] n 1) lankas; 2) vaivorykštė; 3) (smuiko) strypas.

bow III [baʊ] n (laivo) priekis.

bowel ['baʊəl] n (džn. pl.) žarna, žarnos, viduriai.

bowl [bəʊl] n 1) taurė, bokalas; 2) indas, vaza; sugar ~ cukrinė.

box I [bɒks] n 1) dėžė, dėžutė; 2) ložė (teatre).

box II 1. n 1) smūgis; 2) boksas; 2. v boksuoti(s), mušti kumščiu.

box-office ['bɒks,ɒfɪs] n teatro kasa.

boy [bɔɪ] n berniukas, vaikinas.

bracket ['brækɪt] n 1) skliautelis; 2) bra; 3) rubrika.

brag [bræg] 1. v girtis; 2. n gyrimasis; ~ gart n pagyrūnas.

braid [breɪd] 1. v pinti; 2. n (plaukų) kasa.

brain [breɪn] n 1) smegenys; 2) protas; ~ trust smegenų trestas, ekspertai.

brake [breɪk] 1. n stabdys; 2. v stabdyti.

branch ['brɑ:ntʃ] n 1) šaka; 2) sritis; 3) filialas.

brand [brænd] n 1) fabriko ženklas, štampas; 2) (prekių, gaminių) rūšis.

brass [brɑ:s] n žalvaris, bronza.

brave [breɪv] a drąsus, narsus.

breach [bri:tʃ] n (įstatymo ar pažado) sulaužymas, nesilaikymas.

bread [bred] n duona, maistas; ~ and butter sumuštinis.

break [breɪk] 1. n 1) lūžis; 2) pertrauka, pauzė; 2. v (broke, broken) 1) laužyti; 2) dauž(y)ti; 3) pertraukti; 4) kilti, prasidėti (apie karą, audrą) (out); 5) iš(si)skirstyti (up).

break-down ['breɪkdaʊn] n 1) mašinos sugedimas; 2) sveikatos išsekimas.

breakfast ['brekfəst] n pusryčiai.

breast [brest] n krūtinė.

breath [breθ] n kvėpavimas; to be out of ~ sunkiai kvėpuoti.

breathe [bri:ð] v kvėpuoti, įkvėpti.

breathles ['breθləs] a 1) uždusęs; 2) nekvėpuojąs

breed v (bred; bred) 1. v 1) auginti, veisti; 2) prižiūrėti, auklėti; 2. n veislė, rūšis; ~ing n 1) iš(si)auklėjimas; 2) gyvulių auginimas; cattle ~ gyvulininkystė.

brevity ['brevɪtɪ] n trumpumas.

brew [bru:] 1. v daryti alų; 2. gėralas; ~er n aludaris; ~ery n alaus darykla.

bribe [braɪb] n 1. kyšis, papirkimas; 2. v duoti kyšį, papirkti. ~ry n kyšininkavimas; ~ taker n kyšininkas.

brick [brɪk] n 1. plyta; 2. a plytinis; ~layer mūrininkas.

bride [braɪd] n nuotaka, jaunoji; ~groom jaunikis, jaunasis.

bridge [brɪdʒ] n tiltas.

brief [bri:f] a trumpas; ~case portfelis; ~ly adv trumpai.

bright [braɪt] a 1) ryškus, šviesus; 2) gabus, protingas; ~ly adv ryškiai, šviesiai.

brilliant ['brɪljənt] 1. n briliantas; 2. a 1) žvilgąs; 2) puikus, talentingas

bring [brɪŋ] v (brought; brought) atnešti, atvežti; to ~ about sukelti, to ~ up auginti, auklėti.

broad [brɔ:d] a platus, erdvus; in ~ daylight vidur dienos.

broadcast ['brɔ:dkɑ:st] 1. n radijo laida, transliacija; 2. v (broadcast; broadcast) transliuoti, perduoti per radiją.

broke žr. break.

broken 1. žr. break; 2. a 1) sudaužytas; 2) sulaužytas; 3) nutrauktas.

broker ['brəʊkə] n makleris.

brooch [brəʊtʃ] n sagė.

brook [brʊk] n upelis.

broom [bru:m] n šluota, (grindų) šepetys.

brother ['brʌðə] n brolis; ~-in-law svainis; dieveris; ~hood n brolybė.

brought žr. bring.

brow [braʊ] n antakis.

brown [braʊn] a rudas, rausvas; ~ bread juoda duona.

bruise [bru:z] n mėlynė, sumušimas.

brush [brʌʃ] 1. n 1) šepetys; 2) teptukas; 2. v valyti šepečiu.

brute [bru:t] n 1) gyvulys; 2) žiaurus žmogus.

bucket ['bʌkɪt] n kibiras.

buckle ['bʌkl] n sagtis.

buckweat ['bʌkwi:t] n grikiai.

bud [bʌd] n 1) pumpuras; 2) vos prasiskleidęs žiedas.

build [bɪld] v (built; built) statyti, kurti; ~er n statytojas; ~ing n pastatas, statyba.

bulb [bʌlb] n 1) svogūnėlis; 2) elektros lemputė.

bulk [bʌlk] n 1) apimtis, tūris; 2) didžioji dalis.

bull [bʊl] n jautis, bulius.

bullet ['bʊlɪt] n kulka.

bunch [bʌntʃ] n 1) pluoštelis; 2) puokštė; 3) kekė.

bundle ['bʌndl] n ryšulys; a ~ of nerves nervų kamuolys.

bungalow ['bʌŋgələʊ] n vieno aukšto namas, vasarnamis.

burden ['bɜ:dən] 1. n našta, vargas; 2. v krauti, apsunkinti.

burglar ['bɜ:glə] n vagis, įsilaužėlis; ~y n įsilaužiamoji vagystė.

burial ['berɪəl] n ~-ground n kapinės; ~-service n gedulingos pamaldos.

burn [bɜ:n] 1. n nudegimas, nu(si)deginimas; 2. v (burnt; burnt) 1) (su)deg(in)ti; 2) apdegti; ~ing a degantis, per opus.

burst [bɜ:st] n (burst; burst) sprogti, pratrūkti; to ~ into laughter pratrūkti juoku.

bury ['berɪ] v 1) laidoti; 2) užkasti.

bus [bʌs] n autobusas; ~shelter pastogė stotelėje.

bush [bʊʃ] n 1) krūmas; 2) brūzgynas.

business ['bɪznɪs] n 1) reikalas, dalykas; 2) komercinė veikla, verslas, biznis; ~ address tarnybinis adresas; on ~ su reikalais; mind your own ~! žiūrėk savo reikalų! ~-like dalykiškas, praktiškas.

busy ['bɪzɪ] a užsiėmęs, daug dirbąs; the line is ~ (telefono, telegrafo) linija užimta.

but [bʌt] 1. conj. bet, tačiau; 2. adv. tik, vos; 3. prep be, išskyrus.

butcher ['bʊtʃə] n mėsininkas.

butter ['bʌtə] n sviestas.

butterfly ['bʌtəflaɪ] n drugelis, peteliškė.

button ['bʌtn] 1. n 1) saga; 2) mygtukas; 3) žiedo pumpuras; 2. (su)sagstyti.

buy [baɪ] v (bought; bought) pirkti; to ~ in supirkti; to ~ out išpirkti.

by [baɪ] 1. prep 1) prie, šalia; 2) iki; ~ tomorrow ligi rytojaus; 3) susisiekimo priemonei reikšti; ~ bus (car, train) autobusu (automobiliu, traukiniu); 4) veiksmo pobūdžiui reikšti: ~ chance atsitiktinai; ~ heart atmintinai; 2. adv. greta, šalia; ~ the ~ tarp kitko.

bygone ['baɪgɒn] n (papr. pl.) praeitis; idm let ~ be ~ užmirškime kas buvo.

by-pass ['baɪpɑ:s] n apvažiavimas.

by-street ['baɪstri:t] n šalutinė gatvė.

C

cabbage ['kæbɪdʒ] n kopūstas.

cabin ['kæbɪn] n kabina, kajutė.

cabble ['keɪbl] n kabelis, laidas.

cage [keɪdʒ] n narvas, narvelis; 2. v uždaryti narvą.

cake [keɪk] n 1)pyragaitis, keksas, tortas; 2) gabaliukas, plytelė; a ~ of soap muilo gabaliukas.

calamity [kə'læmɪtɪ] n (stichinė) nelaimė, neganda.

calcul || ate ['kælkjuleɪt] v 1) apskaičiuoti; 2) numatyti; ~ation išskaičiavimas, apskaičiavimas.

calendar ['kæləndə] n kalendorius.

calf [kɑ:f] n 1) veršiukas; 2) (elnio, dramblio, banginio ir pan.) jaunikliis.

call [kɔ:l] n 1) šaukimas, šauksmas; 2) iškvietimas, telefono skambutis, pokalbis telefonu;

3) vizitas; 2. v 1) duoti vardą; 2) šaukti; 3) iššaukti, kviesti; 4) užeiti, aplankyti; to ~ (up) on smb aplankyti ką; to ~ at a house užeiti pas ką nors į namus; to ~ up pašaukti į kariuomenę.

calm [kɑ:m] 1. a 1) ramus; 2) nevėjuotas, nebanguotas; 2. n tyla, ramybė; 3. v raminti.

came žr. come.

camel ['kæml] n kupranugaris.

camp [kæmp] 1. n stovykla; 2. v įsikurti, gyventi stovykloje.

can I [kæn] v (could) modalinis veiksmažodis 1) galėti; 2) mokėti.

can II 1. n skardinė, metalinė dėžutė; 2. v konservuoti (maisto produktus).

cancel ['kænsəl] v 1) anuliuoti, panaikinti; 2) išbraukyti; ~lation n 1) panaikinimas; 2) išbraukimas.

cancer ['kænsə] n med. vėžys.

candid ['kændɪd] a atviras, tiesus.

candle ['kændl] n žvakė; to light a ~ uždegti žvakę; to put out a ~ užgesinti žvakę.

can‖ned [kænd] a konservuotas; ~nery n konservų fabrikas.

cantenn [kæn'ti:n] n valgykla (įstaigoje, gamykloje).

canvas ['kænvəs] n 1) stora drobė, brezentas; 2) burė; 3) paveikslas.

canvass ['kænvəs] 1. n balsų rinkimas; 2. v rinkti balsus, verbuoti šalininkus.

cap [kæp] n 1) kepurė; 2) dangtelis.

capaci‖ous [kə'peɪʃəs] a erdvus, talpus; ~ty n 1) gabumas; sugebėjimas; purchasing~ perkamoji galia, 2) padėtis, pareigos; 3) tech.našumas; labour~ darbo našumas; 4) kompetencija.

capital ['kæpɪtl] 1. a 1) didžiausias, svarbiausias (miestas); 2) pagrindinis; 3) ~ letter didžioji raidė; 2. n 1. sostinė; 2) kapitalas; authorized~įstatinis kapitalas; circulating ~ apyvartinis kapitalas; net ~ grynasis kapitalas.

captive ['kæptɪv] n belaisvis.

capture ['kæptʃə] 1. n paėmimas į nelaisvę, užgrobimas; 2. v (pa)imti į nelaisvę, sulaikyti.

car [kɑ:] n 1) vagonas; 2) automobilis; by ~ automobiliu.

card [kɑ:d] n 1) korta; 2) kortelė; visiting ~ vizitinė kortelė; 3) bilietas, pakvietimas.

cardboard ['kɑ:dbɔ:d] n kartonas.

care [keə] 1. n rūpestis, rūpinimasis; to take ~ of smb kuo rūpintis; 2. v 1) rūpintis (for, of, about); I don't ~man vis tiek; 2) domėtis, mylėti, mėgti; 3. a ~full 1) rūpestingas; 2) atsargus; be ~ ! būk atsargus; ~less 1) nerūpestingas; 2) neatsargus.

cargo ['kɑ:gəʊ] n krovinys (laivo, lėktuvo); ~ ship/boat prekinis krovinių laivas.

carnation [kɑ:'neɪʃn] n raudonasis gvazdikas.

carpenter ['kɑ:pəntə] n dailidė.

carpet ['kɑ:pət] n kilimas.

carriage ['kærɪdʒ] n 1) karieta, vežimas; 2) keleivinis vagonas; 3) pervežimas, transportas.

carrier ['kærɪə] n nešikas; vežėjas.

carrot ['kærət] n morka.

carry ['kærɪ] v neš(io)ti; vež(io)ti, gabenti; to ~ into practice įvykdyti; to ~ on tęsti.

cart [kɑ:t] n vežimas (dviratis), vežimėlis.

cartoon [kɑ:'tu:n] n 1) karikatūra; 2) multiplikacinis filmas.

carv||e [kɑ:v] v pjaustyti, raižyti (in, on); ~er n raižytojas; ~ing raižinys; ~ing knife virtuvinis peilis.

case I [keis] n 1) dėžutė, dėžė; 2) futliaras, (laikrodžio) korpusas.

case II n 1) atvejis, atsitikimas; in ~ jeigu; 2) byla; 3) gram. linksnis.

cash [kæʃ] 1. n gryni pinigai; ~ payment atsiskaitymas grynais; ~ register kasos aparatas; 2. v mokėti grynais; to ~ a check gauti pinigus pagal čekį.

cashier ['kæʃɪə] n kasininkas.

cast [kɑ:st] 1. n 1) (meškerės, tinko) metimas; 2) (aktorių) sudėtis; ~iron ketus; 2. v (cast, cast) 1) mesti, mėtyti; 2) mesti, keisti (dantis, lapus ir pan.); to ~ lots mesti burtus.

castle ['kɑ:sl] n pilis, tvirtovė; ~s in Spain nerealūs planai.

casual ['kæʒʊəl] a atsitiktinis, nenumatytas; ~ty 1) nelaimingas atsitikimas; 2) sužeistasis, užmuštasis.

cat [kæt] n katė, katinas; idm. to let the ~ out of the bag išduoti paslaptį; it rains ~s and dogs lyja kaip iš kibiro.

catch [kætʃ] 1. n 1) pagavimas; 2) laimikis; 2. v (caught; caught) 1) sugauti; 2) užsikrėsti; to ~ (a)cold peršalti; to ~ fire užsidegti; ~ing a 1) patrauklus; 2) užkrečiamas.

cattle ['kætl] n raguočiai, galvijai.

caught žr. catch

cauliflower ['kɒlɪˌflaʊə] n žiedinis kopūstas.

cause [kɔ:z] 1. n 1) priežąstis, pagrindas; 2) reikalas, dalykas; 2. v 1) būti priežastimi, sukelti; 2) priversti.

cautious ['kɔ:ʃəs] a atsargus.

cave [keɪv] n urvas, ola.

caviare ['kævɪɑ:] n ikrai.

cavity ['kævɪtɪ] n ertmė, tuštuma, skylė (danties).

cease [si:s] v liautis, nustoti; ~ fire ugnies nutraukimas.

ceiling ['si:lɪŋ] n lubos, perdengimas.

celebr || ate ['selɪbreɪt] v švęsti, iškilmingai pažymėti; ~ated a žymus, garsus;~ation n šventimas, minėjimas; ~ity n garsenybė.

cell [sel] n 1) ląstelė; 2) kalėjimo kamera.

cellar ['selə] n 1) rūsys; 2) vyno rūsys.

cell || ist ['tʃelɪst] n violončelistas; ~o violončelė.

cemetery ['semɪtrɪ] n kapinės.

censorship ['sensəʃɪp] n cenzūra.

census ['sensəs] n surašymas, cenzas.

century ['sentʃərɪ] n amžius, šimtmetis.

certain ['sɜ:tn] a 1) tikras, neabejotinas; 2) kažkoks; a ~ Mr. Brown kažkoks misteris Braunas; for ~ tikrai; ~ly adv žinoma.

certificate I [sə'tɪfɪkɪt] n 1) liudijimas, pažymėjimas; health ~ sveikatos pažymėjimas; birth ~ gimimo liudijimas; 2) atestatas.

certificate II [sə'tɪfɪkeɪt] v išduoti pažymėjimą, tvirtinti.

certificated a ~ teacher diplomuotas mokytojas.

chain [tʃeɪn] 1. n 1) grandinė(lė); 2) kalnų virtinė; 2. v pririšti prirakinti.

chair [tʃeə] 1. n 1) kėdė; 2) katedra; 3) pirmininkaujančio vieta; ~ man/person n pirmininkas; 2. v pirmininkauti; ~ a meeting pirmininkauti susirinkime.

chalk [tʃɔ:k] n kreida; ~ stone klintis.

challenge ['tʃælɪndʒ] 1. n (iš)šaukimas, (iš)kvietimas (lenktyniauti); 2. v iššaukti, mesti iššūkį.

chamber ['tʃeɪmbə] 1. n 1. kambarys, advokato kontora; C of Commerce prekybos rūmai; 2. a kamerinis.

chance [tʃɑ:ns] 1. n atsitikimas, atsitiktinumas; by ~ atsitiktinai. 2. a atsitiktinis.

chancellor ['tʃɑ:nsələ] n 1) kancleris; 2) universiteto rektorius.

change [tʃeɪndʒ] 1. n 1) permaina; 2) įvairumas; for a ~ dėl įvairumo; 3) grąža, smulkūs pinigai; small ~ smulkūs pinigai, smulkmena; 2. v 1) keisti(s), mainyti(s); 2) iškeisti pinigus; 3. ~able nepastovus.

channel ['tʃænəl] n 1) sąsiauris; The English C. Lamanšas; 2) kanalas.

chap [tʃæp] n šnek vaikinas, vyrukas; old ~ bičiulis.

chapter ['tʃæptə] n (knygos) skyrius.

charge ['tʃɑ:dʒ] 1. n 1) kaltinimas; 2) pareigos, atsakomybė; to be in ~ of būti atsakingam, prižiūrėti; 3) mokestis kaina; free of ~ nemokamai. 2. v 1) (ap)kaltinti (with); 2) imti, nustatyti kainą; 3) įsakyti, įpareigoti.

charit||able ['tʃærɪtəbl] a labdaringas, dosnus; ~y labdara; to live on ~ gyventi iš labdaros.

charm [tʃɑ:m] 1. n 1) žavumas; 2) pl. kerai, burtai; 2. v (su)žavėti, (už)burti; ~ing a žavingas.

chart [tʃɑ:t] n 1) jūrų žemėlapis; 2) diagrama, schema, lentelė.

chase [tʃeɪs] 1. n medžioklė, persekiojimas; 2. v medžioti, persekioti, vytis.

chatter ['tʃætə] 1. n 1) plepėjimas; 2) (paukščių) čiulbėjimas; 3) upelio čiurlenimas; 2. v 1) plepėti; 2) čiulbėti; 3) čiurlenti.

cheap [tʃi:p] 1. a pigus; 2. adv pigiai.

cheat [tʃi:t] 1. n 1) apgavystė; 2) apgavikas; 2. v apgau(dinė)ti; sukčiauti.

check [tʃek] 1. n 1) stabdymas; 2) tikrinimas, kontrolė; 3) (rūbinės) numeriukas; 4) (bagažinės) kvitas; 2. v 1) tikrinti, kontroliuoti; 2) stabdyti, trukdyti; 3) įregistruoti; to ~ in registruoti(s); to ~ out išsiregistruoti (iš viešbučio).

cheek [tʃi:k] n 1) skruostas; 2) įžūlumas; ~y a įžūlus.

cheer [tʃɪə] 1. n džiaugsmo pritarimo šūksmas; three ~s for (sušukti) triskart valio. 2. v sveikinti, pritarti; ~ up nuraminti, pralinksminti; ~ful a linksmas.

cheese [tʃi:z] n sūris.

chemist ['kemɪst] n 1) chemikas; 2) vaistininkas; ~'s shop vaistinė.

cheque [tʃek] n banko čekis; to cash a ~ gauti pinigus pagal čekį.
cherry ['tʃerɪ] n vyšnia.
chess [tʃes] n šachmatai; ~ men šachmatų figūros.
chest [tʃest] n 1) dėžė; ~ of drawers komoda; 2) krūtinės ląsta.
chestnut ['tʃesnʌt] 1. n kaštonas; 2. a kaštoninis.
chew [tʃu:] n kramtymas; ~ing gum kramtomoji guma.
chicken ['tʃɪkən] n viščiukas, paukščiukas; ~ pox vėjaraupiai.
chief [tʃi:f] 1. n vadovas, viršininkas; 2. a 1) vyriausias; 2) pagrindinis, svarbiausias; ~ly adv svarbiausia, dažniausiai.
child [tʃaɪld] n (pl. ~ren) vaikas; ~hood n vaikystė; ~ish a vaikiškas.
chill [tʃɪl] n 1) vėsuma; 2) persišaldymas; to catch a ~ persišaldyti, ~y a 1) šaltas, vėsus; 2) nedraugiškas.
chimney ['tʃɪmnɪ] n kaminas; ~-sweeper n kaminkrėtys.
chin [tʃɪn] n smakras.
china ['tʃaɪnə] n porcelianas
chip [tʃɪp] n skiedra, drožlė; fish and ~s žuvis su keptomis bulvėmis; mikroschema.
choice [tʃɔɪs] n pasirinkimas, alternatyva; to make / take one's choice pasirinkti.
choir [kwaɪə] n choras; ~master n choro vadovas.
choke [tʃəʊk] 1. n dusulys; 2. v 1) dusinti, smaugti; 2) dusti.
choose [tʃu:z] v (chose; chosen) (iš)rinkti.
chop [tʃɒp] 1. 1) kapojimas; 2) žlėgtainis, natūralus kotletas; 2. v kapoti, smulkinti, skaldyti (malkas).
chord [kɔ:d] n 1) muz. styga; 2) akordas; vocal ~s balso stygos.
chose žr. choose.
christen ['krɪsn] v krikštyti, duoti vardą; ~ing n bažn. krikštynos.
Christmas ['krɪsməs] n Kalėdos; ~ Eve kūčios; ~ - tree n Kalėdų eglutė.
church [tʃɜ:tʃ] n bažnyčia; to go to ~ lankyti bažnyčią; ~ service pamaldos.
cinder ['sɪndə] n šlakas, pelenai.
cinema ['sɪnɪmə] n kinas, kino teatras; to go to the ~ eiti į kiną.
cipher ['saɪfə] 1. n šifras; 2. v skaičiuoti, (už)šifruoti.
circle ['sɜ:kl] n ratas, apskritimas.
circuit ['sɜ:kɪt] n 1) apvažiavi-

mas; 2) elektros grandinė; short ~ trumpas susijungimas.

circulat || e ['sɜ:kjʊleɪt] v 1) cirkuliuoti; 2) plisti, platinti; 3) būti apyvartoje. ~ion [ˌsɜ:kjʊ'leɪʃn] n 1) cirkuliacija; 2) apyvarta; 3) (periodikos) tiražas.

circumstance ['sɜ:kəmstəns] n (džn. pl.) aplinkybės, sąlygos.

citizen ['sɪtɪzn] n 1) pilietis; 2) miestietis; ~ship n pilietybė.

city ['sɪtɪ] n (didelis) miestas; ~ hall rotušė.

civil ['sɪvɪl] a pilietinis, civilinis; ~ engineer inžinierius statybininkas; C. Law civilinė teisė; the C. Service tarnyba valstybinėje civilinėje įstaigoje.

claim [kleɪm] 1. n pretenzija, reikalavimas; 2. v pretenduoti, reikalauti.

clap [klæp] 1. n plojimas; 2. v 1) ploti; 2) trankyti.

clarity ['klærətɪ] n 1) aiškumas; 2) grynumas.

clash [klæʃ] 1. n susidūrimas, konfliktas; 2. v susidurti, atsitrenkti.

clasp [klɑ:sp] 1. n sagtis; (rankos) paspaudimas; 2. v susidurti, atsitrenkti.

clause [klɔ:z] n 1) gram. sakinys; 2) paragrafas, straipsnis.

clay [kleɪ] n 1) molis; 2) purvas.

clean [kli:n] 1. a 1) švarus; 2) grynas; 3) nesuteptas; 2) v valyti; ~ up sutvarkyti.

clear [klɪə] 1. a 1) aiškus, šviesus; 2) permatomas; 2. v. valyti(s), tvarkyti(s); to ~ up giedrytis.

clergy ['klɜ:dʒɪ] n dvasininkija, dvasiškiai.

clerk [klɑ:k] n valdininkas, raštininkas.

clever ['klevə] a 1) protingas, gudrus; 2) sumanus; ~ness n 1) gabumai; 2) gudrumas.

cliff [klɪf] n uola, status skardis.

climb [klaɪm] v 1) kilti, lipti; 2) laipioti; ~er n 1) alpinistas; 2) vijoklis.

cling [klɪŋ] v (clung; clung) v tvirtai laikytis, kabintis.

clip [klɪp] n sąvaržėlė.

cloak [kləʊk] n apsiaustas; ~ room 1) rūbinė; 2) bagažo saugojimo kamera.

clock [klɒk] n (sieninis, stalinis, bokšto) laikrodis; round the ~ ištisą parą.

clock-face ['klɒkfeɪs] n ciferblatas.

clog [klɒg] n klumpė; ~ dance n klumpakojis.

close [kləʊz] 1. a artimas, intymus; 2. v uždaryti; to ~ an account uždaryti sąskaitą; 3. n galas, pabaiga.

cloth [klɒθ] n 1) medžiaga, audeklas; 2) staltiesė; to lay the ~ padengti stalą.

clothes [kləʊðz] n drabužiai.

cloud [klaʊd] 1. n debesis; 2. v niauktis, ap(si)dengti; ~less a giedras; ~y debesuotas.

clover ['kləʊvə] n dobilas, dobilai; to live in ~ gyventi kaip inkstai taukuose.

club I [klʌb] n klubas.

club II n 1) lazda, vėzdas; 2) kryžiai (kortų spalva).

clue [klu:] n kelias problemai išspręsti, paslapčiai išaiškinti.

clumsy ['klʌmzɪ] a gremėzdiškas, nevikrus.

clung žr. cling.

coach I [kəʊtʃ] 1. n 1) treneris; 2) instruktorius; 3) repetitorius; 2. v 1) ruošti egzaminams; 2) treniruoti.

coach II n 1) karieta, ekipažas; 2) keleivinis vagonas; 3) tarpmiestinis autobusas.

coal [kəʊl] n (akmens) anglis; ~-mine n anglių kasykla.

coarse [kɔ:s] a šiurkštus, grubus.

coast [kəʊst] n jūros krantas, pakrantė; idm. the ~ is clear (perk.) kelias laisvas.

coat [kəʊt] 1. n 1) švarkas; 2) apsiaustas; (gyvulio, žvėries) kailis; 3) sluoksnis (dažų); 2. v (pa)dengti, apmušti.

cock [kɒk] n gaidys.

cockroach ['kɒkrəʊtʃ] n tarakonas.

cod [kɒd] n menkė; ~liver oil žuvų taukai.

coffee ['kɒfɪ] n kava; ~bean kavos pupelė; ~ grinder kavos malūnėlis; ~-pot kavinukas.

coffin ['kɒfɪn] n karstas.

coherence [kəʊ'hɪərəns] n 1) ryšys; 2) nuoseklumas.

coin [kɔɪn] 1. n moneta; 2) v 1) kalti (pinigus); 2) sudaryti naujus žodžius.

coincid || e [ˌkəʊɪn'saɪd] v sutapti; ~ence n sutapimas; ~ental a sutampantis.

cold [kəʊld] 1. a 1) šaltas; 2) abejingas; 2. n 1) šaltis; 2) peršalimas; to catch a ~ peršišaldyti; a ~ in the head sloga.

collaborat || e [kə'læbəreɪt] v bendradarbiauti; ~ion n 1)bendradarbiavimas; 2) išdavikiškas bendradarbiavimas; ~or n 1) bendradarbis; 2) kolaborantas.

collapse [kə'læps] 1. n 1) (su)griuvimas; 2) jėgų išsekimas; 2.

v 1) griūti, irti; 2) išsekti (apie sveikatą).

collar ['kɒlə] n 1) apykaklė; 2) antkaklis; ~bone raktikaulis.

collect [kə'lekt] v 1) rinkti; 2) susikaupti; 3) užeiti ko nors paimti; ~ion n rinkinys; ~ of payment fin. inkaso.

colloquial [kə'ləʊkwɪəl] a šnekamosios kalbos (apie žodžius, posakius).

colonel ['kɜ:nl] n pulkininkas.

colour ['kʌlə] n 1. spalva, dažai; to lose (one's) ~ pabalti; 2. dažyti, gražinti; ~ful a spalvingas; ~less a bespalvis, blyškus.

column ['kɒləm] n 1) kolona; 2) stulpas; newspaper ~ laikraščio skiltis.

comb [kəʊm] 1. n 1) šukos, šepetys (plaukams); 2) (vilnos) karštuvai; 2. v šukuoti.

come [kʌm] v (came; come) ateiti, atvykti; ~ along! eime!

comfort ['kʌmfət] n 1) nuraminimas, paguoda; 2) komfortas, patogumai; ~able a patogus, jaukus.

comma ['kɒmə] n kablelis.

commemorat||e [kə'meməreɪt] v švęsti, minėti; ~ion n minėjimas; ~ive memorialinis.

comment ['kɒmənt] 1. n komentaras; aiškinimas; 2. v komentuoti, aptarti; ~ator n komentatorius, apžvalgininkas.

commerc||e ['kɒmɜ:s] n prekyba, komercija; ~ial a prekybos, komercinis.

commission [kə'mɪʃn] 1. n 1) įgaliojimas; 2) komisija; interim (standing) ~ laikina (nuolatinė) komisija; 3) komisinis pardavinėjimas; 2. v 1) įgalioti; 2) užsakyti, pavesti, atlikti.

commit [kə'mɪt] v 1) padaryti (ką nors bloga) to ~ a crime padaryti nusikaltimą; 2) įsipareigoti; ~ment n įsipareigojimas, pažadas.

committee [kə'mɪtɪ] n komitetas, komisija; Standing C. nuolatinis komitetas.

commodity [kə'mɒdɪtɪ] n (pl.) prekė, ~ capital prekinis kapitalas.

common ['kɒmn] a 1) bendras, visuomeninis; 2) paprastas; ~ sense sveikas protas.

communicat||e [kəm'ju:nɪkeɪt] v 1) pranešti, perduoti; 2) bendrauti; ~ion n 1) pranešimas; 2) susisiekimo, ryšių priemonės; 3) bendravimas.

community [kə'mju:nɪtɪ] n 1) bendruomenė; 2) (the ~) visuomenė, kolektyvas; ~ service buitinės paslaugos; 3) bendrumas.

company ['kʌmpənɪ] n 1) bendrovė, kompanija; joint-stock ~ akcinė bendrovė; private ~ uždara akcinė bendrovė; public ~ atvira akcinė bendrovė; parent/holding ~ motininė bendrovė; 2) draugija, kompanija.

comparative [kəm'pærətɪv] a lyginamasis, santykinis.

compar || e [kəm'peə] v lyginti, gretinti (to, with); ~ison n palyginimas, gretinimas; in ~ with palyginus su.

compartment [kəm'pɑ:tmənt] n skyrius, (vagono) kupė.

compassion [kəm'pæʃn] n gailestis, užuojauta.

compatriot [kəm'pætrɪət] n tėvynainis.

compel [kəm'pel] v 1) priversti; 2) patraukti (dėmesį).

compete [kəm'pi:t] v rungtyniauti, konkuruoti.

competence ['kɒmpətəns] n 1) sugebėjimas; 2) kompetencija.

competent ['kɒmpətənt] a kompetentingas.

competition [ˌkɒmpə'tɪʃn] n 1) konkurencija, rungtynės; 2) konkursas.

compile [kəm'paɪl] v kompiliuoti, sudarinėti.

complain [kəm'pleɪn] v skųstis (of, about); ~t skundas, nusiskundimas; to lodge/make a ~ paduoti skundą.

complete [kəm'pli:t] 1. a 1) pilnas; 2) visiškas; 2) v užbaigti, sukomplektuoti; ~ly adv pilnai, visiškai.

complexion [kəm'plekʃn] n veido spalva.

compliment ['kɒmplɪmənt] 1. n 1) komplimentas, to pay/make a ~ pasakyti komplimentą; 2) pl. sveikinimai, linkėjimai; 2. v sakyti komplimentus, girti; ~ary a sveikinamasis (apie kalbą), ~ seat vieta su pakvietimu (koncerte, teatre).

comply [kəm'plaɪ] v 1) nusileisti, sutikti; 2) laikytis (taisyklių).

compose [kəm'pəʊz] v 1) kurti; komponuoti; 2) susikaupti; to ~ oneself nusiraminti; ~d a ramus, santūrus; ~r n kompozitorius.

compound ['kɒmpaʊnd] 1. n mišinys, junginys; 2. a sudėtinis, sudurtinis.

comprehen || d [ˌkɒmprɪ'hend] v 1) suprasti; 2) apimti; ~sion n supratimas; ~sive a 1) visapusiškas, platus; ~ school bendrojo lavinimo mokykla; 2) suprantąs, suvokiąs.

comprise [kəm'praɪz] v susidėti, susidaryti.

compulsory [kəm'pʌlsərɪ] a priverstinis, privalomas; ~education privalomas mokymas.

computer [kəm'pju:tə] n kompiuteris; digital ~ klavišinis kompiuteris; a ~ programmer programuotojas.

compute [kəm'pju:t] v (ap)skaičiuoti, įvertinti (at).

conceal [kən'si:l] v slėpti, maskuoti; ~ment n slėpimas.

conceit [kən'si:t] n pasipūtimas, išdidumas; ~ed a pasipūtęs.

conceive [kən'si:v] v 1) suvokti, suprasti; 2) tapti nėščia; 3) pajausti.

concern [kən'sɜ:n] 1. n 1) reikalas, dalykas, interesas; 2) susirūpinimas, rūpestis; a matter of great ~ labai svarbus reikalas; 3) įmonė, koncernas; 2. v liesti, turėti ryšį; as far as I am ~ ed kiek tai liečia mane; ~ing prp dėl, atžvilgiu (ko, kieno).

concert ['kɒnsət] 1. 1) koncertas; 2) su(si)tarimas; 2. v [kən'sɜ:t] susikalbėti; susitarti; ~ed a suderintas; ~ effort suderintos, bendros pastangos.

concess || ion [kən'seʃn] n nuolaida; ~ive a nuolaidus.

concise [kən'saɪs] a glaustas, trumpas.

conclu || de [kən'klu:d] v 1) užbaigti; padaryti išvadą; ~ding a baigiamasis; ~sion n 1) pabaiga; in ~ užbaigiant; 2) išvada; 3) (sutarties) sudarymas; to draw a ~ padaryti išvadą.

concrete ['kɒnkri:t] 1. n betonas; reinforced/armoured ~ gelžbetonis; 2. a konkretus.

condemn [kən'dem] v smerkti; nuteisti; ~ ation n nuosprendis, (pa)smerkimas.

condition [kən'dɪʃn] n 1) stovis, padėtis; 2) pl. sąlygos; on ~ that su sąlyga, jei.

conduct 1) [kən'dʌkt] 1. v 1) vesti, vadovauti; 2) diriguoti. 2. ['kɒndʌkt] n elgesys; ~or 1) vadovas; 2) konduktorius; 3) dirigentas.

confess [kən'fes] v 1) pri(si)pažinti; 2) išpažinti nuodėmes; 2. ~or n nuodėmklausys; ~ion n 1) pri(si)pažinimas; 2) išpažintis.

confid || ence ['kɒnfɪdəns] n 1) pa(si)tikėjimas; 2) tikrumas; ~ent a 1) įsitikinęs; 2) pasitikintis savimi; ~ential a slaptas

confine [kən'faɪn] v 1) apriboti; 2) uždaryti; 3) įkalinti; ~ment n 1) apribojimas; 2) įkalinimas.

confirm [kən'fɜ:m] v 1) (pa)tvirtinti; 2) ratifikuoti; ~ation n patvirtinimas.

conform [kən'fɜ:m] v 1) prisitaikyti, prisiderinti (to); 2) laikytis (taisyklių); ~ity n atitikimas, su(si)derinimas; in ~ with sutinkamai su, pagal.

confuse [kən'fju:z] v (susi)maišyti, (susi)painioti.

congratulat||e [kən'grætʃʊleɪt] v sveikinti (on, upon); ~ion n sveikinimas; ~ory a sveikinimo.

conjecture [kən'dʒektʃə] n 1) numanymas, spėjimas; 2) konjuktūra.

connect [kə'nekt] v 1) jungti(s), siekti(s); 2) asocijuotis; ~ion n ryšys; in ~ with ryšium su tuo.

conquer ['kɒŋkə] v nugalėti, užkariauti; ~or n nugalėtojas.

conquest ['kɒŋkwəst] n užkariavimas, nugalėjimas.

conscien||ce ['kɒnʃəns] n sąžinė. ~tious [ˌkɒnʃɪ'enʃəs] a sąžiningas, doras.

conscious ['kɒnʃəs] a žinąs, suprantąs; to be ~ of suprasti, suvokti; ~ness n sąmonė; to lose ~ netekti sąmonės; to recover ~ atgauti sąmonę.

conscript ['kɒnskrɪpt] n (kariuomenės) naujokas.

consecutive [kən'sekjʊtɪv] n nuoseklus.

consent [kən'sent] 1. n sutikimas; 2. v sutikti.

consequence ['kɒnsɪkwəns] n pasekmė, padarinys; in ~ tuo būdu, taigi.

consider [kən'sɪdə] v 1) svarstyti, apgalvoti; 2) laikyti, manyti; ~able a žymus, svarbus; ~ate a atidus, taktiškas; ~ation n svarstymas, aptarimas; to take into ~ atsižvelgti, turėti omenyje.

consist [kən'sɪst] v susidėti, susidaryti (of).

consistent [kən'sɪstənt] a atitinkąs; ~ly adv nuosekliai.

consolation [ˌkɒnsə'leɪʃn] n (nu)raminimas; ~ prize n paguodos prizas.

console [kən'səʊl] v raminti, guosti.

conspicuous [kən'spɪkjʊəs] a ryškus, krintąs į akį.

constant ['kɒnstənt] a pastovus.

constitu||ency [kən'stɪtjʊənsɪ] n rinkiminė apygarda; ~ent 1. n sudėtinė dalis; 2. a sudedamasis.

constitut || **e** ['kɒnstɪtju:t] v 1) sudaryti; 2) įkurti, įsteigti (komitetą, komisiją); ~ion [ˌkɒnstɪ'tju:ʃn] n 1) konstitucija (įstatymas); 2) kūno sudėjimas.
consum [kən'sju:m] v (su)vartoti; ~er n vartotojas; ~er commodities/goods plataus vartojimo prekės.
consumption [kən'sʌmpʃn] n 1) (su)vartojimas; 2) (plaučių) džiova.
contageous [kən'teɪdʒəs] a užkrečiamas, infekcinis.
contain [kən'teɪn] v turėti (savyje), talpinti.
contaminat || **e** [kən'tæmɪneɪt] v teršti, užkrėsti; ~ion (už)teršimas, užkrėtimas.
contemplat || **e** ['kɒntempleɪt] v mąstyti, svarstyti; ~ion (ap)mąstymas, svarstymas.
contemporary [kən'təmpərərɪ] 1. n amžininkas; 2. a vienalaikis.
contempt [kən'tempt] n panieka (for).
contend [kən'tend] v 1) kovoti, varžytis; 2) ginčytis.
content [kən'tent] 1. a patenkintas; 2. v patenkinti.
content ['kɒntənt] n (pl.) turinys; table of ~s (knygos, žurnalo) turinys.
contest ['kɒntəst] 1. n 1) ginčas, disputas; 2) varžybos, konkursas; 2. v [kən'test] 1) diskutuoti, ginčytis; 2) varžytis.
continu || **al** [kən'tɪnjʊəl] a nuolatinis; ~ly adv nuolatos; ~ation n 1) tęsimas(is); 2) tęsinys.
continu || **e** [kən'tɪnju:] v tęsti(s), trukti; ~ed a besitęsiantis; to be ~ bus toliau (tęsiama); ~ity n nepertraukiamumas; ~ous a nuolatinis, nenutrūkstamas.
contract ['kɒntrækt] n kontraktas, sutartis; to make a ~, to enter into ~ with sudaryti kontraktą; ~ of employment samdos sutartis; ~ price sutartinė kaina; ~or n 1) rangovas; 2) sutartį pasirašantis asmuo.
contradict [ˌkɒntrədɪkt] v 1) prieštarauti; 2) neigti; ~ion n 1) prieštaravimas; 2) priešingybė.
contrary ['kɒntrərɪ] 1. n priešingybė; on the ~ priešingai; 2. a priešingas, nepalankus.
contribut || **e** [kən'trɪbju:t] v 1) prisidėti; 2) įnešti indėlį (į mokslą ir pan.) (to); 3) bendradarbiauti (spaudoje); ~ion n 1) prisidėjimas; 2) indėlis; 3) bendradarbiavimas (spaudoje).

convene [kən'vi:n] v sušaukti (posėdį; susirinkimą).

conveni || ence [kən'vi:nıəns] n 1) patogumas; 2) pl. patogumai; ~ent a patogus, tinkamas.

convension [kən'venʃn] n 1) pa(si)keitimas; 2) perskaičiavimas (kitais vienetais); 3) perėjimas (į kitą partiją, religiją).

convey [kən'veı] v 1) gabenti, pervežti; 2. išreikšti, perteikti.

convict ['kɒnvıkt] 1. n nuteistasis, kalinys; 2. v [kən'vıkt] nuteisti, pripažinti kaltu.

convinc || e [kən'vıns] v įtikinti (of); ~ed a įsitikinęs, ~ing a įtikinantis.

cook [kʊk] 1. v virti, kepti; 2. n virėjas, virėja; ~er n viryklė; ~ery n kulinarija.

cookie, cooky n sausainis

cool [ku:l] 1. a 1) vėsus, gaivus; 2) šaltakraujiškas; 2. v atvėsti, ataušti.

co-operate [kəʊ'ɒpəreıt] v bendradarbiauti.

cope [kəʊp] v susidoroti, susitvarkyti (with).

copper ['kɒpə] n varis; a varinis.

copy ['kɒpı] 1. n 1) kopija; 2) egzemplioriu s; 3) reprodukcija; clean/rough ~ švarraštis/ juodraštis. 2. v kopijuoti, nurašyti.

copyright ['kɒpıraıt] n autorinė teisė.

cord [kɔ:d] n 1) virvė (plona); 2) špagatas; vocal ~s balso stygos.

cordial ['kɔ:djəl] a 1) nuoširdus; 2) vaistas (nuo širdies).

cork [kɔ:k] 1. n kamštis; 2. v užkimšti; ~screw n kamščiatraukis.

corn I [kɔ:n] n grūdas, grūdai, (papr.) kviečiai, amer. kukurūzai; ~flakes kukurūzų dribsniai.

corn II nuospauda.

corner ['kɔ:nə] n kampas; round the ~ už kampo, čia pat.

cornflower ['kɔ:nflaʊə] n rugiagėlė.

corporal ['kɒpərəl] a fizinis, kūno; ~ punishment fizinė bausmė.

corpse [kɔ:ps] n lavonas.

correct [kə'rekt] 1. a 1) teisingas; 2) korektiškas; 2. v ištaisyti, patikslinti; ~ion n (iš)taisymas, koregavimas.

correspond [ˌkɒrıs'pɒnd] v atitikti, derintis (to, with); ~ence n 1) atitikimas; 2) korespondencija; ~ing a atitinkamas.

cost [kɒst] 1. n kaina, kaštai; ~ price urmo kaina; living ~s pragyvenimas; at any ~ bet kuria kaina; 2. v (cost) kainuoti, atsieiti.

cosy ['kəʊzɪ] a patogus, jaukus.

cottage ['kɒtɪdʒ] n 1) kotedžas, vasarnamis; 2) vienaaukštis namas; ~ cheese n varškė.

cotton ['kɒtn] n medvilnė, medvilninė medžiaga; ~wool vata.

cough [kɒf] 1. n kosulys; 2. v kosėti; ~-drops n lašai nuo kosulio.

could žr. can.

council ['kaʊnsl] n 1) taryba; 2) pasitarimas, konsiliumas.

concel ['kaʊnsəl] 1. n 1) pasitarimas, svarstymas; 2) advokatas; 2. v patarti, ~or patarėjas.

count [kaʊnt] 1. n skaičiavimas; 2. v 1) skaičiuoti; 2) būti svarbiam; 3) to ~ on pasikliauti (kuo nors).

countenance ['kaʊntənəns] n veido išraiška, veidas.

counter ['kaʊntə] n prekystalis.

country ['kʌntrɪ] n 1) šalis, kraštas; 2) kaimas; ~ man n 1) tėvynainis; 2) kaimietis.

county ['kaʊntɪ] n 1) grafystė; 2) apygarda; 3) apskritis.

couple ['kʌpl] n 1) pora, dvejetas; 2) pora (sutuoktinių).

courage ['kʌrɪdʒ] n drąsa, vyriškumas; ~ous a drąsus, narsus.

course [kɔ:s] n 1) eiga; 2) kryptis; 3) patiekalas; ~ of exchange valiutos kursas; of ~ žinoma.

court [kɔ:t] 1. n 1) teismas; 2) kiemas; 2. v merginti.

cousin ['kʌzɪn] n pusbrolis, pusseserė.

cover ['kʌvə] 1. n 1) dangtis, danga; 2) viršelis; to take ~ pasislėpti. 2. v 1) (už)dengti; 2) slėpti; 3) aprėpti.

cow [kaʊ] n karvė; ~shed n karvidė.

coward ['kaʊəd] 1. n bailys; 2. a bailus.

crack [kræk] 1. n suskilimas, plyšys; 2. v (s)skilti, įdužti.

cracker ['krækə] n sausainis.

cradle ['kreɪdl] n lopšys.

craft [krɑ:ft] n 1) menas; 2) amatas.

craftsman ['krɑ:tstmən] n meistras, amatininkas; ~ship n amatininkystė.

cram [kræm] v 1) pri(si)kimšti, perpildyti; 2) (iš)kalti (pamoką).

crane [kreɪn] n 1) gervė; 2) keliamasis kranas.

crash [kræʃ] 1. n 1) trenksmas; 2) lėktuvo sudužimas; 3) bankrotas; 2. v 1) nukristi, sudužti; 2) subankrutuoti.

crav||**e** [kreɪv] 1) geisti, trokšti; 2) maldauti; ~ing n aistringas noras, troškimas (for).

crawl [krɔ:l] v šliaužti; ~ n 1) šliaužimas; 2) sport. plaukimas krauliu.

crazy ['kreɪzɪ] a 1) pamišęs; 2) susižavėjęs (about).

cream [kri:m] n 1) grietinė(lė); 2) kremas (kosmetikoje).

creat||**e** [kri:'eɪt] v 1) kurti; 2) sudaryti; ~ion n kūryba; kūrimas; ~or n kūrėjas.

creature ['kri:tʃɔ] n 1) gyvas padaras, gyvis; 2) žmogus.

creche [kreɪʃ] n vaikų lopšelis.

credit ['kredɪt] n 1) (pasi)tikėjimas; 2) garbė; 3) kreditas; on ~ skolon.

creep [kri:p] v (crept) 1) šliaužti; 2) sėlinti.

crew I [kru:] n laivo įgula, ekipažas.

crew II žr. crow

crib [krɪb] n vaiko lovelė.

crim||**e** [kraɪm] n nusikaltimas; ~inal n nusikaltėlis.

cripple ['krɪpl] 1. n invalidas; 2. v suluošinti.

crisp [krɪsp] a 1) traškus; 2) judrus.

crook [krʊk] n 1) kablys; 2) šnek. sukčius; by hook or by ~ trūks plyš, būtinai.

crop [krɒp] 1. n 1) derlius; 2) pasėliai; 2. v 1) ganytis; 2) trumpai apkirpti (plaukus).

cross [krɒs] 1. n kryžius; 2. a piktas, to be ~ with pykti; 3. v pereiti, pervažiuoti; ~out išbraukti.

crossing ['krɒsɪŋ] n 1) sankryža; 2) perėjimas (per gatvę).

cross-road ['krɒsrəʊd] n sankryža.

crow [krəʊ] 1. n 1) varna(s); 2) gaidžio giedojimas; 2. v (crowed, crew; crowed) giedoti (apie gaidį).

crowd [kraʊd] 1. n minia; 2. v susirinkti, spiestis; ~ed a perpildytas.

crown [kraʊn] 1. n 1) karūna; 2) (gėlių) vainikas; 3) viršūnė; 2. v karūnuoti, vainikuoti

cruel ['krʊəl] a žiaurus; ~ty n žiaurumas.

crumb [krʌm] n trupinys.

crumple ['krʌmpl] v glamžyti(s), raukšlėti(s).

crush [krʌʃ] 1. n (su)spaudimas; 2. v 1) išspausti; 2) traiškyti.

crust [krʌst] n (duonos) pluta; ~y trapus.

crutch [krʌtʃ] n ramentas.

cry [kraɪ] 1. n 1) riksmas; 2) verkimas; 2. v 1) šaukti; 2) verkti.

cucumber ['kju:kəmbə] n agurkas; as cool as a ~ ramus.
cunning ['kʌnɪŋ] a gudrus, suktas.
cup [kʌp] n 1) puodukas; 2) taurė (prizas); ~-board spintelė, bufetas.
curb [kɜ:b] 1. n 1) apynasris; 2) bordiuras; 2. v pažaboti, sutramdyti.
curd [kɜ:d] n (džn. pl) varškė.
cure [kjʊə] 1. n 1) vaistas; 2) gydymas; 2. v išgydyti (of).
curiosity [ˌkjʊərɪ'ɒsɪtɪ] n 1) žinių troškimas; 2) smalsumas; idm. ~ killed the cat nebūk toks smalsus.
currant ['kʌrənt] serbentai.
currency ['kʌrənsɪ] n 1) vartosena; 2) valiuta, pinigai; hard ~ tvirta valiuta; freely convertible ~ laisvai konvertuojama valiuta; ~ loan kreditas užsienio valiuta; ~ rate valiutos kursas.
current ['kʌrənt] 1. n 1) srovė; 2) (įvykių) eiga; 2. a 1) paplitęs; 2) einamasis; ~ account einamoji sąskaita; ~ assets apyvartinės lėšos.
curriculum [kə'rɪkjʊləm] (pl. curricula) n mokymo planas, programa; ~ vitae ['vi:taɪ] gyvenimo aprašymas, autobiografija.
curse [kɜ:s] 1. n prakeikimas, keikimas(is); 2. v prakeikti, keikti(s).
curtain ['kɜ:tn] n 1) užuolaida; 2) uždanga.
curve [kɜ:v] 1. n kreivė, lankas; 2. v (iš)lenkti, vingiuoti.
cushion ['kʊʃən] n pagalvėlė.
custody ['kʌstədɪ] n 1) globa; 2) įkalinimas.
custom ['kʌstəm] n 1) paprotys; 2) pl. muitas; 3) pl. muitinė; ~s duties muito mokesčiai; ~s tariff muito tarifas; ~ary a įprastas; ~er n pirkėjas, klientas.
cut [kʌt] 1. n 1) pjūvis, į(si)pjovimas; 2) kirpimas; hair ~ plaukų ap(si)kirpimas; 2. v (cut, cut) 1) pjauti, pjaustyti; 2) (at)kirpti; 3) prasikalti (apie dantis); 4) mušti, kapoti; to ~ short nutraukti pasikalbėjimą.
cute [kju:t] a gudrus, sumanus.
cycl||e ['saɪkl] 1 n. ciklas, ratas; 2) dviratis; 2. važiuoti dviračiu; ~ ist n dviratininkas.

D

dad, daddy [dæd; 'dædɪ] šnek. tėvelis, tėtis.

dagger ['dægə] n durklas.

daily ['deɪlɪ] a (kas)dieninis; 2. dienraštis.

dairy ['deərɪ] n pieninė. (parduotuvė, kombinatas).

dam [dæm] n užtvanka.

damage ['dæmɪdʒ] 1. n 1) nuostolis, žala; 2) pl. teis. kompensacija; 2. v 1) (su)gadinti; 2) padaryti nuostolių.

damp [dæmp] 1. n drėgmė; 2. a drėgnas; ~-proof a nepralaidus drėgmei.

danger ['deɪndʒə] n pavojus; ~ous a pavojingas.

dare [deə] v (dared, durst; dared) (iš)drįsti, turėti drąsos.

daring ['deərɪŋ] 1. n drąsa; 2. a drąsus.

dark [dɑ:k] a tamsus, tamsiaveidis; ~ness n tamsa.

darling ['dɑ:lɪŋ] 1. n mylimasis, -oji; 2. a mylimas, brangus.

darn [dɑ:n] v adyti.

dash [dæʃ] 1. n 1) veržimasis; 2) brūkšnys; 2. v sviesti, mesti, pulti.

data ['deɪtə] n duomenys, informacija; ~ bank duomenų bankas; ~-processing duomenų apdorojimas.

date [deɪt] 1. n data; šnek. pasimatymas; out of ~ pasenęs; up to ~ moderniškas; 2. v 1) datuoti; 2) priklausyti (kokiam nors laikotarpiui).

daughter ['dɔ:tə] n duktė; ~-in-law marti.

dawn [dɔ:n] n aušra; at ~ auštant.

day [deɪ] n diena; a ~ off išeiginė diena; by ~ dienos metu; the other ~ neseniai; ~ to ~ a kasdieninis; red-letter ~ išeiginė diena.

dead [ded] a miręs, negyvas; ~ line n paskutinis terminas.

deaf [def] a kurčias; ~ and dumb kurčnebylis.

deal [di:l] 1. n 1) kiekis a good/great ~ (of) daug; 2) sandėris, 2. v (dealt, dealt) 1) paskirstyti (out); 2) prekiauti kuo nors (in); 3) turėti reikalų (with); to strike a ~ sudaryti sandėrį.

dealt žr. deal.

dean [di:n] n 1) bažn. dekanas; 2) (fakulteto) dekanas.

dear [dɪə] a brangus, artimas.

death [deθ] n mirtis; ~ rate n mirtingumas.

debt [det] n skola; ~or n skolininkas; to run into ~ įbristi į skolas.

decay [dɪ'keɪ] 1. n puvimas, irimas; 2) v pūti, irti; to fall into ~ smukti, irti.

deceive [dɪ'si:v] v apgau(dinė)ti; ~r n apgavikas.

December [dɪ'sembə] n gruodis; in ~ gruodžio mėnesį.

decen ‖ **cy** ['di:sənsɪ] n padorumas; ~t ['di:sənt] a 1) padorus; 2) kuklus; 3) puikus.

deception [dɪ'sepʃn] n apgavystė, apgaulė.

decide [dɪ'saɪd] v nuspręsti, nutarti; ~d a ryžtingas; ~dly adv ryžtingai.

decipher [dɪ'saɪfə] v iššifruoti.

decision [dɪ'sɪʒn] n sprendimas, nutarimas; to arrive at/ come to/ make/ reach/ take a ~ nutarti.

decisive [dɪ'saɪsɪv] a lemiamas, sprendžiamasis.

deck [dek] n denis; on ~ ant denio.

decline [dɪ'klaɪn] 1. n silpnėjimas, nykimas; on the ~ nyksta̧s; 2. v 1) atsisakyti; 2) blogėti; 3) mažėti.

decorat ‖ **e** ['dekəreɪt] v 1) puošti, dekoruoti; 2) apdovanoti garbės ženklais; ~ion n 1) puošimas; 2) garbės ženklas.

decrease ['di:kri:s] 1. n mažėjimas, kritimas; to be on the ~ mažėti. 2. v [dɪ'kri:s] mažėti, mažinti.

decree [dɪ'kri:] n potvarkis, įsakas.

deduct [dɪ'dʌkt] v išskaityti; ~ion n 1) išskaitymas; 2) nuolaida; 3) išvada.

deed [di:d] n 1) veiksmas, poelgis; 2) teis. dokumentas; 3) žygdarbis.

deep [di:p] a gilus; ~ly adv. giliai.

deer [dɪə] n elnias.

defeat [dɪ'fi:t] 1. n 1) pralaimėjimas; 2) sutriuškinimas; 2. v sumušti, sutriuškinti.

defence [dɪ'fens] n gynyba; national ~ krašto apsauga; ~less a neapsaugotas.

defend [dɪ'fend] v ginti(s), saugoti; ~ant n teis. atsakovas.

deficiency [dɪ'fɪʃənsɪ] n stoka, deficitas.

define [dɪ'faɪn] v 1) apibrėžti, charakterizuoti; 2 nubrėžti, nustatyti (ribas).

definit ‖ **e** ['defɪnət] a tikslus, apibrėžtas; ~ion 1) apibrėžimas; 2) tikslumas; ~ly adv. tiksliai.

defy [dɪ'faɪ] v 1) prieštarauti, neklausyti; 2) mesti iššūkį.

degree [dɪ'gri:] 1) laipsnis, pakopa; by ~s palaipsniui; 2) mokslinis laipsnis.

delay [dɪ'leɪ] 1. n 1) sulaikymas; 2) (už)delsimas; without ~ neatidėliojant; 2. v 1) sulaikyti, užlaikyti; 2) uždelsti.

delegate ['delɪgɪt] 1. n delegatas, atstovas; 2. v ['delɪgeɪt] deleguoti, įpareigoti.

deliberat || e [dɪ'lɪbəreɪt] 1. v apgalvoti; 2. a [dɪ'lɪbərət] apgalvotas, tyčinis; ~ly apgalvotai, tyčia.

delicacy ['delɪkəsɪ] n 1) subtilumas, švelnumas; 2) trapumas; 3) skanėstas.

delicate ['delɪkət] a 1) subtilus; 2) švelnus; 3) trapus.

delicious [dɪ'lɪʃəs] a nepaprastai skanus.

delight [dɪ'laɪt] 1. n malonumas, pasitenkinimas; 2. v džiuginti, žavėti(s); ~ful a malonus.

deliver [dɪ'lɪvə] v 1) išnešioti; pristatyti; 2) skaityti (paskaitą); to ~ a lecture skaityti paskaitą; ~y n 1) pristatymas atgabenimas; 2) gimdymas.

demand [dɪ'mɑ:nd] 1. n 1) (pa)reikalavimas, poreikis; on ~ pagal pareikalavimą; ~ deposit neterminuotas indėlis; 2) ekon. paklausa; supply and ~ pasiūla ir paklausa; 2. v reikalauti (of, from).

denial [dɪ'naɪəl] n (pa)neigimas, atmetimas.

denote [dɪ'nəʊt] v 1) pažymėti; 2) nurodyti.

denounce [dɪ'naʊns] v 1) (ap)kaltinti; 2) denonsuoti (sutartį).

dense [dens] a 1) tankus; 2) tirštas (rūkas).

deny [dɪ'naɪ] v 1) neigti; 2) (at)sisakyti, atmesti.

depart [dɪ'pɑ:t] v išvykti, išvažiuoti.

department [dɪ'pɑ:tmənt] n 1) skyrius; 2) departamentas, valdyba; 3) (parduotuvės) sekcija, ~ store universalinė parduotuvė.

departure [dɪ'pɑ:tʃə] n 1) išvykimas, išvažiavimas; 2) nukrypimas.

depend [dɪ'pend] v 1) priklausyti (on, upon); būti priklausomam; 2) pasikliauti ~ence n priklausomybė.

depict [dɪ'pɪkt] v pavaizduoti, aprašyti; ~ion n pavaizdavimas.

deposit ['depəzɪt] 1. n 1) banko indėlis; 2) užstatas; 3) nuosėdos. 2. v 1) dėti į banką (pinigus); 2) duoti užstatą; 3) nusėsti (apie nuosėdas).

depository [dɪ'pɒzɪtərɪ] n saugykla.

deprecat || e ['deprɪkeɪt] v prieštarauti; ~ion prieštaravimas.

depriciat || e [dɪ'prɪ:ʃieɪt] v nuvertinti, nustoti vertės; ~ ion 1) nuvertinimas; 2) amortizacija.

deprive [dɪ'praɪv] v atimti (of).

depth [depθ] n giluma(s), gelmės.

deputy ['depjʊtɪ] n 1) deputatas, delegatas; by ~ per atstovą; 2) pavaduotojas.

descend [dɪ'send] v 1) nusileisti; 2) kilti, būti kilus (from).

descent [dɪ'sent] n 1) nusileidimas; 2) nuoširdumas; 3) kilmė, kilimas.

descri || be [dɪ'skraɪb] v aprašyti, atvaizduoti; ~ption [dɪ'skrɪpʃn] n aprašymas, atvaizdavimas.

desert [dɪ'zɜ:t] 1. v 1) palikti, apleisti; 2) pabėgti; 2. n ['dezət] n dykuma;

deserve [dɪ'zɜ:v] v už(si)tarnauti, būti vertam.

design [dɪ'zaɪn] 1. n planas, projektas; 2. v planuoti, projektuoti.

designate ['dezɪgneɪt] v skirti, numatyti.

desirable [dɪ'zaɪərəbl] a pageidaujamas.

desire [dɪ'zaɪə] 1. n troškimas (for); 2. v labai norėti, trokšti.

desk [desk] n 1) rašomasis stalas, mokyklinis suolas.

despair [dɪs'peə] n neviltis, nusivylimas.

desperat||e ['despərət] a 1) beviltiškas; 2) rimtas; to be ~ for smth beviltiškai trokšti; ~ion 1) nusiminimas; 2) beprotybė.

despise [dɪ'spaɪz] v niekinti.

despite [dɪ'spaɪt] 1. n neapykanta; 2. prep. nežiūrint (of).

destination [ˌdestɪ'neɪʃn] n 1) paskyrimo vieta; 2) (kelionės) tikslas.

destiny ['destɪnɪ] n likimas.

destr||oy [dɪ'strɔɪ] v naikinti, (su)griūti; ~oyer n griovėjas; ~uction (su)griovimas; (su)naikinimas; ~uctive a naikinamasis, griaunamasis.

desultory ['desəltrɪ] a padrikas, nesistemingas.

detach [dɪ'tætʃ] v at(si)skirti, atjungti; ~ment n atskyrimas; n būrys.

detain [dɪ'teɪn] v sulaikyti, užlaikyti.

detect [dɪ'tekt] v susekti, aptikti; ~ion susekimas.

determin || e [dɪ'tɜ:mɪn] n 1) nustatyti, nuspręsti; 2) apibrėžti; ~ation n nustatymas, apibrėžimas; ~ed a ryžtingas.

detest [dɪ'test] v neapkęsti; ~able a bjaurus.

devalu || ation [dɪˌvæljʊ'eɪʃn] n nuvertinimas; ~e v nuvertinti.

devastat || e ['devəsteɪt] v nuniokoti, nusiaubti; ~ion nuniokojimas.

develop [dɪ'veləp] v 1) vystyti(s); 2) plėsti; ~ment n vystymasis, raida; plėtra.

device [dɪ'vaɪs] n 1) įrengimas, įtaisas; 2) projektas, schema.

devil ['devɪl] n velnias, piktoji dvasia; go to the ~! eik po velnių!

devise [dɪ'vaɪz] v išgalvoti, išrasti.

devote [dɪ'vəʊt] v skirti (laiko, dėmesio); ~d a ištikimas.

dew [dju:] n rasa.

dexterity [dek'sterətɪ] n vikrumas, miklumas.

dial ['daɪəl] 1. n (laikrodžio) ciferblatas; 2. v surinkti telefono numerį.

diamond ['daɪəmənd] n deimantas, briliantas.

diarrhoea, diarhea [ˌdaɪə'rɪə] n med. viduriavimas.

diary ['daɪərɪ] n dienoraštis; to keep a ~ rašyti dienoraštį.

dictation [dɪk'teɪʃn] n diktantas.

dictionary ['dɪkʃənrɪ] n žodynas.

did žr. do.

die [daɪ] v 1) mirti (of, from); 2) silpnėti (apie vėją).

differ ['dɪfə] v 1) skirtis (from); 2) nesutarti; ~ence n 1) skirtumas; 2) nesutarimas; ~ent a skirtingas, kitoks.

difficult ['dɪfɪkəlt] a sunkus; ~y 1) sunkumas; 2) kliūtis; with / without ~ sunkiai / nesunkiai.

dig [dɪg] (dug; dug) v 1) kasti; 2)knaisiotis.

digest ['daɪdʒest] 1. n santrauka, reziumė, rinkinys; 2. v [dɪ'dʒest] 1) virškinti; 2 išstudijuoti; ~tion n virškinimas; įsisavinimas (žinių).

digit ['dɪdʒɪt] n mat. vienaženklis skaičius (nuo 0 iki 9); skaitmuo; ~al a skaitmeninis.

dignified ['dɪgnɪfaɪd] a kilnus, didingas.

diligen | ce ['dɪlɪdʒəns] n stropumas, darbštumas; ~t a stropus, darbštus.

dim [dɪm] a 1) neryškus; 2) silpnas.

dimension [dɪ'menʃn] n matmuo, matas, dydis.

diminish [dɪ'mɪnɪʃ] v mažinti, mažėti.

dine [daɪn] v pietauti; to ~out pietauti ne namuose.

dining-car ['daɪnɪŋ kɑ:] n vagonas-restoranas.

dining room ['daɪnɪŋˌrʊm] n valgomasis kambarys.

dinner ['dɪnə] n pietūs; to have /take dinner pietauti.

dip [dɪp] v panardinti, įmerkti.

direct [dɪ'rekt] 1. a 1) tiesus; 2) tiesioginis; ~ costs tiesioginės išlaidos; ~ taxes tiesioginiai mokesčiai; 2. v 1) vadovauti, valdyti; 2) parodyti kelią; 3) statyti (apie režisierių); ~ion n 1) vadovavimas; 2) instrukcija.

directory [dɪ'rektərɪ] n adresų knyga; telephone ~ telefono abonentų sąrašas.

dirt [dɜ:t] n purvas; ~y a 1) purvinas; 2) negarbingas.

disabled [dɪs'eɪbld] a suluošintas, invalidas.

disadvantage [ˌdɪsəd'vɑ:ntɪdʒ] n nenauda, nuostolis; to be at a ~ būti nepatiogioje padėtyje.

disagree [ˌdɪsə'grɪ:] v 1) nesutarti; 2) prieštarauti; ~ment n nesutarimas, ginčas.

disappear [ˌdɪsə'pɪə] v išnykti, dingti; ~ance n išnykimas, dingimas.

dissapoint [ˌdɪsə'pɔɪnt] v apvilti, nusivilti; ~ment n nusivylimas.

disappro || val [ˌdɪsə'pru:vl] n nepritarimas; ~ve nepritarti.

disarm [dɪs'ɑ:m] v nu(si)ginkluoti; ~ament n nusiginklavimas.

disast || er [dɪ'zɑ:stə] n nelaimė, bėda; ~rous a pražūtingas.

discharge [dɪs'tʃɑ:dʒ] 1. n 1) nutekėjimas; 2) paleidimas (iš ligoninės); 3) el.iškrova; 2. v 1) išmesti (apie kanalizaciją ir pan.); 2) paleisti iš (ligoninės); 3) el. iš(si)krauti.

disclose [dɪs'kləʊz] v atidengti, atskleisti.

discontent [ˌdɪskən'tent] n nepasitenkinimas.

discount ['dɪskaʊnt] 1. n 1) nuolaida; at a ~ su nuolaida; 2) diskontas; ~ rate diskonto norma. 2. v [dɪs'kaʊnt] 1) diskontuoti vekselį; 2) daryti nuolaidą.

discourage [dɪs'kʌrɪdʒ] v atimti drąsą; ~ment n nuvylimas.

discover [dɪs'kʌvə] v atrasti; atskleisti; ~y n atradimas.

discrepan || cy [dɪ'skrepənsɪ] n neatitikimas; ~t neatitinkantis; prieštaraujantis.

discrete [dɪ'skri:t] a atskiras, pavienis.

disdain [dɪs'deɪn] 1. n 1) panieka; 2) išdidumas; 2. v niekinti; ~ful a niekinamas.

disease [dɪ'zi:z] n liga.

disgrace [dɪs'greɪs] 1. n gėda, negarbė; to fall into ~ patekti į nemalonę; 2. v daryti gėdą; ~ful a gėdingas.

disguise [dɪs'gaɪz] 1. maskavimas(is), persirengimas; in~ persirengęs; 2. v per(si)rengti, maskuoti(s).

disgust [dɪs'gʌst] 1. n pasibjaurėjimas; 2. v sukelti pasibjaurėjimą; ~ing a bjaurus.

dish [dɪʃ] n 1) dubuo, lėkštė; 2) pl. indai; 3) valgis, patiekalas.

dishonest [dɪs'ɒnɔst] a nedoras, nesąžiningas; ~y n nesąžiningumas, apgaulė.

dishonour [dɪs'ɒnə] 1. n negarbė, gėda; 2. v plėšti garbę, įžeisti.

disinterested [dɪs'ɪntrɪstɪd] a nesuinteresuotas.

dislike [dɪs'laɪk] 1. n nemėgimas; 2. v nemėgti, nekęsti.

dismay [dɪs'meɪ] n baimė, išgąstis.

dismiss [dɪs'mɪs] v 1) paleisti; 2) atleisti (iš darbo); 3) išmesti iš galvos (mintis); ~al n 1) atleidimas; 2) paleidimas; 3) (minties) atsikratymas.

disob || edience [ˌdɪsə'bi:dɪəns] n neklusnumas; ~edient a nepaklusnus; ~ey v nepaklusti

disorder [dɪs'ɔ:də] 1. n netvarka; negalavimas; 2. v daryti netvarką; ~ly a netvarkingas.

dispatch [dɪs'pætʃ] 1. n siuntimas; 2. v 1) pasiųsti; 2) greitai sutvarkyti.

dispense [dɪs'pens] v (iš)dalyti; to ~ with apsieiti.

dispers || e [dɪs'pɜ:s] v iš(si)sklaidyti, išplatinti; ~ion iš(si)sklaidymas.

displace [dɪs'pleɪs] v perkelti, perstatyti; ~ment n perkėlimas; atleidimas.

display [dɪs'pleɪ] 1. n paroda, parodymas; 2. v (pa)rodyti, išstatyti.

displeas || e [dɪs'pli:z] v 1) nepatikti; 2) pykinti; ~ed a nepatenkintas; ~ing a nemalonus; ~ure n nepasitenkinimas; apmaudas.

dispos || al [dɪs'pəʊzl] n 1) disponavimas; 2) priklausomybė; at one's ~ kieno nors žinioje; ~e v 1) turėti; išsidėstyti; 2) atsikratyti, perduoti; ~ition n

1) iš(si)dėstymas; 2) nuotaika; 3) tendencija.

disregard [ˌdɪsrɪˈgɑːd] 1. n abejingumas; 2. v nekreipti dėmesio.

dissolution [ˌdɪsəˈluːʃn] n 1) (iš)tirpimas; 2) (sutarties) panaikinimas; 3) (parlamento) paleidimas.

dissolve [dɪˈzɒlv] v 1) (iš)tirpdyti; 2) nutraukti, panaikinti.

distant [ˈdɪstənt] a tolimas.

distinct [dɪsˈtɪŋkt] a aiškus, ryškus; ~ion n 1) skirt(ing)umas; 2) pasižymėjimas; ~ly adv aiškiai; ~ness n aiškumas.

distinguish [dɪsˈtɪŋgwɪʃ] v atskirti, išskirti; ~ onself pasižymėti.

distract [dɪsˈtrækt] v atitraukti, išblaškyti; ~ed a išsiblaškęs.

distress [dɪsˈtres] 1. n 1) vargas; 2) nelaimė; 2. v atnešti vargą, sukelti sielvartą.

distribut||e [ˈdɪstrɪbjuːt] v (iš)skirstyti, (pa)dalyti (among, to); ~ion n 1) skirstymas; 2 platinimas; ~or n platintojas.

district [ˈdɪstrɪkt] n rajonas; apygarda.

distrust [dɪsˈtrʌst] 1. n nepasitikėjimas; 2. v nepasitikėti; ~ful a nepasitikintis.

disturb [dɪsˈtɜːb] v trukdyti, drumsti (ramybę); ~ance n neramumas.

ditch [dɪtʃ] n griovys.

dive [daɪv] 1. n šuolis į vandenį; ~r naras; 2. v nerti, šokti į vandenį.

divers||e [daɪˈvɜːs] a 1) kitoks; 2) įvairus; ~ion n 1) nukrypimas; ~ity 1) skirtingumas; 2) įvairumas.

divide [dɪˈvaɪd] v 1) dalyti(s); 2) smulkintis.

division [dɪˈvɪʒn] n 1) (pasi)dalijimas; 2) dalis, skyrius.

divorce [dɪˈvɔːs] 1. n skyrybos; 2) v nutraukti (santuoką); to get ~ed išsiskirti.

do [duː] (did; done) v 1) daryti; to ~ lessons ruošti pamokas; 2) tvarkyti; to ~ the room tvarkyti kambarį; 3) atlikti, padaryti; to ~ smb good padaryti kam gera; 4) užtekti; that will ~ užteks.

dog [dɒg] n šuo, lapinas; idm. to go to the ~ s nusigyventi, nusmukti; every ~ has his/its day (pat.) kiekvienoje gatvėje būna šventė.

doll [dɒl] n lėlė.

domestic [dəˈmestɪk] a 1) namų; 2) šeimyninis; 3) vidaus, krašto.

done žr. do.

donkey ['dɒŋkɪ] n asilas.

door [dɒ:] n durys.

dot [dɒt] n taškas; on the ~ tinkamu momentu.

double ['dʌbl] 1. a dvigubas; 2. v dvigubinti; ~-faced a dviveidis.

doubt [daʊt] 1. n abejonė; no ~ be abejonės; 2. v abejoti; ~ ful a 1) abejojąs; 2) abejotinas; ~less adv neabejotinai.

dove [dʌv] n balandis, karvelis.

down [daʊn] adv žemyn, žemai, apačioje.

downstairs ['daʊnsteəz] adv, a 1) laiptais žemyn; 2) (vienu aukštu) žemiau.

dozen ['dʌzn] n 1) tuzinas; 2) pl. daugybė; baker's / devil's ~ velnio tuzinas.

draft [drɑ:ft] n 1) projektas; 2) brėžinys; 3) fin. trata.

drag [dræg] v traukti, tempti.

drain [dreɪn] 1. n 1) drenažas; 2) kanalizacijos vamzdis; 2. v drenuoti, sausinti.

drank žr. drink.

draught [drɑ:ft] I. n traukimas, skersvėjis; ~ y a skersvėjuotas.

draught II. n 1) planas, brėžinys; pl. šaškės; ~sman 1) šaškė; 2) braižytojas.

draw [drɔ:] 1. n 1) (iš)traukimas; 2) burtų traukimas; 3) (sporte) lygiosios; 2. v (drew; drawn) 1) traukti, tempti; 2) traukti (burtus); 3) (sporte) baigti lygiosiomis; 4) braižyti, piešti; ~er n piešėjas, braižytojas.

drawn žr. draw.

dread [dred] 1. n didelė baimė; 2. v labai bijoti, baimintis; ~ ful a baisus.

dream [dri:m] 1. n 1) sapnas; to see a ~ sapnuoti; 2) svajonė; 2. v (dreamt, dreamed) 1) sapnuoti; 2) svajoti; ~er n svajotojas.

dreamt žr. dream.

dress [dres] 1. n rūbas, suknelė; evening ~ vakarinis tualetas; ~ rehearsal generalinė repeticija; 2. v 1) rengti(s); 2) perrišti žaizdą.

dressing-gown ['dresɪŋgaʊn] n chalatas; ~-table ['dresɪŋˌteɪbl] tualetinis staliukas.

dressmaker ['dresˌmeɪkə] n moteriškų drabužių siuvėja(s).

drew žr. draw.

drill [drɪl] n grąžtas, gręžtuvas.

drink [drɪŋk] 1. n gėrimas to have a ~ išgerti; 2. v (drank; drunk) gerti; ~able a geriamas.

drip [drɪp] v varvėti, lašėti; ~ ping wet kiaurai permirkęs.

drive [draɪv] 1. n važiavimas, (pasi)važinėjimas; to go for a ~ pasivažinėti; 2. v (drove; driven) 1) varyti, vyti; 2) įkalti; 3) vairuoti (automobilį); 4) važiuoti (automobiliu); ~r vairuotojas.

drop [drɒp] 1. n 1) lašas, gurkšnelis; 2) ledinukas; 3) kritimas; 2. v 1) kristi; 2) nuleisti (akis); 3) įmesti (laišką į pašto dėžutę).

drought [draʊt] n sausra.

drove žr. drive.

drown [draʊn] v skęsti; to be ~ed paskęsti.

drug [drʌg] n 1) vaistas; 2) narkotikas; ~gist n vaistininkas; ~-store amer. vaistinė; ~addict n narkomanas.

drum [drʌm] n būgnas; ~mer n būgnininkas.

drunk žr. drink.

dry [draɪ] 1. a sausas, išdžiūvęs. 2. v 1) džiovinti; 2) (nusi)šluostyti (rankšluosčiu).

dry-cleaning [ˌdraɪ'kli:nɪŋ] n cheminis valymas.

duchess ['dʌtʃɪs] n hercogienė.

duck [dʌk] n antis; lame ~ n nevykėlis.

due [dju:] 1. n 1) tai kas priklauso; 2) pl. mokestis, muitas; 2. a 1) apmokėtinas; 2) (ati)tinkamas; in ~ course tinkamu laiku; ~ to prep. dėl, ryšium su.

dug žr. dig.

duke [dju:k] n hercogas.

dull [dʌl] a 1) bukas, kvailas; 2) nuobodus, pilkas.

dumb [dʌm] a 1) nebylus; 2) nekalbus.

dur || able ['djʊərəbl] a ilgalaikis; tvirtas; ~ability n trukmė; ~ables n pl. prekės ilgam naudojimui; ~ation n trukmė; laikas; ~ing prp metu.

dusk [dʌsk] n prieblanda.

dust [dʌst] 1. n dulkės; 2. v išdulkinti; ~er n skuduras dulkėms valyti; ~y a dulkėtas.

duty ['dju:tɪ] n 1) pareiga; 2) budėjimas; on ~ budintis; 3) muitas; custom duties muito mokesčiai; ~ free a neapmokestinamas.

dwell [dwel] v (dwelt, dwelt) (apsi)gyventi; ~ing n butas, namas.

dye [daɪ] 1. n 1) dažai; 2) spalva; 2. v dažyti, nusidažyti; ~ -works [- wɜ:ks] n dažykla.

E

each [i:tʃ] pron kiekvienas; ~ other vienas kitą.

eager ['i:gə] a 1) trokštąs (for, about); 2) nekantrus; ~ness n įkarštis, troškimas.

eagle ['i:gl] n erelis.

ear [ɪə] ausis; to have a good/ bad ~ turėti gerą / blogą klausą.

early ['ɔ:lɪ] 1. a ankstyvas; 2. adv anksti.

earn [ɜ:n] v 1) už(si)dirbti; 2) užsitarnauti; to ~ one's living užsidirbti pragyvenimui.

earnest ['ɜ:nəst] 1. a 1) rimtas; 2) uolus; 2. n in ~ rimtai, nuoširdžiai.

earnings ['ɜ:nɪŋz] n uždarbis, atlyginimas.

ear-ring ['ɪərɪŋ] n auskaras.

earth [ɜ:θ] n 1) žemė; 2) sausuma; what on ~ is the matter? kame reikalas?; ~ly a žemės, žemiškas.

earthquake ['ɜ:θkweɪk] n žemės drebėjimas.

eas||e [i:z] 1. n lengvumas, patogumas; at ~ laisvai, nesuvaržytai; ill at ~ nejaukiai; 2. v palengvinti (skausmą); ~ily adv lengvai.

east [i:st] 1. n rytai; 2. a rytinis, rytų; 3. adv į rytus.

Easter ['i:stə] n Velykos; ~ egg Velykų margutis.

easy ['i:zɪ] a 1) lengvas; 2) nesuvaržytas; ~ going a linksmas, nerūpestingas; take it ~ nesijaudink!

eat [i:t] v (ate, eaten) 1) valgyti; 2) ėsti; ~able a valgomas; ~ery n valgykla.

economy [ɪ'kɒnəmɪ] n 1) ūkis; national ~ krašto ūkis; 2) ekonomija, taupumas.

edge [edʒ] n 1) kraštas, briauna; 2) ašmenys.

edit ['edɪt] v redaguoti; ~ion n leidinys; ~or n leidėjas; ~orial a redakcinis; ~ office redakcija (įstaiga).

educat||e ['edju:keɪt] v auklėti; mokyti; ~ed a apsišvietęs; išsilavinęs; ~ion n auklėjimas; švietimas; ~ional n 1) mokomasis; 2) švietimo.

eel [i:l] n ungurys.

efficient [ɪ'fɪʃnt] a 1) veiksmingas, efektyvus; 2) kvalifikuotas, sugebąs.

effort ['efət] n pastanga, bandymas; to make every ~ dėti visas pastangas.

egg [eg] n kiaušinis; to lay ~s dėti kiaušinius.

eight [eɪt] num aštuoni; ~een [ˌeɪ'ti:n] aštuoniolika; ~h [eɪtθ] aštuntas; ~ieth ['eɪtɪɪθ] aštuoniasdešimtas; ~y ['eɪtɪ] aštuoniasdešimt.

either ['aɪðə] 1. pron vienas iš dviejų, bet kuris; 2. adv taip pat, irgi (neig. sakinyje); 3. conj arba, ~...or ... arba... arba.

elaborat||e [ɪ'læbərət] 1. a 1) nuodugniai paruoštas; 2) detalizuotas; 2. v [ɪ'læbəreɪt] 1) detaliai paruošti; 2) tobulinti; ~ion n 1) paruošimas; 2) patobulinimas.

elbow ['elbəʊ] n alkūnė.

elder ['eldə] a vyresnis (šeimoje); ~ly a senyvo amžiaus.

eldest ['eldɪst] a vyriausias (šeimoje).

elect [ɪ'lekt] v išrinkti; ~ion n rinkimai; general ~ visuotiniai rinkimai.

elephant ['elɪfənt] n dramblys.

elevat||e ['elɪveɪt] v 1) pakelti; 2) paaukštinti; ~ed a aukštas (stilius); ~ion n (pa)kėlimas.

eleven [ɪ'levn] num vienuolika; ~th vienuoliktas.

eliminat||e [ɪ'lɪmɪneɪt] v 1) pašalinti; 2) panaikinti; ~ion n pašalinimas; išbraukimas.

eloquent ['eləkwənt] a iškalbingas.

else [els] 1. adv dar, be to; who / what ~? kas dar? ką dar?; 2. pron kitas; somebody ~ kas nors kitas; ~ where adv kažkur kitur.

embankment [ɪm'bæŋkmənt] n 1) pylimas; 2) krantinė.

embargo [ɪm'bɑ:gəʊ] n uždraudimas, embargas.

embark [ɪm'bɑ:k] v pakrauti laivą, sėsti į laivą

embarass [ɪm'bærəs] v varžyti, trukdyti; ~ing a nemalonus; ~ment n trikdymas

embod||iment [ɪm'bɒdɪmənt] n įkūnijimas; ~y įkūnyti.

embrace [ɪm'breɪs] 1. n apkabinimas; 2. v 1) ap(si)kabinti; 2) apimti.

embroider [ɪm'brɔɪdə] v išsiuvinėti; ~y n siuvinėjimas.

emerg||e [ɪ'mɜ:dʒ] v 1) pasirodyti; 2) iškilti; ~ence n 1) pasirodymas; 2) paaiškėjimas; ~ency n nenumatytas atvejis; in an ~ kraštutiniu atveju.

eminent ['emɪnənt] a įžymus, garsus.

employ [ɪm'plɔɪ] v 1) samdyti, duoti darbą; 2) vartoti, naudoti; ~ee n tarnautojas; ~er n darbdavys; ~ment n 1) tarnyba; darbas; 2) panaudojimas.
empty ['emptɪ] 1. a tuščias, negyvenamas; 2. n tuščia dėžė, butelis ir pan.; 3. v tuštinti, išpilti.
enable [ɪ'neɪbl] v įgalinti.
enamel [ɪ'næməl] n 1) emalis; 2) glazūra.
encircle [ɪn'sɜ:kl] v apsupti.
enclose [ɪn'kləʊz] v 1) apsupti; 2) įdėti (į vidų).
encounter [ɪn'kaʊntə] 1. n susidūrimas, netikėtas susitikimas; 2. v netikėtai susitikti, susidurti.
encourage [ɪn'kʌrɪdʒ] v drąsinti, skatinti; ~ment n padrąsinimas.
end [end] 1. n galas, pabaiga; 2. v baigti(s).
endeavour [ɪn'devə] 1. n pastangos; 2. stengtis.
endless ['endlɪs] a begalinis.
endur || ance [ɪn'djʊərəns] n kantrumas, ištvermingumas; ~e v išlaikyti, pakelti.
enemy ['enɪmɪ] n priešas, priešininkas; a priešiškas.
enforce [ɪn'fɔ:s] v 1) versti, spausti; 2) sustiprinti; ~ment n sugriežtinimas.
engage [ɪn'geɪdʒ] v 1) įdarbinti; 2) užsiimti kuo nors (in); 3) susižieduoti; ~d užimtas, užsiėmęs; ~ment n 1) užsiėmimas; 2) pakvietimas; 3) susižiedavimas.
engine ['endʒɪn] n 1) variklis, 2) garvežys; ~-driver n mašinistas.
engrave [ɪn'greɪv] v graviruoti, raižyti; ~r n graveris.
enjoy [ɪn'dʒɔɪ] v 1) gėrėtis; 2) naudotis (teisėmis); ~ment n 1) malonumas; 2) naudojimasis.
enlarge [ɪn'lɑ:dʒ] v didinti, iš(si)plėsti; ~ment n išplėtimas, padidinimas.
enlist [ɪn'lɪst] v imti, stoti į karo tarnybą.
enmity ['enmɪtɪ] n priešiškumas.
enourmons [ɪ'nɔ:məs] a didžiulis.
enough [ɪ'nʌf] 1. a pakankamas; 2. n pakankamas kiekis; 3. adv pakankamai; well ~ pakankamai gerai.
enrich [ɪn'rɪtʃ] v (pra)turtinti.
enrol(l) [ɪn'rəʊl] v 1) įtraukti į sąrašą; 2) imti, verbuoti į kariuomenę; ~ment n 1) registracija; 2) naujų narių priėmimas.

enter ['entə] v 1) įeiti; 2) įstoti; 3) įrašyti į sąrašą; to ~into force įsigalioti.

enterprise ['entəpraız] n įmonė.

entertain [ˌentə'teın] v 1) priimti, vaišinti (svečius); 2) linksminti; ~ing a įdomus; ~ment n pasilinksminimas

entire [ın'taıə] a visas, pilnas; ~ly adv pilnai, visiškai.

entitle [ın'taıtl] v 1) (pa)vadinti; 2) duoti teisę; to be ~d turėti teisę (to).

entrepreneur [ˌɒntrəprə'nɜ:] n įmonininkas.

entry ['entrı] n 1) įėjimas, įvažiavimas; ~ visa įvažiavimo viza; 2) įtraukimas į sąrašą; ~ into force įsigaliojimas.

enumerat || e [ı'nju:məreıt] v išvardinti; ~ion n išvardijimas.

envelope ['envıləʊp] n vokas.

envious ['envıəs] a pavydus.

environment [ın'vaıərənmənt] n aplinka; ~al a aplinkos, ekologinis.

envy ['envı] 1. n pavydas; 2. v pavydėti.

equal ['i:kwəl] 1. a 1) lygus; 2) tinkąs; 2. v prilygti, būti lygiam; ~ity n lygybė.

equip [ı'kwıp] v aprūpinti, įrengti; ~ment n 1) įrengimas; 2) įrenginiai.

erase [ı'reıs] v ištrinti, išskusti.

erect [ı'rekt] 1. pastatyti, iškelti; 2. a tiesus; ~ion n pastatymas; ištiesinimas.

errand ['erənd] n pavedimas.

erroneous [ı'rəʊnjəs] a klaidingas.

error ['erə] n klaida; in ~ per klaidą.

escape [ı'skeıp] 1. n 1) pabėgimas; 2) išsigelbėjimas; to have a narrow ~ vos išvengti pavojaus; 2. v pabėgti, ištrūkti.

essay ['eseı] n esė, apybraiža.

establish [ıs'tæblıʃ] v 1) įsteigti, įkurti; 2) įsikurti; 3) nustatyti (algą); įrodyti (juridiškai); ~ment n 1) įkūrimas; 2) įstaiga.

estate [ıs'teıt] n 1) dvaras, žemė; 2) turtas; personal (real) ~ kilnojamas (nekilnojamas) turtas.

esteem [ıs'ti:m] 1. n pagarba; 2. v gerbti.

estimate ['estımıt] 1. n 1) įvertinimas; 2) sąmata; 2. v ['estımeıt] įvertinti, kalkuliuoti.

etc [ıt'setrə] n ir taip toliau.

etern || al [ı'tɜ:nl] a amžinas; ~alize, ~alise v įamžinti; ~ity n amžinybė.

evade [ɪ'veɪd] v 1) išvengti; 2) apeiti (įstatymą).

evaluat || e [ɪ'væljʊeɪt] v įvertinti; ~ion n įvertinimas.

evaporat || e [ɪ'væpəreɪt] v išgaruoti; ~ion n išgaravimas.

evas || ion [ɪ'veɪʒn] n vengimas; ~ive a vengiantis.

eve [i:v] n išvakarės; Christmas ~ Kūčių vakaras.

even ['i:vn] 1. a lygus, vienodas; 2. v išlyginti, sulyginti; 3. adv. net.

evening ['i:vnɪŋ] 1) n vakaras; 2) vakarėlis, pobūvis.

event [ɪ'vent] n 1) įvykis; 2) atvejis; at all ~s bet kuriuo atveju.

eventually [ɪ'ventʃʊəlɪ] adv galų gale.

ever ['evə] adv 1) kartais; 2) bet kada; for ~ amžinai.

every ['evrɪ] a kiekvienas; ~other day kas antrą dieną; ~body pron kiekvienas, visi; ~thing pron viskas; ~where adv visur.

evid || ence ['evɪdəns] n įrodymas; ~ent a aiškus, akivaizdus; ~ently adv aiškiai, matomai.

evil ['i:vl] 1. n blogis, blogybė; 2. a blogas, piktas.

evoke [ɪ'vəʊk] v sukelti (jausmus).

exact [ɪg'zækt] a tikslus; ~ly adv tiksliai.

exaggerat || e [ɪg'zædʒəreɪt] v perdėti; ~ion n perdėjimas.

example [ɪg'zɑ:mpl] n pavyzdys; for ~ pavyzdžiui.

exasperation [ɪg,zɑ:spə'reɪʃn] n pyktis, susierzinimas.

exceed [ɪk'si:d] v 1) viršyti; 2) pralenkti; ~ingly adv labai, nepaprastai.

excel [ɪk'sel] v pralenkti, pranokti (at, in); ~lent a puikus, labai geras (pažymys).

except [ɪk'sept] 1. prep. išskyrus; 2. v išskirti, neskaityti; ~ion n išimtis; ~tion to a rule taisyklės išimtis.

excess [ɪk'ses] n 1) perteklius; 2) kraštutinumas; ~ive a besaikis, perdėtas.

exchange [ɪks'tʃeɪndʒ] 1. n 1) keitimas, mainas; rate/course of ~ valiutos kursas; a bill of ~ vekselis; 2) birža; 3) komutatorius; 2. v keisti(s).

excit || e [ɪ'ksaɪt] v 1) jaudinti; 2) sužadinti; ~ment n su(si)jaudinimas; ~ing a jaudinantis.

excl || aim [ɪks'kleɪm] v sušukti; ~amation n sušukimas; ~ mark šauktukas.

exclu || de [ɪks'klu:d] v pašalinti, išmesti; ~sion n išskyrimas; ~sive a išskirtas, išskirtinis; ~ of išskyrus.

execut || e ['eksɪkju:t] 1. v (į)vykdyti; 2) apiforminti; 3) atlikti; ~ion n įvykdymas, atlikimas; ~ive a vykdomasis; 2. n 1) vykdomoji valdžia; 2) vadovas.

excursion [ɪk'skɜ:ʃn] n ekskursija, išvyka.

excuse [ɪk'skju:s] 1. n 1) pa(si)teisinimas; 2) pretekstas; poor/good ~ blogas/geras pasiteisinimas; 2. v [ɪk'skju:z] pateisinti, dovanoti.

exercise ['eksəsaɪz] 1. n 1) pratimas; 2) mankšta; 2. v lavinti(s), mankštinti(s).

exert [ɪg'zɜ:t] v įtempti (jėgas); to ~ oneself dėti pastangas; ~ion n įtempimas, pastangos.

exhaust [ɪg'zɔ:st] 1. n (garų, dujų) išmetimas; 2. v išsekinti; ~ed a išsekęs; ~ing a varginantis; ~ion n išvargimas, išsekimas.

exhibit [ɪg'zɪbɪt] 1. n eksponatas; ~ion n paroda; 2. v 1) (pa)rodyti; 2) eksponuoti.

exile ['eksaɪl] 1. n 1) ištrėmimas; 2) kalinys; 2. v ištremti.

exit ['egzɪt] n išėjimas; ~ visa / permit išvažiavimo viza.

expan || d [ɪks'pænd] v 1) iš(si)plėsti; 2) iš(si)vystyti; ~se n platybė, erdvė; ~sion n iš(si)plėtimas, paplitimas.

expatriate [ɪk'spætrɪət] 1. n ekspatriantas, emigrantas; 2. v [ɪk'spætrɪeɪt] v 1) ekspatrijuoti, ištremti.

expect [ɪk'spekt] v laukti, tikėtis; ~ation n 1) laukimas, tikėjimas; 2) viltys, lūkesčiai.

expel [ɪk'spel] v išvaryti, išmesti.

expenditure [ɪk'spendɪtʃə] n 1) eikvojimas; 2) išlaidos.

expens || e [ɪk'spens] n 1) pl. išlaidos; 2) kaina, vertė; ~ive a brangus.

experience [ɪk'spɪərɪəns] 1. n 1) patirtis; 2) pergyvenimas; 2. v patirti, pergyventi; ~ed a patyręs.

expiration [ˌekspɪ'reɪʃn] n 1) iškvėpimas; 2) (laiko) pasibaigimas.

expi || re [ɪk'spaɪə] v 1) iškvėpti; 2) pasibaigti (apie laiką, terminą); ~ry n termino ar galiojimo pasibaigimas.

expl || ain [ɪk'spleɪn] v paaiškinti; ~ anation n paaiškinimas.

explicit [ɪk'splɪsɪt] a aiškus, apibrėžtas.

explode [ɪk'spləʊd] v sprogti.

exploit ['eksplɔɪt] n žygdarbis.

explor || ation [ˌeksplə'reɪʃn] n tyrinėjimas; ~e v (iš)tirti, tyrinėti; ~er n tyrinėtojas.

explos || ion [ɪk'spləʊʒn] n 1) sprogimas; 2) prasiveržimas; ~ive 1. a sprogstamasis; 2. n sprogstamoji medžiaga

expose [ɪk'spəʊz] v 1) išstatyti (prekes vitrinoje); 2) demaskuoti.

exposition [ˌekspə'zɪʃn] n 1) išdėstymas; 2) ekspozicija, paroda.

express [ɪk'spres] 1. n 1) ekspresas (traukinys); 2) kurjeris; 2. a 1) specialus; 2) skubus; 3. v išreikšti; ~ion n išraiška, išsireiškimas.

exten | d [ɪk'stend] v 1) tęsti (laike); 2) praplatinti; išplėsti; ~sion n 1) pratęsimas; 2) išplėtimas; 3) priestatas.

extramural [ˌekstrə'mjʊrəl] a neakivaizdinis.

extent [ɪks'tent] n mąstas, apimtis; to a great ~ žymiu mastu.

extinguish [ɪk'stɪŋgwɪʃ] v 1) gesinti (ugnį, šviesą); 2) naikinti.

extract ['ekstrækt] 1. n ištrauka; 2. [ɪk'strækt] v 1) ištraukti (dantį); 2) išgauti.

extraordinary [ɪk'strɔ:dɪnərɪ] a nepaprastas, ypatingas.

extreme [ɪk'stri:m] 1. n kraštutinumas; 2. a 1) tolimiausias; 2) ypatingas.

exult [ɪg'zʌlt] v džiūgauti, triumfuoti; ~ation n džiūgavimas, triumfas.

eye [aɪ] 1. n akis; 2. v žiūrėti, stebėti; ~ brow n antakis; ~lash n blakstiena; ~lid n akies vokas; ~ sight regėjimas; ~ - witness n liudytojas (matęs įvykį).

F

fable ['feɪbl] n pasakėčia.

fabric ['fæbrɪk] n 1) audinys; 2) gaminys.

fabulous ['fæbjʊləs] a 1) pasakiškas; 2) neįtikėtinas.

face [feɪs] 1. n 1) veidas; 2) išorė, ~ of the clock laikrodžio ciferblatas; 2. v 1) stovėti priešais; 2) išeiti (apie langus); 3) būti pasiruošus; to ~ facts žiūrėti tiesiai į akis.

facility [fə'sɪlɪtɪ] n 1) lengvumas;

2) sugebėjimas; 3) pl. palankios sąlygos; 4) patogumai.

factory ['fæktərɪ] n fabrikas, gamykla.

faculty ['fækəltɪ] n 1) sugebėjimas; 2) fakultetas.

fade [feɪd] v 1) vysti; 2) blukti.

fail [feɪl] v 1) nepasisekti to ~ in an examination neišlaikyti egzamino; 2) neužtekti; 3) silpnėti (apie sveikatą); ~ure n 1) nepasisekimas; 2) bankrotas; 3) nevykėlis.

faint [feɪnt] 1. a silpnas; 2. v nualpti.

fair I [feə] n mugė.

fair II a 1) doras, sąžiningas; 2) geras, palankus (apie orą); 3) šviesus (apie plaukus); ~ly adv teisingai, dorai.

fairy-tale ['feərɪteɪl] n pasaka.

faith [feɪθ] n 1) (pasi)tikėjimas; 2) religija, tikyba; ~ful a ištikimas.

fall [fɔ:l] 1. n 1) kritimas; 2) amer. ruduo; 3) pl. krioklys; 2. v (fell; fallen) 1) kristi; 2) tapti, pasidaryti; to ~ asleep užmigti; to ~ ill susirgti; to ~ in love with įsimylėti.

fallen žr. fall.

false [fɔ:ls] a 1) klaidingas; 2) apgaulingas; 3) dirbtinis; ~teeth dantų protezai.

fame [feɪm] n 1) garbė; 2) reputacija.

familiar [fə'mɪljə] a 1) pažįstamas (with), 2) artimas; 3) familiarus.

family ['fæmɪlɪ] n šeima, kilmė.

famine ['fæmɪn] n badas.

famous ['feɪməs] a garsus, gerai žinomas; to be ~ for garsėti kuo nors.

fan I [fæn] 1. n 1) vėduoklė; 2) ventiliatorius; 2. v 1) vėduoti; 2) vėtyti (grūdus).

fan II n entuziastas, sirgalius.

fancy ['fænsɪ] 1. n 1) fantazija; 2) polinkis; 3) kaprizas; to take a ~ for pamėgti, prisirišti. 2. a 1) fantastinis; 2) maskaradinis; 3) madingas; 3. v 1) įsivaizduoti; 2) manyti.

far [fɑ:] 1. a (farther, further; farthest, furthest) tolimas; 2. adv toli; as ~ as I know kiek aš žinau; so ~ iki šiol.

fare [feə] n mokestis už važiavimą.

farewell [ˌfeə'wel] n atsisveikinimas; int sudie!; to bid/say ~ to smb/smth atsisveikinti.

farm-stead ['fɑ:msted]n sodyba.

fascinat || e ['fæsɪneɪt] v (su)žavėti, traukti; ~ion n 1) žavėjimas, žavesys.

fashion ['fæʃn] n 1) maniera, būdas; 2) mada, to be in ~ būti madingam; out of ~ nebe madingas; ~able a madingas.

fast [fɑ:st] 1. a 1) tvirtas; 2) greitas; a ~ train ekspresas; the watch is ~laikrodis skuba; 2. adv 1) tvirtai; 2) greitai.

fasten ['fɑ:sn] v 1) tvirtinti; 2) surišti; 3) užsisagstyti.

fat [fæt] 1. n 1) riebalai; 2) lašiniai; 2. a 1) riebus; 2) storas.

fatal ['feɪtl] a 1) fatališkas; 2) mirtinas.

fate [feɪt] n likimas, lemtis.

father ['fɑ:ðə] n tėvas; ~-in-law uošvis.

fatigue [fə'ti:g] 1. n nuovargis; 2. v nuvarginti.

fault [fɔ:lt] n 1) trūkumas, yda; 2) kaltė; to find ~ with smb kabinėtis (prie ko); ~less a nepriekaištingas.

favour ['feɪvə] 1. n 1) palankumas, malone; 2) paslauga; to do a ~ for smb. padaryti kam nors paslaugą; 2. v 1) būti palankiam; 2) užtarti; ~able a palankus; ~ite [-ɪt] 1. n favoritas, mylimasis; 2. a mylimas, mėgstamas.

fear [fɪə] 1. n baimė; 2. v bijoti, būkštauti; ~full a 1) baisus; 2) bijąs; ~less a bebaimis.

feather ['feðə] n plunksna (paukščio).

feature ['fi:tʃə] n 1) bruožas, savybė; 2) pilnametražinis filmas; 3) pl. veido bruožai.

February ['febrʊəri] n vasario mėnuo; in ~ vasario mėnesį.

fed žr. feed.

fee [fi:] n 1) mokestis; honoraras; 2) nario mokestis.

feeble ['fi:bl] a silpnas, neryškus.

feed [fi:d] v (fed; fed) maitinti(s).

feel [fi:l] 1. v (felt; felt) 1) jausti(s); 2) čiupinėti; ~ing n jausmas.

feet [fi:t] pl. nuo foot.

fell žr. fall.

fellow ['feləʊ] n 1) draugas, bičiulis; 2) kolega; 3) mokslinės tarybos narys.

felt žr. feel.

female ['fi:meɪl] 1. n 1) moteris; 2) patelė; 2. a moteriškas, moteriškos lyties.

fence I [fens] 1. n tvora, aptvėrimas; 2. v aptverti.

fenc || e II v fechtuotis; ~er n fechtuotojas; ~ing fechtavimas(is).

fern [fɜ:n] n papartis.

feroci || ous [fə'rəʊʃəs] a žiaurus; ~ty n žiaurumas.

ferry ['ferɪ] 1. n 1) perkėlimas keltu; 2) keltas; 2. v per(si)kelti keltu.

fertile ['fɜ:taɪl] a derlingas, vaisingas.

fertilizer ['fɜ:tɪlaɪzə] n trąša.

fetch [fetʃ] v atnešti, pristatyti, atvesti.

fever ['fi:və] n karštis, temperatūra; ~ish a karštligiškas.

few [fju:] a mažai, nedaug; a ~ keletas.

fiancé [fɪ'ɒnseɪ] n sužadėtinis.

fiancée [fɪ'ɒnseɪ] n sužadėtinė.

fiction ['fikʃn] n 1) išgalvojimas, fikcija; 2) grožinė literatūra.

fiddle ['fɪdl] n smuikas.

field [fi:ld] n 1) laukas; 2) sfera; 3) sporto aikštelė.

fierce [fɪəs] a 1) žiaurus; 2) stiprus.

fif || teen [ˌfɪf'ti:n] num penkiolika; ~'teenth num penkioliktas; ~th num penktas; ~tieth num penkiasdešimtas; ~ty num penkiasdešimt.

fight [faɪt] 1. n 1) kova; 2) peštynės; 2. v (fought; fought) kovoti, peštis; ~er n 1) kovotojas; 2) naikintuvas.

file I [faɪl] 1. n brūžeklis; 2. v dildyti; brūžinti.

file II 1. n aplankas, byla; 2) kartoteka; 2. v tvarkyti, registruoti (dokumentus).

file III 1. n eilė, greta; rank and ~ eiliniai (ne vadovai). 2. v eiti vienam paskui kitą.

fill [fil] v 1) pri(si)pildyti; 2) plombuoti (dantis); 3) užpildyti (in) (blanką).

finance [faɪ'næns] 1. n finansai, pajamos; 2. v finansuoti.

find [faɪnd] v (found; found) 1) rasti; 2) suprasti; 3) sužinoti (out).

fine I [faɪn] n piniginė bauda.

fine II a 1) geras, puikus; 2) plonas, dailus; ~ arts vaizduojamasis menas.

finger ['fɪŋgə] n pirštas.

finish ['fɪnɪʃ] 1. n pabaiga, galas; 2. v baigti(s), išbaigti.

fir [fɜ:] n eglė; (t.p. ~ tree).

fire ['faɪə] 1. n 1) ugnis, liepsna; 2) gaisras; to be on ~ degti; to set ~ to padegti; 2. v 1) už(si)degti; 2) šaudyti; ~-place židinys.

firm I [fɜ:m] a tvirtas, stiprus.

firm II firma.

first [fɜ:st] num pirmas; at ~ sight iš pirmo žvilgsnio, ~ name n vardas; ~ - rate a pirmarūšis.

fish [fɪʃ] 1. n žuvis; 2. v žvejoti.

fisherman ['fɪʃəmən] n žvejas.

fishy ['fɪʃɪ] a šnek. abejotinas, įtartinas.
fist [fɪst] n kumštis.
fit I [fɪt] n priepuolis; by ~s and starts neritmingai.
fit II 1. v 1) (ati)tikti; 2) pri(si)taikyti; 3) montuoti; 2. a 1) (ati)tinkamas; 2) stiprus, sveikas.
fitter ['fɪtə] n 1) montuotojas; 2) siuvėjas.
five [faɪv] num penki.
fix [fɪks] v 1) pritvirtinti; 2) nustatyti (kainą); 3) fiksuoti.
flag [flæg] n vėliava; to hoist a ~ iškelti vėliavą.
flake [fleɪk] n smulkus gabaliukas, snow ~s snaigės; corn ~ kukurūzų dribsniai.
flame [fleɪm] 1. n 1) liepsna; 2) aistra; 2. v 1) liepsnoti; 2) žėrėti.
flare [fleə] 1. n švytėjimas, spindėjimas; 2. v ryškiai šviesti, liepsnoti.
flash [flæʃ] 1. n 1) švystelėjimas; 2) prošvaistė; 3) akimirka; ~ light rankinis žibintas; 2. v 1) švystelėti; 2) sublizgėti; 3) dingtelėti (į galvą).
flask [flɑ:sk] n 1) kolba; 2) flakonas.
flat I [flæt] n butas.
flat II a lygus, plokščias.
flatter ['flætə] v meilikauti, girti; ~er n meilikautojas.
flavour ['fleɪvə] 1. n 1) skonis; 2) aromatas; 2. v suteikti skonį, aromatą.
flax [flæks] n linai; ~seed n sėmenys.
flea [fli:] n blusa.
fled žr. flee.
flee [fli:] v (fled; fled) 1) bėgti; 2) išnykti.
fleet [fli:t] n laivynas.
flesh [fleʃ] n 1) mėsa; 2) kūnas; 3) minkštimas (vaisiaus); ~y a mėsingas.
flew žr. fly.
flexible ['fleksəbl] a lankstus.
flight I [flaɪt] n skridimas.
flight II n 1) bėgimas, atsitraukimas; 2) (lėktuvo) reisas.
fling [flɪŋ] v (flung; flung) 1) sviesti; 2) mestis.
float [fləʊt] 1. n 1) plūdė; 2) plaustas; 2. v 1) plūduriuoti; 2) plaukti padanga.
flock [flɒk] 1. n 1) banda; 2) (paukščių) pulkas; 2. v burtis, spiestis.
flood [flʌd] 1. n potvynis; 2. v 1) užlieti; 2) pakilti (apie upę).
floor [flɔ:] n grindys, aukštas, the ground ~ pirmas aukštas; to take the ~ kalbėti (susirinkime).

flour ['flaʊə] n miltai.
flourish ['flʌrɪʃ] v klestėti, vešėti; ~ing a vešintis.
flow [fləʊ] 1. n tekėjimas, srovė; 2. v tekėti, lietis.
flower ['flaʊə] n gėlė, žiedas; ~ bed gėlių lysvė; ~ry a gėlėtas.
fluent ['flu:ənt] a sklandus; ~ly sklandžiai, laisvai.
fluid ['flu:ɪd] 1. n skystis; 2. a skystas.
flung žr. fling.
flute [flu:t] n fleita; to play the ~ groti fleita.
flutter ['flʌtə] 1. n skrajojimas, plasnojimas; 2. v 1) skrajoti, plasnoti; 2) plevėsuoti.
fly I [flaɪ] 1. n skridimas, skrydis; 2. v (flew, flown) 1) skristi; 2) lėkti, skubėti; ~ing saucer skraidanti lėkštė.
fly II n musė.
foam [fəʊm] n puta; ~y a putotas.
fodder ['fɒdə] n pašaras.
fog [fɒg] n rūkas; ~gy a ūkanotas, miglotas.
fold [fəʊld] 1. n klostė, sulenkimas; 2. v sulenkti, sulankstyti; ~away a sudedamas (stalas ar pan.).
foliage ['fəʊlɪdʒ] n lapija, lapai.
folk [fəʊk] n liaudis, žmonės.
folk-lore ['fəʊklɔ:] n folkloras, tautosaka.
follow ['fɒləʊ] v 1) sekti, eiti; 2) sekti (mintį); 3) (logiškai) išplaukti; ~ing a sekantis.
folly ['fɒlɪ] n kvailystė.
fond [fɒnd] a mėgstąs, mylįs; to be ~ of mėgti, mylėti.
food [fu:d] n maistas; ~ - stuffs maisto produktai.
fool [fu:l] 1. n kvailys; to make a ~ of oneself apsikvailinti; 2. v 1) kvailai elgtis; 2) apgaudinėti; ~ish a kvailas, neprotingas.
foot [fʊt] n 1) pėda, koja; on ~ pėsčiomis; 2) (kalno) papėdė; 3) pėda (30, 48 cm); ~ball futbolas; ~ note išnaša.
force [fɔ:s] 1. n jėga; by ~ priverstinai; 2. v 1) (pri)versti; 2) forsuoti; 3) veržtis; ~d a 1) priverstinis; 2) dirbtinis, nenatūralus.
forecast [fɔ:'kɑ:st] (forecast; forecasted) 1. v numatyti, prognozuoti; 2. ['fɔ:kɑ:st] n spėjimas, prognozė.
forefather ['fɔ:fɑ:ðə] n protėvis, senolis.
foreground ['fɔ:graʊnd] n priešakinis planas (paveiksle ir pan.).
forehead ['fɒrɪd] n kakta.

foreign ['fɒrɪn] a užsieninis, užsienio; Foreign Office Užsienio reikalų ministerija; ~er n užsienietis.

foreman ['fɔ:mən] n 1) meistras; 2) cecho viršininkas.

foremost ['fɔ:məʊst] a 1) pirmiausias; 2) svarbiausias.

foresaw žr. foresee.

foresee [fɔ:'si:] v (foresaw; foreseen) numatyti.

foresight ['fɔ:saɪt] n įžvalgumas, apdairumas.

forest ['fɒrɪst] n miškas; ~er n miškininkas.

foretell [fɔ:'tel] v (foretold; foretold) pranašauti.

foreword ['fɔ:wɜ:d] įžanga, pratarmė.

forgave žr. forgive.

forge [fɔ:dʒ] 1. n kalvė; 2. v 1) kalti; 2) klastoti; ~ry klastotė.

forget [fə'get] v (forgot; forgotten) užmiršti; ~ful užmaršus.

forget-me-not n bot. neužmirštuolė.

forgiv || e [fə'gɪv] v (forgave; forgiven) atleisti, dovanoti; ~eness n atleidimas; ~ing a atleidžiantis, atlaidus.

forgot žr. forget.

fork [fɔ:k] 1 n 1) šakutė; 2) šakės; 2. v 1) šakotis; ~ed a atsišakojantis.

form [fɔ:m] 1. n 1) forma, pavidalas; 2) stovis; in (good) ~ geros formos (apie sportininką); 3) anketa; v formuoti, sudaryti.

former ['fɔ:mə] a ankstyvesnis; ~ly adv anksčiau.

forties ['fɔ:tɪz] n penktas dešimtmetis.

fortieth ['fɔ:tɪɪθ] num keturiasdešimtas.

forti || fication [ˌfɔ:tɪ'fɪkeɪʃn] n įtvirtinimas; ~fied n sustiprintas; ~fy v 1) stiprinti; 2) paremti (faktais ir pan.).

fortnight ['fɔ:tnaɪt] n dvi savaitės.

fortress ['fɔ:trɪs] n tvirtovė.

fortunate ['fɔ:tʃənət] a laimingas.

fortune ['fɔ:tʃu:n] n 1) laimė; 2) likimas; 3) turtas; ~teller būrėja.

forty ['fɔ:tɪ] num keturiasdešimt.

forward ['fɔ:wəd] 1. a priešakinis; 2) progresyvus; 2. adv. 1) pirmyn; 2) tolyn; to look ~ to smth nekantriai ko nors laukti.

fought žr. fight.

found I žr. find.

found II [faʊnd] v įsteigti, įkurti; ~er n įkūrėjas.

fountain ['faʊntɪn] n 1) fontanas; 2) šaltinis; ~ -pen automatinis plunksnakotis.

four [fɔ:] num keturi; ~'teen keturiolika; ~'teenth keturioliktas; ~th ketvirtas.

fox [fɒks] n lapė; ~y a gudrus, suktas.

fracture ['fræktʃə] n lūžimas, lūžis.

fragil || e ['frædʒaɪl] a 1) trapus; 2) silpnas; ~ity n trapumas.

frame [freɪm] 1. n 1) rėmas; 2) struktūra; 3) būdas, nuotaika; 2. v 1) įrėmyti; 2) pritaikyti; 3) klastoti faktus; ~ work rėmai, rėminė konstrukcija; schema.

frank [fræŋk] a atviras, nuoširdus; ~ly atvirai.

fraternal [frə'tɜ:nl] a broliškas.

fraud [frɔ:d] n 1) apgavystė; 2) apgavikas.

free [fri:] 1. a 1) laisvas, nepriklausomas; 2) nemokamas; 2. v išlaivinti.

freedom ['fri:dəm] n laisvė, nepriklausomybė.

freeze [fri:z] 1. v (froze; frozen) 1) (su)šalti; 2) užšalti; 2. n 1) šaltis; 2) šaldymo kamera.

freight [freɪt] n 1) frachtas; 2) (laivo) krovinys.

frequ || ency ['fri:kwənsɪ] n dažnumas; ~ent 1. a dažnas; 2. v [frɪ'kwent] v dažnai lankyti; ~ently adv dažnai.

fresh [freʃ] a 1) šviežias; 2) naujas; 3) žvalus; ~er šnek. pirmojo kurso studentas.

friction ['frɪkʃn] n trintis.

Friday ['fraɪdɪ] n penktadienis; on ~ penktadienį.

frigde [frɪdʒ] n šnek. šaldytuvas.

friend [frend] n draugas, bičiulis; to make ~s with smb susidraugauti; ~less a vienišas; ~ly a draugiškas; ~ship n draugystė, draugiškumas.

fright [fraɪt] n išgąstis; ~en v gąsdinti; ~ful a baisus.

fro [frəʊ] adv to and ~ ten ir atgal.

frock [frɒk] n suknelė.

frog [frɒg] v varlė.

from [frəm] prep iš, nuo.

front [frʌnt] n 1) priekis, fasadas; in ~ of priešais; 2) frontas.

frontier ['frʌntjə] n (valstybės) siena, pasienis.

frost [frɒst] n šaltis, speigas, šalna; white/hard ~ šerkšnas.

frown [fraʊn] 1. n antakių suraukimas; 2. v suraukti antakius.

froze žr. freeze.

fruit [fru:t] n vaisius, vaisiai; ~ful a vaisingas; ~less a bevaisis.

frustrate [frʌs'treɪt] v žlugdyti (planus).

fry [fraɪ] v kepti.

frying-pan ['fraɪɪŋpæn] n keptuvė.

fuel [fʊel] n kuras, degalai.

fulfil [ful'fɪl] v įvykdyti, atlikti; ~ment n įvykdomas.

full [fʊl] a 1) pilnas; 2) visas; 3) gausus.

fun [fʌn] n malonumas; džiaugsmas; to make ~ of šaipytis iš ko nors; to have ~ pasilinksminti; in/for ~ dėl juoko.

fund [fʌnd] n 1) fondas; 2) kapitalas, lėšos.

funeral ['fju:nərəl] n laidotuvės; ~ palour laidojimo biuras.

funnel ['fʌnl] n 1) piltuvėlis; 2) dūmtraukis.

funny ['fʌnɪ] n 1) linksmas, juokingas; 2) keistas.

fur [fɜ:] n 1) kailis, vilna; ~ coat kailiniai.

furious ['fjʊərɪəs] a įsiutęs, pašėlęs.

furnace ['fɜ:nɪs] n 1) krosnis; 2) aukštakrosnė.

furnish ['fɜ:nɪʃ] v 1) aprūpinti, tiekti; 2) apstatyti baldais.

furniture ['fɜ:nɪtʃə] n baldai.

furrow ['fʌrəʊ] n 1) vaga; 2) (veido) raukšlė.

further ['fɜ:ðə] 1. a tolimesnis, tolesnis; 2. adv. toliau, dar.

fury ['fjʊərɪ] n šėlimas, įtūžimas.

fuse I [fju:z] n lydymas.

fuse II 1) degiklis; 2) sprogiklis.

fuss [fʌs] 1. n nervinimasis; to make a ~ about nervintis (dėl niekų); 2. v nerimauti, jaudintis; ~y a neramus.

futile ['fju:taɪl] a tuščias, bergždžias.

future ['fju:tʃə] 1. n ateitis; in ~ ateityje; 2. a būsimasis.

G

gain [geɪn] 1. n pelnas, nauda; 2. v 1) uždirbti; 2) laimėti; 3) gauti, įgyti; 4) pasiekti.

gait [geɪt] n 1) eisena; 2) (arklio) bėgimas.

gamble ['gæmbl] 1. n azartinis lošimas; 2. v azartiškai lošti; ~er n lošikas.

game I [geɪm] n 1) žaidimas; 2) užmačia

game II n medžiojami paukščiai, žvėrys.

gang [gæŋ] n 1) brigada; 2) gauja, klika.

gap [gæp] n 1) plyšys, spraga; 2) tarpas.

garbage ['gɑ:bɪdʒ] n šiukšlės; ~ can šiukšlių dėžė.

garden ['gɑ:dn] n sodas; kitchen ~ daržas; ~er sodininkas.

garland ['gɑ:lənd] n girlianda, vainikas

garlic ['gɑ:lɪk] n česnakas.

garment ['gɑ:mənt] n drabužis; pl. apranga.

gas [gæs] n dujos; natural ~ gamtinės dujos; ~ -main dujotiekis; ~ -mask dujokaukė.

gasp [gɑ:sp] v dūsti, trokšti.

gate [geɪt] n 1) vartai; 2) įėjimas.

gather ['gæðə] v 1) rinkti(s); 2) skinti (gėles); 3) spręsti, suprasti.

gave žr. give.

gay [geɪ] a 1) linksmas; 2) ryškus, margas; n 3) gėjus, homoseksualistas

gaze [geɪz] 1. n įdėmus žvilgsnis; 2. v įdėmiai žiūrėti (at, on, upon).

gear [gɪə] 1. n 1) mechanizmas, prietaisas; 2) tech. krumpliaratis, bėgis; in ~ įjungtas; out of ~ išjungtas. 2. v 1) paleisti mechanizmą; 2) sukibti (apie krumpliaračius); to ~ down sulėtinti greitį.

geese žr. goose.

general ['dʒenərəl] 1. a bendras, visuotinis; ~election visuotiniai rinkimai; in ~ apskritai; 2. n. generolas; ~ize; ~ise v apibendrinti.

generation [ˌdʒenə'reɪʃn] n karta.

gener || osity [ˌdʒenə'rɒsɪtɪ] n 1) kilnumas; 2) dosnumas; ~ous a 1) kilnus; 2) dosnus; 3) gausus.

genial ['dʒi:nɪəl] a linksmas, nuoširdus.

gentle ['dʒentl] a 1) švelnus, ramus; 2) silpnas, nesmarkus.

genuine ['dʒenjʊɪn] a 1) tikras; 2) nuoširdus.

germ [dʒɜ:m] n biol. 1) gemalas, embrionas; 2) užuomazga, pradžia

gesture ['dʒestʃə] 1. n 1) gestas, mimika; 2. v gestikuliuoti.

get [get] v (got; got) 1) gauti; 2) įgyti, pasiekti; 3) atnešti; 4) atvykti; 5) tapti; to ~ angry supykti; to ~ married vesti, ištekėti; 6) gyventi; how are you getting on? kaip gyvuojate?

ghost [gəʊst] n vaiduoklis, šmėkla.

giant ['dʒaɪənt] n milžinas, gigantas.

giddy ['gɪdɪ] a svaigstąs; I am ~ man svaigsta galva.

gift [gɪft] n 1) dovana; 2) gabumas; ~ed a gabus, talentingas.

gipsy ['dʒɪpsɪ] n čigonas.

girl [gɜ:l] n mergaitė, mergina; ~ friend draugė.

give [gɪv] v (gave, given) 1) duoti; 2) įteikti; 3) surengti (pietus, puotą); 4) sukelti (skausmą); to ~ away išduoti; to ~ in pasiduoti; to ~ up mesti (rūkyti, gerti).

glad [glæd] a patenkintas; to be ~ džiaugtis.

glance [glɑ:ns] 1. n žvilgtelėjimas, žvilgsnis; 2. v žvilgtelėti (at).

gland [glænd] n liauka.

glass [glɑ:s] n 1) stiklas, stikliniai indai; 2) stiklinė, taurė; 3) pl. akiniai; 4) veidrodis; 5) ~ works stiklo fabrikas.

gleam [gli:m] 1. n silpna šviesa; 2. v šviesti, blyksėti.

glide [glaɪd] 1. n 1) slydimas; 2) av. sklandymas; 2. v 1) slysti, slinkti; 2) av. sklandyti; ~r n sklandytuvas.

glimpse [glɪmps] n blykstelėjimas; to get/catch a ~ of pamatyti prabėgomis.

glitter ['glɪtə] 1. n 1) blizgėjimas; 2) puošnumas; 2. v blizgėti, žėrėti.

globe [gləʊb] n 1) rutulys; 2) žemės rutulys; 3) gaublys.

gloom [glu:m] n 1) tamsa; 2) nusiminimas; ~y a 1) nusiminęs; 2) tamsus, niūrus.

glor || ification ['glɔ:rɪfɪ'keɪʃn] n garbinimas; ~ify v garbinti, ~ious a garsus, didingas; ~y n šlovė, garbė.

glossy ['glɒsɪ] a blizgąs.

glove [glʌv] n pirštinė.

glow [gləʊ] 1. n 1) įkaitimas. švytėjimas; 2) raudonis; 2. v 1) švytėti, spindėti; 2) rausti (apie skruostus).

glue [glu:] 1. n klijai; 2. v (pri)klijuoti.

gnat [næt] n uodas.

gnaw [nɔ:] v 1) graužti; 2) kankinti.

go [gəʊ] v (went, gone) 1) eiti, vaikščioti; 2) važiuoti; to ~ by train važiuoti traukiniu; to ~ in for užsiiminėti, domėtis; to ~ in for sports užsiiminėti sportu; it goes without saying savaime suprantama.

goal [gəʊl] n 1) tikslas, uždavinys; 2) sport. įvartis.

goat [gəʊt] n ožys, ožka.

god [gɒd] n Dievas, dievybė; by ~! kaip Dievą myliu! ~ father krikštatėvis; ~ mother krikštamotė.

goggles ['gɒglz] n apsauginiai arba tamsūs akiniai.

gold [gəʊld] 1. n auksas; 2. a aukso, auksinis; ~en a auksinis, puikus; the ~ mean aukso vidurys.

gone žr. go.

good [gʊd] 1. a (better, best) 1) geras; 2) mielas; 3) tinkamas; ~ gracious! Viešpatie! 2. n 1) gėrybė, gėris; 2) nauda.

good-bye [gʊd'baɪ] int. viso labo! sudie!

good-for-nothing ['gʊdfəˌnʌθɪŋ] a dykinėtojas.

good-looking [ˌgʊd'lʊkɪŋ] a gražus.

good-natured [ˌgʊd'neɪtʃəd] a geraširdis.

goodness ['gʊdnɪs] n gerumas, kilnumas.

goods [gʊds] n pl. prekės; consumer ~ plataus vartojimo prekės.

goose [gu:s] n (pl. geese) žąsis.

gooseberry ['gu:zbərɪ] n agrastai.

gossip ['gɒsɪp] 1. n plepalai, paskalos; 2. v plepėti, liežuvauti.

got žr. get.

govern ['gʌvən] v 1) valdyti, vadovauti; 2) daryti įtakos; ~ment n vyriausybė, valdžia; local ~ savivaldybė; ~er gubernatorius; valdytojas.

gown [gaʊn] n 1) moteriškas drabužis; morning ~ chalatas; 2) mantija (teisėjo); 3) toga.

grace [greɪs] n gracija, grakštumas; ~ful a grakštus.

grade [greɪd] 1. n 1) laipsnis, rangas; 2) rūšis, kokybė; 3) pažymys; 2. v išdėstyti pagal laipsnį, rangą.

gradual ['grædʒʊəl] a laipsniškas; ~ly adv laipsniškai.

graduat‖e ['grædʒʊeɪt] 1. v baigti universitetą (from); 2. n ['grædʒʊət] absolventas; ~ion n kurso baigimas aukštojoje mokykloje (from).

grain [greɪn] n 1) grūdas, javai, grūdai; 2) kruopelė.

grand [grænd] a 1) grandiozinis, didingas; 2) didysis (tituluose); ~ duke didysis kunigaikštis; ~ child n vaikaitis, -ė; ~ father n senelis; ~mother n močiutė, senelė; ~parents n seneliai.

grant [grɑ:nt] 1. n 1) oficialus suteikimas; 2) dotacija; 3) stipendija; 2. v 1) (ap)dovanoti; 2) duoti dotaciją; 3) sutikti, leisti; to take for ~ed laikyti (reikalą) savaime suprantamu.

grape [greɪp] n vynuogė; ~fruit n greipfrutas.

grasp [grɑ:sp] 1. n 1) (pa)griebimas; 2. v 1) (pa)griebti; 2) suprasti, suvokti.

grass [grɑ:s] n 1) žolė; 2) ganykla; ~ hopper n žiogas; ~ -snake žaltys.

grate I [greɪt] n židinio grotelės.

grate II v trinti, tarkuoti; ~r n trintuvė.

grateful ['greɪtfʊl] a dėkingas.

gratitude ['grætɪtju:d] n dėkingumas.

grave I [greɪv] n kapas; ~ stone n antkapis; ~yard n kapinės.

grave II a 1) rimtas; 2) liūdnas.

gravel ['grævl] n žvyras.

gravity ['grævɪtɪ] n 1) rimtumas; 2) orumas; 3) fiz. svorio trauka; specific ~ lyginamasis svoris.

greas || e [gri:s] 1. n taukai, riebalai; 2. v [gri:z] (iš)tepti riebalais; ~y a taukuotas, riebaluotas.

great [greɪt] a 1) didysis; 2) aukštas, kilnus; 3) didelis; 4) puikus, žavus.

greedy ['gri:dɪ] a 1) godus; 2) rajus.

green [gri:n] a 1) žalias; 2) nesunokęs; 3) neprityręs.

greet [gri:t] v 1) sveikinti(s); 2) sutikti (aplodismentais, šauksmais); ~ing n sveikinimas.

grew žr. grow.

grey [greɪ] a 1) pilkas; 2) žilas; ~ish a pilkšvas.

grief [gri:f] n širdgėla, liūdesys.

grievance ['gri:vəns] n 1) skriauda; 2) nusiskundimas.

grieve [gri:v] v 1) nuliūdinti; 2) sielvartauti.

grim [grɪm] a 1) niūrus; 2) negailestingas.

grin [grɪn] 1. n šypsnys; 2. v šaipytis, rodyti dantis.

grind [graɪnd] 1. n malimas; 2. v (ground; ground) 1) (su)malti; 2) (su)grūsti; 3) galąsti, tekinti; ~er n tekintojas, šlifuotojas.

grip [grɪp] 1. n 1) pagriebimas, paspaudimas; 2) sugebėjimas suprasti esmę; 2. v 1) pagriebti, suspausti; 2) suprasti, suvokti.

groan [grəʊn] 1. n dejavimas; 2. v dejuoti, dūsauti.

grocer ['grəʊsə] n bakalėjininkas; ~ -'s(shop) bakalėja.

gross [grəʊs] a 1) didelis; 2) vešlus; 3) stambus; ~ blunder stambi klaida; 4) bruto.

ground žr. grind.

ground [graʊnd] n 1) žemė, dirva; 2) pagrindas, priežastis; 3) pl. nuosėdos.

grow [grəʊ] v (grew, grown) 1) augti, išaugti; 2) tapti; ~ up užaugti; subręsti.

growl [graʊl] 1. n urzgimas, niurnėjimas; 2. v urgzti, bambėti.
grown-up ['grəʊnʌp] n suaugęs žmogus.
growth [grəʊθ] n 1) augimas; 2) didėjimas; 3) med. auglys
grudge [grʌdʒ] 1. n pagieža, neapykanta; to have / bear a ~ against smb. griežti ant ko dantį; 2. v jausti pagiežą, pavydėti.
grumble ['grʌmbl] v niurnėti, bambėti.
grunt [grʌnt] v kriuksėti; ~ kriuksėjimas.
guard [gɑ:d] 1. n 1) sargyba, apsauga; 2) sargybinis; a body ~ asmeninis sargybinis; 2. v 1) saugoti; 2) ginti.
guardian ['gɑ:djən] n globėjas; ~ angel angelas sargas.
guess [ges] 1. n spėjimas, spėliojimas; 2. v 1) (at)spėti; 2) spėlioti.
guest [gest] n svečias.
guide [gaɪd] 1. n 1) vadovas, gidas; 2) vadovas (knyga); 2. v 1) vadovauti; 2) tvarkyti reikalus.
guilt [gɪlt] n kaltė; ~y a kaltas.
gulf [gʌlf] n įlanka.
gum [gʌm] n 1) guma, derva; 2) gumamedis.
gun [gʌn] n 1) šautuvas; sporting ~ medžioklinis šautuvas; 2) pabūklas, patranka; ~ powder parakas.
gust [gʌst] n (vėjo) gūsis.
gut [gʌt] n žarna, pl. žarnos, viduriai.
gutter ['gʌtə] n griovys, latakas.
gymnasium [dʒɪm'neɪzɪəm] n 1) gimnastikos salė; 2) gimnazija.

H

harberdashery ['hæbədæʃərɪ] n galanterija.
habit ['hæbɪt] n įprotis, įpratimas; to be in the ~ of turėti įprotį; to break off a ~ mesti įprotį; ~ ual a įprastas.
had žr. have.
hail I [heɪl] 1. n kruša, ledai; 2. v it ~s, it is ~ing krinta kruša.
hair [heə] n 1) plaukas; 2) plaukai; ~ brush šepetys; ~ dresser kirpėjas; ~pin segtukas.
half [hɑ:f] 1. n pusė; 2. adv pusiau.
half-time ['hɑ:f'taɪm] n nepilna darbo savaitė.
hall [hɔ:l] n 1) salė; 2) prieškambaris; 3) (universiteto) bendrabutis; town ~ rotušė.
hallo [hə'ləʊ] int. sveikas! alio!

halt [hɔ:lt] 1. n sustojimas; 2. v sustoti, sustabdyti.

ham [hæm] n 1) šlaunis; 2) kumpis.

hammer ['hæmə] 1. n plaktukas; 2. v 1) (pri)kalti, įkalti (in, into); 2) plakti, daužyti.

hand [hænd] 1. n 1) ranka (plaštaka); 2) (laikrodžio) rodyklė; 2. v paduoti, įteikti; to ~ out išdalyti.

hand || bag ['hændbæg] n rankinukas; ~book n vadovas (knyga); ~full a 1) sauja; 2) mažas kiekis.

handicapped ['hændkæpt] a su fizine ar protine negalia.

handicraft ['hændıkrɑ:ft] n amatas, rankų darbas.

handkerchief ['hæŋkətʃıf] n 1) nosinė; 2) skepetaitė.

handle ['hændl] 1. n 1) rankena, kotas; 2) ąsa; 2. v 1) elgtis, traktuoti; 2) valdyti, reguliuoti.

handsome ['hænsəm] a1) gražus, dailus; 2) žymus, gausus.

handy ['hændı] a 1) patogus; 2) (esąs) po ranka.

hang [hæŋ] v (hung; hung) 1) pakabinti; 2) kabėti; 3) tvirtai laikytis.

hang-over ['hæŋˌəʊvə] n šnek. pagirios.

happ || en ['hæpən] v 1) atsitikti; 2) (atsitiktinai) būti, pasirodyti. ~iness ['hæpınıs] n laimė; ~y ['hæpı] a laimingas.

harass ['hærəs] v trukdyti, neduoti ramybės.

harbour ['hɑ:bə] 1. n uostas; 2. v 1) nuleisti inkarą; 2) (nu)slėpti (blogas mintis, pyktį).

hard [hɑ:d] 1. a 1) kietas, tvirtas; 2) rūstus; 3) sunkus; 2. adv 1) smarkiai; 2) sunkiai; ~en v 1) kietinti; 2) grūdinti; ~ly adv vos, beveik; ~ship n vargas, sunkumas; ~ware n 1) (lengvi) metalo dirbiniai; 2) mechaninės ir elektroninės kompiuterio dalys.

hare [heə] n kiškis.

harm [hɑ:m] 1. n 1) žala; 2) skriauda, blogis; 2. v skriausti, daryti žalos; ~ful a žalingas; ~less nekenksmingas.

harness ['hɑ:nıs] 1. n pakinktai, 2. v 1) (į)kinkyti; 2) pajungti.

harsh [hɑ:ʃ] a 1) šiurkštus; 2) nemalonus; 3) atšiaurus.

harvest ['hɑ:vıst] n pjūtis, derlius; ~er 1) pjovėjas; 2) javapjovė.

hast || e [heıst] n skubėjimas; to make ~ skubėti; ~ily adv skubiai; ~y a 1) skubotas; 2) neapgalvotas.

hat [hæt] n skrybėlė.

hatch [hætʃ] v (iš)perėti.

hatchet ['hætʃɪt] n kirvis, kirvelis.

hate [heɪt] v neapkęsti.

hatred ['heɪtrɪd] n neapykanta.

haughty ['hɔ:tɪ] a išdidus, išpuikęs.

haunt [hɔ:nt] v persekioti, neduoti ramybės.

have [hæv] v (had; had) turėti, valdyti; to ~ a good time gerai praleisti laiką.

hawk [hɔ:k] n vanagas.

hay [heɪ] n šienas; ~ harvest šienapjūtė.

hazard ['hæzəd] n rizika, pavojus.

he [hi:] pron jis.

head [hed] 1. n 1) galva; 2) vadovas, vedėjas, viršininkas; 3) priešakys; 2. v 1) vadovauti; 2) duoti antraštę.

headache ['hedeɪk] n galvos skausmas; to have a splitting ~ labai skaudėti galvą.

heading ['hedɪŋ] n antraštė.

headlight ['hedlaɪt] n (automobilio) priešakinės šviesos.

headquarters ['hedkwɔ:təz] n 1) štabas; 2) vyriausioji valdyba, būstinė.

heal [hi:l] v 1) (iš)gydyti; 2) užgyti (apie žaizdą).

health [helθ] n sveikata; ~resort kurortas; ~y a sveikas.

heap [hi:p] 1. n krūva; 2. v (pri)krauti, priversti.

hear [hɪə] v (heard; heard) 1) girdėti, klausytis; 2) išgirsti, sužinoti; ~ing n 1) girdėjimas; 2) klausymas; 3) teis. bylos svarstymas.

heart [hɑ:t] n širdis; at ~ širdyje; by ~ atmintinai.

hearth [hɑ:θ] n židinys.

hearty ['hɑ:tɪ] a 1) nuoširdus; 2) stiprus; 3) gausus (apie maistą).

heat [hi:t] 1. n 1) karštis; 2) šiluma; 3) įsikarščiavimas; 2. v (į)kaitinti, pašildyti; ~ing n (ap)šildymas.

heaven ['hevn] n dangus.

heavy ['hevɪ] a 1) sunkus; 2) gausus; 3) smarkus (apie lietų).

hedge [hedʒ] n gyvatvorė.

hedgehog ['hedʒhɒg] n ežys.

heed [hi:d] n dėmesys, atidumas; ~ful dėmesingas; ~less neatidus.

heel [hi:l] n kulnas, užkulnis.

height [haɪt] n 1) aukštis; 2) viršūnė.

heir [eə] n įpėdinis; ~ess įpėdinė.

held žr. hold.

hell [hel] n pragaras; idm. go to ~! eik po velnių!

helm [helm] n vairas.

helmet ['helmıt] n šalmas.

help [help] 1. n 1) pagalba; 2) pagalbininkas; 3) priemonė; 2. v padėti, pagelbėti; ~ful a naudingas; ~less a bejėgis.

hem [hem] 1. n siūlė, apsiuvas; 2. v atsiūlėti, apsiūti.

hemisphere ['hemısfıə] n pusrutulis.

hemp [hemp] n kanapė(s).

hen [hen] n višta; ~ party moterų kompanija.

hence [hens] adv vadinasi, taigi.

her [hɜ:; hə] pron jos, jai, ją

herald ['herəld] n šauklys, pranašas; v pranešti; paskelbti.

herb [hɜ:b] n žolė, augalas (vaistinis).

herd [hɜ:d] n banda, kaimenė.

here [hıə] adv 1) čia; 2) štai; ~ you are prašau (paimkite).

hereditary [hı'redıtərı] a paveldimas, paveldėtas.

heritage ['herıtıdʒ] n palikimas.

hermit ['hɜ:mıt] n atsiskyrėlis.

herring ['herıŋ] n silkė.

hers [hɜ:z] pron jos; this bag is ~ šis rankinukas jos.

herself [hɜ:'self] pron save, pati save.

hesitat||e ['hezıteıt] v svyruoti, dvejoti; ~ion n svyravimas, dvejonė.

hid žr. hide.

hidden žr. hide.

hide I [haıd] v (hid, hidden) slėpti(s); ~ -and-seek n slėpynės (žaidimas).

hide II n kailis, oda.

hideous ['hıdıəs] a bjaurus, baisus.

high [haı] a aukštas; ~ school vidurinė mokykla.

highly ['haılı] adv labai, didžiai.

highway ['haıweı] n 1) plentas; 2) pagrindinis kelias.

hill [hıl] n kalva.

him [hım] pron jam, jį.

himself [hım'self] pron 1) save; 2) pats.

hind||er ['hındə] v trukdyti. ~rance ['hındrəns] n trukdymas, kliūtis.

hinge [hındʒ] 1. n 1) (durų, lango) vyriai; 2) esmė; 2. v pritvirtinti ant vyrių.

hint [hınt] 1. n užuomina; 2. v duoti suprasti.

hip [hɪp] n šlaunis.
hire [haɪə] 1. n nuomojimas; 2. v samdyti, nuomoti.
his [hɪz] pron jo, savo.
hiss [hɪs] v 1) šnypšti; 2) nušvilpti (apie artistą).
hit [hɪt] v (hit; hit) 1. smogti, kirsti; 2. n 1) smūgis; 2) pasisekimas.
hive [haɪv] n avilys.
hoarfrost ['hɔ:frɒst] n šerkšnas.
hoarse [hɔ:s] a kimus, užkimęs.
hoax [həʊks] a apgaulė, nemalonus pokštas; v apgauti, pasijuokti (iš ko).
hog [hɒg] n 1) kiaulė; 2) šernas.
hoist [hɔɪst] v iškelti (vėliavą, burę).
hold [həʊld] v (held; held) 1) laikyti(s); 2) valdyti, turėti; 3) talpinti; 4) galioti (apie įstatymą); to ~ a meeting surengti susirinkimą.
hold-up ['həʊldʌp] n apiplėšimas, užpuolimas.
hole [həʊl] n skylė, anga.
holiday ['hɒlɪdeɪ] n 1) šventė, poilsio diena, 2) pl. atostogos; ~maker n poilsiautojas.
hollow ['hɒləʊ] 1. n 1) tuštuma; 2) duobė; 3) drėvė; 2. a tuščias, tuščiaviduris.
holy ['həʊlɪ] a šventas; H.Week didžioji savaitė.
homage ['hɒmɪdʒ] n pagarba; to do/play ~ pagerbti.
home [həʊm] 1. n 1) namai, namas; 2) gimtinė; at ~ namuose; 2. a 1) naminis; 2) vidaus; ~trade vidaus prekyba; ~ market vidaus rinka; 3. adv. namo; ~less a benamis; ~sick išsiilgęs savųjų.
honest ['ɒnɪst] a doras, sąžiningas; ~y n dorumas, sąžiningumas.
honey ['hʌnɪ] n medus; ~ comb medaus koriai; ~ moon medaus mėnuo.
honour ['ɒnə] 1. n 1) garbė, šlovė; 2) kilnumas, pagarba; 2. v gerbti, pagerbti; ~ able a garbingas, gerbiamas.
hood [hʊd] n kapišonas, gobtuvas.
hoof [hu:f] n kanopa.
hook [hʊk] 1. n kablys, kabliukas; 2. v 1) (už)kabinti; 2) užsegti; idm by ~ or by crook truks plyš, būtinai.
hoop [hu:f] n lankas, žiedas, ratas.
hop I [hɒp] n apynys.
hop II 1. n šuolis; 2. v šokinėti.

hope [həʊp] 1. n viltis; 2. v tikėtis, viltis; ~ ful a žadantis; ~less a beviltiškas.
horn [hɔ:n] n ragas.
horrible ['hɒrəbl] a baisus, šlykštus.
horror ['hɒrə] n pasibaisėjimas, siaubas.
horse [hɔ:s] n arklys, žirgas; on ~ back raitas; ~man raitelis; ~shoe pasaga.
hose [həʊz] n žarna (vandeniui laikstyti).
hosiery ['həʊʒərɪ] n trikotažas.
hospitable ['hɒspɪtəbl] a svetingas.
hospital ['hɒspɪtl] n ligoninė; to go to ~ gultis į ligoninę.
host I [həʊst] n šeimininkas.
host II n daugybė, minia.
hostage ['hɒstɪdʒ] n įkaitas.
hostess ['həʊstɪs] n šeimininkė.
hostil || e ['hɒstaɪl] a priešiškas; ~ity n priešiškumas.
hot [hɒt] a 1) karštas; I am ~ man karšta; 2) įsikarščiavęs.
hotel [həʊ'tel] n viešbutis.
hothouse ['hɒthaʊs] n šiltnamis.
hour [aʊə] v valanda.
house [haʊs] 1. n 1) namas, pastatas; 2) rūmai (parlamento); 3) prekybos firma; 2. v 1) apgyvendinti; 2) priglausti; ~ hold n 1) namiškiai; 2) namų ūkis; ~ keeper n ūkvedys; -ė; ~ wife n namų šeimininkė.
how [haʊ] adv kaip, kokiu būdu; ~ever tačiau.
howl [haʊl] v staugti, kaukti.
huge [hju:dʒ] a milžiniškas.
hum [hʌm] v 1) bimbti, zvimbti; 2) niūniuoti.
humane [hju:'meɪn] a humaniškas.
humanity [hju:'mænɪtɪ] n 1) žmonija; 2) humaniškumas; the humanities humanitariniai mokslai.
humble ['hʌmbl] a kuklus, nuolankus.
humbug ['hʌmbʌg] n 1) apgavystė; 2) apgavikas.
humili || ate [hju:'mɪlɪeɪt] v pažeminti, ~ating a žeminantis; ~ation n pažeminimas.
hump [hʌmp] n kupra.
hunchback ['hʌntʃbæk] n kuprius.
hundred ['hʌndrəd] num šimtas; ~th šimtasis.
hundredweight ['hʌndrədweɪt] n centneris.
hung žr. hang.
hung || er ['hʌŋgə] 1. n badas; 2.

v badauti; ~ry a alkanas; idm. as ~ as a hunter alkanas kaip vilkas.

hunt [hʌnt] 1. n medžioklė; 2. v 1) medžioti; 2) ieškoti; ~er n medžiotojas.

hurry ['hʌrɪ] 1. n skubotumas; in a ~ paskubomis; 2. v skubėti; ~ up! greičiau!

hurt [hɜ:t] v (hurt; hurt) 1) sužeisti; 2) sukelti skausmą; 3) įžeisti.

husband ['hʌzbənd] n vyras, sutuoktinis.

hush [hʌʃ] 1. n tyla; 2. v nutildyti, nutilti.

hyphen ['haɪfn] n brūkšnelis.

hypocri || cy [hɪ'pɒkrəsɪ] n veidmainystė; ~te ['hɪpɒkrɪt] n veidmainys.

I

ice [aɪs] n 1) ledas; 2) (valgomieji) ledai; ~cream grietininiai ledai.

icicle ['aɪsɪkl] n (ledo) varveklis.

icy ['aɪsɪ] a ledinis, šaltas.

identi || c(al) [aɪ'dentɪk(l)] a identiškas, tapatus (to/ with); ~fication n tapatybės nustatymas; ~fy v nustatyti tapatybę; ~ty card/certificate asmens liudijimas.

idle ['aɪdl] 1. a 1) neturintis darbo; 2) tingus; 3) nenaudingas; 2. v tinginiauti; to ~ one's time tuščiai leisti laiką.

ignoramus [ˌɪgnɒ'reɪməs] n nemokša, neišmanėlis.

ignor || ance ['ɪgnərəns] n nemokšiškumas; ~ant a nemokšiškas.

ignore [ɪg'nɔ:] v ignoruoti, atmesti.

ill [ɪl] a sergąs, nesveikas; to be ~ sirgti; to fall ~ susirgti.

ill-bred [ˌɪl'bred] a neišauklėtas.

illegal [ɪ'li:gl] a neteisėtas, nelegalus.

illiterate [ɪ'lɪtərɪt] a beraštis, bemokslis.

illness ['ɪlnɪs] liga.

image ['ɪmɪdʒ] 1) atvaizdas; 2) įvaizdis.

imagin || ary [ɪ'mædʒɪnərɪ] a įsivaizduojamas; ~ation n vaizduotė.

imagine [ɪ'mædʒɪn] v 1) įsivaizduoti; 2) galvoti, manyti.

immediate [ɪ'mɪ:dɪət] a betarpiškas, tiesioginis; ~ly adv tuoj pat, nedelsiant.

immense [ɪ'mens] a 1) didžiulis; 2) neaprėpiamas; ~ly adv labai, nepaprastai.

imminent ['ɪmɪnənt] a neišvengiamas, gresiąs.

immoral [ɪ'mɒrəl] a nemoralus.

immortal [ɪ'mɔ:tl] n nemirtingas; ~ize, ~ise v įamžinti.

immunity [ɪ'mju:nɪtɪ] n 1) imunitetas; 2) teis. neliečiamumas.

impartial [ɪm'pɑ:ʃl] a bešališkas; ~ity n betarpiškumas.

impati||ence [ɪm'peɪʃns] n nekantrumas; ~ent a nekantrus.

imped||e [ɪm'pi:d] v trukdyti, stabdyti. ~iment [ɪm'pedɪmənt] n kliūtis, sutrukdymas.

impenetrable [ɪm'penɪtrəbl] a 1) neprieinamas; 2) nepermatomas.

imperative [ɪm'perətɪv] 1. a įsakomas, įpareigojąs; 2. n ~ mood gram. liepiamoji nuosaka.

imperfect [ɪm'pɜ:fəkt] a nepakankamas, netobulas.

impertin||ence [ɪm'pɜ:tinəns] n įžūlumas; ~ent a įžūlus.

implement ['ɪmplɪmənt] n 1) įrankis; 2) pl. padargai, reikmenys.

implore [ɪm'plɔ:] v maldauti.

imply [ɪm'plaɪ] v 1) reikšti; 2) duoti suprasti.

import||ance [ɪm'pɔ:təns] n svarbumas, reikšmė; ~ant a svarbus, reikšmingas.

impose [ɪm'pəʊz] v 1) uždėti (pabaudą); 2) apmokestinti.

impossible [ɪm'pɒsəbl] a 1) negalimas; 2) neįmanomas.

impostor [ɪm'pɒstə] n 1) apgavikas.

impress [ɪm'pres] v daryti įspūdį; ~ion n įspūdis; ~ive a įspūdingas.

improve [ɪm'pru:v] v (pa)gerinti, tobulėti; ~ment n pagerinimas, patobulinimas.

impud||ence ['ɪmpjʊdəns] n bejėgiškumas; įžūlumas; ~ent a bejėgiškas; įžūlus.

in [ɪn] 1. prp. 1) (į klausimą „kur") ~ the street gatvėje; 2) (į klausimą „kada") per; po; ~ summer vasarą; ~ my opinion mano nuomone; ~ vain veltui; ~ general apskritai.

inborn [ˌɪn'bɔ:n] a įgimtas.

incapable [ɪn'keɪpəbl] a nesugebantis.

inch [ɪntʃ] n colis (=2,54 cm).

incident ['ɪnsɪdənt] n atsitikimas, įvykis; ~al a atsitiktinis.

incite [ɪn'saɪt] v kurstyti, skatinti.

inclination [ˌɪnklɪ'neɪʃn] n polinkis, palinkimas (for, to).

inclined [ɪn'klaɪnd] a linkęs.

inclu || de [ɪn'klu:d] v apimti, turėti (savyje); ~ing prp. įskaitant; ~sion; įjungimas; įskaitymas.

income ['ɪnkʌm] n pajamos, uždarbis; ~tax pajamų mokestis.

incomprehensible [ɪnˌkɒmprɪ'hensəbl] a nesuprantamas.

inconsiderate [ˌɪnkən'sɪdərɪt] a 1) neapgalvotas; 2) neatidus kitiems.

inconsistent [ˌɪnkən'sɪstənt] a 1) nesuderinamas; 2) prieštaraująs.

inconvenient [ˌɪnkən'vi:nɪənt] a nepatogus.

incorrect [ˌɪnkə'rekt] a 1) neteisingas; 2) nekorektiškas.

increase ['ɪnkri:s] 1. n augimas, (pa)didėjimas; 2. v [ɪn'krɪ:s] augti, didėti.

incredible [ɪn'kredəbl] a neįtikimas.

incur ['ɪnkɜ:] v užsitraukti, patirti; to ~losses turėti nuostolių.

incurable [ɪn'kjʊərəbl] a neišgydomas.

indebted [ɪn'detɪd] a skolingas, dėkingas.

indecent [ɪn'di:snt] a nepadorus.

indeed [ɪn'di:d] adv iš tikrųjų, tikrai.

indefinite [ɪn'defɪnɪt] a 1) neapibrėžtas; 2) neapribotas.

independ || ence [ˌɪndə'pendəns] n nepriklausomybė; ~ent a nepriklausomas.

index ['ɪndeks] n indeksas, rodiklis.

indicate ['ɪndɪkeɪt] v 1) nurodyti; 2) pažymėti; ~d a nurodytas.

indict [ɪn'daɪt] v pareikšti kaltinimą; ~ment kaltinamasis aktas.

indiffer || ence [ɪn'dɪfrəns] n abejingumas, šaltumas; ~ent a 1) abejingas; 2) nesuinteresuotas.

indigest || ed [ˌɪndɪ'dʒestɪd] a 1) nesuvirškintas; 2) nesuprastas; ~ion n nevirškinimas.

indign || ant [ɪn'dɪgnənt] a pasipiktinęs; ~ation [-eɪʃn] n pasipiktinimas.

indirect [ˌɪndɪ'rekt] a 1) netiesioginis; 2) šalutinis.

indiscreet [ˌɪndɪs'kri:t] a 1) neatsargus; 2) nekuklus.

indispensable [ˌɪndɪs'pensəbl] a 1) būtinas; 2) reikalingas.

indivisible [ˌɪndɪ'vɪzəbl] a nedalomas.

indoors [ˌɪn'dɔ:z] adv viduje (ne lauke); to stay ~ sėdėti namuose.

induce [ɪn'dju:s] v 1) įtikinti; 2) paskatinti; ~ment n stimulas.

indulge [ɪn'dʌldʒ] v 1) įsitraukti (in); 2) suteikti malonumą (sau).

industrious [ɪn'dʌstrɪəs] a darbštus, stropus.

inefficient [ˌɪnɪ'fɪʃənt] a 1) nesugebąs; 2) neefektyvus.

inevitable [ɪn'evɪtəbl] a neišvengiamas.

inexplicable [ɪn'eksplɪkəbl] a neišaiškinamas.

infant ['ɪnfənt] n kūdikis.

infantry ['ɪnfəntrɪ] n pėstininkai.

infect [ɪn'fekt] v užkrėsti; ~ious [-ʃəs] a užkrečiamas.

inferior [ɪn'fɪərɪə] a 1) žemesnis (padėtimi); 2) blogesnis (kokybe).

infinite ['ɪnfɪnɪt] a begalinis, neribotas.

infinitive [ɪn'fɪnətɪv] gram. bendratis.

inflammation [ˌɪnflə'meɪʃn] n uždegimas.

inflate [ɪn'fleɪt] v 1) įpūsti; 2) smarkiai pakelti (kainas).

inflict [ɪn'flɪkt] v 1) suduoti (smūgį); 2) sukelti (skausmą); 3) paskirti (bausmę).

influence ['ɪnflʊəns] n įtaka, poveikis (on, upon).

ingenious [ɪn'dʒi:njəns] a išradingas, sumanus.

ingratitude [ɪn'grætɪtju:d] n nedėkingumas.

ingredient [ɪn'gri:djənt] n sudėtinė dalis.

inhabit [ɪn'hæbɪt] v apgyventi; ~ant n gyventojas.

inhale [ɪn'heɪl] v įkvėpti.

inherit [ɪn'herɪt] v paveldėti; ~ance n paveldėjimas.

inhuman [ɪn'hju:mən] a nežmoniškas.

injur || e ['ɪndʒə] v 1) pakenkti; 2) sužeisti; ~ed [-dʒəd] a 1) įžeistas; 2) sužeistas; ~y [-rɪ] n 1) žala, nuostolis, skriauda.

injustice [ɪn'dʒʌstɪs] n neteisingumas.

ink [ɪŋk] n rašalas; ~pot rašalinė.

inn [ɪn] n viešbutis, smuklė.

inner ['ɪnə] a vidinis.

innoc || ence ['ɪnəsəns] n 1) nekaltumas; 2) tyrumas; ~ent a 1) nekaltas; 2) nežalingas.

innovation [ˌɪnəʊ'veɪʃn] n naujovė, novatoriškumas.

innumerable [ɪ'nju:mərəbl] a nesuskaitomas.

inoculat || e [ɪ'nɒkjʊleɪt] n skiepyti; ~ion n skiepijimas.

inquest [ˈɪŋkwest] n tardymas, kvota.

inquir || e [ɪnˈkwaɪə] v 1) teirautis (about); 2) tyrinėti (into); ~y n pasiteiravimas; ~ office informacijos biuras.

inquisitive [ɪnˈkwɪzɪtɪv] a smalsus.

insane [ɪnˈseɪn] a nesveikas, pamišęs.

inscription [ɪnˈskrɪpʃn] n užrašas, įrašas.

insect [ˈɪnsekt] n vabzdys.

insecure [ˌɪnsɪˈkjʊə] a 1) nesaugus; 2) netvirtas.

inseperable [ɪnˈsepərəbl] a neperskiriamas, neatskiriamas.

insert [ɪnˈsɜːt] v 1) įdėti, įterpti; to ~ a word įterpti žodį; 2) padaryti pakeitimą (rankraštyje); ~tion [-sɜːʃn] n prierašas, intarpas.

inside [ˌɪnˈsaɪd] 1. n vidinė pusė, vidus; ~ out išvirkščiai; 2. a vidinis; 3. adv viduje, į vidų.

insignificant [ˌɪnsɪgˈnɪfɪkənt] a 1) nereikšmingas; 2) menkas.

insincere [ˌɪnsɪnˈsɪə] a nenuoširdus.

insipid [ɪnˈsɪpɪd] a 1) beskonis; 2) bespalvis.

insist [ɪnˈsɪst] v 1) primygtinai reikalauti (on); 2) atkakliai tvirtinti (on, upon).

insolent [ˈɪnsələnt] a įžūlus, akiplėšiškas.

insolvent [ɪnˈsɒlvənt] a nemokus.

inspiration [ˌɪnspɪˈreɪʃn] n įkvėpimas; ~al a įkvepiantis.

inspire [ɪnˈspaɪə] v 1) įkvėpti; 2) inspiruoti, įteigti.

install [ɪnˈstɔːl] v 1) į(si)taisyti; 2) įrengti, montuoti; ~ation n įrengimas, įtaisymas.

instalment [ɪnˈstɔːlmənt] n 1) eilinė įmoka; by ~s išsimokėtinai; 2) (prekių) partija.

instance [ˈɪnstəns] n pavyzdys; for ~ pavyzdžiui.

instant [ˈɪnstənt] n akimirksnis; this ~ tuojau pat; ~ly adv tučtuojau.

instead [ɪnˈsted] adv ~of vietoj (ko).

institution [ˌɪnstɪˈtjuːʃn] n įstaiga, organizacija, institucija.

insult [ˈɪnsʌlt] 1. n įžeidimas; 2. v [ɪnˈsʌlt] įžeisti, užgauti; ~ing a įžeidžiantis.

insurance [ɪnˈʃʊərəns] n (ap)draudimas; ~ policy draudimo polisas; ~ contract draudimo sutartis.

insure [ɪnˈʃʊə] v 1) (ap)drausti, apsidrausti; 2) užtikrinti.

insurrection [ˌɪnsəˈrekʃn] n maištas, sukilimas.

inteligence [ɪn'telɪdʒəns] n 1) protas, intelektas; ~ test protinių gabumų testas; 2) žvalgyba; ~ service žvalgybos tarnyba.

intelligent [ɪn'telɪdʒənt] a 1) protingas; 2) sumanus

intend [ɪn'tend] v 1) ketinti; 2) numatyti; ~ed a būsimas, numatomas.

intense [ɪn'tens] a 1) smarkus; 2) intensyvus.

intensify [ɪn'tensɪfaɪ] v sustiprėti, sustiprinti.

intention [ɪn'tenʃn] n ketinimas, noras; ~al a tyčinis.

interchange ['ɪntətʃeɪndʒ] 1. n keitimas(is), pasikeitimas; 2. v 1) [ˌɪntə'tʃeɪndʒ] pasikeisti; 2) kaitalioti(s).

interest ['ɪntrəst] 1. n 1) susidomėjimas, interesas; 2) dalis (biznyje); 3) procentai; 2. v (su)dominti; to be ~ed (in) domėtis (kuo); ~ing a įdomus.

interfere [ˌɪntə'fɪə] v 1) kištis (in); 2) trukdyti; ~nce n kišimasis, trukdymas.

interior [ɪn'tɪərɪə] 1. n vidus, vidinė pusė; 2. a vidaus, vidinis.

intermediary [ˌɪntə'mɪ:djərɪ] n tarpininkas.

internal [ɪn'tɜ:nl] a vidinis.

interpreter [ɪn'tɜ:prɪtə] n vertėjas (žodžiu).

interrogat|e [ɪn'terəgeɪt] v 1) klausinėti; 2) apklausinėti; ~ion n 1) tardymas; 2) apklausa.

interrupt [ˌɪntə'rʌpt] v 1) pertraukti; 2) trukdyti; ~ion n 1) tarpas, intervalas; 2) pertrauka.

intervene [ˌɪntə'vi:n] v 1) įsikišti (in); 2) sutrukdyti.

intimacy ['ɪntɪməsɪ] n artumas, intymumas.

intimate ['ɪntɪmɪt] a 1) intymus; 2) artimas.

into ['ɪntu] prep. (žymi judėjimą arba kryptį į vidų); to come ~ the room įeiti į kambarį; to get ~ trouble patekti į bėdą.

intolerable [ɪn'tɒlərəbl] a nepakenčiamas, nepakeliamas.

intolerant [ɪn'tɒlərənt] a nepakantus, netolerantiškas.

introduc||e [ˌɪntrə'dju:s] v 1) supažindinti, pristatyti (to), 2) pateikti, pasiūlyti; ~tion [-dʌkʃn] n 1) įvadas, įžanga; 2) supažindinimas.

intrude [ɪn'tru:d] v 1) įsibrauti, įsiveržti; 2) į(si)piršti; ~r n grobikas, įsiveržėlis.

invade [ɪn'veɪd] v įsiveržti, užplūsti; ~r n interventas, okupantas.

invalid I [ˈɪnvəlɪd] 1. n ligonis, invalidas; 2. a ligotas, sergąs.
invalid II [ɪnˈvælɪd] a negaliojąs.
invaluable [ɪnˈvæljʊəbl] a neįkainojamas.
invasion [ɪnˈveɪʒn] n įsiveržimas, invazija.
invent [ɪnˈvent] v 1) išrasti; 2) sugalvoti; ~ion n išradimas; ~or išradėjas.
invest [ɪnˈvest] v įdėti, investuoti.
investigat || e [ɪnˈvestɪgeɪt] v (iš)tirti; ~ion n 1) tyrinėjimas; 2) tardymas; ~or 1) tyrinėtojas; 2) tardytojas.
investment [ɪnˈvestmənt] n 1) kapitalo įdėjimas; 2) investicija.
invisible [ɪnˈvɪzəbl] a nematomas.
invit || ation [ˌɪnvɪˈteɪʃn] n (pa)kvietimas; ~e [ɪnˈvaɪt] v 1) (pa)kviesti; 2) pritraukti; ~ing a patraukiantis, viliojantis.
involuntary [ɪnˈvɒləntərɪ] a nelaisvas, priverstinis.
involve [ɪnˈvɒlv] v 1) įpainioti, įvelti; 2) apimti, turėti (savyje).
iron [ˈaɪən] 1. n 1) geležis; cast ~ ketus; 2) laidynė (drabužiams); 2. a geležinis, geležies.
irregular [ɪˈregjʊlə] a 1) netaisyklingas; 2) netvarkingas; 3) nelygus (apie paviršių); ~ity n netaisyklingumas.
irrelevant [ɪˈreləvənt] a neliečiąs reikalo, netinkamas.
irresistable [ˌɪrɪˈzɪstəbl] a nenugalimas, neatremiamas.
irresolute [ɪˈrezəlu:t] a neryžtingas.
irresponsible [ˌɪrɪˈspɒnsəbl] a neatsakingas.
irrigation [ˌɪrɪˈgeɪʃn] n drėkinimas; ~ engineering melioracija.
irrit || ate [ˈɪrɪteɪt] v 1) erzinti; 2) dirginti; ~ion n susierzinimas.
island [ˈaɪlənd] n sala.
isolat || e [ˈaɪsəleɪt] v izoliuoti, atskirti; ~ion n izoliacija.
issue [ˈɪʃu:] 1. n 1) (iš)leidimas, leidinys; 2) išdava, rezultatas; 3) problema; 2. v 1) išeiti; 2) išleisti, paleisti į apyvartą.
it [ɪt] pron 1) jis, ji (daiktams ir gyvūnams žymėti); 2) tai.
italic [ˈɪtælɪk] 1. a kursyvinis; 2. n pl kursyvas.
itch [ɪtʃ] n niežėjimas.
item [ˈaɪtəm] n 1) punktas, klausimas (darbotvarkės); 2) žinutė, pranešimas (laikraštyje); ~ize, ~ise v išvardinti papunkčiui.
its [ɪts] pron jo, jos; 2) savo.
itself [ɪtˈself] pron pats save, save patį, sau pačiam.
ivory [ˈaɪvərɪ] n dramblio kaulas.

J

jackal ['dʒækɔ:l] n šakalas.
jacket ['dʒækɪt] n 1) švarkas, striukė; 2) lupena (bulvių); 3) (knygos) aplankas.
jail [dʒeɪl] n kalėjimas.
jam I [dʒæm] n 1) suspaudimas; 2) spūstis, kamšatis.
jam II n uogienė.
January ['dʒænjʊərɪ] n sausio mėnuo; in ~ sausio mėnesį.
jar [dʒɑ:] n ąsotis, stiklainis.
jaw [dʒɔ:] n žandikaulis.
jealous ['dʒeləs] a pavydus (of); ~y n pavydas.
jeer [dʒɪə] n pajuoka, pašaipa.
jelly ['dʒelɪ] n 1) želė; 2) drebučiai, šaltiena.
jeopard || ize, ~ise ['dʒepədaɪz] v statyti į pavojų; ~y n pavojus, rizika.
jerk [dʒɜ:k] 1. n staigus judesys, krūpčiojimas; 2. v staigiai stumti, trūkčioti.
jest [dʒest] 1. n 1) juokas, sąmojis; 2) pašaipa; 2. v juokauti, juokinti.
jet [dʒet] n 1) srovė, čiukšlė; 2) reaktyvinis variklis (lėktuvas); ~ fighter reaktyvinis naikintuvas.
jewel ['dʒu:əl] n brangakmenis, brangenybė; ~ler juvelyras; ~lery brangenybės, juvelyriniai dirbiniai.
job [dʒɒb] n darbas, tarnyba, vieta.
join [dʒɔɪn] v 1) (susi)jungti, (susi)rišti; 2) įstoti, tapti (draugijos, partijos) nariu; ~er n stalius.
joint [dʒɔɪnt] n 1) sujungimo vieta; 2) sąnarys; 3) sukapotos skerdienos dalis (mentė ir pan.).
joke [dʒəʊk] 1. n juokas, sąmojis; 2. v juokauti.
jolly ['dʒɒlɪ] a linksmas, džiugus.
journey ['dʒɜ:nɪ] n kelionė; to go on a ~ keliauti.
joy [dʒɔɪ] n džiaugsmas, linksmumas; ~ful a linksmas.
judge [dʒʌdʒ] 1. n teisėjas, ekspertas; 2. v 1) spręsti; 2) (į)vertinti, ~ment n 1) sprendimas; 2) įvertinimas.
jug [dʒʌg] n ąsotis.
juice [dʒu:s] n 1) sultys; 2) esmė.
July [dʒu:'laɪ] n liepos mėnuo; in ~ liepos mėnesį.
jump [dʒʌmp] 1. n šuolis; 2. v šokti, šokinėti.
jumper ['dʒʌmpə] n nertinis, megztinis.

junction ['dʒʌŋkʃn] n 1) su(si)-jungimas; 2) geležinkelio mazgas.
June [dʒu:n] n birželio mėnuo; in ~ birželio mėnesį.
jungle ['dʒʌŋgl] n džiunglės.
junior ['dʒu:njə] a jaunesnis.
jury ['dʒʊərı] n 1) prisiekusieji; 2) žiuri (premijoms).
just [dʒʌst] 1. a 1) teisingas; 2) pagrįstas; 2. adv. kaip tik, lygiai, ~ now dabar, tik ką.
justice ['dʒʌstıs] n 1) teisingumas, teisėtumas; 2) teisėjas; J of the Peace taikos teisėjas.
justif || ication [ˌdʒʌstıfı'keıʃn] n pateisinimas; ~y v pateisinti.
jute [dʒu:t] n džiutas.
juvenile ['dʒu:vənaıl] 1. a jaunatviškas, jaunas; 2. n jaunuolis, paauglys.

K

keen [ki:n] a 1) aštrus, skvarbus; 2) stiprus (apie jausmą); 3) trokštąs; to be ~ on mėgti ką.
keep [ki:p] v (kept; kept) 1) laikyti; 2) išlaikyti, išsaugoti; 3) laikytis, tesėti; 4) (at)švęsti.
kennel ['kenəl] n šuns būda.
kerb [kɜ:b] n šaligatvio pakraštys.
kettle ['ketl] n metalinis arbatinukas.
key [ki:] 1. n 1) raktas; 2) klavišas; 3) būdas kam suprasti; 2. a pagrindinis, svarbiausias.
kick [kık] 1. n smūgis koja, spyrimas; 2. v 1) spirti; 2) spardyti(s).
kid [kıd] n 1) ožiukas; ~ -gloves (minkštos odinės) pirštinės; 2) šnek. vaikas.
kidnap ['kıdnæp] v 1) pavogti vaiką; 2) prievarta pavogti žmogų.
kidney ['kıdnı] n inkstas.
kill [kıl] v 1) užmušti; skersti, pjauti (gyvulius); 2) smarkiai nustebinti.
kind I [kaınd] n 1) giminė; 2) rūšis, veislė, klasė.
kind II a 1) geras, malonus; 2) švelnus; ~ly adv maloniai, mielai; ~ness n gerumas.
kiss [kıs] 1. n bučinys; 2. v bučiuoti(s).
kitchen ['kıtʃın] n virtuvė; ~ garden daržas.

kite [kaɪt] n (popierinis) aitvaras.

kitten ['kɪtn] n kačiukas.

knave [neɪv] n 1) niekšas, apgavikas; 2) (kortų) valetas.

knee [ni:] n kelis; ~ deep a iki kelių (apie gylį).

kneel [ni:l] v (knelt) 1) klaupti(s); 2) klūpoti.

knew žr. know.

knife [naɪf] n peilis.

knight [naɪt] n 1) riteris; 2) šachm. žirgas.

knit [nɪt] v (knitted, knit) 1) megzti; 2) suraukti (antakius).

knock [nɒk] 1. n 1) smūgis; 2) beldimas; 2. v 1) mušti, (pa)belsti (at); 2) šnek. nustebinti.

knot 1. n mazgas; 2. v 1) surišti mazgą; 2) supainioti.

know [nəʊ] v (knew, known) 1) žinoti; to get to ~ sužinoti; 2) gerai suprasti.

know-all ['nəʊɔ:l] n visažinis.

know-how ['nəʊhaʊ] n praktinis patyrimas.

knowledge ['nɒlɪdʒ] n 1) žinojimas, mokėjimas, žinios; to (the best of) my ~ kiek man žinoma.

knuckle ['nʌkl] n piršto sąnarys, krumplys.

L

label ['leɪbl] 1. n kortelė (su užrašu), etiketė; 2. v priklijuoti kortelę, etiketę.

labour ['leɪbə] 1. n 1) darbas; ~ force darbo jėga; ~ supply darbo jėgos pasiūla; 2) gimdymas; 2. v dirbti.

lace [leɪs] n apvadas, nėriniai.

lack [læk] 1. n trūkumas, stoka; 2. v stokoti, trūkti.

lad [læd] n vaikinas.

ladder ['lædə] n 1) kopėčios; 2) nubėgusi akis (kojinės).

ladybird ['leɪdɪbɜ:d] n boružė.

lag [læg] 1. n atsilikimas; 2. v ~ behind atsilikti.

laid žr. lay.

lain žr. lie.

lake [leɪk] n ežeras.

lamb [læm] n 1) ėriukas, avytė; 2) aviena.

lame [leɪm] a luošas, raišas; ~ excuse nevykęs pasiteisinimas.

lamp [læmp] n lempa, žibintas; ~ shade, lempos gaubtas.

land [lænd] 1. n 1) žemė, sausuma; 2) šalis; 3) žemė, dirva; 2. v 1) išlipti į krantą; 2) nusileisti, nutūpti; ~ lady šeimininkė (namo, viešbučio); ~ lord 1) dvarininkas; 2) šeimininkas (namo, viešbučio); ~ owner žemvaldys.

landscape ['lændskeɪp] n peizažas, landšaftas

lane [leɪn] n 1) takas; 2) skersgatvis.

language ['læŋgwɪdʒ] n kalba; finger ~ gestų kalba.

lantern ['læntən] n žibintas.

lap [læp] n 1) sterblė, skvernas; 2) prieglobstis.

lard [lɑ:d] n kiaulės taukai.

large [lɑ:dʒ] 1. a 1) didelis, stambus; 2) platus; 2. n at ~ 1) laisvėje; 2) smulkiai.

lark [lɑ:k] n vieversys.

lash [læʃ] 1. n botagas; eye~ blakstiena; 2. v mušti čaižyti.

last I [lɑ:st] 1. a 1) paskutinis; 2) galutinis; 3) praėjęs; 2. n 1) kas nors paskutinis; 2) galas; at ~ pagaliau; to the ~ iki galo.

last II v 1) tęstis, trukti; 2) pakakti, užtekti.

latch [lætʃ] n 1) skląstis, velkė; 2) užraktas, spyna; ~ key (durų) skląsčio raktas.

late [leɪt] 1. a 1) vėlus, pavėlavęs, to be ~ pavėluoti; 2) miręs, velionis; 2. adv neseniai, pastaruoju metu; ~ly adv neseniai, paskutiniuoju metu.

later ['leɪtə] 1. a vėlesnis, paskesnis; 2. adv vėliau.

latitude ['lætɪtju:d] n geogr. platuma.

latter ['lætə] a 1) nesenas; 2) pastarasis.

laugh [lɑ:f] 1. n juokas, kvatojimas; 2. v juoktis; ~ing-stock n pajuokos objektas.

launch [lɔ:ntʃ] v 1) nuleisti laivą į vandenį; 2) paleisti (raketą, kosminį laivą ir pan.); 3) pradėti, imtis (ko nors); to ~ a compaign pradėti kampaniją.

laundry ['lɔ:ndrɪ] n 1) skalbykla; 2) skalbiniai.

lavatory ['lævətrɪ] n tualeto kambarys, išvietė.

law [lɔ:] n įstatymas, dėsnis, taisyklė.

lawn [lɔ:n] n pievelė, veja.

lawyer ['lɔ:jə] n advokatas, teisininkas.

lay I žr. lie.

lay II v (laid; laid) 1) (pa)dėti; to ~eggs dėti kiaušinius; 2) padengti (stalą).

laziness ['leɪzɪnəs] n tingumas.

lazy ['leɪzɪ] a tingus; ~ bones n tinginys.

lead I [li:d] v (led; led) 1) vesti; 2) vadovauti.

lead II [led] n 1) švinas; 2) grafitas.
leaf [li:f] n 1) lapas; 2) knygos lapas ar puslapis.
leak [li:k] 1. n 1) (iš)tekėjimas; 2) skylė; 2. v tekėti, prakiurti.
lean I [li:n] a 1) liesas; 2) neriebus (apie mėsą).
lean II v (leaned; leant) 1) palinkti; pasilenkti; 2) pasitikėti, remtis (on, upon).
leap [li:p] 1. n šuolis; 2. v (leapt; leaped) šokti, šokinėti; ~ - year keliamieji metai.
learn [lɜ:n] v (learnt, learned); 1) mokytis; to ~ by heart išmokti atmintinai; 2) sužinoti.
lease [li:s] 1. n 1) nuoma; 2) nuomos sutartis; 2. v nuomoti(s), iš(si)nuomoti; ~ holder n nuomininkas.
least [li:st] 1. a mažiausias; 2. adv mažiausiai; 3. n mažiausias kiekis ar laipsnis, at ~ mažiausiai.
leather ['leðə] 1. n oda (išdirbta); 2. a odinis.
leave [li:v] 1. n 1) leidimas; 2) atostogos; 3) išvykimas; 2. v (left; left) 1) išvykti; 2) palikti; 3) baigti, mesti.
led žr. lead.
ledger ['ledʒə] n 1) buhalt. didžioji knyga; 2) registravimo žurnalas.
left I žr. leave.
left II 1. a kairys(is); 2. adv į kairę.
leg [leg] n 1) koja (ligi pėdos); 2) ramstis, atrama.
legacy ['legəsɪ] n palikimas.
legal ['li:gəl] a 1) juridinis; 2) teisėtas.
legible ['ledʒəbl] a įskaitomas, aiškus.
legislat||ion [ˌledʒɪs'leɪʃn] n įstatymų leidyba; **~ure** ['ledʒɪsleɪtʃə] n įstatymų leidžiamoji valdžia.
legitimate [lɪ'dʒɪtɪmɪt] a įstatyminis, teisėtas.
leisure ['leʒə] n laisvalaikis.
lend [lend] v (lent; lent) 1) (pa)skolinti; 2) duoti.
length [leŋθ] n 1) ilgis; 2) nuotolis; 3) trukmė, laiko tarpas.
lens [lenz] n lęšis, linzė.
lent žr. lend.
less [les] 1. a mažesnis; 2. adv mažiau.
lesson ['lesn] n pamoka; to do ~s ruošti pamokas.
let [let] v (let; let) 1) leisti; 2) išnuomoti; to ~ know pranešti.
letter ['letə] n 1) raidė; capital ~ didžioji raidė; 2) laiškas; 3)

raštas; ~ of attorney įgaliojimas; ~ of credit akredityvas.

lettuce ['letɪs] n salotos (daržovė).

level ['levl] n lygis, pakopa.

levy ['levɪ] n 1) apmokestinimas; 2) rinkliava (mokesčių).

liable ['laɪəbl] a 1) atsakingas (for), įpareigotas (to); 2) linkęs (į ką).

liar ['laɪə] n melagis.

libel ['laɪbəl] n šmeižtas.

liberate ['lɪbəreɪt] v išvaduoti.

liberty [['lɪbətɪ] n laisvė; at ~ laisvas.

library ['laɪbrərɪ] n biblioteka.

lice žr. louse.

licence ['laɪsəns] 1. n leidimas. licencija; 2. v duoti leidimą, patentą.

lick [lɪk] v 1) (ap)laižyti; 2) sumušti, nugalėti.

lid [lɪd] n 1) dangtis, viršus; 2) (akies) vokas.

lie I [laɪ] 1. n melas, apgavystė; to tell a ~ pameluoti; 2. v meluoti.

lie II v (lay; lain) gulėti; to ~ down (at)sigulti, prigulti.

lieutenant [lef'tenənt] n leitenantas.

life [laɪf] n 1) gyvenimas; 2) gyvybė; 3) natūra.

lift [lɪft] 1. n 1) (pa)kėlimas; to give smb a ~ pavežėti; 2) keltuvas, liftas; 2. v 1) pakelti; 2) panaikinti (apribojimus ir pan.).

light I [laɪt] 1. n 1) šviesa, apšvietimas; 2) lempa, žibintas; 3) pl. šviesoforas; 2. a šviesus; 3. v (lit, lighted) 1) už(si)degti; 2) apšviesti.

light II a 1) lengvas; 2) nesunkus; ~work nesunkus darbas; 3) tuščias, nerimtas.

lighthouse ['laɪthaʊs] n švyturys.

lightning ['laɪtnɪŋ] n žaibas; ~ rod žaibolaidis.

like I [laɪk] 1. a 1) panašus; 2) vienodas; 2. adv panašiai, taip.

like II v 1) patikti, mėgti; 2) norėti; I should (would) ~ aš norėčiau.

likely ['laɪklɪ] adv turbūt, matyt, most ~ tikriausiai.

likeness ['laɪknɪs] n panašumas.

lilac ['laɪlək] n bot. alyva.

lily ['lɪlɪ] n lelija; ~ of the valley pakalnutė.

limb [lɪm] n galūnė (ranka, koja, sparnas).

lime I [laɪm] n kalkės.

lime II n citrinų rūšis; ~ juice citrinų sultys.

limit ['lɪmɪt] 1. n riba; 2. v apriboti; ~ed a ribotas.

limp [limp] v šlubuoti.

line I [laɪn] 1. n 1) linija, brūkšnys; 2) (pasienio) riba, siena; 3) elgsena, veikimo būdas; 2. v 1) liniuoti; 2) sustatyti į eilę.

line II v dėti pamušalą.

linen ['lɪnən] 1. n 1) drobė; 2) baltiniai; 2. a lininis.

linger ['lɪŋgə] v gaišti, delsti.

lining ['laɪnɪŋ] n pamušalas.

link [lɪŋk] 1. n 1) grandis, jungtis; 2) pl. saitai, ryšiai; 2. v 1) sujungti, sukabinti; 2) prisijungti.

lion ['laɪən] n liūtas; ~ness liūtė.

lip [lɪp] n lūpa; ~stick lūpų dažai.

liquid ['lɪkwɪd] 1. a 1) skystas; 2) šviesus, skaidrus; 2. n skystis.

list [lɪst] n sąrašas, registras; to make a ~ sudaryti sąrašą.

listen ['lɪsn] v klausyti(s), įsiklausyti (to); ~er n klausytojas.

lit žr. light.

litter ['lɪtə] n 1) šiukšlės, 2) pakratai; 3) išmėtyti daiktai, popieriai; ~ bin šiukšlių dėžė.

little ['lɪtl] 1. a mažas, nedidelis; 2. adv nedaug, mažai.

live [lɪv] v gyventi; idm. ~ and learn gyveni ir mokaisi.

liver ['lɪvə] n kepenys.

living ['lɪvɪŋ] 1. n 1) pragyvenimas; 2) gyvenimo būdas; 2. a gyvas, gyvenąs; ~ room svetainė.

lizard ['lɪzəd] n driežas.

load [ləʊd] 1. n 1) krovinys; 2) našta; 3) krūvis; 2. v 1) (pa)krauti; 2) apsunkinti (rūpesčiais).

loaf I [ləʊf] n 1) kepalas; 2) (kopūsto) galva.

loaf II v 1) dykinėti; 2) bastytis; ~er n dykinėtojas.

loan [ləʊn] n paskola; on ~ skolon.

lobby ['lɒbɪ] n 1) vestibiulis, fojė; 2) kuluarai.

lobster ['lɒbstə] n omaras; idm. red as a ~ raudonas kaip vėžys.

local ['ləʊkəl] a vietinis; ~ity n vieta, vietovė.

lock [lɒk] 1. n 1) užraktas; 2) užtvanka; 2. v 1) už(si)rakinti; 2) stabdyti.

locksmith ['lɒksmɪθ] šaltkalvis.

lodger ['lɒdʒə] n buto nuomininkas, gyventojas.

lodging ['lɒdʒɪŋ] n pl. (nuomojamas) kambarys (butas).

lofty ['lɒftɪ] a 1) aukštas; 2) didingas.

log [lɒg] n rąstas, trinka.

lonely ['ləʊnlɪ] a 1) vienišas; 2) nuošalus.

long I [lɒŋ] 1. a 1) ilgas; 2) ilgai

trunkąs; 2) adv ilgai as ~ as kol, iki.

long II v trokšti, norėti (for).

longitude ['lɒndʒɪtju:d] n geogr. ilguma.

look [lʊk] 1. n 1) žvilgsnis; 2) išvaizda; good ~s grožis; 2. v žiūrėti, (pa)žvelgti; to ~ after prižiūrėti; to ~ for ieškoti; to ~ out saugoti.

looking-glass ['lʊkɪŋglɒ:s] n veidrodis.

loom [lu:m] n (audimo) staklės.

loop [lu:p] n 1) kilpa; 2) el. vija.

loose [lu:s] a 1) laisvas; 2) paleidas; 3) nepritvirtintas.

lorry ['lɒrɪ] n sunkvežimis.

lose [lu:z] v (lost; lost) pamesti, prarasti.

loss [lɒs] n 1) netekimas; 2) nuostolis; to be at a ~ nežinoti ką daryti.

lost žr. lose.

lot [lɒt] n 1) burtas; 2) likimas; 3) žemės sklypas; 4) aibė; a ~ of daugybė.

loud [laʊd]1. a 1) garsus; 2) triukšmingas; 2. adv. garsiai; ~ speaker garsiakalbis.

louse [laʊs] n utėlė.

love [lʌv] 1. n 1) meilė; 2) įsimylėjimas; to fall in ~ with įsimylėti; 3) mylimasis, -oji; 2. v mylėti, mėgti; ~ly a gražus, puikus.

low [ləʊ] a 1) žemas, neaukštas; 2) prislėgtas; to feel ~ jaustis prislėgtam; 3) nedidelis; ~ wages mažas uždarbis; 4) tylus (apie balsą).

lower ['ləʊə] 1. a žemesnis, žemutinis; 2) v 1) nuleisti (akis, vėliavą); 2) sumažinti (kainas).

luck [lʌk] n likimas, laimė; ~ily adv laimei; ~y a laimingas, sėkmingas.

luggage ['lʌgɪdʒ] n bagažas; ~ van bagažo vagonas.

lump [lʌmp] n gabalas, kąsnis; ~ sugar gabalinis cukrus.

lunatic ['lu:nətɪk] n beprotis, pamišėlis.

lunch [lʌntʃ] n priešpiečiai.

lung [lʌŋ] n plautis.

lure [ljʊə] 1. n pagunda, vilionė; 2. v vilioti, gundyti.

lustre ['lʌstə] n 1) blizgesys; 2) šlovė.

luxur||ious [lʌg'zjʊərɪəs] a prabangus; ~y ['lʌkʃərɪ] n prabanga.

M

machine [mə'ʃi:n] n 1) mašina; mincing-~ mėsmalė; talking - ~ fonografas; sowing-~siuvamoji mašina; 2) (valstybinis, organizacinis) aparatas; ~-tool staklės.

machinery [mə'ʃi:nəri] n 1) mašinos; 2) mechanizmas; 3) (valstybinis ir pan.) aparatas.

mad [mæd] a 1) pamišęs; to go ~ išeiti iš proto; 2) pasiutęs (apie šunį); 3) beprotiškai mylįs (about).

made žr. make.

magazine [ˌmægə'zi:n] n (periodinis) žurnalas.

magic ['mædʒik] n magija, burtai; ~ian burtininkas.

magnificent [mæg'nifisənt] a 1) didingas; 2) nuostabus.

maid [meid] n 1) poez. mergina; 2) tarnaitė.

mail [meil] 1. n paštas; 2. v siųsti paštu; ~ train pašto traukinys.

main [mein] 1. n 1) svarbiausias dalykas; 2) magistralė; 2. a svarbiausias, pagrindinis; ~line geležinkelio linija.

main||tain [mein'tein] v 1) palaikyti, (pa)remti; 2) tvirtinti, teigti; 3) aptarnauti, eksploatuoti; ~tenance n 1) palaikymas; 2) išlaikymas; 3) tech. priežiūra, eksploatacija.

majesty ['mædʒəsti] n 1) didingumas; 2) didenybė (titulas).

major ['meidʒə] 1. a 1) didesnis, svarbesnis; 2) pagrindinis; 2. n 1) pilnametis; 2) profilinė disciplina; 3. v specializuotis (koledže); ~ity n dauguma.

make [meik] v (made; made) 1) (pa)daryti; 2) gaminti; 3) (su)kurti; 4) priversti; to ~ up one's mind nutarti; ~-up n grimas, kosmetika.

male [meil] 1. n vyras, patinas; 2. a vyriškis, vyriškos lyties.

malic||e ['mælis] n pyktis; ~ious [məl'iʃəs] a piktadariškas.

malignant [mə'lignənt] a 1) žalingas; 2) med. piktybinis; ~ tumor piktybinis auglys.

man [mæn] n 1) žmogus; 2) vyras; public ~ visuomenės veikėjas.

manage ['mænidʒ] v 1) vadovauti, tvarkyti; 2) pajėgti; ~ment n vadovavimas, valdymas; ~er n valdytojas, direktorius.

mane [meɪn] n karčiai.
manifest ['mænɪfest] 1. a akivaizdus, aiškus; 2. v 1) aiškiai parodyti; 2) paskelbti; ~ation demonstravimas.
mankind [mæn'kaɪnd] n žmonija.
manner ['mænə] n 1) būdas, metodas; 2) maniera; 3) pl. elgimasis; in this ~ tokiu būdu.
manual ['mænjʊəl] 1. n vadovas, vadovėlis; 2. a rankinis; ~labour fizinis darbas.
manufacture [ˌmænjʊ'fæktʃə] n 1) gamyba; 2) pl. dirbiniai.
manure [mə'njuə] n trąšos, mėšlas.
manuscript ['mænjəskrɪpt] n rankraštis.
many ['menɪ] 1. a daugelis, daug; how ~? kiek; 2. n daugybė; a great ~ labai daug.
map [mæp] n 1) žemėlapis; 2) planas.
maple ['meɪpl] n klevas.
marble ['mɑ:bl] n marmuras.
March [mɑ:tʃ] n kovo mėnuo; in ~ kovo mėnesį.
mare [meə] n kumelė.
margin ['mɑ:dʒɪn] n 1) kraštas, riba; 2) (puslapio) paraštė; 3) marža (skirtumas tarp kainų, kursų, procentų); ~al a kraštinis, ribinis.
marine [mə'ri:n] 1. n laivynas; 2. a jūrų, jūrinis.
mark [mɑ:k] 1. n 1) žymė, ženklas; 2) požymis, rodiklis; 3) riba, lygis; 2. v 1) pažymėti; 2) markiruoti, ženklinti.
market ['mɑ:kɪt] n turgus, rinka; ~ demand rinkos paklausa; ~ report rinkos apžvalga.
marriage ['mærɪdʒ] n 1) santuoka, vedybos; 2) vestuvės.
married ['mærɪd] a vedęs, ištekėjusi; to get ~ vesti, tekėti.
marry ['mærɪ] v 1) ištekėti (to); 2) vesti (žmoną).
marsh [mɑ:ʃ] n pelkė.
martial ['mɑ:ʃl] a karinis; ~law karo stovis.
martyr ['mɑ:tə] n kankinys, kankinė.
marvelous ['mɑ:vələs] a nuostabus, stebuklingas.
mason ['meɪsn] n mūrininkas.
massacre ['mæsəkə] n žudynės.
mast [mɑ:st] n (laivo) stiebas.
master ['mɑ:stə] 1. n 1) šeimininkas; 2) didelis menininkas, meistras; 3) magistras (mokslo laipsnis); 2. v įsisavinti, išmokti; ~piece šedevras; ~y n meistriškumas.
match I [mætʃ] n degtukas; to strike a ~ uždegti degtuką.

match II 1. n 1) pora; 2) varžybos; 3) santuoka; 2. v 1) suderinti; 2) tikti į porą, derintis.

mate [meɪt] n 1) draugas; 2) patinas, patelė; 3) kapitono padėjėjas (prekybos laivyne).

maternal [mə'tɜ:nl] a motinos, motiniškas.

matter ['mætə] n 1) medžiaga; 2) dalykas, reikalas; 3) turinys, esmė.

mature [mə'tjʊə] 1. a subrendęs; 2. v (su)bręsti, (pri)nokti.

May [meɪ] n gegužės mėnuo; in ~ gegužės mėnesį.

may [meɪ] v (might) galėti, gal(i) būt(i); ~be galbūt.

mayor [meə] n meras.

me [mi:] pron. man, mane,

meadow ['medəʊ] n pieva.

meal [mi:l] n valgymas, valgis; ~ time a valgymo laikas.

mean I [mi:n] a 1) prastas; 2) nedoras; 3) šykštus; ~ness n niekšiškumas.

mean II v (meant; meant) 1) reikšti; 2) ketinti, turėti omenyje.

mean III n 1) vidurys; 2) priemonė, būdas; the ~s of communication ryšių priemonės; 3) pl. lėšos; by all ~s būtinai.

meaning ['mi:nɪŋ] n reikšmė, prasmė.

meantime ['mi:ntaɪm] adv tuo tarpu.

measles ['mi:zlz] n tymai.

measure ['meʒə] 1. n 1) matas; 2) mastas, kriterijus; 3) priemonė; 2. v 1) (iš)matuoti; 2) nustatyti, įvertinti; ~ment n (iš)matavimas.

meat [mi:t] n mėsa.

meddle ['medl] v kištis (in, with).

meditat||**e** ['medɪteɪt] v (ap)mąstyti, (ap)galvoti; ~ion n apmąstymas, meditacija.

medium ['mi:djəm] 1. n 1) vidurys, vidurkis; 2) priemonė, būdas; 3) tarpininkas; 2. a 1) vidutinis, saikingas.

meek [mi:k] a švelnus, kuklus; ~ness n švelnumas, nuolankumas.

meet [mi:t] v (met; met) 1) su(si)tikti; 2) susipažinti; 3) apmokėti; ~ a bill apmokėti sąskaitą; ~ing n 1) susirinkimas, posėdis; 2) mitingas.

melon ['melən] n agurotis, melionas.

melt [melt] v 1) tirpti; 2) suminkštinti, atsileisti.

member ['membə] n narys; ~ship narystė.

memorial [mə'mɔ:rɪəl] n 1) paminklas; 2) pl. užrašai, atsiminimai.

memory ['meməri] n atmintis; to have a good/poor ~ turėti gerą/blogą atmintį (for).

men žr. man.

menace ['menəs] 1. n grėsmė, pavojus; 2. v grasinti.

mend [mend] v taisyti, adyti, lopyti.

mental ['mentəl] a protinis, psichinis; ~ home/hospital psichiatrinė ligoninė.

mention['menʃn] 1. n paminėjimas; 2. v (pa)minėti, užsiminti; don't ~ it nėra už ką (dėkoti).

mercinary ['mɜ:sɪnəri] a gobšus, savanaudis.

merchant ['mɜ:tʃənt] n pirklys, komersantas.

merciful ['mɜ:sɪfʊl] a gailestingas, palankus.

mercury ['mɜ:kjʊri] n gyvsidabris.

mercy ['mɜ:sɪ] n 1) gailestingumas; 2) malonė; to have ~ on/upon smb (pa)gailėti(s) ko.

mere [mɪə] a paprastas, aiškus; a ~ child visai (dar) vaikas; ~ly adv tiktai, tai.

merit ['merɪt] n 1) nuopelnas; 2) gera savybė.

merry ['merɪ] a linksmas; to make ~ linksmintis.

mess [mes] n 1) netvarka; to make a ~ of smth sugadinti, supainioti; 2) nemalonumai.

message ['mesɪdʒ] n 1) pranešimas; 2) pavedimas.

messenger ['mesɪndʒə] n pasiuntinys, kurjeris.

met žr. meet.

meter ['mi:tə] n matavimo prietaisas, skaitiklis (elektros ir pan.).

mice žr. mouse.

midday ['mɪddeɪ] n vidurdienis.

middle ['mɪdl] 1. n vidurys; 2. a vidurinis; ~-'aged vidutinio amžiaus.

midnight ['mɪdnaɪt] n vidurnaktis.

midwife ['mɪdwaɪ] n akušerė.

might I žr. may.

might II n 1) galia; 2) jėga; ~y a galingas.

military ['mɪlɪtəri] a karinis; ~ service karo tarnyba.

milk [mɪlk] 1. n pienas; 2. v 1) melžti; 2) gauti naudos (iš ko).

mill [mɪl] n 1) malūnas; 2) fabrikas.

mince [mɪns] 1. v kapoti, malti (mėsa); 2. n malta mėsa, faršas.

mincing-machine ['mɪnsɪŋməˌʃi:n] n mėsai malti mašinėlė.

mind [maɪnd] 1. n 1) protas; 2) nuomonė; to my ~ mano nuomone; 2. v 1) turėti galvoje; 2) rūpintis; I don't ~ man nesvarbu.

mine I [maın] pron mano; a friend of ~ mano draugas.

mine II 1. n 1) kasykla; 2) telkinys; 2. v 1) kasti (rūdą); 2) minuoti.

minor ['maınə] a 1) nežymus; 2) mažesnysis; ~ity n mažuma.

mint [mınt] n mėta.

miracle ['mırəkl] n stebuklas.

mirror ['mırə] n veidrodis.

mirth [mɜ:θ] n džiaugsmas; ~ful a linksmas.

miscellaneous [ˌmısə'leınjəs] a maišytas, įvairus.

mischie||f ['mıstʃıf] n 1) žala; 2) blogybė; 3) išdykumas. ~**vious** [-vəs] a 1) nepaklusnus; 2) žalingas.

miser ['maızə] n šykštuolis.

miser||able ['mızərəbl] a 1) nelaimingas; 2) menkas; ~y n 1) vargas; 2) skurdas.

misfortune [mıs'fɔ:tʃu:n] n nelaimė.

mislead [mıs'li:d] v (misled; misled) (su)klaidinti.

miss [mıs] v 1) nepataikyti; 2) praleisti, nepastebėti; 3) pasigesti; ~ing a nesąs, trūkstamas.

mission ['mıʃn] n 1) misija; 2) užduotis; ~ary n misionierius.

mist [mıst] n migla.

mistake [mıs'teık] n klaida; to make a ~ padaryti klaidą; ~n a klaidingas.

mistress ['mıstrıs] n 1) šeimininkė; 2) mokytoja; 3) meilužė.

mistrust [ˌmıs'trʌst] 1. n nepasitikėjimas; 2. v nepasitikėti.

misunderstand [ˌmısʌndə'stænd] v (misunderstood, misunderstood) neteisingai suprasti; ~ing n nesusipratimas.

mitten [mıtn] n kumštinė pirštinė.

mix [mıks] v 1) maišyti; 2) bendrauti; to ~ up sumaišyti; ~ture n mišinys.

moan ['məʊn] 1. n dejavimas; 2. v dejuoti.

mob [mɒb] n minia.

mobile ['məʊbaıl] a judrus, gyvas.

mock [mɒk] v juoktis, tyčiotis (at); ~ery n tyčiojimasis.

moderate ['mɔdərıt] a 1) nuosaikus; 2) vidutinis.

modest ['mɒdəst] a 1) kuklus; 2) santūrus; ~y n kuklumas.

moist [mɔıst] a drėgnas; ~ture n drėgmė.

mole I [məʊl] n apgamas.

mole II n kurmis.

Monday ['mʌndı] n pirmadienis; on ~ pirmadienį.

monetary ['mɒnətərɪ] a piniginis.

money ['mʌnɪ] n pinigai; ~order pašto perlaida.

monk [mʌŋk] n vienuolis.

monkey ['mʌŋkɪ] n beždžionė.

monster ['mɒnstə] n baidyklė.

month [mʌnθ] n mėnuo; ~ly a (kas) mėnesinis.

mood [mu:d] n nuotaika; ~y a paniuręs, liūdnas.

moon [mu:n] n mėnulis; ~light mėnesiena.

more [mɔ:] a didesnis, daugiau.

morning ['mɔ:nɪŋ] n rytas; good ~ labas rytas!

morose [mə'rəʊs] a niūrus.

morsel ['mɔ:səl] n kąsnelis, gabaliukas.

mortal ['mɔ:tl] a mirtingas; ~ity n mirtingumas.

mortgage ['mɔ:gɪdʒ] 1. n ipoteka, užstatas; 2. įkeisti; užstatyti.

moss [mɒs] n 1) samanos; 2) pataisos.

most [məʊst] 1. a daugiausia; 2. adv daugiausia, labiausiai; 3. n didžiausias kiekis.

moth [mɒθ] n kandis.

mother ['mʌðə] n motina; ~ of pearl perlamutras; ~ -in-law uošvė, anyta.

motion ['məʊʃn] n 1) judėjimas; 2) pasiūlymas (susirinkime).

mound [maʊnd] n 1) pylimas; 2) piliakalnis.

mount [maʊnt] v 1) (pa)kilti; 2) sėsti ant arklio; 3) montuoti.

mountain ['maʊntɪn] n kalnas; ~ash šermukšnis; ~eer n alpinistas.

mourn [mɔ:n] v liūdėti; ~ful a liūdnas.

mouse [maʊs] n pelė; ~trap n spąstai.

moustache [mə'sta:ʃ] n ūsai.

mouth [maʊθ] n 1) burna; 2) (upės) žiotys; 3) grimasa.

move [mu:v] 1. n 1) judėjimas; 2) žingsnis, poelgis; 2. v 1) judėti, judinti; 2) perkelti; 3) (su)jaudinti.

movies ['mu:vɪz] pl. šnek. kinas.

moving ['mu:viŋ] a 1) judąs; 2) jaudinantis.

mow [məʊ] v (mowed; mown) pjauti, šienauti.

much [mʌtʃ] a (more; most) daug.

mud [mʌd] n purvas, dumblas; ~dy a purvinas.

multiplication [ˌmʌltɪplɪ'keɪʃn] n dauginimas; ~ table daugybos lentelė.

multiply ['mʌltɪplaɪ] v 1) (pa)dauginti; 2) didinti, didėti.

multitude ['mʌltɪtju:d] n 1) daugybė; 2) minia.
murder ['mɜ:də] 1. n žmogžudystė; 2. v (nu)žudyti; ~er n žmogžudys.
muscle ['mʌsl] n muskulas, raumuo.
mushroom ['mʌʃrʊm] n grybas.
must [mʌst] modalinis veiksmažodis reiškia: 1) privalėjimą; I ~ go aš privalau eiti; 2) įsitikinimą; he ~ be happy jis tikriausiai laimingas.
mustard ['mʌstəd] n garstyčios.
mute [mju:t] a nebylys, begarsis.
mutiny ['mju:tɪnɪ] n maištas.
mutter ['mʌtə] v burbėti, niurnėti.
mutton ['mʌtn] n aviena.
mutual ['mju:tʃʊəl] a abipusis, savitarpio.
muzzle ['mʌzl] n 1) snukis; 2) antsnukis.
my [maɪ] pron mano.
myself [maɪ'self] pron 1) save, save patį; 2) pats; I did it ~ aš pats tai padariau.
myster || ious [mɪs'tɪərɪəs] a paslaptingas; ~y n paslaptis.
myth [mɪθ] n mitas; ~ical a mitinis, legendinis.

N

nail [neɪl] 1. n 1) nagas; 2) vinis; 2. v prikalti, įkalti.
naked ['neɪkɪd] a 1) nuogas; 2) atviras; grynas; the ~ truth gryna tiesa.
name [neɪm] 1. n 1) vardas; family~, surname, last ~ pavardė; 2. v (pa)vadinti; ~ly adv būtent.
napkin ['næpkɪn] n 1) servetėlė; 2) vystyklas.
narrat || e [nə'reɪt] v pasakoti, atpasakoti; ~ion a pasakojimas, atpasakojimas.
narrow ['nærəʊ] a siauras, ankštas; ~-minded ribotas.
nasty ['nɑ:stɪ] a 1) bjaurus, šlykštus; 2) nepadorus, nešvankus.
nation ['neɪʃn] n 1) tauta; 2) šalis; ~ality n tautybė; ~al a tautinis, valstybinis.
native ['neɪtɪv] a 1) gimtas(is); 2) vietinis, čiabuvis; ~ land gimtinė.
nature ['neɪtʃə] n 1) gamta; 2) prigimtis; by ~ iš prigimties; 3) charakteris, būdas.

naughty ['nɔ:tɪ] a nepaklusnus, išdykęs.

naval ['neɪvl] a (karinis) jūrų, laivyno.

navy ['neɪvɪ] n karinis jūrų laivynas.

near [nɪə] a artimas; ~ly adv artimai, beveik.

neat [ni:t] a 1) švarus, tvarkingas; 2) aiškus, tikslus.

necessary ['nesəsərɪ] a būtinas, reikalingas.

necessity [nɪ'sesətɪ] n 1) būtinumas; 2) pl. skurdas, sunkumai.

neck [nek] n kaklas, sprandas; ~lace karoliai, vėrinys.

need [ni:d] 1. n 1) reikalingumas; 2) pl. reikmės; 2. v 1) būti reikalingam; 2) reikėti.

needle ['ni:dl] n 1) adata; 2) (mezgimo) virbalas ar kabliukas.

neglect [nɪ'glekt] 1. 1) nesirūpinimas; 2) apleistumas; 2. v 1) nesirūpinti; 2) apleisti; ~ed a apleistas.

negligence ['neglɪdʒəns] n apsileidimas.

negoti || ate [nɪ'gəʊʃɪeɪt] v vesti derybas (with), tartis; ~ation [-eɪʃn] n derybos.

neighbour ['neɪbə] 1. n kaimynas; -ė; 2. v ribotis (upon) ~hood n 1) kaimynystė; 2) vietovė; ~ing a kaimyninis.

neither ['naɪðə] pron nei vienas, nei antras; conj ~... nor... nei... nei.

nephew ['nevju:] n sūnėnas.

nervous ['nɜ:vəs] a 1) nervų, nervinis; 2) nervingas, susirūpinęs.

nest [nest] 1. n lizdas, gūžta; 2. v sukti lizdą.

net I [net] n tinklas.

net II a grynas, neto; ~ cost savikaina; ~ profit grynas pelnas.

nettle ['netl] n dilgėlė.

network ['netwɜ:k] n 1) tinklas; 2) radijo, televizijos ir pan. įrengimų sistema.

never ['nevə] adv niekada; ~ mind! Nieko! Niekis! ~theless [ˌnevəðə'les] adv, conj nepaisant to.

new [nju:] a 1) naujas; 2) nesenas; 3) šviežias; ~-born naujagimis; ~-comer n naujai atvykęs; ~moon n jaunas mėnulis.

news [nju:z] n naujiena, naujienos; no ~ is good ~ gera žinia, kai nieko naujo; ~paper n laikraštis; ~reel n kino žurnalas; ~-stand n spaudos kioskas.

next [nekst] 1. a 1) kitas; ~ year kitais metais; 2) artimas; 2. adv po to, paskui; 3. prep prie, šalia.

nice [naɪs] a 1) malonus, puikus; 2) taktiškas; 3) dailus, elegantiškas.

nickname ['nɪkneɪm] n pravardė; to ~ v pravardžiuoti.

niece [ni:s] n dukterėčia.

night [naɪt] n naktis, vakaras; at ~ naktį, vakare; ~ gown naktiniai marškiniai.

nightingale ['naɪtɪŋgeɪl] n lakštingala.

nightmare ['naɪtmeə] n košmaras.

nine [naɪn] num devyni; ~'teen devyniolika; ~'teenth devynioliktas; ~tieth devyniasdešimtas; ~ty devyniasdešimt.

ninth [naɪnθ] num devintas.

nitrogen ['naɪtrɒdʒən] n azotas.

no [nəʊ] 1. part ne; 2. pron joks; 3. adv ne, nė kiek.

noble ['nəʊbl] a 1) kilnus; 2) didingas.

nobody ['nəʊbədɪ] pron niekas.

nod [nɒd] 1. linktelėjimas; 2. v linktelėti galva.

nois‖e [nɔɪz] n triukšmas; to make a ~ triukšmauti; ~y a triukšmingas.

nominat‖e ['nɒmɪneɪt] v pasiūlyti, iškelti kandidatu (rinkimuose); ~ion n 1) kandidato iškėlimas (rinkimuose); 2) paskyrimas (į tarnybą).

none [nʌn] pron 1) niekas, nė vienas; 2) joks.

non-party ['nɒnpɑ:tɪ] a nepartinis.

nonsense ['nɒnsəns] n 1) nesąmonė; 2) absurdas; to talk ~ kalbėti nesąmones.

noon [nu:n] n vidurdienis.

nor [nɔ:] conj nei; neither... nor nei... nei.

north [nɔ:θ] 1. šiaurė; 2. a šiaurinis; 3. adv į šiaurę, šiaurėje.

northern ['nɔ:ðən] a šiaurinis.

nose [nəʊz] n 1) nosis; 2) nujautimas, uoslė; to have a good ~ turėti gerą uoslę.

nostrill ['nɒstrɪl] n šnervė.

not [nɒt] adv ne, nė; ~ at all nėr už ką (dėkojant).

note [nəʊt] 1. n 1) pastaba, užrašas; to make a ~ pasižymėti; 2) rastelis; 3) banknotas; 2. v 1) už(si)rašyti; 2) pastebėti; 3) pažymėti; ~worthy [-wɜ:ðɪ] a vertas dėmesio.

nothing ['nʌθɪŋ] pron niekas, nieko; ~ of the kind nieko panašaus; for ~ veltui.

notice ['nəʊtɪs] 1. n 1) pranešimas; 2) skelbimas; 2. v 1) pastebėti; 2) pažymėti.

notify [ˈnəʊtɪfaɪ] v pranešti, paskelbti.
notion [ˈnəʊʃn] n 1) supratimas; 2) nuomonė, pažiūra.
notorious [nəʊˈtɔ:rɪəs] a 1) visiems žinomas; 2) pagarsėjęs.
nourish [ˈnʌrɪʃ] v 1) maitinti; 2) puoselėti; ~ing a maistingas; ~ment n maitinimas, maistas.
novel [ˈnɒvl] n 1) romanas; 2) novelė.
novelty [ˈnɒvəltɪ] n naujovė.
November [nəʊˈvembə] n lapkričio mėnuo; in ~ lapkričio mėnesį.
now [naʊ] adv dabar, tuoj pat; ~ and then kartais; ~adays [ˈnaʊədeɪz] adv mūsų laikais.
nowhere [ˈnəʊweə] adv niekur.
nuclear [ˈnju:klɪə] a branduolinis; ~ weapon branduolinis ginklas; ~ family šeima (tik žmona, vyras ir vaikai).
nucleus [ˈnju:klɪəs] n branduolys, centras.
nuisance [ˈnju:sns] n 1) apmaudas; 2) įkyrus žmogus.
numb [nʌm] a nutirpęs, sugrubęs.
number [ˈnʌmbə] 1. n 1) skaičius, kiekis; 2) numeris; 2. v 1) numeruoti; 2) priskaičiuoti.
numerous [ˈnju:mərəs] a gausus, skaitlingas.
nurse [nɜ:s] 1. n 1) auklė; 2) slaugė; 3) medicinos sesuo; 2. v 1) maitinti (kūdikį); 2) slaugyti; 3) gydyti (slogą).
nursery [ˈnɜ:sərɪ] n 1) vaikų kambarys; 2) vaikų lopšelis.
nursing home [ˈnɜ:sɪŋhəʊm] n slaugos namai.
nut [nʌt] n riešutas; ~ meg muškatas.
nutritious [nju:ˈtrɪʃəs] a maistingas.
nutshell [ˈnʌtʃel] n riešuto kevalas; in a ~ trumpai, keliais žodžiais.

O

oak [əʊk] n ąžuolas.
oar [ɔ:] n irklas; to pull an ~ irkluoti.
oat [əʊt] n aviža; ~ meal avižinė košė.
oath [əʊθ] n priesaika; to make/swear an ~ prisiekti.
obedi || ence [əˈbɪ:djəns] n (pa)klusnumas; ~ent [-nt] a paklusnus, nuolankus.

obey [ə'beɪ] v klausyti, paklusti.
object [əb'dʒekt] v prieštarauti, priešintis.
objective [əb'dʒektɪv] 1. n tikslas, siekimas; 2. a objektyvus, tikslinis.
obligation [ˌɒblɪ'geɪʃn] n 1) į(si)pareigojimas; to undertake an ~ įsipareigoti; 2) pareiga, skola.
oblige [ə'blaɪdʒ] v 1) įpareigoti; 2) daryti paslaugą; to be ~d būti dėkingam.
obscure [əb'skjʊə] a 1) tamsus; 2) neaiškus; 3) nežinomas.
observ || ance [əb'zɜ:vəns] n (įstatymų, papročių) laikymasis; 2) apeigos, ritualas; ~ation n 1) stebėjimas; 2) pastabumas; 3) pastaba; ~e v 1) stebėti; 2) laikytis (įstatymų, papročių), ~er n stebėtojas.
obstacle ['ɒbstəkl] n kliūtis.
obstinate ['ɒbstɪnɪt] a atkaklus, užsispyręs.
obstruct [əb'strʌkt] v 1) trukdyti judėjimą; 2) užstoti, trukdyti; ~ion [-kʃn] n kliūtis, trukdymas..
obtain [əb'teɪn] v į(si)gyti, gauti; ~ment n gavimas, pasiekimas.
obvious ['ɒbvɪəs] a akivaizdus, aiškus; ~ly adv akivaizdžiai.
occasion [ə'keɪʒn] n 1) proga, atvejis; 2) aplinkybė; 3) pagrindas; ~al a atsitiktinis, retas; ~ally adv retkarčiais.
occup || ation [ˌɒkjʊ'peɪʃn] n 1) okupacija; 2) užsiėmimas; 3) profesija; ~y [-paɪ] v 1) okupuoti, 2) užimti (vietą, pareigas).
occur [ə'kɜ:] v 1) pasitaikyti; 2) atsitikti; 3) ateiti į galvą; it ~red to me man atėjo į galvą; ~rence [ə'kʌrəns] n atsitikimas, įvykis.
o'clock [ə'klɒk] at 3 ~ trečią valandą.
October [ɒk'təʊbə] n spalio mėnuo; in ~ spalio mėnesį.
odd [ɒd] a 1) nelyginis; 2) neporinis; 3) keistas, savotiškas; 4) atsitiktinis; ~ity n 1) keistumas; 2) keistuolis.
odour ['əʊdə] n kvapas, aromatas.
off [ɒf] 1. adv nurodo atitolinimą, atskyrimą; I must be ~ man reikia eiti; get ~ with you nešdinkitės! 2. prep nurodo nuotolį; a mile ~ the city mylia nuo miesto; 3. a 1) laisvas; a day ~ išeiginė diena; 2) šalutinis.
offence [ə'fens] n 1) skriauda, įžeidimas; 2) nusižengimas (against).

offend [ə'fend] v 1) įžeisti; 2) pažeisti, nusižengti; ~er n pažeidėjas.

offensive [ə'fensɪv] 1. n puolimas; 2. a 1) įžeidžiąs; 2) atstumiantis.

offer ['ɒfə] 1. n pasiūlymas; 2. v siūlyti(s); ~ing n 1) pasiūlymas; 2) auka.

office ['ɒfɪs] n 1) pareigos, tarnyba; to hold ~ užimti pareigas; 2) raštinė, kontora; inquiry ~ informacijos biuras.

often ['ɒfn] adv dažnai.

oil [ɔɪl] 1. n 1) aliejus; 2) nafta; 2. v tepti; ~ cloth n cerata; ~paper sviestinis popierius.

ointment ['ɔɪntmənt] n tepalas, kremas.

old [əʊld] a (older, elder, oldest, eldest) senas; ~age n senatvė; ~ -fashioned a pasenęs, senoviškas.

olive ['ɒlɪv] 1. n alyva, alyvmedis; 2. a alyvų spalvos; ~ oil n alyvų aliejus.

ominous ['ɒmɪnəs] a grėsmingas.

omi || ssion [ə'mɪʃn] n praleidimas; ~t v 1) praleisti; 2) nepaisyti.

on [ɒn] 1. prep 1) (laikui žymėti) ~ Sunday sekmadienį; 2) (vietai žymėti) ant; ~ the table ant stalo; 2. adv nurodo judėjimą toliau, veiksmo tąsą; to go ~ tęsti; and so ~ ir taip toliau.

once [wʌns] adv 1) (vieną) kartą; ~ again dar kartą; 2) kadaise; ~ upon a time kartą gyveno (pasakų pradžia).

one [wʌn] 1. num 1) vienas; 2) pirmas numeris; volume ~ pirmas tomas; 2) pron kažkoks, kažkas; no~ niekas; ~ another vienas kitą.

oneself [wʌn'self] pron savęs, save; to dress ~ rengtis.

onion ['ʌnjən] n svogūnas; ~-skin n svogūno lukštas.

only ['əʊnlɪ] 1. a vienintelis; 2. adv tiktai; if ~ jei tik.

onward ['ɒnwəd] 1. a nukreiptas į priekį; 2. adv į priekį, pirmyn.

open ['əʊpən] 1. a atdaras, atviras; in the ~ air atvirame ore; 2. n 1) anga; 2) atvira erdvė; 3. v 1) at(si)daryti, atverti (knygą); 2) prasidėti.

operat || e ['ɒpəreɪt] v 1) dirbti, veikti; 2) valdyti; 3) daryti operacijas (finansines); 4) med. operuoti; ~ion n 1) operacija; 2) veikimas.

opinion [ə'pɪnjən] n 1) nuomonė, pažiūra; 2) specialisto patarimas; in my ~ mano nuomone.

opportunity [ˌɒpəˈtju:nɪtɪ] n palanki proga, galimybė.

oppos||e [əˈpəʊz] v 1) prieštarauti; 2) priešpastatyti; ~ite 1. a esantis priešais, priešingas; 2. n priešybė, priešingumas, 3. prep, adv prieš, priešais; ~ition n 1) priešinimasis; 2) opozicija.

oppress [əˈpres] v 1) engti; 2) (pri)slėgti; ~ion n priespauda; ~ive a slegiantis, despotiškas; ~or n engėjas.

or [ɔ:] conj ar, arba.

oral [ˈɔ:rəl] a žodinis; ~ly adv žodžiu.

orange [ˈɒrɪndʒ] n apelsinas.

orchard [ˈɔ:tʃəd] n vaisių sodas.

order [ˈɔ:də] 1. n 1) tvarka, 2) įsakymas; 3) orderis; 4) ordinas; 2. v 1) tvarkyti; 2) įsakyti; 3) užsakyti.

ordinary [ˈɔ:dɪnərɪ] a paprastas, eilinis.

ore [ɔ:] n rūda.

organ [ˈɔ:gən] n 1) organas; ~s of speech kalbos padargai; 2) muz. vargonai.

oriental [ˌɔ:rɪˈentl] a Rytų; Azijos.

origin [ˈɒrɪdʒɪn] n 1) šaltinis; 2) kilmė; ~al 1. originalas; 2. a 1) originalus; 2) pradinis, pirmutinis.

orphan [ˈɔ:fən] n našlaitis; ~age n našlaičių prieglauda.

ostrich [ˈɒstrɪtʃ] n strutis.

other [ˈʌðə] 1. a 1) kitas; every ~ week kas antrą savaitę; 2) kiti, likusieji; the ~ day neseniai. 2. pron kitas.

ought [ɔ:t] modalinis veiksmažodis reiškia privalėjimą, moralinę pareigą; you ~ to help him tu turėtum jam padėti.

ounce [aʊns] n uncija (28,35 gr).

our [aʊə] pron mūsų.

ourselves [ˌaʊəˈselvz] pron 1) mes patys, save; 2) patys; we did it ~ mes patys tai padarėme.

out [aʊt] adv lauke, išorėje; he is ~ jis išėjęs.

outbreak [ˈaʊtbreɪk] n 1) protrūkis; 2) (ligos, epidemijos) pradžia.

outcome [ˈaʊtkʌm] n rezultatas, pasekmė.

outer [ˈaʊtə] a išorinis.

outfit [ˈaʊtfɪt] n 1. įrankių komplektas, reikmenys; 2) apranga.

outline [ˈaʊtlaɪn] 1. n 1) apybraiža; 2) schema, planas; 2. v 1) nupiešti kontūrą; 2) nubrėžti, apmesti.

outlook ['aʊtlʊk] n 1) vaizdas; 2) stebėjimas; 3) požiūris.

out-of-door(s) [ˌaʊtəv'dɔ:z] adv atvirame ore, lauke.

output ['aʊtpʊt] n produkcija, išeiga, išdirbis.

outrageous [aʊt'reɪdʒəs] a žiaurus, negailestingas.

outside [ˌaʊt'saɪd] 1. n 1) išorinė pusė; 2) išorė, išvaizda; 2. a 1) išorinis; 2) pašalinis; 3. adv iš išorės; ~r n pašalietis.

outskirts ['aʊtskɜ:ts] n pl. priemiestis, apylinkė.

outstanding [aʊt'stændɪŋ] a 1) žymus, žinomas; 2) neapmokėtas.

outward ['aʊtwəd] 1. a išorinis, išviršinis; 2. n išvaizda; išorė.

oven ['ʌvn] n krosnis, orkaitė.

over ['əʊvə] 1. prep (pažymi vietą) virš, per, už, prie; 2. adv daugiau (negu), vyresnis (apie amžių); he is ~ twenty jam daugiau kaip dvidešimt.

overcame žr. overcome.

overcoat ['əʊvəkəʊt] n apsiaustas, paltas.

overcome [ˌəʊvə'kʌm] v (overcame; overcome) nugalėti, įveikti.

overflow ['əʊvəfləʊ] 1. n 1) išliejimas per kraštus, potvynis; 2) perteklius; 2. v [ˌəʊvə'fləʊ] 1) lietis; 2) užlieti; 3) išsilieti (apie upę).

overhead ['əʊvəhed] 1. a esąs viršuje; ~ costs, ~ charges pridėtinės išlaidos; 2. adv viršuje, virš galvos.

overhear [ˌəʊvə'hɪə] v (overheard; overheard) 1) slapta klausytis; 2) netyčia nugirsti.

overlook [ˌəʊvə'lʊk] v 1) apžvelgti; 2) atsiverti, matyti; 3) praleisti, nepastebėti.

overseas [ˌəʊvə'sɪ:z] 1. a užjūrio, užsienio; 2. adv užsienyje, užsienin.

overshoe ['əʊvəʃu:] n kaliošas, botas.

overtake [ˌəʊvə'teɪk] v (overtook; overtaken) 1) pa(si)vyti; 2) užklupti (apie audrą).

overthrew žr. overthrow.

overthrow ['əʊvəθrəʊ] 1. n nuvertimas, suardymas (planų); 2. v [ˌəʊvə'θrəʊ] (overthrew; overthrown) 1) apversti; 2) nugalėti.

overturn ['əʊvətɜ:n] 1. n nuvertimas; 2. v [ˌəʊvə'tɜ:n] 1) ap(si)versti; 2) nuversti.

overwhelm [ˌəʊvə'welm] v 1) apimti, užvaldyti (apie jausmą); 2) sukrėsti, priblokšti; ~ing a didelis, žymus.

owe [əʊ] v 1) būti skolingam; 2) būti dėkingam.
owing ['əʊɪŋ] a skolingas; ~ to dėka, dėl.
own [əʊn] 1. a 1) savas, nuosavas; 2) tikras; 2. v valdyti, turėti, to ~ up prisipažinti; ~er n savininkas, valdytojas; ~ship 1) nuosavybės teisė; 2) nuosavybė.
ox [ɒks] n jautis, bulius; ~en 1) jaučiai; 2) galvijai.
oxygen ['ɒksɪdʒən] n deguonis.
oyster ['ɔɪstə] austrė.

P

pace [peɪs] 1. n žingsnis, eisena; 2. v žingsniuoti.
pacific [pə'sɪfɪk] a 1) ramus; 2) taikingas; the P. Ramusis vandenynas.
pack [pæk] 1. n 1) ryšulys; 2) gauja; 3) (kortų) kaladė; 2. v 1) su(si)pakuoti; 2) prigrūsti; ~age n ryšulys, siuntinys.
packet ['pækɪt] n paketas, ryšulėlis.
pad [pæd] n bloknotas.
paddle ['pædl] 1. n irklas; 2. v irkluoti, plaukti baidare.
padlock ['pædlɒk] n kabanti spyna.
page [peɪdʒ] 1. n puslapis; 2. v numeruoti puslapius.
paid žr. pay.
pail [peɪl] n kibiras.
pain [peɪn] 1. n 1) skausmas; 2) sielvartas; 3) pl. pastangos; to take ~s dėti pastangas; 2. v 1) sukelti skausmą; 2) skaudėti; ~ful a skausmingas.
paint [peɪnt] 1. dažai; 2. v 1) tapyti; 2) dažyti; 3) dažytis; ~er n tapytojas; ~ing n 1) tapyba; 2) paveikslas.
pair [peə] 1. n 1) pora; 2) sutuoktinių pora; 2. v su(si)poruoti.
pal [pæl] n draugas, bičiulis.
palace ['pælɪs] n rūmai.
pale [peɪl] a išblyškęs, išbalęs.
palm [pɑ:m] n delnas.
pancake ['pænkeɪk] n blynas; P. Day Užgavėnės.
pane [peɪn] n lango stiklas.
pang [pæŋ] n 1) aštrus skausmas; 2) (sąžinės) graužimas.
pansy ['pænzɪ] n bot. našlaitė.
pant [pænt] v 1) (už)dusti; 2) plakti (apie širdį).
pantry ['pæntrɪ] n sandėliukas.

paper [ˈpeɪpə] 1. n 1) popierius; 2) laikraštis; 3) mokslinis pranešimas, straipsnis; 2. v (ap)klijuoti popieriumi.

paradise [ˈpærədaɪs] n rojus, dausos.

parcel [ˈpɑ:sl] n 1) ryšulys; 2) siuntinys.

pardon [ˈpɑ:dn] 1. n atleidimas; I beg your ~ atsiprašau; 2. v atleisti, dovanoti.

parent [ˈpeərənt] n 1) tėvas, motina; 2) pl. tėvai; ~hood n tėvystė.

parlour [ˈpɑ:lə] n 1) svetainė; 2) kabinetas, ateljė; beauty ~ kosmetikos kabinetas.

parrot [ˈpærət] n papūga.

parsley [ˈpɑ:slɪ] n bot. petražolė.

part [pɑ:t] 1. n 1) dalis; 2) dalyvavimas; to take ~ in dalyvauti; 3) vaidmuo; 2. v 1) dalyti(s); 2) at(si)skirti; ~ial a dalinis, nepilnas.

particip || ant [pɑ:ˈtɪsɪpənt] n dalyvis; ~ate [-peit] v dalyvauti (in); ~ation n dalyvavimas.

particle [ˈpɑ:tɪkl] n dalelė.

particular [pəˈtɪkjʊlə] 1. a 1) ypatingas, savotiškas; 2) išrankus (maistui); 2. n detalė, smulkmena; in ~ ypač; ~ly adv ypač, labai.

parting [ˈpɑ:tɪŋ] 1. n 1) atsiskyrimas, išsiskyrimas; 2) (plaukų) skyrimas; 2. a atsisveikinimo.

partly [ˈpɑ:tlɪ] adv iš dalies.

partridge [ˈpɑ:trɪdʒ] n kurapka.

party I [ˈpɑ:tɪ] n partija.

party II n 1) būrys, grupė; 2) draugija; 3) vakaras, suėjimas; dinner ~ kviestiniai pietūs; 4) teis. šalis.

pass [pɑ:s] 1. n 1) praėjimas, perėja; 2) leidimas; 2. v 1) praeiti, pravažiuoti; 2) perduoti; 3) praleisti (laiką); 4) išlaikyti (egzaminą).

passage [ˈpæsɪdʒ] n 1) praėjimas, pravažiavimas; 2) koridorius; 3) fragmentas (iš knygos).

passenger [ˈpæsəndʒə] n keleivis; ~ train keleivinis traukinys.

passer-by [ˈpɑ:səbaɪ] n praeivis.

passion [ˈpæʃn] n 1) aistra; 2) uždegimas, entuziazmas; P. Week didžioji savaitė; ~ate a 1) aistringas; 2) staigus.

password [ˈpɑ:swɜ:d] n slaptažodis.

past [pɑ:st] 1. praeitis; 2. a praėjęs, buvęs; 3. adv pro šalį; 4. prep po; ~ four po keturių; at half ~ 12 pusę pirmos.

paste [peɪst] 1. n 1) tešla (pyra-

gaičiams); 2) klijai; 3) pasta; 2. v priklijuoti, užklijuoti.
pasture ['pɑ:stʃə] n ganykla.
patch [pætʃ] 1. n 1) lopas; 2) skuduras; 3) žemės sklypelis; 2. v lopyti, taisyti.
patent ['peɪtənt] a 1) aiškus; 2) patentuotas; ~ leather lakinis.
paternal [pə'tɜ:nl] a tėvo, tėviškas.
path [pɑ:θ] n takas, takelis.
pati || ence ['peɪʃns] n kantrybė; ~ent [-nt] n 1) pacientas, ligonis; 2. a kantrus, atkaklus.
patron ['peɪtrən] n globėjas, mecenatas; ~age ['pætrənɪdʒ] n globa, šefavimas; ~ize, ~ise v globoti, remti.
patronymic [ˌpætrə'nɪmɪk] n tėvo vardas.
pattern ['pætn] n 1) pavyzdys, modelis; 2) (audinio) raštas.
pave [peɪv] v grįsti (kelią); ~ment n šaligatvis.
paw [pɔ:] n letena.
pawn I [pɔ:n] n šachm. pėstininkas.
pawn II v užstatyti, įkeisti; n užstatas, įkaitas.
pay [peɪ] 1, n 1) mokestis; 2) alga; ~ment n mokėjimas, mokestis; 2, v (paid; paid) 1) mokėti (for); 2) apmokėti, sumokėti.
pea [pi:] n žirnis.
peace [pi:s] n 1) taika; 2) ramybė; ~ful a taikingas.
peach [pi:tʃ] n persikas.
peacock ['pi:kɒk] n povas.
peak [pi:k] n 1) viršukalnė; 2) viršūnė.
peanut ['pi:nʌt] n žemės riešutas.
pear [pɪə] n kriaušė.
pearl [pɜ:l] n perlas.
peasant ['peznt] n valstietis.
peat [pi:t] n durpės; ~ bog durpynas.
pebble ['pebl] n žvirgždas.
peck [pek] v 1) kapoti; 2) lesti.
peculiar [pɪ'kju:lɪə] a 1) specialus, ypatingas; 2) savitas, individualus; ~ity n ypatumas, savitumas.
pedestrian [pɪ'destrɪən] n pėstysis.
peel [pi:l] 1. žievė, odelė; 2. v lupti, valyti.
peep [pi:p] 1. žvilgsnis vogčiomis; 2. v dirstelėti.
peg [peg] n 1) kaištis; 2) medinė vinis.
pen [pen] n plunksna, plunksnakotis; ~ friend n susirašinėjimo draugas.
penalty ['penltɪ] n bausmė, pabauda.

pencil ['pensl] n pieštukas; in ~ pieštuku.

penetrat || e ['penıtreıt] v 1) prasiskverbti; 2) įsigilinti; ~ion n 1) prasiskverbimas; 2) įsigilinimas.

peninsula [pı'nınsjʊlə] n pusiasalis.

penitence ['penıtəns] n atgaila.

people ['pi:pl] n 1) tauta, liaudis; 2) pl. žmonės; young ~ jaunimas.

pepper ['pepə] n pipiras; ~-pot n pipirinė.

per [pɜ:] prep. 1) per, (su) pagalba, ~ post paštu; 2) per, iš; ~ hour per valandą.

perceive [pə'si:v] v suprasti, suvokti.

percent [pə'sent] procentas, - i.

perception [pə'sepʃn] n jutimas, suvokimas.

perfect ['pɜ:fəkt] 1. a tobulas, idealus; 2. v [pə'fekt] tobulinti, gerinti; ~ion n tobulybė.

perform [pə'fɔ:m] v 1) įvykdyti; 2) vaidinti; ~ance n 1) įvykdymas; 2) vaidyba.

perhaps [pə'hæps] adv galbūt.

peril ['perıl] n pavojus, rizika.

perish ['perıʃ] v žūti, mirti.

permanent ['pɜ:mənənt] a nekintamas, pastovus; ~ wave ilgalaikis sušukavimas; ~ly adv pastoviai.

permission [pə'mıʃn] n leidimas.

permit ['pɜ:mıt] 1. leidimas; 2. v [pə'mıt] leisti, duoti leidimą.

persecut || e ['pɜ:səkju:t] v persekioti; ~ion n persekiojimas; ~er n persekiotojas.

perseverance [ˌpɜ:sı'vıərəns] n atkaklumas, ištvermingumas.

persist [pə'sıst] v užsispirti; ~ent a atkaklus, užsispyręs.

perspir || ation [ˌpɜ:spə'reıʃn] n 1) prakaitas; 2) prakaitavimas; ~e [pə'spaıə] v prakaituoti.

persua || de [pə'sweıd] v įtikinti (of); atkalbėti (from, out of); ~sion [-sweıʒn] n įtikinimas; įkalbinėjimas.

pertain [pə'teın]v priklausyti, sietis; ~ing to kas dėl.

perverse [pə'vɜ:s] a 1) užsispyręs; 2) ydingas; 3) iškrypęs.

pest [pest] n parazitas, kenkėjas.

pet [pet] 1. n 1) numylėtinis; 2) mylimas gyvulėlis; 2. v lepinti, glamonėti.

petrol ['petrəl] n benzinas; ~ station degalinė; ~tank bakas benzinui.

petroleum [pı'trəʊljəm] n 1) nafta; 2) žibalas.

petty ['petɪ] a smulkus, nežymus.

phone [fəʊn] 1. telefonas; you are wanted on the ~ kviečia prie telefono; by the ~ telefonu; 2. v skambinti telefonu.

physician [fɪ'zɪʃn] n gydytojas.

physisist ['fɪzɪsɪst] n fizikas.

pianist ['pi:ənɪst] n pianistas.

piano ['pjænəʊ] n fortepionas, rojalis; to play the ~ skambinti fortepijonu.

pick [pɪk] 1. n pasirinkimas; 2. v 1) rinkti (vaisius, uogas); 2) skinti (gėles); 3) atrinkti, parinkti; to ~ up pakelti.

picture ['pɪktʃə] n 1) paveikslas, vaizdas; 2) portretas; ~sque a 1) vaizdingas; 2) gražus.

pie [paɪ] n paštetas, pyragas.

piece [pi:s] n 1) gabalas, dalis; 2) atskiras daiktas, vienetas; a ~ of furniture baldas; 3) kūrinys, paveikslas; a ~ of art meno kūrinys; 4) pavyzdys, atvejis; a ~ of advice patarimas.

pier [pɪə] n 1) molas; 2) prieplauka.

pierce [pɪəs] v 1) perdurti, perverti; 2) prasiskverbti (into).

pig [pɪg] n kiaulė; to make a ~ of oneself persivalgyti.

pigeon ['pɪdʒɪn] n karvelis, balandis; ~'s milk "gulbės pienas"; ~ hole skyrius dokumentams.

pike [paɪk] n lydeka.

pile [paɪl] 1. n krūva, šūsnis; 2. v krauti į krūvą; to ~ up sukaupti.

pill [pɪl] n tabletė, piliulė.

pillar ['pɪlə] n stulpas, kolona, ramstis; ~ box pašto dėžutė.

pillow ['pɪləʊ] n pagalvė; ~case užvalkalas.

pimple ['pɪmpl] n spuogas; ~ed a spuoguotas.

pin [pɪn] 1. n segtukas, sagė; 2. v prismeigti, susegti.

pinch [pɪntʃ] 1. n (druskos ir pan.) žiupsnelis; 2) (su)spaudimas; 2. v 1) įgnybti; 2) spausti (apie batus).

pine [paɪn] n pušis.

pineapple n ananasas.

pink [pɪŋk] 1. 1) gvazdikas; 2) ryškiai rožinė spalva; 2. a rožinis (apie spalvą).

pint [paɪnt] n pinta (=0,57 l.).

pious ['paɪəs] a pamaldus.

pipe [paɪp] n 1) vamzdis; 2) pypkė; 3) dūdelė, birbynė.

pit [pɪt] n 1) duobė; 2) šachta; 3) parteris.

pitch [pɪtʃ] n derva, degutas; ~-dark [ˌpɪtʃ'dɑ:k] a labai tamsus.

pity ['pɪtɪ] 1. n gailestis, užuojauta; it is a ~ gaila; 2. v gailėti, užjausti.

place [pleɪs] 1. n 1) vieta; to take ~ vykti (apie susirinkimą ir pan.); 2) gyvenamoji vieta; 2. v patalpinti, (pa)dėti.

plain [pleɪn] a 1) aiškus; 2) paprastas, suprantamas; 3) negražus.

plaintive [ˈpleɪntɪv] a graudus, liūdnas.

plait [plæt] n (plaukų) kasa.

plane [pleɪn] n 1) plokštuma; 2) lėktuvas.

plant I [plɑ:nt] 1. n augalas; 2. v sodinti, įveisti (sodą).

plant II n gamykla, fabrikas.

plaster [ˈplɑ:stə] n 1) tinkas; 2) gipsas.

plate [pleɪt] n 1) lėkštė; 2) (metalo) plokštė, lapas.

play [pleɪ] 1. n 1) žaidimas; 2) pjesė, drama; 2. v 1) žaisti; 2) atlikti vaidmenį; 3) griežti, groti.

plead [pli:d] v (pleaded; pleaded) 1) atsakyti į kaltinimą; to ~ (non) guilty (ne)prisipažinti kaltu; 2) ginti (teisme); 3) prašyti, maldauti (for).

pleasant [ˈpleznt] a malonus.

please [pli:z] v 1) suteikti malonumo; 2) malonėti, norėti; ~! prašau!

pleasure [ˈpleʒə] n malonumas, pomėgis; the ~ is mine aš turiu dėkoti už malonumą; ~ trip pramoginė kelionė.

pledge [pledʒ] n užstatas, įkaitas.

plenty [ˈplentɪ] n daugybė; ~ of daug.

plot [plɒt] 1. n 1) siužetas, fabula; 2) sąmokslas; 3) žemės sklypas; 2. v 1) ruošti sąmokslą; 2) sudaryti planą.

plough [plaʊ] 1. n plūgas; 2. v arti, vagoti.

pluck [plʌk] v 1) skinti (gėles, uogas); 2) sukirsti (per egzaminą); ~y a drąsus.

plum [plʌm] n slyva.

plump [plʌmp] a apvalus, apkūnus.

plunder [ˈplʌndə] 1. n plėšimas, grobimas; 2. v plėšti, grobti.

plunge [plʌndʒ] 1. n nardymas, pa(si)nėrimas; 2. v 1) nerti, pa(si)nerti; 2) mesti, įsibrauti (into).

plural [ˈplʊərəl] gram. daugiskaita.

plywood [ˈplaɪwʊd] n fanera.

p.m. [ˌpi:ˈem] (post meridiem) po vidurdienio.

pocket [ˈpɒkɪt] n kišenė; ~ book 1) užrašų knygutė; 2) piniginė.

point [pɔɪnt] 1. n 1) taškas, punktas; 2) reikalas, dalykas; the ~ is reikalas tas; 3) esmė, prasmė; 4) taškas (sporte); 2. v rodyti pirštu, nurodyti (out); ~ed a smailus, aštrus.

poison ['pɔɪzn] 1. n nuodai; 2. v nuodyti; ~ous a nuodingas.

pole [pəʊl] n stiebas, stulpas.

police [pə'li:s] n policija; ~man policininkas; ~ station policijos nuovada.

policy I ['pɒlɪsɪ] n 1) politika; 2) elgimosi linija.

policy II n polisas; insurance ~ draudimo polisas.

polish ['pɒlɪʃ] 1. n 1) blizgesys; 2) lakas; 2. v 1) blizginti; 2) valyti.

polite [pə'laɪt] a mandagus, išauklėtas.

politician [ˌpɒlɪ'tɪʃn] n 1) politikas; 2) valstybės veikėjas.

politics ['pɒlɪtɪks] n 1) politika; 2) politiniai įsitikinimai.

poll [pəʊl] n 1) rinkėjų sąrašas; to go to the ~s eiti į rinkimus; 2) balsų skaičius.

pond [pɒnd] n tvenkinys, kūdra.

pool I [pu:l]n kūdra, tvenkinys; swimming ~ (plaukymo) baseinas.

pool II n 1) bendras fondas; 2) ekon. pulas.

poor [pʊə] a 1) neturtingas; 2) nelaimingas; 3) menkas, blogas; ~ health bloga sveikata.

pope [pəʊp] n popiežius.

poplar ['pɒplə] n tuopa.

poppy ['pɒpɪ] a aguona.

population [ˌpɒpjʊ'leɪʃn] n gyventojai, gyventojų skaičius.

pork [pɔ:k] n kiauliena.

porridge ['pɒrɪdʒ] n (avižų) košė.

porter ['pɔ:tə] n 1) nešikas; 2) durininkas.

positive ['pɒzɪtɪv] a 1) teigiamas; 2) tikslus; 3) tikras, pasitikintis savimi; I am ~ (that) esu tikras (kad).

possess [pə'zes] v turėti, valdyti; ~ion n valdymas, turėjimas.

possib || **ility** [ˌpɒsə'bɪlɪtɪ] n galimybė; ~le a galimas; ~ly adv galimas daiktas.

post I [pəʊst] 1. n stulpas, ramstis; 2. v iškabinėti, išlipdyti (afišas).

post II n postas, tarnyba.

post III 1. n paštas, pašto skyrius; 2. v siųsti paštu; ~age pašto išlaidos; ~man n paštininkas; ~ office n paštas, ryšių kontora; general ~ centrinis paštas.

postpone [pəʊst'pəʊn] v atidėti (vėlesniam laikui).
pot [pɒt] n 1) puodas, stiklainis; 2) naktinis puodas.
potato [pə'teɪtəʊ] n bulvė.
poultry ['pəʊltrɪ] n naminiai paukščiai.
pound I [paʊnd] n 1) svaras (=453,6 g); 2) svaras sterlingų (=100 pensų).
pound II v mušti, plakti (apie širdį).
pour [pɔ:] v 1) lietis, lyti; it is ~ing smarkiai lyja; 2) pripilti.
poverty ['pɒvətɪ] n neturtas, skurdas.
powder ['paʊdə] 1. n 1) milteliai; 2) pudra; 3) parakas; 2. v 1) pudruoti(s); 2) sutrinti.
power ['paʊə] n 1) jėga, galia; 2) valdžia; 3) valstybė; 4) įgaliojimas; the ~ of attorney mandatas, įgaliojimas; ~ful a galingas; ~less a bejėgis.
praise [preɪz] 1. n (pa)gyrimas; 2. v girti, garbinti.
pray [preɪ] v 1) melstis; 2) maldauti; ~er n malda.
preach [pri:tʃ] v mokyti, sakyti pamokslą; ~er n pamokslininkas.
precaution [prɪ'kɔ:ʃn] n atsargumas.
precede [prɪ'si:d] v būti, įvykti (pirma, anksčiau); ~nt ['presɪdənt] n precedentas.
preceding [prɪ'si:dɪŋ] a pirmasis, ankstesnis.
precious ['preʃəs] a 1) brangus; 2) vertingas.
precipice ['presɪpɪs] n praraja, bedugnė.
precis || e [prɪ'saɪs] a tikslus, apibrėžtas; ~ely adv tiksliai; ~ion [-'sɪʒn] n tikslumas.
predecessor ['pri:dɪˌsesə] n 1) pirmtakas; 2) protėvis.
predict [prɪ'dɪkt] v pranašauti, numatyti; ~ion n pranašavimas.
preface ['prefɪs] n pratarmė, įžanga.
prefer [prɪ'fɜ:] v labiau mėgti; ~ence n pirmenybė; ~ stock priveligijuota akcija.
pregnant ['pregnənt] a nėščia.
prejudice ['predʒʊdɪs] 1. n 1) išankstinis nusistatymas; 2) prietaras; 2. v iš anksto nuteikti (against).
premise ['premɪs] n 1) prielaida; 2) pl. namas, patalpos.
premonit || ion [ˌpremə'nɪʃn] n 1) įspėjimas; 2) (negera) nuojauta; ~ory a įspėjantis.
preparat || ion [ˌprepə'reɪʃn] n pa(si)ruošimas; 2) preparatas,

vaistas; ~ory [prɪˈpærətrɪ] a paruošiamasis.

prepare [prɪˈpeə] v 1) ruošti(s); 2) gaminti (maistą).

prescri || be [prɪˈskraɪb] v 1) nurodyti, įsakyti; 2) paskirti, išrašyti (vaistų); ~ption n 1) nurodymas; 2) med. receptas; to write out a ~ išrašyti receptą.

presence [ˈprezns] n buvimas, dalyvavimas; in my ~ mano akivaizdoje.

present I [ˈprezənt] 1. n dabartis; at ~ dabar; 2. a esąs, dalyvaująs; to be ~ dalyvauti.

present II 1. n dovana; 2. v [prɪˈzent] v 1) padovanoti, apdovanoti (with); 2) įteikti, pateikti; 3) pristatyti, supažindinti.

presentiment [prɪˈzentɪmənt] n nuojauta.

presently [ˈpreznṭlɪ] adv greit, netrukus.

preservation [ˌprezəˈveɪʃn] n išsaugojimas, išlaikymas.

preside [prɪˈzaɪd] v pirmininkauti (at, over).

press [pres] 1. n 1) spūstis; 2) presas; 3) spauda; ~ing a neatidėliotinas, skubus; 2. v 1) spausti; 2) presuoti; 3) laidyti, lyginti; 4) raginti.

pressure [ˈpreʃə] n 1) spaudimas; 2) našta, priespauda.

pretend [prɪˈtend] v apsimesti, dėtis.

pretty [ˈprɪtɪ] 1. a gražus, puikus; 2. adv gana, it is ~ hot here čia gana karšta.

prevail [prɪˈveɪl] v vyrauti, dominuoti (over); ~ing a vyraujantis.

prevent [prɪˈvent] v (su)trukdyti, neleisti; ~ion n (su)trukdymas, įspėjimas.

previous [ˈprɪ:vɪəs] a pirmesnis, ankstesnis; ~ly adv anksčiau.

pre-war [ˌpri:ˈwɔ:] a prieškarinis.

prey [preɪ] n grobis; a beast of ~ plėšrusis žvėris.

price [praɪs] n kaina, vertė; a contract ~ sutartinė kaina; a ~ ticket etiketė su prekės kaina; at any ~ bet kuria kaina.

prick [prɪk] v į(si)durti; ~ly a dygliuotas.

pride [praɪd] n išdidumas, pasididžiavimas.

priest [pri:st] n kunigas, šventikas.

primary [ˈpraɪmərɪ] a 1) pirminis, pradinis; 2) pirmaeilis.

principal [ˈprɪnsəpl] 1. n 1) viršininkas; 2) rektorius; 3) ekon. pagrindinis kapitalas; 4) fin.

komitentas; 2. a pagrindinis, svarbiausias.

principle ['prɪnsəpl] n principas, taisyklė; on ~ iš principo.

print [prɪnt] 1. 1) n atspaudas; 2) šriftas; 3) graviūra; 4) reprodukcija; 2. v spausdinti.

priority [praɪ'ɒrɪtɪ] n prioritetas, pirmumas.

prison ['prɪzn] n kalėjimas; ~er kalinys, teisiamasis.

private ['praɪvɪt] 1. a asmeninis, privatinis; ~ property asmeninė nuosavybė; ~ company uždara akcinė bendrovė; 2. n eilinis; in ~ konfidencialiai, vienu du.

prize [praɪz] 1. n prizas, premija; 2. v aukštai vertinti; 3. a prizinis; ~-winner n laureatas.

probab||ility [ˌprɒbə'bɪlɪtɪ] n galimumas, tikimybė; ~able a galimas, tikėtinas; ~ly adv galimas daiktas.

proceed [prə'si:d] v 1) tęsti; 2) pereiti (to); ~ing n 1) pasielgimas; 2) pl. protokolai.

proclaim [prə'kleɪm] v (pa)skelbti, pranešti.

procure [prə'kjʊə] v įgyti, gauti.

produce ['prɒdju:s] 1. n produkcija, produktas; 2. v [prə'dju:s] 1) gaminti; 2) pastatyti (pjesę); ~r n 1) gamintojas; 2) režisierius.

profit ['prɒfɪt] 1. n 1) pelnas; 2) nauda; net ~ grynas pelnas; 2. v 1) duoti naudos, pelno; 2) pasipelnyti; ~able a pelningas, naudingas.

profound [prə'faʊnd] a 1) gilus; 2) įžvalgus.

prohibit [prə'hɪbɪt] v (už)drausti; ~ion n (už)draudimas.

prolong [prə'lɒŋ] v prailginti; ~ation n prailginimas, užtęsimas.

prominent ['prɒmɪnənt] a įžymus, garsus.

promise ['prɒmɪs] 1. n pažadas; to keep one's ~ išteseti pažadą; 2. v žadėti.

promot||e [prə'məʊt] v 1) pagelbėti, paremti; 2) paaukštinti (pareigose); ~ion [prə'məʊʃn] 1) pagalba, parama; 2) paaukštinimas (tarnyboje).

promt I [prɒmpt] a greitas, vikrus.

prompt II 1. n 1) priminimas; 2) sufleris; 2. v 1) raginti; 2) įteigti; 3) (pa)sufleruoti.

pronounce [prə'naʊns] v 1) (iš)tarti; 2) paskelbti; ~ment n paskelbimas, oficialus pranešimas.

pronunciation [prəˌnʌnsɪ'eɪʃn] n (iš)tarimas.

proof [pru:f] n 1) įrodymas; 2) korektūra; ~reader n korektorius.

proper ['prɒpə] a 1) tinkamas, prideramas; 2) teisingas; ~ name/noun tikrinis daiktavardis; ~ly adv tinkamai; ~ty n 1) nuosavybė; 2) ypatybė; movable/immovable ~ kilnojamas/nekilnojamas turtas; landed ~ žemės nuosavybė.

proph || ecy ['prɒfəsɪ] n pranašystė; ~et [-ɪt] n pranašas.

propos || al [prə'pəʊzl] n pasiūlymas; ~e v 1) siūlyti; 2) pasipiršti (to); ~ition n 1) pasiūlymas; 2) teiginys.

proprietor [prə'praɪətə] n savininkas.

prosecut || e ['prɒsɪkju:t] v 1) vykdyti; 2) teis. persekioti per teismą; ~ion n teis. 1) persekiojimas per teismą; 2) (darbo) vykdymas; ~or n kaltintojas.

prosper ['prɒspə] v klestėti, sektis; ~ity n (su)klestėjimas; ~ous a klestintis, turtingas.

protect [prə'tekt] v ginti, saugoti; ~ion gynimas, globa; ~or n gynėjas, globėjas.

proud [praʊd] a išdidus; to be ~ of didžiuotis; ~ly adv išdidžiai.

prove [pru:v] v 1) įrodyti, patvirtinti; 2) pasirodyti.

proverb ['prɒvəb] n patarlė.

provid || e [prə'vaɪd] v 1) ap(si)rūpinti, tiekti; 2) numatyti (for); ~ed su sąlyga, jei; ~er n tiekėjas, aprūpintojas.

provision [prə'vɪʒn] n 1) ap(si)rūpinimas; 2) pl maisto atsargos; 3) (sutarties ir pan.) sąlyga; ~al a laikinas, parengtinas; ~ government laikinoji vyriausybė.

provoke [prə'vəʊk] v sukelti, (iš)provokuoti.

proxy ['prɒksɪ] n įgaliojimas; by ~ pagal įgaliojimą.

prudent ['pru:dənt] a 1) protingas; 2) apdairus.

public ['pʌblɪk] a 1) viešas, visuomeninis, valstybinis; 2) komunalinis; 3) atviras; ~ service komunaliniai patarnavimai; ~ works viešieji darbai; ~ation n 1) paskelbimas, išleidimas; 2) publikacija, leidinys; ~ity n 1) viešumas; 2) reklama; ~ agent reklamos agentas; ~ize, ~ise [-saɪz] v reklamuoti.

publish ['pʌblɪʃ] v 1) publikuoti; 2) išleisti; ~er n leidėjas.

pull [pʊl] 1. n traukimas; 2. v 1) traukti, tempti; 2) ištraukti (dantį); 3) pešioti už plaukų; 4) susivaldyti; to ~ oneself together susitvardyti.

pulp [pʌlp] n vaisiaus minkštimas.

pump [pʌmp] 1. n siurblys, pompa; 2. v pumpuoti, išsiurbti.

punch [pʌntʃ] 1. n 1) komposteris; 2) štampavimo staklės; 2. v (pra)mušti (skylę), štampuoti.

punish ['pʌnɪʃ] v (nu)bausti; ~ment n bausmė.

pupil I ['pju:pl] n mokinys.

pupil II n akies vyzdys.

purchase ['pɜ:tʃəs] 1. n pirkinys, pirkimas; 2. v pirkti, įsigyti; ~r n pirkėjas.

pure [pjʊə] a 1) grynas, tyras; 2) tikras; 3) švarus.

purity ['pjʊərɪtɪ] n grynumas, tyrumas, nekaltumas.

purple ['pɜ:pl] a purpurinė, raudona spalva.

purpose ['pɜ:pəs] n tikslas, ketinimas; on ~ tyčia; to no ~ veltui.

purse [pɜ:s] n 1) piniginė; 2) pinigai, turtas.

pursu || e [pə'sju:] v 1) persekioti, vytis; 2) siekti tikslo; ~er n persekiotojas; ~it [-'sju:t] n persekiojimas.

push [pʊʃ] 1. n 1) stūmimas, stumtelėjimas; 2) energija; 2. v 1) stumti; 2) prastumti.

put [pʊt] v (put; put) (pa)dėti; to ~ down užsirašyti; to ~ in įstatyti, įterpti; to ~ off atidėti; to ~ on už(si)dėti, apsirengti; to ~ out užgesinti.

puzzle ['pʌzl] 1. n 1) keblumas; 2) sumišimas; 3) mįslė; 2. v sukelti sumišimą, sugluminti; ~ment n sumišimas.

puzzling ['pʌzlɪŋ] a keblus, painus.

Q

quality ['kwɒlɪtɪ] n 1) kokybė; 2) ypatybė, savybė.

quantity ['kwɒntɪtɪ] n 1) kiekis, dydis; 2) pl. daugybė.

quarrel ['kwɒrəl] 1. n ginčas, kivirčas; to make up a ~ susitaikyti; 2. v ginčytis, kivirčytis.

quarter ['kwɒtə] n 1) ketvirtis, ketvirtadalis; 2) ketvirtis valandos; a ~ to three be penkiolikos minučių trys; 3) (miesto) kvartalas.

quay [ki:] n krantinė, prieplauka.

queen [kwi:n] n 1) karalienė; 2) (kortų) dama.

queer [kwɪə] a 1) keistas; 2) negaluojąs; to feel ~ blogai jaustis; 3) įtartinas.

question ['kwestʃn] 1. n 1) klausimas; 2) problema; 2. v klausti, apklausinėti.

questionnaire [ˌkwestʃə'neə] n anketa, klausimų lapas.

queue [kju:] 1. n eilė; to stand in a ~ stovėti eilėje; 2. v stovėti eilėje (up).

quick [kwɪk] 1. a greitas, vikrus; 2. adv greitai; be ~! greičiau!; ~ly greitai.

quicksilver ['kwɪkˌsɪlvə] n gyvsidabris.

quiet ['kwaɪət] 1. a ramus, tylus; 2. v (nu)raminti, nurimti; ~ly adv tyliai, ramiai.

quilt [kwɪlt] n vatinė antklodė.

quit [kwɪt] v palikti, apleisti.

quite [kwaɪt] adv visai, visiškai.

quiver ['kwɪvə] v virpėti, drebėti.

quotation [kwəʊ'teɪʃn] n citata.

quote [kwəʊt] v cituoti, remtis.

R

rabbit ['ræbɪt] n triušis; perk. bailys.

race I [reɪs] 1. n lenktynės, varžybos; 2. v lenktyniauti.

race II n rasė, giminė.

racial ['reɪʃl] a rasinis.

radiant ['reɪdjənt] a spinduliuojąs, švytįs.

radish ['rædɪʃ] n ridikėlis, ridikas; horse ~ krienas.

rag [ræg] n skurdas, skarmalas.

rage [reɪdʒ] 1. n įniršimas, įniršis; 2. v 1) niršti; 2) siautėti.

ragged ['rægɪd] a 1) nuplyšęs; 2) nelygus.

rail [reɪl] n 1) turėklai, tvora; 2) bėgis; 3) geležinkelio linija; by ~ geležinkeliu.

railway ['reɪlweɪ] n geležinkelis.

rain [reɪn] 1. n lietus; 2. v lyti; ~bow vaivorykštė; ~coat lietpaltis; ~y a lietingas; idm for a ~y day juodai dienai.

raise [reɪz] v 1) (pa)kelti, iškelti; to ~ one's voice pakelti balsą; 2) auginti, auklėti; 3) pakelti (algą); to ~ money gauti lėšų.

rake [reɪk] 1. n grėblys; 2. v grėbti, grėbstyti.

ran ž r. run.

rang žr. ring.
range [reɪndʒ] 1. n 1) (namų) eilė; (kalnų) virtinė; 2) (interesų) sritis; 3) diapazonas; 4) viryklė; 2. v 1) iš(si)rikiuoti; 2) svyruoti (apie kainas ir pan.).
rank [ræŋk] n 1) eilė, greta; 2) laipsnis, rangas; idm the ~ and file eiliniai, paprasti žmonės.
ransom ['rænsəm] 1. n išpirkimas; 2. v išpirkti, atpirkti.
rapid ['ræpɪd] greitas, spartus; ~ly adv greitai.
rapture ['ræptʃə] n susižavėjimas; to be in ~s būti sužavėtam.
rare [reə] a 1) retas; 2) nepaprastas; ~ly adv retai.
rash I [ræʃ] a 1) skubotas; 2) neapdairus.
rash II n išbėrimas.
raspberry ['rɑ:zbərɪ] n avietė.
rat [ræt] n žiurkė.
rate [reɪt] 1. n 1) norma, tarifas; ~ of exchange valiutos kursas; 2) atitinkama dalis, koeficientas; 3) greitis, tempas; at any ~ bet kokiu atveju; 2. v įkainoti, įvertinti.
rather ['rɑ:ðə] adv 1) greičiau, verčiau; 2) gana, gerokai.
rattle ['rætl] 1. n 1) barškėjimas, dardėjimas; 2) barškalas; 2. v 1) barškėti, traškėti; 2) griausti.
raven ['reɪvn] n varnas.
raw [rɔ:] n žalias, neišdirbtas; ~ material žaliava.
ray [reɪ] n spindulys; to ~ v spinduliuoti.
razor ['reɪzə] n skustuvas; ~ - blade skustuvo ašmenys.
reach [ri:tʃ] 1. n pasiekiamumas; within ~ netoli; out of ~ nepasiekiamas; 2. v 1) pasiekti; 2) ištiesti (ranką) (out).
read [ri:d] v (read; read) skaityti; ~er n skaitytojas; korektorius; ~ing n skaitymas; ~ing lamp stalinė lempa.
ready ['redɪ] a gatavas, paruoštas; ~ money grynieji pinigai.
ready-made [ˌredɪ'meɪd] a gatavas; ~ clothes gatavi drabužiai.
real || ization [ˌrɪəlaɪ'zeɪʃn] n 1. supratimas; 2. įgyvendinimas; 2. v ~ize, ~ise 1) suprasti; 2) įgyvendinti.
really ['rɪəlɪ] adv iš tikrųjų.
reap [ri:p] v kirsti, pjauti (javus); ~er n 1) pjovėjas; 2) pjaunamoji (mašina).
reason ['ri:zn] 1. n 1) priežastis, pagrindas; for this ~ dėl to; 2) protas, supratimas; 2. v protauti, mąstyti; ~able a 1) protin-

gas; 2) prieinamas (apie kainą); ~ing n samprotavimas, mąstymas.

reassure [ˌriːəˈʃʊə] v užtikrinti, įtikinti.

rebel [ˈrebl] 1. n sukilėlis, maištininkas; 2. v [rɪˈbel] sukilti, maištauti; ~lious maištingas.

recall [rɪˈkɔːl] 1. n atšaukimas; 2. v 1) atšaukti; 2) prisiminti; 3) panaikinti (įstatymą).

receipt [rɪˈsiːt] n 1) kvitas; 2) gavimas; 3) receptas (kulinarinis); 4) pl įplaukos.

receive [rɪˈsiːv] v 1) gauti; 2) priimti; ~r n 1) gavėjas; 2) (telefono) ragelis.

recent [ˈriːsnt] a nesenas, dabartinis; ~ly adv neseniai.

reception [rɪˈsepʃn] n 1) gavimas; 2) priėmimas (svečių); ~ office registratūra (poliklinikoje).

recite [rɪˈsaɪt] v deklamuoti, atmintinai sakyti.

reckless [ˈreklɪs] a neapgalvotas, beprotiškas.

reckon [ˈrekən] v 1) skaičiuoti, suskaičiuoti; 2) pasitikėti (on).

recogni‖tion [ˌrekəgˈnɪʃn] n 1) atpažinimas; 2) pripažinimas; ~ze, ~se [ˈrekəgnaɪz] v 1) atpažinti; 2) pripažinti.

recollect [ˌrekəˈlekt] v atsiminti, prisiminti; ~ion n at(si)minimas.

reconsile [ˈrekənsaɪl] v 1) sutaikyti; 2) suderinti.

record [ˈrekɔːd] 1. n 1) įrašas, užrašas; 2) protokolas; 3) charakteristika; 4) rekordas; R. office valstybinis archyvas; 2. v [rɪˈkɔːd] 1) užrašyti, atžymėti; 2) registruoti, protokoluoti; 3) įrašyti į plokštelę.

recover [rɪˈkʌvə] v 1) atgauti, susigrąžinti; 2) sveikti; 3) kompensuoti, susigrąžinti (nuostolius); ~ry n 1) pasveikimas, išgijimas; 2) atgavimas, kompensavimas.

red [red] a raudonas; ~ish a rausvas.

rede‖em [rɪˈdiːm] v 1) išpirkti; 2) atmokėti, atpirkti; 3) vykdyti (pažadą); ~mption n (turto) atgavimas.

reduc‖e [rɪˈdjuːs] v 1) sumažinti; to ~ prices sumažinti kainas; ~tion [-ˈdʌkʃn] n 1) sumažinimas; 2) nuolaida.

reed [riːd] n nendrė; ~-pipe n birbynė, dūdelė.

reel I [riːl] 1. n ritė; 2. v vynioti į ritę, suvynioti.

reel II v 1) suktis; 2) svirduliuoti.

refer [rɪ'fɜ:] v 1) nurodyti, nukreipti; 2) pateikti svarstyti; 3) kreiptis; 4) remtis (to); ~ence n nurodymas, pasirėmimas; ~ book žinynas.

reflect [rɪ'flekt] v 1) at(si)spindėti; 2) vaizduoti (literatūroje ir pan.); ~ion n 1) at(si)spindėjimas; 2) apgalvojimas, svarstymas.

refrain [rɪ'freɪn] v su(si)laikyti (from).

refresh [rɪ'freʃ] v (at)gaivinti, pa(si)stiprinti; ~ment n 1) at(si)gaivinimas; 2) pl. užkandis, gėrimas; ~ment room bufetas.

refuge ['refju:dʒ] n prieglauda, prieglobstis; to take ~ rasti prieglobstį; ~e [ˌrefjʊ'dʒi:] n 1) pabėgėlis; 2) emigrantas.

refusal [rɪ'fju:zl] n atsisakymas.

refuse [rɪ'fju:z] v at(si)sakyti, atmesti.

regain [rɪ'geɪn] v atgauti, to ~ consciousness atgauti sąmonę.

regard [rɪ'gɑ:d] 1. n 1) dėmesys; 2) pagarba; 3) pl. linkėjimai; 4) atžvilgis; in/ with ~ to (kieno) atžvilgiu, kai dėl; 2. v 1) žiūrėti; 2) atsižvelgti, skaitytis; 3) liesti; 4) gerbti; ~less adv nepaisant (of).

regiment ['redʒɪmənt] n pulkas.

regret [rɪ'gret] 1. n 1) sielvartas; 2) apgailestavimas; 2. v apgailestauti, gailėtis; ~ful a apgailestaujantis.

regulation [ˌregjʊ'leɪʃn] n 1) reguliavimas; 2) taisyklė; 3) pl. nuostatai, įstatai.

rehearsal [rɪ'hɜ:sl] n repeticija; dress ~ generalinė repeticija.

rehearse [rɪ'hɜ:s] v 1) repetuoti; 2) kartoti.

reign [reɪn] 1. n karaliavimas, viešpatavimas; 2. v karaliauti, viešpatauti.

reimburse [ˌri:ɪm'bɜ:s] v atlyginti, grąžinti (pinigus); ~ment n atlyginimas, kompensacija.

reinforce [ˌri:ɪn'fɔ:s] v sustiprinti, sutvirtinti; ~ment n sustiprinimas, sutvirtinimas.

reject [rɪ'dʒekt] v atmesti, at(si)sakyti; ~ion n atmetimas, at(si)sakymas.

rejoic‖e [rɪ'dʒɔɪs] v linksmintis, džiaugtis (at, in); ~ing n 1) džiūgavimas; 2) šventė.

relat‖e [rɪ'leɪt] v 1) pasakoti; 2) susieti (with); ~ed a giminingas, susijęs (to); ~ion n 1) giminaitis, -tė; 2) santykis, ryšys; ~ionship n 1) gimininingumas; 2) ryšiai.

relax [rɪ'læks] v 1) at(si)palaiduoti; 2) (su)silpninti; 3) pailsėti, atsikvėpti; ~ation n pramoga, poilsis.

release [rɪ'li:s] 1. n 1) atleidimas; 2) palengvinimas; 2. v 1) atleisti; 2) palengvinti (skausmą); 3) dovanoti (skolą).

reliable [rɪ'laɪəbl] a patikimas, tikras.

relief [rɪ'li:f] n 1) palengvėjimas; 2) pagalba, pašalpa; ~ fund pašalpos fondas.

relieve [rɪ'li:v] v 1) palengvinti; 2) sumažinti (skausmą); 3) padėti (bėdoje).

reluctant [rɪ'lʌktənt] a nenorįs, nelinkęs; ~ly adv nenoriai.

rely [rɪ'laɪ] v pasitikėti, pasikliauti (on, upon).

remain [rɪ'meɪn] 1. n 1) pl. likučiai; 2) palaikai; 2. v pasilikti.

remark [rɪ'mɑ:k] 1. n pastaba; 2. v pastebėti, pažymėti; ~able a nuostabus, nepaprastas.

remedy ['remədɪ] n 1) vaistas; 2) priemonė.

remember [rɪ'membə] v 1) atsiminti; 2) pasveikinti.

remembrance [rɪ'membrəns] n at(si)minimas.

remind [rɪ'maɪnd] v priminti (of).

reminiscence [ˌremɪ'nɪsəns] n 1) at(si)minimas; 2) pl. memuarai.

remnant ['remnənt] a likutis, liekana.

remorse [rɪ'mɔ:s] n sąžinės graužimas; ~ful a atgailaujantis; ~less a negailestingas.

remote [rɪ'məʊt] a tolimas, atokus.

remov || al [rɪ'mu:vl] n 1) per(si)kelti; 2) nuimti, nunešti; 3) atleisti (iš pareigų); 4) išimti (dėmes).

render ['rendə] v 1) teikti (pagalbą); 2) perteikti, atvaizduoti; 3) versti (į kitą kalbą).

renew [rɪ'nju:] v atnaujinti, restauruoti; ~al n 1) atnaujinimas; 2) atstatymas.

renounce [rɪ'naʊns] v atsisakyti (teisių), atsižadėti; ~ment n išsižadėjimas.

rent [rent] 1. n nuoma, nuompinigiai; 2. v nuomoti, iš(si)nuomoti.

repair [rɪ'peə] 1. n 1) pl. remontas, taisymas; ~ shop remonto dirbtuvė; 2) tinkamumas; 2. v 1) remontuoti, taisyti; 2) ištaisyti (skriaudą); 3) atlyginti.

repay [rɪ'peɪ] v (repaid) 1) grąžinti skolą; 2) at(si)lyginti; ~ment n apmokėjimas.

repeal [rɪ'pi:l] n anuliavimas, panaikinimas.

repeat [rɪ'pi:t] v (pa)kartoti.

repel [rɪˈpel] v 1) atmesti (pasiūlymą); 2) sukelti pasibjaurėjimą.

repent [rɪˈpent] v gailėtis, apgailestauti; ~ance n [rɪˈpentəns] n apgailestavimas, atgaila.

repetition [ˌrepɪˈtɪʃn] n (pa)kartojimas.

replace [rɪˈpleɪs] v 1) grąžinti; 2) pakeisti (by, with); ~ment n pakeitimas, sugrąžinimas.

reply [rɪˈplaɪ] 1. n atsakymas; 2. v atsakyti.

report [rɪˈpɔ:t] 1. n 1) ataskaita, pranešimas; 2) reputacija; 2. v 1) pranešti, daryti pranešimą, pateikti ataskaitą; 3) išdėstyti; 4) skųstis, pateikti skundą; ~er n pranešėjas, korespondentas.

repose [rɪˈpəʊz] 1. n poilsis, miegas; 2. v ilsėtis, gulėti.

represent [ˌreprɪˈzent] v 1) pavaizduoti; 2) pateikti; 3) atstovauti; ~ation n 1) vaizdavimas; 2) pateikimas; 3) atstovavimas; ~ative n 1. 1) atstovas; a 2. 1) būdingas; 2) atstovaujantis.

reproach [rɪˈprəʊtʃ] 1. n priekaištas; 2. v priekaištauti, prikaišioti; ~ful a priekaištingas.

reproduce [ˌri:prəˈdju:s] v atgaminti, atkurti.

reproof [rɪˈpru:f] n (pa)peikimas, priekaištas.

reprove [rɪˈpru:v] v prikaišioti, prikišti.

reptile [ˈreptaɪl] n roplys.

repuls || **e** [rɪˈpʌls] 1. n 1) atrėmimas; 2) atmetimas; 2. v 1) atremti (priešą); 2) atmesti, atstumti; ~ion [-ˈpʌlʃn] n pasibjaurėjimas; ~ive a atstumiantis.

request [rɪˈkwest] 1. n prašymas, reikalavimas; 2. v prašyti, reikalauti.

require [rɪˈkwaɪə] v įsakyti, reikalauti; ~ment n reikalavimas.

rescure [ˈreskju:] 1. n išgelbėjimas; 2. v (iš)gelbėti, padėti.

research [rɪˈsɜ:tʃ] n tyrinėjimas, nagrinėjimas, mokslo tiriamasis darbas; ~er n tyrinėtojas.

resembl || **ance** [rɪˈzembləns] n panašumas; ~e v būti panašiam.

resent [rɪˈzent] v piktintis, įsižeisti; ~ment n pasipiktinimas.

reside [rɪˈzaɪd] v gyventi (kur nors); ~nce gyvenamoji vieta, buveinė, rezidencija; ~nt n nuolatinis gyventojas.

resign [rɪˈzaɪn] v 1) atsisakyti (nuo pareigų); 2) atsižadėti; ~ation n 1) atsistatydinimas; 2) nuolankumas.

resist [rɪˈzɪst] v 1) priešintis; 2) nepasiduoti; ~ance n 1) pa-

sipriešinimas; 2) (organizmo) atsparumas.
resolute ['rezəlu:t] a ryžtingas, nepajudinamas.
resolve [rɪ'zɒlv] v 1) ryžtis, apsispręsti; 2) nutarti; ~d a ryžtingas.
resort [rɪ'zɔ:t] 1. n 1) prieglobstis; 2) kurortas; 2. v kreiptis pagalbos; imtis priemonių (to).
respect [rɪ'spekt] 1. n 1) pagarba; 2) atžvilgis; in ~ of/to (kai) dėl; 2. v 1) gerbti; 2) paisyti; ~able a garbingas, orus; ~ful a pagarbus; ~ive a atitinkamas.
respon || d [rɪ'spɒnd] v atsakyti; 2) reaguoti; 3) patenkinti (to); ~se n 1) atsakymas; 2) atgarsis; in ~ to atsakant; ~sibility n 1) atsakomybė; 2) įsipareigojimai; ~sible a atsakingas; ~sive a jautrus, reaguojantis.
rest I [rest] 1. n 1) ramybė, poilsis; 2) atrama, stovas; 2. v 1) ilsėtis, gulėti; 2) būti, priklausyti.
rest II n the ~ likusieji, kiti.
restless ['restlɪs] a 1) nerimstąs; 2) neramus.
restrain [rɪ'streɪn] v sulaikyti; suvaržyti; ~t n susilaikymas, savitvarda.
restrict [rɪ'strɪkt] v apriboti; ~ion n apribojimas; ~ive a apribojantis.
resume [rɪ'zju:m] v 1) atnaujinti; 2) susumuoti.
retail ['ri:teɪl] 1. n mažmeninis pardavimas; ~price mažmeninė kaina; 2. v parduoti mažmenomis.
retain [rɪ'teɪn] v sulaikyti, išlaikyti.
retire [rɪ'taɪə] v 1) pasišalinti; 2) pasitraukti (iš tarnybos); 3) eiti gulti; ~ment n atsistatydinimas; išėjimas į pensiją.
retreat [rɪ'tri:t] 1. n 1) atsitraukimas; 2) prieglobstis; 2. v 1) atsitraukti; 2) pasišalinti.
return [rɪ'tɜ:n] 1. n 1) (su)grįžimas; in ~ atsilyginant; 2) apyvarta, pelnas; 2. v 1) grįžti; 2) grąžinti; 3) atsakyti.
reveal [rɪ'vi:l] v atidengti, atskleisti.
revelation [ˌrevɪ'leɪʃn] n apsireiškimas; 2) atskleidimas.
revenge [rɪ'vendʒ] 1. n kerštas; 2. v (at)keršyti; ~ful a kerštingas.
revenue ['revɪnju:] n metinės pajamos.
reverse [rɪ'vɜ:s] 1. n the ~ atvirkščia, priešinga; quite the ~ atvirkščiai; 2. a atvirkščias,

priešingas; 3. v apversti, perstatyti.

review [rɪ'vju:] 1. n 1) apžvalga; 2) peržiūra; 3) recenzija; 2. v 1) apžvelgti; 2) peržiūrėti; 3) recenzuoti.

revis || e [rɪ'vaɪz] v 1) ištaisyti; 2) peržiūrėti; ~ion n peržiūrėjimas; revizija.

reviv || al [rɪ'vaɪvl] n 1) atgimimas; 2) atnaujinimas; ~e v 1) atgimti; 2) atgyti, atgaivinti.

revolt [rɪ'vəʊlt] 1. n sukilimas, maištas; 2. v sukilti (against).

revolve [rɪ'vɒlv] v sukti(s).

reward [rɪ'wɔ:d] 1. atlyginimas, apdovanojimas; 2. v atlyginti, apdovanoti.

rib [rɪb] n 1) šonkaulis; 2) briauna.

ribbon ['rɪbən] n kaspinas, juosta.

rice [raɪs] n ryžiai.

rich [rɪtʃ] a 1) turtingas (in); 2) prabangus; 3) vertingas; 4) riebus; ~es n turtai.

rid [rɪd] v (rid, ridded; rid, ridded) išvaduoti, išgelbėti; to get ~ of atsikratyti.

riddle ['rɪdl] n mįslė.

ride [raɪd] 1. n pasijodinėjimas, pasivažinėjimas; 2. v (rode, riden) 1) joti, jodinėti; 2) važiuoti (autobusu ir pan.); ~r n jojikas, važiuotojas.

ridiculous [rɪ'dɪkjʊləs] a juokingas, kvailas.

rifle ['raɪfl] n šautuvas.

right [raɪt] 1. n 1) teisė; 2) dešinioji pusė; 2. a 1) teisus, teisingas; 2) dešinysis; 3) sveikas, teisingas; 3. adv 1) teisingai; 2) tinkamai; 3) dešinėn.

rigid ['rɪdʒɪd] a 1) tvirtas; 2) griežtas; ~ity n 1) kietumas; 2) griežtumas.

rind [raɪnd] n žievė, pluta.

ring I [rɪŋ] n 1) žiedas, lankas; 2) ringas; 3) gauja.

ring II (rang, rung) 1) skambėti; 2) spiegti; 3) skambinti; to ~ up skambinti (telefonu).

rinse [rɪns] v skalauti, praplauti.

riot ['raɪət] n 1) maištas; 2) siautėjimas.

ripe [raɪp] a 1) prinokęs; 2) subrendęs; ~n v nokti, nokinti.

rise [raɪz] 1. n 1) pakilimas; 2) pakėlimas, paaukštinimas; 3) patekėjimas; 2. v (rose, risen) 1) (pa)kilti, keltis; 2) (pa)tekėti; 3) (pa)didėti, augti.

risk [rɪsk] 1. n rizika; 2. v rizikuoti; ~y a rizikingas, pavojingas.

rival ['raɪvl] n konkurentas, varžovas.
river ['rɪvə] n upė, srovė; ~-bed (upės) vaga.
road [rəʊd] n kelias, plentas; ~side n šalikelė.
roar [rɔ:] 1. n 1) staugimas; 2) dundesys; 2. v 1) staugti; 2) kaukti; 3) garsiai juoktis.
roast [rəʊst] 1. a keptas; ~beef rostbifas; 2. v kepti, kepinti.
rob [rɒb] v grobti, (api)plėšti; ~er n plėšikas; ~bery n (api)plėšimas.
rock I [rɒk] n uola.
rock II v supti(s), svyruoti.
rod [rɒd] n 1) strypas, lazda; 2) meškerė.
rode žr. ride.
roll [rəʊl] 1. n 1) ritinys, rulonas; 2) sąrašas, rejestras; 3) bandelė; 2. v 1) sukti(s); 2) ritinėti; 3) kočioti (tešlą).
roof [ru:f] 1. n stogas; 2. v dengti stogą.
rook I [rʊk] n kovas.
rook II šachm. bokštas.
room [rʊm] n 1) kambarys; 2) patalpa; 3) vieta; single/ double ~ vienvietis /dvivietis kambarys (viešbutyje)
root [ru:t] n 1) šaknis; 2) pagrindas; to take ~ leisti šaknis.
rope [rəʊp] n virvė, lynas.
rose žr. rise.
rot [rɒt] 1. n puvimas, puvėsiai; 2. v pūti, gesti.
rotation [rəʊ'teɪʃn] n 1) sukimasis; 2) kaitaliojimasis.
rotten ['rɒtn] n supuvęs, sugedęs.
rough [rʌf] n 1) grubus, rupus; 2) audringas (apie jūrą); 3) šiurkštus, stačiokiškas; 4) neišbaigtas; ~ copy juodraštis.
round [raʊnd] 1. a apskritas, apvalus; 2. n 1) ratas, apskritimas; 2) ratelis (žaidimas); 3. v apvalinti, apvalėti.
rouse [raʊz] v 1) žadinti; 2) sužadinti.
route [ru:t] n maršrutas.
row I [rəʊ] n eilė.
row II v irti(s), irkluoti.
row III [raʊ] n triukšmas, ginčas.
royal ['rɔɪəl] a karališkas; ~ty n karaliaus šeimos nariai
rub [rʌb] v trinti(s); pritrinti.
rubber ['rʌbə] n 1) guma, kaučiukas; 2) trintukas.
rubbish ['rʌbɪʃ] n šlamštas, šiukšlės.
rudder ['rʌdə] n vairas.
rude [ru:d] a šiurkštus, grubus; ~ly adv grubiai.
rug [rʌg] n patiesalas, kilimėlis.

ruin ['ru:ɪn] 1. n pražūtis; žlugimas; 2. v (su)griauti, (pra)žudyti; ~ous a pražūtingas.
rule [ru:l] 1. n 1) taisyklė, principas; as a ~ kaip taisyklė; 2) įstatai; 2. v valdyti, viešpatauti.
ruler ['ru:lə] n valdovas.
rumour ['ru:mə] n gandas, paskala.
rumple ['rʌmpl] v 1) glamžyti; 2) velti.
run [rʌn] 1. n 1) bėgimas; 2) eiga, veiksmas; 2. v (ran, run) 1) bėgti, bėgioti; 2) kursuoti; 3) dirbti, veikti (apie mašiną).
rung žr. ring.
rush [rʌʃ] v mesti, veržtis.
rust [rʌst] 1. n rūdys; 2. v rūdyti.
rustle ['rʌsl] 1. n šlamesys; 2. v šlamėti, šnarėti.
rusty ['rʌstɪ] a 1) surūdijęs; 2) pasenęs, atsilikęs.
ruthless ['ru:θləs] a negailestingas.
rye [raɪ] n rugys, rugiai.

S

sable ['seɪbl] n 1) sabalas; 2) sabalo kailis.
sack [sæk] 1. n maišas, krepšys; 2. v 1) dėti, pilti; 2) atleisti (iš darbo).
sacred ['seɪkrɪd] a 1) šventas; 2) neliečiamas.
sacrifice ['sækrɪfaɪs] 1. n 1) auka; 2) aukojimas; 2. v (pa)aukoti; to ~ oneself aukotis.
sad [sæd] a liūdnas, nusiminęs.
safe [seɪf] 1. n seifas; 2. a 1) nepaliestas; 2) saugus; 3) nepavojingas.
safeguard ['seɪfgɑ:d] 1. n 1) apsauga; 2) garantija; 2. v 1) saugoti; 2) užtikrinti.
safety ['seɪftɪ] n saugumas; ~ measures atsargumo priemonės; ~-razor skutimosi mašinėlė; ~-pin žiogelis (segtukas).
said žr. say.
sail [seɪl] 1. n burė, burės; 2. v plaukti, buriuoti; ~or n jūrininkas.
saint [seɪnt] n šventasis.
sake [seɪk] n for the ~ of dėl ko nors; for my ~ dėl manęs.
salad ['sæləd] n mišrainė, salotos; to dress the ~ paskaninti mišrainę.
salary ['sælərɪ] n alga, atlyginimas (tarnautojo).

sale [seıl] n pardavinėjimas; on ~ parduodama.

salmon ['sæmən] n lašiša.

salt [sɔ:lt] 1. n druska; ~-celler druskinė; 2. v (pa)sūdyti; ~y a sūrus.

same [seım] pron tas pats, vienodas; all the ~ vis tiek.

sample ['sɑ:mpl] n 1) pavyzdys; 2) modelis.

sand [sænd] n smėlis, žvyras.

sandwich ['sæŋwıdʒ] n sumuštinis; ~man n vaikščiojanti reklama.

sang žr. sing.

sank žr. sink.

sat žr. sit.

satisfation [ˌsætıs'fækʃn] n pa(si)tenkinimas.

satisfactory [ˌsætıs'fæktəri] a 1) patenkinamas; 2) priimtinas.

satisfy ['sætısfaı] v 1) pa(si)tenkinti; 2) apmokėti (skolą).

Saturday ['sætədı] n šeštadienis; on ~ šeštadienį.

sauce [sɔ:s] n padažas; ~pan prikaistuvis.

saucer ['sɔ:sə] n lėkštelė.

sausage ['sɒsıdʒ] n dešra, dešrelė.

savage ['sævıdʒ] 1. a 1) laukinis; 2) žiaurus; 2. n 1) laukinis; 2) necivilizuotas žmogus.

save [seıv] v 1) gelbėti; 2) taupyti (up); 3) apsaugoti; to ~ one's face išvengti gėdos.

save II prep. išskyrus.

savings-bank ['seıvıŋzˌbæŋk] n taupomoji kasa.

saw I žr. see.

saw II 1. n pjūklas; 2. v (sawed; sawed, sawn) pjauti.

say [seı] 1. v (said; said) kalbėti, sakyti; 2. n nuomonė, pažiūra; ~ing n posakis, priežodis; idm it goes without ~ savaime suprantama.

scald [skɔ:ld] 1. n nudegimas (karštu vandeniu ir pan.); 2. v 1) nudeginti, nuplikyti; 2) pasterizuoti.

scale [skeıl] I n 1) svarstyklių lėkštė; 2) pl. svarstyklės.

scale II n 1) mastas, mastelis; on a world ~ pasauliniu mastu; 2) skalė; 3) muz. gama.

scanty ['skænti] a skurdus, menkas.

scar [skɑ:] n randas.

scarce [skeəs] a 1) nepakankamas, menkas; 2) retas; ~ly adv vos, ką tik.

scarcety ['skeəsıtı] n 1) trūkumas; 2) retenybė.

scare [skeə] v (iš)gąsdinti; to be ~d bijoti.

scarf [skɑ:f] n šalikas.

scarlet ['skɑ:lɪt] n (skaisčiai) raudona spalva; ~ fever skarlatina.
scatter ['skætə] v 1) (iš)mėtyti; 2) (iš)taškyti; 3) išvaikyti (debesis); 4) iššvaistyti (turtą).
scent [sent] 1. n 1) kvapas; 2) kvepalai; 3) pėdsakas; 2. v 1) (su)uosti; 2) uostyti; 3) kvepėti.
schedule ['ʃedju:l] n 1) katalogas; 2) tvarkaraštis; 3) grafikas.
scholar ['skɒlə] n mokslininkas; ~ship n stipendija.
school [sku:l] n mokykla; secondary ~ vidurinė mokykla; higher ~ aukštoji mokykla; vocational ~ profesinė mokykla; nursery ~ vaikų darželis; to go to ~ lankyti mokyklą; ~master n mokyklos mokytojas; ~ mistress n mokyklos mokytoja; ~ teacher n mokyklos mokytojas.
scien||ce ['saɪəns] n mokslas; natural ~(s) gamtos mokslai; exact ~(s) tikslieji mokslai; ~tific [-'tɪfɪk] a mokslinis; ~tist n mokslininkas, -ė.
scissors ['sɪzəz] n pl. žirklės.
scold [skəʊld] v barti(s), plūsti; ~ing n barimas(is), barniai.
scope [skəʊp] n 1) akiratis; 2) apimtis; 3) galimybė; it is beyond my ~ tai ne mano kompetencijoje.
scorch [skɔ:tʃ] 1. n nudegimas; 2. v (nusi)deginti, apsideginti; ~ing a svilinantis, karštas.
score [skɔ:] 1. n sport. rezultatas; what is the ~? koks rezultatas; 2) dvidešimt; 2. v 1) žymėti, ženklinti; 2) laimėti, išlošti.
scorn [skɔ:n] 1. n 1) panieka; 2) pajuoka; 2. v niekinti, tyčiotis; ~ful a (pa)niekinantis.
scoundrel ['skaʊndrəl] n niekšas.
scramble ['skræmbl] v repečkoti; ~d eggs plakta kiaušinienė, omletas.
scratch [skrætʃ] 1. n įdrėskimas, įbrėžimas; 2. v į(si)drėksti, kasyti(s); idm to start (smth) from ~ pradėti nuo nulio.
scream [skri:m] 1. n riksmas, šauksmas; 2. v rėkti, klykti.
screen [skri:n] 1. n širma, ekranas; 2. v 1) pridengti; 2) tikrinti tinkamumą; 3) sukti filmą.
screw [skru:] 1. n varžtas, sraigtas; 2. v (už)sukti, priveržti.
scrupulous ['skru:pjʊləs] a 1) skrupulingas; 2) kruopštus.
sea [si:] n jūra, vandenynas; calm/ stormy ~ rami/ nerami jūra; ~ gull [gʌl] n žuvėdra.

seal I [si:l] n ruonis.

seal II 1. n antspaudas; įspaudas; 2. v 1) užantspauduoti; 2) patvirtinti antspaudu.

seam [si:m] n siūlė; to ~ v susiūti.

search [sɜ:tʃ] 1. n 1) ieškojimas; 2) krata; 2. v 1) ieškoti (for); 2) krėsti; ~-light n prožektorius.

seasick ['si:sɪk] a to be ~ sirgti jūros liga; ~ness n jūros liga.

seaside ['si:saɪd] n jūros krantas, pajūris.

seat [si:t] 1. n 1) kėdė, suolas; 2) vieta (teatre); 3) būstinė; 2. v 1) (pa)sodinti; 2) sutalpinti.

second ['sekənd] 1. n sekundė; momentas; 2. a antras, kitas; 3. v 1) paremti (mintį; pasiūlymą); 2) padėti; ~ary a 1) antrinis; 2) antraeilis; ~-hand a dėvėtas; ~ -rate a 1) antraeilis; 2) antros rūšies.

secure [sɪ'kjʊə] 1. a 1) ramus; 2) saugus; 3) garantuotas; 2. v (ap)saugoti, užtikrinti, garantuoti.

security [sɪ'kjʊərɪtɪ] n 1) saugumas; 2) apsauga, garantija; 3) pl. vertybiniai popieriai.

see [si:] v (saw, seen) 1) matyti, (ap)žiūrėti; 2) suprasti; to ~ off palydėti (į stotį); to ~ smb home palydėti namo; let me ~ leiskite pagalvoti; to ~ to prižiūrėti, rūpintis.

seed [si:d] n sėkla; ~y a sėklingas.

seek [si:k] v (sought, sought) 1) ieškoti; 2) stengtis.

seem [si:m] v rodytis, atrodyti; it ~s atrodo.

seen žr. see.

seize[si:z] v 1) (pa)griebti, (pa)čiupti; 2) suprasti.

seldom ['seldəm] adv retai.

select [sɪ'lekt] 1. a rinktinis, atrinktas; 2. v atrinkti, išrinkti; ~ion n (iš)rinkimas.

self [self] n (pl. selves) pats; aš.

self- pref savi -, sava -; ~-confident a savimi pasitikintis; ~-conscious a drovus; ~-educated a [-'edʒʊkeɪtɪd] a savamokslis; ~-interest n egoizmas.

selfish ['selfɪʃ] a savanaudis.

self support [ˌselfsə'pɔ:t] n savarankiškumas.

sell [sel] v (sold; sold) 1) parduoti; 2) prekiauti; ~er n pardavėjas, prekiautojas.

send [send] v (sent; sent) (pa)siųsti; to ~ for iškviesti (gydytoją).

senior ['si:nɪə] a vyresnis.

sensation [sen'seɪʃn] n pojūtis,

jausmas; ~al a jutiminis, sensacingas.
sense [sens] 1. n 1) jausmas, 2) sąmonė, protas; 3) prasmė; 2. jausti, suvokti; ~less a bejausmis, beprasmis.
sensible ['sensəbl] a protingas, nuovokus.
sensitive ['sensɪtɪv] a jautrus; ~ skin jautri oda.
sent žr. send.
sentence ['sentəns] 1. n 1) nuosprendis; 2) sakinys; 2. v nuteisti.
sentiment ['sentɪmənt] n jausmas, požiūris.
sentry ['sentrɪ] n sargybinis.
separate ['seprɪt] 1. a 1) atskiras; 2) skirtingas; 2. v 1) ['sepəreɪt] at(si)skirti; 2) rūšiuoti.
September [səp'tembə] n rugsėjis; in ~ rugsėjo mėnesį.
sequence ['si:kwəns] n seka, nuoseklumas.
sergeant ['sɑ:dʒənt] n seržantas.
serious ['sɪərɪəs] a 1) rimtas; 2) svarbus; ~ness n rimtumas.
sermon ['sɜ:mən] n pamokslas; to preach[i:] a ~ sakyti pamokslą.
serpent ['sɜ:pənt] n gyvatė.
servant ['sɜ:vənt] n 1) tarnas; 2) tarnautojas; civil ~ valstybės tarnautojas.
serve [sɜ:v] v 1) tarnauti; 2) patiekti (į stalą; 3) aptarnauti; 4) atlikti bausmę.
service ['sɜ:vɪs] n 1) tarnyba; 2) aptarnavimas; 3) paslauga; 4) servizas.
set [set] 1. n 1) komplektas, rinkinys; 2) eilė, serija; 3) grupė; 4) radijo imtuvas; 2. v (set; set) 1) dėti, išdėstyti; 2) nustatyti, sutvarkyti; 3) leistis (apie saulę, mėnulį); to ~ the table padengti stalą.
setting ['setɪŋ] n 1) aptaisas; 2) aplinka; 3) teatr. dekoracijos ir kostiumai.
settle ['setl] v 1) apsigyventi, įsikurti; 2) sutvarkyti reikalus; 3) nutarti, nuspręsti; 4) ap(si)mokėti; ~ment n 1) įsikūrimas; 2) gyvenvietė; 3) išsprendimas.
seven ['sevn] num. septyni; ~'teen septyniolika; ~'teenth septynioliktas; ~th septintas; ~tieth septyniadešimtas; ~ty septyniasdešimt.
several ['sevrəl] pron keletas.
severe [sɪ'vɪə] a griežtas, sunkus; ~ly adv griežtai.
sew [səʊ] v (sewed; sewed, sewn) siūti, prisiūti.

shabby ['ʃæbɪ] a 1) nudėvėtas; 2) apleistas.

shade [ʃeɪd] 1. n 1) šešėlis; 2) atspalvis; 3) paunksmė; 2. v 1) užtamsinti; 2) apsaugoti nuo šviesos.

shadow ['ʃædəʊ] 1. n 1) šešėlis; 2) prieblanda; 2. v 1) mesti šešėlį; 2) slapta sekti.

shady ['ʃeɪdɪ] a 1) pavėsingas; 2) ūksmingas; 3) perk. įtartinas.

shake [ʃeɪk] 1. v (shook, shaken) 1) kratyti(s); to ~ hands pasisveikinti; 2) drebėti (with); 2. n 1) (su)krėtimas; 2) drebėjimas.

shallow ['ʃæləʊ] a 1) seklus; 2) paviršutiniškas.

shame [ʃeɪm] 1. n 1) gėda; 2) apmaudas; 2. v (su)gėdinti; ~ful a gėdingas; ~less a begėdis.

shape [ʃeɪp] 1. n 1) forma, išvaizda; 2) būklė, stovis; 2. v sukurti, suteikti formą; ~less a beformis.

share [ʃeə] 1. n 1) dalis; 2) akcija; ~capital akcinis kapitalas; 2. v dalyti(s); ~holder akcininkas.

shark [ʃɑ:k] n ryklys.

sharp [ʃɑ:p] a 1) aštrus; 2) ryškus; 3) staigus; 4) pastabus; ~en v aštrinti.

shatter ['ʃætə] v 1) (su)dužti; 2) (su)ardyti (sveikatą); 3) sugriauti (viltis).

shave [ʃeɪv] 1. n 1) skutimas(is); 2): a close/ narrow ~ sunkiai išvengtas pavojus; 2. v (shaved; shaved, shaven) 1) skusti(s); 2) drožti.

shawl [ʃɔ:l] n šalikas, skara.

she [ʃi:] pron ji.

shed I [ʃed] n pašiūrė, daržinė.

shed II v (shed) 1) mestis, šertis (apie plaukus, vilnas ir pan.); 2) (pra)lieti (ašaras).

sheep [ʃi:p] n avis, avinas; ~ dog aviganis (šuo).

sheet [ʃi:t] n 1) paklodė; 2) (popieriaus, metalo ir pan.) lakštas, lapas; 3) spaudos lankas.

shelf [ʃelf] n lentyna.

shell [ʃel] 1. n 1) lukštas, kiautas; 2) (moliuskų) kiaukutas; 3) tūtelė, vamzdelis, 2. v 1) (iš)lukštenti; 2) apšaudyti.

shelter ['ʃeltə] 1. n 1) pastogė, prieglauda; 2) priedanga; 2. v suteikti prieglobstį; pa(si)slėpti.

shift [ʃɪft] 1. n 1) pakeitimas; 2) pamaina; 2. v (pa)keisti, perkelti, perstatyti; to work in ~s dirbti pamainomis.

shine [ʃaɪn] 1. n šviesa, švytėjimas; 2. v (shone; shone) 1) šviesti, švytėti; 2) blizgėti.

ship [ʃɪp] 1. n laivas; on board the ~ laive; 2. v 1) pakrauti laivą; 2) pervežti, gabenti (laivu); ~ment n 1) laivo pakrovimas; 2) krovinys; ~wreck n laivo sudužimas; ~yard n laivų statykla.

shirt [ʃɜ:t] n 1) vyriški marškiniai; 2) moteriška palaidinukė.

shiver ['ʃɪvə] 1. n drebulys; 2. v drebėti, virpėti (with).

shoe [ʃu:] n 1) batas; 2) apavas; ~horn n šaukštas (batams apsiauti).

shone žr. shine.

shook žr. shake.

shoot [ʃu:t] 1. n 1) šaudymas; 2) daigas; 2. v (shot, shot) 1) šaudyti; to ~ down nušauti; 2) leisti pumpurus.

shop [ʃɒp] 1. n 1) parduotuvė; chemist's ~ vaistinė; 2) dirbtuvė; 2. v pirkti; to go ~ping vaikščioti po parduotuves.

shore [ʃɔ:] n krantas; on ~ ant kranto.

short [ʃɔ:t] a 1) trumpas; 2) žemas, neaukšto ūgio; 3) nepakankamas; to be ~ of stokoti (pinigų ir pan.); ~age n stoka, nepriteklius; ~en ['ʃɔ:tn] v (su)trumpinti; ~hand n stenografija; ~ly adv 1) trumpai; 2) netrukus; ~-sighted [-'saɪtɪd] a trumparegis.

shot žr. shoot.

should [ʃəd] (stiprioji forma [ʃʊd] 1) modalinis veiksmažodis, nurodantis, ką reikėtų ar nereikėtų daryti: you should ask your parents jums reikėtų paklausti tėvų; 2) kreipiantis patarimo: should I write him a letter and apologize? ar reikėtų parašyti jam laišką ir atsiprašyti?; 2. 1) pagalbinis veiksmažodis, vartojamas kaip shall būtojo laiko forma: I said that I should be glad to help aš pasakiau, kad mielai padėsiu; 2) sąlygos sakiniuose: If I had time, I should go for a walk jei turėčiau laiko, eičiau pasivaikščioti.

shoulder ['ʃəʊldə] 1. n 1) petys; 2) mentė; 2. v. 1) spraustis; 2) prisiimti atsakomybę.

shout [ʃaʊt] 1. n šauksmas; 2) v šaukti, rėkti.

shovel ['ʃʌvl] n kastuvas.

show [ʃəʊ] 1. n 1) reginys; 2) spektaklis; 3) paroda; 2. v (showed; showed, shown) 1) (pa)rodyti; 2) įrodyti; 3) pasirodyti.

shower ['ʃaʊə] 1. n 1) liūtis; 2) dušas; 2. v 1) lyti; 2) praustis po dušu.
shown žr. show.
shrank žr. shrink.
shrewd [ʃru:d] a įžvalgus, gudrus.
shriek [ʃri:k] 1. n riksmas; 2. v rėkti.
shrink [ʃrɪŋk] v (shrank, shrunk; shrinken) 1) su(si)traukti; 2) atsitraukti, atšokti.
shrug [ʃrʌg] v gūžtelėti pečiais.
shrunk žr. shrink.
shudder ['ʃʌdə] 1. n drebulys; 2. v drebėti.
shut [ʃʌt] v (shut; shut] 1) (už)sidaryti; 2) uždaryti; ~ up! tylėk!
sick [sɪk] a sergantis; to feel ~ jausti šleikštulį; ~ benefit pašalpa ligos atveju; ~ -leave n 1) atostogos dėl ligos; 2) nedarbingumo lapelis.
side [saɪd] n kraštas, šonas; ~ by ~ šalia.
sieve [si:v] n rėtis, sietas.
sigh [saɪ] 1. n atodūsis; 2. v dūsauti, atsidusti.
sight [saɪt] n 1) regėjimas; 2) reginys, vaizdas; to catch ~ of pamatyti; 3) pl. įdomybės; ~ -seeing n įžymybių apžiūrėjimas.
sign [saɪn] 1. n 1) ženklas; 2) žymė; 2. v 1) pasirašyti; 2) pažymėti.
signature ['sɪgnɪtʃə] n parašas.
signific||ance [sɪg'nɪfɪkəns] n 1) prasmė; 2) svarba; ~ant [-nt] a reikšmingas, svarbus.
signify ['sɪgnɪfaɪ] v 1) turėti reikšmę; 2) pareikšti.
silen||ce ['saɪləns] 1. n tyla; to break ~ nutraukti tylą; 2. v nutildyti, nuraminti; ~t a tylus, be garso.
sill [sɪl] n palangė.
silly ['sɪlɪ] a kvailas.
silver ['sɪlvə] 1. n sidabras; table ~ stalo sidabras; 2. a sidabrinis.
similar ['sɪmɪlə] a panašus (to).
simple ['sɪmpl] a paprastas, nesudėtingas.
sin [sɪn] n nuodėmė; ~full a nuodėmingas; ~less a be nuodėmės.
since [sɪns] 1. adv nuo to laiko; I haven't seen him ~ nuo to laiko aš jo nemačiau; 2. prep nuo; I haven't eaten ~ breakfast aš nieko nevalgiau nuo pusryčių; 3. conj nuo to laiko, kai; John hasn't written to me since he went to London Džonas man nerašė nuo tada, kai išvyko į Londoną.

sincer‖**e** [sɪn'sɪə] n nuoširdus; ~ity [sɪn'serətɪ] n nuoširdumas; ~ely adv nuoširdžiai.

sing [sɪŋ] v (sang, sung) 1) dainuoti; 2) apdainuoti (of); 3) čiulbėti; ~er n dainininkas.

single ['sɪŋgl] 1. a 1) vienas, vienintelis; 2) nevedęs, netekėjusi; 2. v išskirti, atrinkti (out).

sink I [sɪŋk] v (sank, sunk) 1) apsemti, užlieti; 2) nugrimzti.

sink II n kriauklė.

sister ['sɪstə] n sesuo; ~-in-law brolienė, svainė.

sit [sit] v (sat; sat) 1) sėdėti; 2) pozuoti; 3) posėdžiauti; ~ting n posėdis; ~-room svetainė.

situated ['sɪtjueɪtɪd] a esantis, išsidėstęs.

six [sɪks] num. šeši; ~'teen šešiolika; ~teenth šešioliktas; ~th šeštas; ~tieth šešiasdešimtas; ~ty šešiasdešimt.

size [saɪz] n 1) dydis, apimtis, formatas.

skate [skeɪt] 1. n pačiūža; 2. v čiuožti.

skating-rink ['skeɪtɪŋrɪŋk] n čiuožykla.

sketch [sketʃ] 1. n 1) eskizas; 2) apybraiža; 2. v apmesti, piešti eskizus.

ski [ski:] 1. n slidė; 2. v (skied, skied) slidinėti.

skilful ['skɪlfʊl] a sumanus, prityręs.

skill [skɪl] n meistriškumas, įgudimas; ~ed a kvalifikuotas, prityręs.

skin [skɪn] 1. n oda, kailis; 2. v nulupti (kailį, odą ir pan.); ~head n skustagalvis.

skirt [skɜ:t] n sijonas.

scull [skʌl] v kaukolė.

sky-scraper ['skaɪˌskreɪpə] n dangoraižis.

slander ['slændə] 1. n šmeižtas; 2. v šmeižti; ~ous a šmeižikiškas.

slate [sleɪt] n skalūnas, šiferis.

slaughter ['slɔ:tə] 1. n skerdynės, žudynės; 2. v žudyti, (pra)lieti kraują.

slave [sleɪv] n vergas; ~ry vergovė.

sledg‖**e** [sledʒ] n rogės; to go ~ing važinėtis rogutėmis.

sleep [sli:p] 1. n miegas; 2. v (slept; slept) miegoti; ~y a mieguistas.

sleeve [sli:v] n rankovė

slender ['slendə] a lieknas, grakštus.

slept žr.sleep.

slice [slaɪs] n riekė, griežinys.

slide [slaɪd] 1. n 1) slydimas; 2) diapozityvas; 2. v (pa)slysti, slidinėti.

slight [slaɪt] a nežymus, lengvas; ~ pain nedidelis skausmas; ~ly adv nedaug, truputį.

slip [slɪp] 1. n 1) klaida, apsirikimas; 2) užvalkalas; 3) (moteriškas) apatinukas; 2. v 1) suklysti, apsigauti; 2) užsimauti, užsivilkti (drabužius).

slipper ['slɪpə] n šlepetė.

slope [sləʊp] n šlaitas, atšlaitė.

slow [sləʊ] 1. a 1) lėtas, ramus; 2) atsiliekantis; my watch is ~ mano laikrodis atsilieka; 2. v (su)mažinti greitį, (su)lėtinti (down); ~ly adv lėtai.

sly [slaɪ] a gudrus, klastingas.

small [smɔ:l] a mažas, nedidelis; ~ change smulkūs pinigai.

smart [smɑ:t] a puošnus, madingas.

smash [smæʃ] v 1) (su)dužti, susidaužyti; 2) sutriuškinti, sunaikinti; ~ing a nuostabus.

smell [smel] 1. n 1) kvapas; 2) uoslė; 2. v (smelt) 1) kvepėti; 2) uostyti; ~y a dvokiantis.

smelt žr. smell.

smile [smaɪl] 1. n šypsena; 2. v šypsotis (at).

smoke [sməʊk] 1. 1) dūmai; 2. 1) rūkti; 2) rūkyti; ~r n rūkantis žmogus.

smooth [smu:ð] a 1 1) lygus; 2) ramus (apie jūrą); 2. v 1) sulyginti; 2) pašalinti (sunkumus); ~ly adv 1) lygiai; 2) sklandžiai.

snack [snæk] n užkanda; ~ bar n užkandinė, bufetas.

snail [sneɪl] n sraigė.

snake [sneɪk] n gyvatė.

snap [snæp] 1. n 1) pliaukštelėjimas; 2) nemandagus atsakymas; a ~ shot momentinė foto nuotrauka; 2. v 1) griebti; 2) pliaukšėti; 3) nemandagiai atsakyti (at).

snatch [snætʃ] v griebti, čiupti, išplėšti.

sneer [snɪə] 1. n pajuoka, pašaipa; 2. n tyčiotis, šaipytis.

sneeze [sni:z] 1. n čiaudėjimas; 2. n čiaudėti.

snore [snɔ:] 1. n knarkimas; 2. v knarkti.

snow [snəʊ] 1. n 1) sniegas; 2) pusnis; 2. v snigti; it is ~ing sninga; ~ storm pūga.

so [səʊ] 1. adv taip, tuo būdu; and ~ on ir taip toliau; ~ to say taip sakant; 2. pron tai, šitai; you don't say ~! negali būti!

so-and-so ['səʊənsəʊ] n (vietoje vardo) toks ir toks.

soap [səʊp] n muilas; cake of ~ muilo gabalas.

sob [sɒb] 1. n kūkčiojimas, raudojimas; 2. v kūkčioti, raudoti.

sober ['səʊbə] a 1) blaivus; 2) nuosaikus.

sociable ['səʊʃəbl] a draugiškas, kalbus.

society [sə'saɪətɪ] n 1) visuomenė; 2) draugija.

sock [sɒk] n puskojinė, (vyriška) kojinė.

soft [sɒft] a 1) minkštas; 2) švelnus; 3) tylus, negarsus; ~en v minkštinti, (su)švelnėti; ~ware [weə] n programinė įranga (kompiuteriui).

soil I [sɔɪl] n dirva, žemė.

soil II v su(si)purvinti, su(si)tepti.

sold žr. sell.

soldier ['səʊldʒə] n kareivis, karys.

sole I [səʊl] 1. n padas; puspadis; 2. v (pri)kalti puspadžius.

sole II a vienintelis, vienas.

solemn ['sɒləm] a 1) iškilmingas; 2) didingas.

solicitor [sə'lɪsɪtə] n žemesnio rango advokatas, patikėtinis.

solid ['sɒlɪd] a 1) kietas; ~ state kietas būvis; 2) vientisas; 3) svarbus, rimtas.

solitary ['sɒlɪtərɪ] a 1) vienišas; 2) nuošalus.

solution [sə'lu:ʃn] n 1) (iš)sprendimas; 2) tirpalas.

solve ['sɒlv] v (iš)spręsti, rasti išeitį.

some [sʌm] 1. pron (vartojamas būdvardiškai) 1) kažkoks, tam tikras; ~ day/time kada nors; 2) kiek nors, keletas; I have ~ English books aš turiu keletą angliškų knygų; 2. (vartojamas daiktavardiškai) kai kas, kai kurie; ~laughed at it kai kas iš to juokėsi; ~body kažkas; ~thing kažkas, kas nors; ~how adv kaip nors; ~where adv kažkur.

son [sʌn] n sūnus.

song [sɒŋ] n daina, giesmė.

son-in-law ['sʌnɪnlɔ:] n žentas.

soon [su:n] adv greitai, netrukus; as ~ as possible kaip galima greičiau.

soot [sʊt] n suodžiai; ~y a suodinas.

soothe [su:ð] v 1) raminti; 2) malšinti (skausmą).

sore [sɔ:] 1. n skaudulys, opa; 2. a 1) jautrus; 2) skausmingas; I have a ~ throat man skauda gerklę; ~ point opus klausimas.

sorrow ['sɒrəʊ] n liūdesys, sielvartas; ~full a 1) liūdnas; 2) graudus.

sorry ['sɒrɪ] a liūdnas, susikrimtęs; to be/feel ~ gailėtis; I am ~ atsiprašau.

sought žr. seek.

soul [səʊl] n siela; ~less a bedvasis, beširdis.

sound I [saʊnd] 1. n garsas, triukšmas; 2. v skambėti, aidėti.

sound II a 1) stiprus, sveikas; 2) teisingas, logiškas.

sound III v 1) matuoti gylį; 2) patikrinti.

soup [su:p] n sriuba.

sour ['saʊə] a rūgštus; ~ cream grietinė.

source [sɔ:s] n 1) šaltinis; 2) ištaka, pradžia.

south [saʊθ] 1. n pietūs, pietų kryptis; 2. a pietinis; 3. adv į pietus.

sow [səʊ] v (sowed; sown, sowed) apsėti, pasėti; ~ing n sėja.

space [speɪs] n 1) erdvė; 2) nuotolis; 3) vieta; ~ ship n erdvelaivis.

spacious ['speɪʃəs] a erdvus, talpus.

spade [speɪd] n 1) kastuvas; 2) (kortų) vynai; idm. to call a ~ a ~ vadinti daiktus tikraisiais jų vardais.

spare [speə] 1. n atsarga, rezervas; 2. a atsarginis, laisvas; ~ time laisvas laikas; 3. v 1) taupyti, gailėti; 2) skirti laiko; I have no time to ~ aš neturiu laisvo laiko.

sparkle ['spɑ:kl] v žėrėti, žibėti.

sparrow ['spærəʊ] n žvirblis.

spat žr. spit.

speak [spi:k] v (spoke; spoken) kalbėti(s); šnekėti(s); ~er n kalbėtojas, oratorius.

specify ['spesɪfaɪ] v 1) tiksliai apibrėžti; 2) nurodyti, pažymėti.

specimen ['spesɪmɪn] n pavyzdys, egzempliorius.

spectacle ['spektəkl] n 1) reginys; 2) pl. akiniai.

speculat||e ['spekjʊleɪt] v 1) galvoti; 2) spekuliuoti; ~ion n 1) protavimas; 2) spekuliacija.

sped žr. speed.

speech [spi:tʃ] n 1) kalba; 2) pranešimas, pasisakymas; to make a ~ pasakyti kalbą.

speed [spi:d] 1. n greitis, tempas; 2. v (sped; sped) 1) skubėti; 2) (pa)greitinti (up).

spend [spend] v (spent; spent) 1) (iš)leisti, eikvoti; 2) praleisti (laiką); ~ thrift n išlaidus žmogus.

spider ['spaɪdə] n voras.

spill [spɪl] v (spilt; spilt) iš(si)lieti, iš(si)pilti.

spin [spɪn] v (spun, span; spun) 1) verpti (siūlą); 2) sukti(s).

spine [spaɪn] n nugarkaulis; perk. esmė.

spinster ['spɪnstə] n 1) netekėjusi moteris; 2) senmergė.

spirit ['spɪrɪt] n 1) dvasia; 2) pl. nuotaika; to be in high ~s būti geros nuotaikos; to be in low ~s būti blogos nuotaikos; 3) pl. spiritas, alkoholinis gėrimas; ~ed a narsus, energingas, gyvas; ~ual [-ʃʊəl] a sielos, dvasinis.

spit [spɪt] v (spat; spat) 1) spjaudyti(s); 2) purkšti.

spite [spaɪt] n pyktis; pagieža; in ~ of nežiūrint į; ~full a piktas, klastingas.

splash [splæʃ] 1. n teškenimas, purslai; 2. v 1) taškytis; 2) pliuškenti(s).

splended ['splendɪd] a puikus, nuostabus.

splinter ['splɪntə] n 1) nuolauža; 2) rakštis; to run a ~ įsivaryti rakštį.

spoil [spɔɪl] v (spoilt; spoiled; spoilt, spoiled) 1) (su)gadinti; 2) gesti, pūti (apie produktus).

sponge [spʌndʒ] 1. n 1) kempinė; 2) plaušinė; 2. v trinti, valyti kempine.

spoon [spu:n] n šaukštas, šaukštelis; ~ful n (pilnas) šaukštas.

spot [spɒt] 1. n 1) dėmė, taškelis; 2) spuogelis; 3) vieta; 2. v 1) dėmėti, tepti(s); 2) atpažinti, pastebėti.

sprang žr. spring.

spread [spred] v (spread; spread) 1) sklisti, plisti; 2) platinti; 3) uždengti, (už)tiesti.

spring I [sprɪŋ] 1. v (sprang, sprung) 1) (pa)šokti; 2) prasidėti, atsirasti 2. n 1) šuolis; 2) šaltinis, versmė.

spring II n pavasaris.

sprinkle ['sprɪŋkl] v purkšti, šlakstyti.

sprung žr. spring.

spun žr. spin.

spy [spaɪ] 1. n šnipas, slaptas agentas; 2. v šnipinėti, sekti (on).

square [skweə] 1. n 1) kvadratas, stačiakampis; 2) aikštė, skveras; 2. a 1) kvadratinis; 2) taisyklingas; 3) doras; 4) gausus, sotus.

squeeze [skwi:z] 1. n 1) (su)spaudimas; 2) kamšatis; 2. v 1) (su)spausti; 2) išspausti; 3) išgauti prievarta.

squint [skwɪnt] 1. n žvairumas;

2. n žvairuoti (apie akis); ~-eyed [-aɪd] a žvairas.

stab [stæb] 1. n 1) smūgis, dūris; 2) dieglys; 2. v 1) smeigti; 2) durti (apie dieglį).

stability [stə'bɪlɪtɪ] n pastovumas, stabilumas.

stable I ['steɪbl] a 1) stabilus; 2) tvirtas.

stable II n arklidė.

staff [stɑ:f] n personalas; to be on the ~ būti etatiniu darbuotoju.

stage I [steɪdʒ] 1. n 1) pakyla; 2) scena; 3) teatras; 4) periodas, stadija; 2. v statyti pjesę, inscenizuoti.

stagger ['stægə] v 1) svirduliuoti; 2) sukrėsti.

stain [steɪn] 1. n 1) dėmė; 2) gėda; 2. v teršti, tepti; ~less a švarus, doras.

stair [steə] n 1) laiptelis, pakopa; 2) pl. laiptai; ~case laiptai.

stale [steɪl] a sužiedėjęs, senas (apie duoną); ~ joke banalus pokštas.

stalk [stɔ:k] n stiebas, kotas.

stall [stɔ:l] n 1) tvartas, gardas; 2) kioskas; 3) vieta parteryje.

stammer ['stæmə] v mikčioti, užsikirsti; ~er n mikčius.

stamp [stæmp] 1. n 1) pašto ženklas; 2) štampas, antspaudas; 2. v štampuoti, (už)dėti pašto antspaudą; ~-duty [-dju:ti] n žyminis mokestis.

stand [stænd] 1. n 1) sustojimas; 2) pozicija; 3) lentyna, stovas; 4) tribūna; 2. v (stood; stood) 1) 1) stovėti; 2) atsistoti (up); 3) laikyti(s); 4) (pa)kęsti, išlaikyti; ~ing a 1) pastovus; 2) stovintis; 3) nuolatinis; ~ committee nuolatinis komitetas; ~point n požiūris.

star [stɑ:] n žvaigždė.

starch [stɑ:tʃ] 1. n krakmolas; 2. v krakmolyti.

stare [steə] 1. n įdėmus žvilgsnis; 2. v įdėmiai žiūrėti, spoksoti.

startle ['stɑ:tl] v išgąsdinti, apstulbinti.

starv || ation [stɑ:'veɪʃn] n badas, badavimas; ~e v 1) badauti; 2) skursti.

state I [steɪt] n valstybė; valstija.

state II 1. n būklė, padėtis; 2. v 1) pareikšti; 2) išdėstyti.

stately ['steɪtlɪ] a didingas, įspūdingas.

statement ['steɪtmənt] n tvirtinimas, pareiškimas.

station ['steɪʃn] n 1) vieta, postas; 2) stotis, punktas.

stationary ['steɪʃənrɪ] a 1) nejudamas, stacionarinis; 2) pastovus.

stationery ['steɪʃənrɪ] n 1) raštinės reikmenys; 2) raštinės reikmenų parduotuvė.

statue ['stætju:] n statula, paminklas.

stay [steɪ] 1. n buvimas, viešėjimas; 2. v 1) būti, (pasi)likti; 2) apsistoti; 3) viešėti.

steady ['stedɪ] 1. a 1) pastovus; 2) lygus, vienodas; 2. v tapti patvariam.

steak [steɪk] n bifšteksas.

steal [sti:l] v (stole; stolen) 1) vogti; 2) sėlinti; ~thy ['stelθɪ] a slaptas.

steam [sti:m] 1. n garas; 2. v (pa)leisti, išleisti garą; ~er n garlaivis.

steel [sti:l] n plienas.

steep [sti:p] a status.

steer [stɪə] v vairuoti, valdyti (automobilį ir pan.).

step [step] 1. n žingsnis; ~ by step žingsnis po žingsnio; 2. v žengti, eiti.

stepbrother ['step,brʌðə] n įbrolis; ~daughter n podukra; ~father n patėvis; ~mother pamotė; ~son posūnis.

stern [stɜ:n] a griežtas, rūstus.

stew [stju:] 1. n troškinta mėsa ar žuvis; 2. v troškinti(s) (apie mėsą ir pan.).

stick I [stɪk] n lazdelė, pagalys.

stick II v (stuck) 1) (per)durti; 2) (pri)klijuoti; 3) įstrigti; to ~ to likti ištikimam, laikytis; ~y a lipnus.

stiff [stɪf] a 1) standus, kietas; 2) neperkalbamas; ~en v kietėti, kietinti.

still I [stɪl] a tylus, ramus; ~life n natiurmortas.

still II adv iki šiol, vis dar.

stir [stɜ:] 1. n judėjimas, sąmyšis; 2. v 1) judėti; 2) maišyti; 3) sukelti, pažadinti.

stitch [stɪtʃ] 1. n dygsnis, siūlė; 2. v dygsniuoti, siūti.

stock [stɒk] n 1) kamienas; 2) atsarga, fondas; ~exchange birža; 3) akcija.

stocking ['stɒkɪŋ] n kojinė.

stole žr. steal.

stomach ['stʌmək] n skrandis, pilvas; ~ache pilvo skausmas.

stone [stəʊn] n 1) akmuo; 2) (vaisiaus)kauliukas.

stood žr. stand.

stool [stu:l] n suoliukas, taburetė.

stoop [stu:p] v pa(si)lenkti, kūprintis.

stop [stɒp] 1. n 1) sustojimas; 2)

stotelė; 3) skyrybos ženklas; full ~ taškas; 2. v 1) sustoti, sustabdyti; 2) užplombuoti (dantį).

store [stɔ:] 1. n 1) atsarga; 2) sandėlys, saugykla; 3) parduotuvė; 2. v 1) aprūpinti, tiekti; 2) apsirūpinti.

storey ['stɔ:rɪ] n (namo) aukštas.

stork [stɔ:k] n gandras.

storm [stɔ:m] 1. n audra, perkūnija; 2. v siausti, šėlti; ~y a audringas.

story ['stɔ:rɪ] n 1) apysaka, apsakymas; 2) istorija; ~teller n pasakotojas.

stout [staʊt] a 1) stiprus; 2) apkūnus.

stove [stəʊv] n 1) krosnis; 2) viryklė.

straight [streɪt] 1. a tiesus; 2. adv tiesiai, tiesiog; 3. v ištiesinti.

strain [streɪn] n 1) įtempimas; 2) įtampa.

strait [streɪt] n pl. sąsiauris.

strange [streɪndʒ] a 1) svetimas; 2) keistas; ~r n svetimšalis, pašalinis.

strangle ['stræŋgl] v 1) (pa)smaugti; 2) nuslopinti.

strap [stræp] 1. n 1) diržas; 2) kilpelė; 2. v 1) (su)veržti diržu; 2) uždėti pleistrą.

straw [strɔ:] 1. n šiaudai, šiaudas; 2. a šiaudinis.

strawberry ['strɔ:bərɪ] n žemuogė, braškė.

stream [stri:m] 1. n 1) srovė, upė; 2) tekmė, eiga; 2. v tekėti, sruventi, plaukti.

street [stri:t] n gatvė, back ~ šalutinė gatvė.

strength [streŋθ] n jėga; ~en v stiprinti, stiprėti.

stress [stres] 1. n 1) spaudimas; 2) svarba; 3) kirtis. 2. v pabrėžti, pažymėti.

stretch [stretʃ] 1. n 1) (iš)tempimas; 2) laiko tarpas; at a ~ vienu kartu; 2. v 1) (išsi)tempti; 2) tęstis, driektis; ~er n neštuvai.

strict [strɪkt] a griežtas, tikslus.

strike [straɪk] v (struck; struck) 1) suduoti; 2) dingtelėti į galvą; 3) uždegti; to ~ a match uždegti degtuką; 4) nustebinti; 5) mušti (apie laikrodį); idm to ~ a bargain sudaryti sandėrį.

string [strɪŋ] 1. n 1) virvė, raištis, 2) styga; 3) vėrinys; 2. v (strung; strung) 1) užrišti; 2) sustyguoti; 3) įtempti (nervus ir pan.).

strip [strɪp] 1. n atraiža, juosta; 2. v 1) nuplėšti; 2) nu(si)rengti.

stripe [straɪp] n juosta, dryžis; ~d a dryžuotas, juostuotas.

strive [straɪv] v (strove; striven) 1) stengtis, siekti; 2) kovoti.

stroke [strəʊk] 1. n 1) smūgis; 2) apopleksija; 3) mostas; 2. v glostyti.

stroll [strəʊl] 1. n pasivaikščiojimas; to go for a ~ eiti pasivaikščioti; 2. v vaikščioti, klaidžioti.

strong [strɒŋ] a stiprus, tvirtas.

strove žr. strive.

struck žr. strike.

struggle ['strʌgl] 1. n kova; 2. v kovoti, grumtis.

strung žr. string.

stubborn ['stʌbən] a 1) užsispyręs; 2) atkaklus.

stuck žr. stick

stuff [stʌf] 1. n 1) medžiaga; 2) daiktai; 2. v 1) (pri)kimšti; 2) iškimšti.

stumble ['stʌmbl] v 1) suklupti; 2) užkliūti.

stun [stʌn] v apstulbinti, pritrenkti; ~ning a nuostabus, stulbinantis.

stung žr. sting.

stupid ['stju:pɪd] a 1) kvailas; 2) lėkštas; ~ity n kvailystė.

subdue [səb'dju:] v pajungti, numalšinti; ~d a prislėgtas, prislopintas.

subject ['sʌbdʒɪkt] 1. n 1) tema, siužetas; 2) dalykas, disciplina; 3) pilietis, subjektas; 2. a 1) pavaldus; 2) linkęs (to); ~ to (prep) su sąlyga; 3. v [səb'dʒekt] 1) pajungti; 2) patirti; ~ive a subjektyvus.

submarine ['sʌbməri:n] 1. n povandeninis laivas; 2. a povandeninis.

submerge [səb'mɜ:dʒ] v panardinti, nugrimzti.

submis || sion [səb'mɪʃn] n 1) paklusnumas; 2) (dokumentų) pateikimas; ~sive a paklusnus, nuolankus.

submit [səb'mɪt] v 1) paklusti; 2) įteikti (dokumentus); 3) pateikti (svarstymui).

subscri || be [səb'skraɪb] v prenumeruoti, užsakyti (to, for); ~ber n prenumeratorius; ~ption [səb'skrɪpʃn] n 1) pasirašymas; 2) įmoka, įnašas.

subsequent ['sʌbsɪkwənt] a kitas; vėlesnis; ~ adv ly vėliau.

subside [səb'saɪd] v 1) kristi, mažėti; 2) nurimti (apie vėją).

subsidiary [səb'sɪdɪərɪ] 1. a pagalbinis, papildomas; 2. n ~

company dukterinė kompanija, filialas.

substance ['sʌbstəns] n 1) medžiaga, materija; 2) esmė.

substitute ['sʌbstɪtju:t] 1. n 1) pavaduotojas; 2) pakaitalas; 2. v pakeisti, pavaduoti.

subtle ['sʌtl] a 1) subtilus; 2) švelnus.

subtract [səb'trækt] v atimti; ~ion atimtis.

suburb ['sʌbɜ:b] n priemiestis; ~an a priemiestinis.

subway ['sʌbweɪ] n 1) tunelis; 2) amer. metro.

succeed [sək'si:d] v 1) sekti, eiti (po); 2) pasisekti.

success [sək'ses] n pasisekimas; to be a ~ turėti pasisekimą; ~full a sėkmingas.

succession [sək'seʃn] n eilė, seka.

successor [sək'sesə] n įpėdinis (to, of).

such [sʌtʃ] a toks; ~ as pavyzdžiui.

suck [sʌk] v čiulpti, žįsti.

sudden ['sʌdn] 1. a netikėtas, staigus; 2. n all of a ~ staiga, netikėtai; adv ~ly staiga.

sue [sju:] v 1) iškelti bylą; 2) reikalauti (for).

suffer ['sʌfə] v kentėti; ~ing n kenčia, kentėjimas.

sufficient [sə'fɪʃənt] a pakankamas.

suffocate ['sʌfəkeɪt] v 1) (už)trokšti; 2) dusinti.

sugar ['ʃʊgə] n cukrus; granulated ~ smulkus cukrus; loaf ~ gabalinis cukrus; ~ -basin cukrinė.

suggest [sə'dʒest] v 1) pasiūlyti; 2) įteigti; ~ion n pasiūlymas, patarimas.

suicide ['sju:saɪd] n savižudybė; to commit ~ nusižudyti.

suit I [su:t] n 1) prašymas; 2) byla, ieškinys.

suit II 1. n 1) kostiumas; 2) rinkinys, komplektas; 2. v praversti, tikti; ~able [-əbl] a tinkamas; ~case ['su:tkeɪs] n lagaminas.

suite [swi:t] n 1) palyda, svita; 2) viešbučio numeris (liuksas).

sulphur ['sʌlfə] n siera.

sultry ['sʌltrɪ] a karštas, tvankus.

sum [sʌm] 1. n suma, kiekis; 2. v sudėti, reziumuoti (up); to do ~s spręsti uždavinius.

summary ['sʌmərɪ] n santrauka, reziumė.

summer ['sʌmə] n vasara; Indian ~ bobų vasara.

summit ['sʌmɪt] n 1) viršūnė; 2) aukštosios sferos.

summon ['sʌmən] v 1) šaukti (į teismą); 2) sušaukti (susirinkimą).

sun [sʌn] n saulė; ~burn ['sʌnbɜ:n] n įdegimas (saulėje); ~t a įdegęs (saulėje).

Sunday ['sʌndɪ] n sekmadienis; on ~ sekmadienį.

sunflower ['sʌnˌflaʊə] n saulėgrąža.

sung žr. sing.

sunk žr. sink.

sun || light ['sʌnlaɪt] n saulės šviesa; ~ny a saulėtas; ~rise [-raɪz] n saulėtekis; ~set n saulėlydis; ~stroke [-strəʊk] n saulės smūgis.

superficial [ˌsu:pə'fɪʃl] a paviršutiniškas, lėkštas.

superfluous [ˌsu:'pɜ:flʊəs] a atliekamas, nereikalingas.

superior [su:'pɪərɪə] 1. a 1) aukštesnis, vyresnis; 2) pranašesnis; 2. n vyresnysis, viršininkas; ~ity n pranašumas.

superstit || ion [ˌsu:pə'stɪʃn] n prietaras; ~ious ['stɪʃəs] a prietaringas.

supper ['sʌpə] n vakarienė.

supplement ['sʌplɪmənt] 1. n priedas, papildymas; 2. v ['sʌplɪment] papildyti, pridėti; ~ary [ˌsʌplɪ'mentrɪ] a papildomas.

supply [sə'plaɪ] 1. n 1) aprūpinimas, tiekimas; 2) pasiūla; ~ and demand pasiūla ir paklausa; 2. v aprūpinti (with), tiekti.

support [sə'pɔ:t] 1. n palaikymas, parama; 2. v (pa)laikyti, (pa)remti; ~er n rėmėjas, šalininkas.

suppos || e [sə'pəʊz] v manyti, galvoti; ~ed a menamas; ~ition n prielaida.

suppress [sə'pres] v 1) numalšinti, nuslopinti; 2) uždrausti (laikraštį); ~ion n 1) numalšinimas; 2) uždraudimas.

supreme [su:'pri:m] a aukščiausias, vyriausias.

sure [ʃʊə] 1. a tikras, palikimas; to be ~ būti tikram; 2. adv žinoma, be abejo; ~ly adv be abejo, žinoma.

surface ['sɜ:fɪs] n paviršius.

surg || eon ['sɜ:dʒən] n chirurgas; ~ery ['sɜ:dʒərɪ] n 1) chirurgija; 2) gydytojo kabinetas.

surname ['sɜ:neɪm] n pavardė.

surpass [sɜ:'pɑ:s] v viršyti, pralenkti.

surplus ['sɜ:pləs] n perteklius, likutis; ~ value pridedamoji vertė.

surpris || e [sə'praɪz] 1. n 1) nustebimas; 2) netikėtumas; by ~

staiga, netikėtai; 2. v (nu)stebinti, nustebti; ~ed a nustebęs.

surrender [sə'rendə] 1. n pasidavimas, kapituliacija; 2. v pasiduoti, kapituliuoti.

surround [sə'raʊnd] v (ap)supti; ~dings n apylinkės, aplinka.

survey ['sɜ:veɪ] 1. n 1) apžiūra; 2) apžvalga; 3) vietovės nuotrauka; 2. v [sɜ:'veɪ] apžiūrėti, apžvelgti, tyrinėti.

surviv || e [sə'vaɪv] v pergyventi, išlikti; ~or [və] n išlikęs gyvas.

suspect [sə'spekt] v 1) įtarti (of); 2) abejoti.

suspend [sə'spend] v 1) pakabinti; 2) sulaikyti, nutraukti.

suspicion [sə'spɪʃn] n įtarimas.

swallow I ['swɒləʊ] 1. n gurkšnis; at a ~ vienu gurkšniu; 2. v ryti; praryti.

swallow II n kregždė.

swam žr. swim.

swamp [swɒmp] n pelkė.

swan [swɒn] n gulbė.

swear [sweə] 1. n 1) priesaika; 2) keiksmažodis; 2. v (swore, sworn) 1) prisiekti; 2) laiduoti; 3) keiktis.

sweat [swet] 1. n prakaitas; 2. v 1) prakaituoti; 2) išnaudoti.

sweater ['swetə] n megztinis.

sweep [swi:p] 1. n 1) mostas; 2) šlavimas, valymas; 2. v (swept; swept) 1) lėkti, dumti; 2) šluoti; 3) nusitiesti.

sweet [swi:t] 1 n 1) saldainis; 2) saldus patiekalas; 3) mylimasis, -oji; 2. a 1) saldus; 2) malonus; ~heart [-hɑ:t] n mylimasis, -oji.

swell [swel] v (swelled; swollen) tvinti, tinti; ~ing n auglys, patinimas.

swept žr. sweep.

swift [swɪft] a greitas, sraunus; ~ly adv greitai.

swim [swɪm] v (swam; swum) v plaukti, plaukioti; ~mer n plaukikas.

swindle ['swɪndl] 1. n apgavimas, apgaulė; 2. v apgauti, apgaudinėti; ~r n apgavikas.

swing [swɪŋ] 1. n 1) supimasis; 2) užmojis; 3) sūpuoklės; 2. v (swung; swung) 1) suptis; 2) sukti(s).

switch [swɪtʃ] 1. n 1) virbas; 2) jungiklis, komutatorius; 2. v įjungti (on), išjungti (off).

swollen žr. swell.

sword [sɔ:d] n kardas, špaga.

swore žr. swear.

sworn žr. swear.

swum žr. swim.

swung žr. swing.
sympathize ['sɪmpəθaɪz] v 1) užjausti (with); 2) pritarti (with).
simpathy ['sɪmpəθɪ] n gailestis, užuojauta.
syringe ['sɪrɪndʒ] n švirkštas.

T

table ['teɪbl] n 1) stalas; 2) lenta, lentelė; 3) tabelis; time ~ n tvarkaraštis.
tail [teɪl] n 1) uodega; 2) kaselė; 3) skvernas.
tailor ['teɪlə] n siuvėjas (vyriškų drabužių).
take [teɪk] v (took; taken) 1) imti, užimti; 2) vartoti; to ~ off nu(si)imti; to ~ over perimti pareigas; to ~ care of rūpintis; to ~ place vykti (apie susirinkimą ir pan.).
tale [teɪl] n 1) pasaka; 2) pasakojimas, apysaka; to tell ~s skleisti paskalas.
talk [tɔ:k] 1. n pasikalbėjimas, pokalbis; 2. v kalbėti(s); ~er n kalbėtojas.
tall [tɔ:l] a aukštas.
tame [teɪm] 1. a prijaukintas, ramus; 2. v prijaukinti, dresiruoti.
tangerine [ˌtændʒə'ri:n] n mandarinas (vaisius).
tank [tæŋk] n 1) rezervuaras, cisterna; 2) tankas.
tap I [tæp] 1. n barškinimas, tapšnojimas; 2. v barbenti, tapšnoti.
tap II n čiaupas.
tape-recorder ['teɪprɪˌkɔ:də] n magnetofonas.
tapestry ['teɪpəstrɪ] n 1) gobelenas; 2) apmušalai.
tar [tɑ:] 1. n degutas, derva; 2. v (iš)tepti degutu, derva.
target ['tɑ:gɪt] n 1) taikinys, objektas; 2. v taikyti, skirti.
task [tɑ:sk] n užduotis, pareiga.
taste [teɪst] 1. n 1) skonis; 2) polinkis; 2. v 1) (pa)ragauti; 2) išbandyti, patirti; ~ful a skoningas; ~less a neskoningas, beskonis.
taught žr. teach.
tax [tæks] 1. n mokestis; 2. v apmokestinti; ~able a apmokestinamas.
tea [ti:] n arbata; another cup of ~ kitas reikalas.
teach [ti:tʃ] v (taught; taught) mokyti, dėstyti; ~er n mokytojas; ~ing n mokymas.

team [ti:m] n 1) sport. komanda; 2) brigada; 3) įgula.
teapot ['ti:pɒt] n arbatinukas.
tear I [tɪə] n ašara; in ~s apsipylęs ašaromis.
tear II 1. n skylė, plyšys; 2. v (tore; torn) plėšti, plėšyti; to ~ to pieces suplėšyti į skutelius.
tease [ti:z] 1. n peštukas; 2. v erzinti, pykinti.
tedious ['ti:dɪəs] a nuobodus, varginantis.
teenager ['ti:neɪdʒə] n paauglys.
teeth pl. žr. tooth.
tell [tel] v (told; told) 1) (pa)pasakoti; 2) (pa)sakyti; to ~ the truth sakyti tiesą; 3) atsiliepti (on) (į sveikatą ir pan.)
temper ['tempə] n 1) būdas, charakteris; 2) nuotaika; to lose one's ~ netekti kantrybės.
temperate ['tempərɪt] a nuosaikus, santūrus.
temple I ['templ] n šventykla.
temple II n smilkinys.
temporary ['tempərərɪ] a laikinas, nenuolatinis.
tempt [tempt] v gundyti, vilioti; ~ation n gundymas, viliojimas.
ten [ten] num. dešimt.
tenant ['tenənt] n 1) nuomotojas; 2) gyventojas, nuomininkas.
tend [tend] v krypti, turėti polinkį.
tender ['tendə] a 1) švelnus; 2) trapus; 3) jautrus.
tent [tent] n palapinė; to pitch a ~ pastatyti palapinę.
tenth [tenθ] num dešimtas.
tepid ['tepɪd] a drungnas.
term [tɜ:m] n 1) laiko tarpas; 2) terminas; 3) semestras; 4) pl. sąlygos; 5) asmeniniai santykiai.
terminate ['tɜ:mɪneɪt] v 1) ap(si)riboti; 2) baigti(s).
terrible ['terəbl] a baisus, siaubingas.
terrify ['terɪfaɪ] v (iš)gąsdinti.
testify ['testɪfaɪ] v 1) duoti parodymus, liudyti; 2) byloti.
testimony ['testɪmənɪ] n 1) žodinis parodymas; 2) paliudijimas raštu.
text [tekst] n tekstas; ~book vadovėlis.
than [ðən] conj negu, kaip.
thank [θæŋk] 1. n pl. padėka, dėkingumas; ~s to dėka; 2. v dėkoti; ~ you! ačiū; ~ful a dėkingas.
that [ðæt] 1. pron (pl. those) 1) tas, ta, tai, anas, ana; 2) kuris, kas; 2. adv taip, tokiu laipsniu; 3. conj tam kad.

thaw [θɔ:] 1. n atlydys; 2. v tirpti, atšilti.
theft [θeft] n vagystė.
their [ðeə] pron jų.
them [ðəm] pron juos, jas, jiems, joms.
theme [θi:m] n tema, objektas.
themselves [ðəm'selvz] pron. 1) save, sau; 2) patys.
then [ðen] 1. adv 1) tada; 2) paskui; 2. n tuometinis; the ~ director tuometinis direktorius.
there [ðeə] adv 1) ten; 2) čia, šioje vietoje; ~ is, ~ are yra; ~ is a book on the table ant stalo yra knyga; ~ fore dėl to, taigi.
these pl. žr. this.
they [ðeɪ] pron jie, jos.
thick [θɪk] a 1) storas; 2) riebus; 3) tankus; ~ hair tankūs plaukai; ~set a kresnas.
thief [θi:f] n vagis.
thieves pl. žr. thief.
thigh [θaɪ] n šlaunis.
thimble ['θɪmbl] n antpirštis.
thin [θɪn] a 1) plonas, liesas; 2) retas (apie plaukus); 3) smulkus (apie lietų).
thing [θɪŋ] n 1) daiktas; 2) faktas, reikalas; 3) pl. bagažas, daiktai.
think [θɪŋk] v (thought; thought) galvoti, mąstyti; ~er n mąstytojas; ~ing a mąstantis.
third [θ3:d] num. trečias.
thirst [θ3:st] 1. n 1) troškulys; 2) troškimas; 2. v trokšti (for, after); ~y a ištroškęs; I am ~ aš noriu gerti.
thirteen [ˌθ3:'ti:n] num. trylika; ~th tryliktas.
thirtieth ['θ3:tɪɪθ] num. trisdešimtas.
thirty ['θ3:tɪ] num. trisdešimt.
this [ðɪs] pron (pl. these) (ši)tas, (ši)ta, tai.
thorn [θɔ:n] n dyglys, spyglys; ~y a dygus, spygliuotas.
thorough ['θʌrə] a pilnas, nuodugnus; ~fare [-feə] n pravažiavimas, praėjimas; ~ly adv visiškai, pagrindinai.
those pl. žr. that.
though [ðəʊ] 1. conj nors, nepaisant; 2. adv tačiau, vis dėlto.
thought I žr. think.
thought II n mintis, idėja; ~ful a 1) susimąstęs; 2) gilus, rimtas; 3) atidus; ~less a 1) neapgalvotas; 2) nedėmesingas.
thousand ['θaʊzənd] num tūkstantis.
thrash [θræʃ] v mušti, kulti.
thread [θred] 1. n siūlas, gija; 2. v verti siūlą; to ~ a needle įver-

ti siūlą į adatą; ~bare [-beə] a nudėvėtas.

threat [θret] n grasinimas, grės mė; ~en v grasinti, grėsti; ~ ening a grėsmingas.

three [θri:] num trys.

thresh žr. thrash.

threshold ['θreʃhəʊld] n slenkstis.

threw žr. throw.

thrift [θrɪft] n taupumas; ~y a 1) taupus; 2) pasiturintis.

thrill [θrɪl] 1. n 1) jaudinimasis; 2) virpulys; 2. v jaudinti(s), virpėti; ~er n sensacinga knyga ir pan.

throat [θrəʊt] n gerklė; sore ~ gerklės uždegimas.

throb [θrɒb] v tvinkčioti, plakti.

throne [θrəʊn] n sostas.

through [θru:] 1. prep per, pro; 2. adv kiaurai, visiškai; to look ~ peržiūrėti; 3. a tiesioginis, tranzitinis; ~train tiesioginis traukinys.

throughout [θru:'aʊt] 1. adv 1) visais atžvilgiais; 2) visur; 2. prep per; ~ the century ištisą šimtmetį.

throw [θrəʊ] v (threw; thrown) mesti, sviesti, mėtyti; ~-away a išmetamas, nereikalingas.

thrust [θrʌst] 1. n 1) smūgis; 2) dūris; 2. v (thrust; thrust) 1) stumti; 2) durti; 3) veržtis.

thumb [θʌm] n nykštys; a rule of ~ praktinis metodas.

thunder ['θʌndə] 1. n griaustinis, perkūnija; 2. v griausti, griaudėti; ~ storm audra.

Thursday ['θɜ:zdɪ] n ketvirtadienis; on ~ ketvirtadienį.

thus [ðʌs] adv taip, tuo būdu.

ticket ['tɪkɪt] n 1) bilietas; 2) etiketė; 3) lapelis, kvitas; single ~ bilietas į vieną pusę; return ~ bilietas ten ir atgal.

tickle ['tɪkl] v kutenti.

tide [taɪd] n (jūros) potvynis ir atoslūgis.

tidy ['taɪdɪ] 1. a švarus, tvarkingas; 2. v sutvarkyti (up).

tie [taɪ] 1. n 1) raištis; 2) pl. saitai, ryšiai; 3) kaklaraištis; 2. v 1) rišti, 2) jungti, tvirtinti.

tight [taɪt] a 1) tankus, standus; 2) aptemptas, ankštas; ~en v su(si)spausti, ap(si)tempti; ~-fisted a šykštus.

tile [taɪl] n 1) čerpė; 2) koklis, plytelė.

till [tɪl] 1. prep. iki, ligi; 2) conj (pa)kol.

timber ['tɪmbə] n statybinė miško medžiaga.

time [taɪm] 1. n 1) laikas; in ~ laiku; 2) laikotarpis, periodas;

~ is up laikas pasibaigė; 3) pl. laikai, epocha; 2. v 1) apskaičiuoti; 2) paskirti laiką; 3) mušti taktą; ~ly a savalaikis; ~-saving a taupantis laiką; ~ server [-sɜ:və] n prisitaikėlis.

timid ['tɪmɪd] a 1) bailus; 2) drovus.

tin [tɪn] n 1) alavas; 2) skarda; 3) skardinė konservų dėžutė; ~ned meat mėsos konservai.

tint [tɪnt] n atspalvis, spalva.

tiny ['taɪnɪ] a mažytis.

tip I [tɪp] 1. n 1) galas; 2) smaigalys; 2. v uždėti galiuką, antgalį.

tip II 1. n 1) arbatpinigiai; 2) užuomina, patarimas; 2. v duoti arbatpinigių.

tiptoe ['tɪptəʊ] n (kojų) pirštų galai; on ~ ant pirštų galų.

tire I [taɪə] n padanga.

tire II v pavargti (of); ~d a pavargęs; ~less a nenuilstamas; ~ness n nuovargis; ~some a nuobodus, varginantis.

tiring a varginantis.

title ['taɪtl] n 1) pavadinimas, antraštė; 2) titulas, vardas.

to [tu, tə] 1. prep 1) į, pas, prie; 2) iki; 2. bendraties dalelė.

toad [təʊd] n rupūžė; to ~y v pataikauti.

toast [təʊst] n 1) skrebutis, pakepinta duona; 2) tostas; to drink a ~ to smb/smth gerti į kieno sveikatą; ~er n skrudintuvas.

today [tə'deɪ] adv šiandien.

toe [təʊ] n 1) kojos pirštas; 2) (kojinės, bato) galas.

together [tə'geðə] adv drauge, kartu; to get ~ susirinkti; ~ness n artumas, draugiškumas.

toil [tɔɪl] 1. n (sunkus) darbas; 2. v (sunkiai) dirbti.

token ['təʊkən] n 1) ženklas; 2) atminimo dovana.

told žr. tell.

toler‖able ['tɒlərəbl] a 1) pakenčiamas; 2) pakankamas; ~ance n pakantumas, kantrybė; ~ant a pakantus; ~ate v 1) pakęsti; 2) leisti.

tomato [tə'mɑ:təʊ] n pomidoras.

tomb [tu:m] n 1) kapas; 2) antkapis.

tomorrow [tə'mɒrəʊ] adv rytoj.

tongs [tɒŋz] n pl. žnyplės, replės.

tongue [tʌŋ] n 1) liežuvis; 2) kalba, tarmė; the native ~ gimtoji kalba.

tonight [tə'naɪt] adv šįvakar; šią naktį.

too [tu:] adv 1) per, per daug; 2) labai; 3) taip pat.
took žr. take.
tool [tu:l] n 1) įrankis, instrumentas; 2) staklės.
tooth [tu:θ] n dantis; ~ache dantų skausmas; ~brush dantų šepetukas; ~paste dantų pasta; ~pick krapštukas (dantims).
top [tɒp] 1. n viršūnė, viršus; 2. a 1) viršutinis; 2) aukščiausias; the ~ price aukščiausia kaina.
topic ['tɒpɪk] n tema, dalykas; ~al a aktualus; ~ality n aktualumas; ~ally adv aktualiai.
torch [tɔ:tʃ] n 1) fakelas; 2) žibintas.
tore žr. tear.
torment ['tɔ:mənt] 1. n kankinimas, kančia; 2. [-'ment] v 1) kankinti; 2) erzinti.
torn žr. tear.
torrent ['tɒrənt] n srovė, srautas.
tortoise ['tɔ:təs] n vėžlys.
torture ['tɔ:tʃə] 1. n kankinimas; 2. v 1) kankinti; 2) iškreipti; ~r n kankintojas.
toss [tɒs] v 1) mesti, mėtyti; 2) supti(s) (apie laivą); to ~ up burti (išmetant monetą).
total ['təʊtl] 1. n (visa) suma; 2. a 1) visas, pilnas; 2) totalinis.
touch [tʌtʃ] 1. n 1) (prisi)lietimas; 2) sąlytis; 3) brūkštelėjimas; 2. v (prisi)liesti, liestis; ~ing a jaudinantis.
tough [tʌf] a 1) kietas; 2) tvirtas; 3) atkaklus; 4) sunkus.
tour [tʊə] 1. n kelionė, išvyka; 2. v keliauti.
toward(s) [tə'wɔ:d(z)] prep link.
towel ['taʊəl] n rankšluostis.
tower ['taʊə] n bokštas, tvirtovė.
town [taʊn] n miestas, miestelis; ~hall n rotušė.
trace [treɪs] 1. n pėdsakas, ženklas; 2. v 1) (su)sekti; 2) atkurti, atstatyti.
track [træk] 1. n 1) pėdsakas; 2) eiga; 3) kelias, takas; 2. v 1) sekti; 2) palikti pėdsaką; ~suit [su:t] n treningas.
trade [treɪd] 1. n 1) amatas, profesija; 2) prekyba; 2. v prekiauti (in, with); ~-union n profsąjunga.
traffic ['træfɪk] n judėjimas, eismas; ~jam n eismo kamštis.
trail [treɪl] 1. n pėdsakas; 2. v 1) sekti; 2) eiti iš paskos; ~er n priekaba.
train I [treɪn] n traukinys; by ~ traukiniu; (minčių ir pan.) grandinė, seka; fast ~ greitasis traukinys; slow ~ keleivinis traukinys; goods ~ prekinis traukinys.

train II v 1) mokyti; 2) treniruoti(s); 3) ruošti; 4) dresiruoti; ~ing n auklėjimas, mokymas, treniravimas.
traitor ['treɪtə] n išdavikas.
tram [træm] n tramvajus.
tramp [træmp] 1. n valkata; 2. v 1) sunkiai žengti; 2) vilktis.
trample ['træmpl] v trypti, mindžioti.
tranquil ['træŋkwɪl] a ramus, tylus; ~ity n ramybė, tyla.
transaction [træn'zækʃn] n 1) sandėris; 2) pl. darbai, (mokslinės draugijos) protokolai.
transfer ['trænsfɜ:] 1. n 1) perkėlimas; 2) (turto ir pan.) perdavimas; 2. v [træns'fɜ:] perduoti, perkelti.
translat || e [trænz'leɪt] v 1) (iš)versti; 2) interpretuoti; ~ion n vertimas; ~or n vertėjas (raštu).
transmi || ssion [trænz'mɪʃn] n perdavimas, laida; ~t v perduoti, nusiųsti.
transparent [træn'spærənt] a permatomas.
trap [træp] n 1) spąstai, pinklės.
travel ['trævl] 1. n kelionė; 2. v 1) keliauti, važiuoti; 2) sklisti; ~ler n keliautojas.
traverse ['trævɜ:s] v perkirsti, pervažiuoti.
tray [treɪ] n padėklas.
treacher || ous ['tretʃərəs] a klastingas, išdavikiškas; ~y išdavystė.
tread [tred] v (trod; trodden) 1) žengti, eiti; 2) mindyti, trypti.
treason ['tri:zn] n išdavystė.
treasure ['treʒə] 1. n turtas, lobis; 2. v branginti, tausoti.
treat [tri:t] 1. n 1) vaišinimas; 2) malonumas; 2. v 1) elgtis; 2) gydyti (for); 3) traktuoti; 4) vaišinti (to); ~ment n 1) elgimasis, traktavimas; 2) gydymas, priežiūra.
treaty ['tri:tɪ] n sutartis.
tree [tri:] n medis; ~-top n medžio viršūnė.
tremble ['trembl] v drebėti, virpėti.
tremendous [trɪ'mendəs] a baisus, siaubingas.
trench [trentʃ] n griovys, tranšėja.
trespass ['trespəs] v 1) peržengti ribas, sieną; 2) piktnaudžiauti (on); ~er n sienos ar teisės pažeidėjas.
trial ['traɪəl] n 1) (iš)bandymas; 2) pergyvenimas, išmėginimas; 3) teis. teismas, teismo procesas.
triangle ['traɪæŋgl] n trikampis.
tribe [traɪb] n giminė, gentis.

tribute [ˈtrɪbju:t] n duoklė.

trick [trɪk] n 1) gudrybė, apgaulė; 2) pokštas; 3) būdas, metodas.

trifle [ˈtraɪfl] n 1) niekniekis, mažmožis; 2) vaisinis tortas.

trigger [ˈtrɪgə] n gaidukas.

trim [trim] 1. v 1) (su)tvarkyti, (pa)puošti; 2) (pa)kirpti; 2. a tvarkingas; ~ming n 1) papuošimas; 2) dailinimas.

trip [trɪp] n kelionė, išvyka, ekskursija; to go on a ~ leistis kelionėn.

trod žr. tread.

troop [tru:p] n 1) būrys, minia; 2) pl. karinės pajėgos, kariuomenė.

trot [trɒt] 1. n 1) risčia; 2) greitas žingsnis; 2. v bėgti (risčia).

trouble [ˈtrʌbl] 1. n 1) susirūpinimas; 2) sunkumas, pastanga; 3) nemalonumas; 4) liga, negalavimas; 2. v rūpintis, nerimauti; ~some a 1) neramus; 2) varginantis.

trousers [ˈtraʊzəz] n pl. kelnės.

truce [tru:s] n paliaubos; make a ~ padaryti paliaubas.

truck [trʌk] n 1) sunkvežimis; 2) vežimėlis; ~-trailer [-treɪlə] n sunkvežimis su priekaba.

true [tru:] a 1) tikras, teisingas; 2) ištikimas; 3) nuoširdus.

truly [ˈtru:lɪ] adv 1) nuoširdžiai; 2) ištikimai; yours ~ su pagarba (laiško pabaigoje).

trumpet [ˈtrʌmpɪt] n trimitas; ~er n trimitininkas.

trunk [trʌŋk] n 1) kamienas; 2) lagaminas; 3) (dramblio) straublys.

trust [trʌst] 1. n 1) (pasi)tikėjimas; 2) atsakomybė; 3) trestas; 2. v (pasi)tikėti, pasikliauti; ~ee n globotojas, patikėtinis; ~ful a patikimas; ~less a nepatikimas; ~worthy [-wɜ:ðɪ] a vertas pasitikėjimo.

truth [tru:θ] n tiesa, teisybė; ~ful a teisingas, tikras.

try [traɪ] v 1) bandyti; 2) stengtis; 3) siekti (for); 4) teisti.

tub [tʌb] n kubilas, vonia.

tube [tju:b] n 1) vamzdis; 2) (Londono) metropolitenas.

Tuesday [ˈtju:zdɪ] n antradienis; on ~ antradienį.

tune [tju:n] 1. n 1) melodija; 2) tonas; 2. v (su)derinti, sureguliuoti; ~r n derintojas.

turf [tɜ:f] n 1) velėna; 2) durpės.

turkey [ˈtɜ:kɪ] n kalakutas.

turn [tɜ:n] 1. n 1) apsisukimas; 2) posūkis; 3) permaina; 2. v 1) sukti(s); 2) keisti(s), pavirsti; ~ off užsukti, išjungti; ~ on atsukti, įjungti.

turner ['tɜ:nə] n tekintojas.
turnip ['tɜ:nɪp] n ropė.
twel || fth ['twelfθ] num dvyliktas. ~ve [twelv] num dvylika.
twent || ieth ['twentɪɪθ] num dvidešimtas; ~y ['twentɪ] num dvidešimt.
twice [twaɪs] adv dukart.
twig [twɪg] n šakelė, vytelė.
twilight ['twaɪlaɪt] n prieblanda, sutemos.
twins [twɪnz] n dvynukai.
twinkle ['twɪŋkl] v mirgėti, mirkčioti.
twist [twɪst] 1. n 1) vingis, posūkis; 2) išnarinimas; 2. v 1) sukti(s); 2) vingiuoti; 3) išnarinti.
twitter ['twɪtə] v čiulbėti, ulbėti.
two [tu:] num du; in/by ~s po du.
type [taɪp] 1. n 1) tipas; 2) rūšis, grupė; 3) pavyzdys; 2. v 1) klasifikuoti pagal tipus; 2) rašyti mašinėle; ~writer n rašomoji mašinėlė.
typhoid ['taɪfɔɪd] n vidurių šiltinė.
typist ['taɪpɪst] n mašininkė.
tyre žr. tire.

U

ugly ['ʌglɪ] a bjaurus, negražus.
ulcer ['ʌlsə] n opa.
ultimate ['ʌltɪmɪt] a 1) galinis; 2) paskutinis; ~ result galutinis rezultatas.
umbrella [ʌm'brelə] n skėtis.
umpire ['ʌmpaɪə] n 1) tarpininkas, arbitras; 2) sport. teisėjas.
un- [ʌn] 1) su būdvardžių kamienais ne-; unhappy nelaimingas; su veiksmažodžių kamienais nu-; at-; iš-; unpack išpakuoti.
unanimous [ju:'nænɪməs] a vieningas, vienbalsis; ~ly adv vienbalsiai.
unbutton [ʌn'bʌtn] v atsegti.
uncertain [ʌn'sɜ:tn] a netikras, nepastovus; ~ty n netikrumas, abejonė.
uncle ['ʌŋkl] n dėdė.
uncomfortable [ʌn'kʌmftəbl] a 1) nepatogus; 2) suvaržytas.
uncommon [ʌn'kɒmən] a 1) nepaprastas; 2) neeilinis.
unconscious [ʌn'kɒnʃəs] a 1) be sąmonės; 2) nesuvokiantis, nežinantis (of); ~ness n nesąmoningumas.
undeniable [ˌʌndɪ'naɪəbl] a akivaizdus, neginčijamas.

under ['ʌndə] 1. prep 1) po, apačioje; 2) pagal; ~ contract pagal kontraktą; 3) mažiau, žemiau; ~age a nepilnametis; 2. adv žemyn, apačiau.

underclothes ['ʌndəkləʊðz] pl. apatiniai.

underestimate ['ʌndər'estɪmeɪt] v nepakankamai (į)vertinti.

undergo [ˌʌndə'gəʊ] v (underwent; undergone) patirti, pergyventi.

underground ['ʌndəgraʊnd] 1. n 1) metropolitenas; 2) pogrindis; 2. a 1) požeminis; 2) slaptas, nelegalus; 3. adv [ˌʌndə'graʊnd] 1) po žeme; 2) pogrindyje.

underline ['ʌndə'laɪn] v 1) pabraukti; 2) pabrėžti.

undermine [ˌʌndə'maɪn] v 1) (už)minuoti; 2) pasikasti; 3) kenkti.

underneath [ˌʌndə'ni:θ] adv žemyn, žemiau.

understand [ˌʌndə'stænd] v (understood) 1) suprasti; 2) padaryti išvadą; ~ing n supratimas, suvokimas.

undertak || e [ˌʌndə'teɪk] v (undertook; undertakem) 1) imtis, pradėti; 2) įsipareigoti; ~er n 1) įmonininkas; 2) karstų dirbėjas; ~ing 1) įmonė; 2) įsipareigojimas, susitarimas.

underwear ['ʌndəweə] n apatiniai baltiniai.

underwent žr. undergo.

undo [ʌn'du:] v (undid; undone) 1) anuliuoti; 2) atrišti, atsegti.

undoubted [ʌn'daʊtɪd] a neabejotinas; ~ly adv neabejotinai.

undress [ʌn'dres] v nu(si)rengti; ~ed a 1) neaprengtas; 2) nusirengęs.

uneas || iness [ʌn'i:zɪnɪs] n nepatogumas; 2) varžymasis; ~y a 1) nepatogus; 2) suvaržytas; to feel ~ nejaukiai jaustis.

unemploy || ed [ˌʌnɪm'plɔɪd] 1. a bedarbis; 2. n pl. the ~ bedarbiai; ~ment n nedarbas; ~benefit pašalpa bedarbiams.

unequal [ʌn'i:kwəl] a 1) nelygus; 2) neadekvatus; ~ly adv nelygiai.

unexpected [ˌʌnɪk'spektɪd] a nelauktas, netikėtas; ~ly adv nelauktai.

unfair [ʌn'feə] a neteisingas, nesąžiningas; ~ly adv neteisingai, nesąžiningai; ~ness n neteisingumas, nesąžiningumas.

unfaithful [ʌn'feɪθfl] a neištikimas.

unfamiliar [ˌʌnfə'mɪlɪə] a nepažįstamas.

unfit [ʌn'fɪt] a netinkamas.
unfortunate [ʌn'fɔ:tʃnɪt] a 1) nelaimingas; 2) nesėkmingas; ~ly adv gaila, nelaimei.
ungrateful [ʌn'greɪtfʊl] a nedėkingas.
unhappy [ʌn'hæpɪ] a 1) nelaimingas; 2) liūdnas.
unhealthy [ʌn'helθɪ] a 1) nesveikas; 2) kenksmingas.
uninterrupted [ʌnˌɪntər'ʌptɪd] a nepertraukiamas.
uninvited [ˌʌnɪn'vaɪtɪd] a nekviestas.
union ['ju:njən] n 1) sąjunga; 2) vienybė, santarvė; 3) profesinė sąjunga.
unit ['ju:nɪt] n 1) vienetas; monetary ~ piniginis vienetas; 2) kar. dalinys.
unite [ju:'naɪt] v su(si)jungti, su(si)vienyti.
unity ['ju:nɪtɪ] n 1) vienybė; 2) susitarimas.
universe ['ju:nɪvɜ:s] n pasaulis, visata.
unkind [ʌn'kaɪnd] a piktas, negeras.
unknown [ʌn'nəʊn] a nežinomas, nepažįstamas.
unlawful [ʌn'lɔ:fl] a neteisėtas; ~ly adv neteisėtai.
unless [ən'les] conj jei ne, nebent.
unlike [ʌn'laɪk] 1. a nepanašus, skirtingas; 2. adv skirtingai nuo.
unlimited [ʌn'lɪmɪtɪd] a neribotas.
unload [ʌn'ləʊd] v 1) iš(si)krauti; 2) palengvinti.
unlock [ʌn'lɒk] v atrakinti, atidaryti.
unlucky [ʌn'lʌkɪ] a nelaimingas, nesėkmingas.
unnatural [ʌn'nætʃrəl] a 1) nenatūralus; 2) nežmoniškas.
unnecessary [ʌn'nesɪsərɪ] a nereikalingas.
unpleasant [ʌn'plezənt] a nemalonus.
unpredictable [ˌʌnprɪ'dɪktəbl] a nenuspėjamas.
unprejudiced [ʌn'predʒʊdɪst] a bešališkas.
unprofitable [ʌn'prɒfɪtəbl] a nepelningas, nerentabilus.
unreasonable [ʌn'ri:zənəbl] a 1) neprotingas, neracionalus; 2) nepagrįstas.
unrest [ʌn'rest] n 1) neramumas; 2) suirutė; ~ing a neramus.
unscrupulous [ʌn'skru:pjuləs] a 1) nesąžiningas; 2) neskrupulingas.
unselfish [ʌn'selfɪʃ] a nesavanaudiškas.
unsteady [ʌn'stedɪ] a nepastovus, netvirtas.

until [ən'tıl] 1. prep iki; 2. conj kol.

unusual [ʌn'ju:ʒl] a 1) nepaprastas; 2) nuostabus.

unwelcome [ʌn'welkəm] a 1) neprašytas; 2) nepageidaujamas.

unwell [ʌn'wel] a nesveikas.

unwilling [ʌn'wılıŋ] a nenorintis, netikęs; ~ly adv nenoromis.

unwise [ʌn'waız] a neprotingas.

unworthy [ʌn'wɜ:ðı] a nevertas (of).

up [ʌp] 1. adv aukštyn, į viršų; ~ and down aukštyn ir žemyn; pirmyn ir atgal; 2. prep 1) aukštyn; 2) prieš; ~ the wind prieš vėją.

upbringing ['ʌp,brıŋıŋ] n (iš)auklėjimas.

up-date [ʌp'deıt] v modernizuoti.

upon žr. on.

upper ['ʌpə] a viršutinis, aukščiausias.

upright ['ʌpraıt] a vertikalus, tiesus.

uproar ['ʌprɔ:] n triukšmas, sujudimas.

uproot [ʌp'ru:t] v išrauti su šaknimis.

upset[ʌp'set] v (upset) 1) ap(si)versti; 2) nuliūdinti; 3) sutrikdyti virškinimą.

upside-down [,ʌpsaıd'daʊn] a apverstas aukštyn kojomis.

upstairs [ʌp'steəz] 1. adv laiptais į viršų, viršuje; 2. a ['ʌpsteəz] esantis viršutiniame aukšte.

up-to-date [,ʌptə'deıt] a šiuolaikinis, modernus.

upward ['ʌpwəd] a kylantis į viršų.

urge [ɜ:dʒ] v 1) raginti, skatinti; to ~ the horse raginti arklį (on).

urgent ['ɜ:dʒənt] a neatidėliotinas, skubus; ~ly adv skubiai, neatidėliotinai.

us [ʌs] pron mus, mums.

usage ['ju:sıdʒ] n 1) vartojimas; 2) paprotys.

use [ju:s] 1. n vartojimas, pritaikymas; 2. v [ju:z] 1) vartoti; 2) sunaudoti; 3) elgtis.

used [ju:st] a įpratęs; to get ~ to įprasti.

use‖ful ['ju:sfl] a naudingas; ~less a nenaudingas; ~lessly adv nenaudingai; ~r v vartotojas.

user-friendly [,ju:zə'frendlı] a lengvai naudojamas, suprantamas (įranga, sistema).

usher ['ʌʃə] n kontrolierius (kine, teatre ir pan.).
usual ['ju:ʒl] a įprastas; as ~ kaip paprastai; ~ly adv paprastai.
untensil [ju:'tensɪl] n indas, rakandas.
utility [ju:'tɪlɪtɪ] a 1) naudingumas; 2) pl. komunaliniai patarnavimai.
utilize ['ju:tɪlaɪz] v panaudoti.
utmost ['ʌtməʊst] 1. a 1) toliausias; 2) didžiausias; 2. n visa kas (tik) galima; to do one's ~ padaryti visa kas (tik) galima.
utter I ['ʌtə] a visiškas, absoliutus; ~ly adv visiškai; absoliučiai.
utter II ['ʌtə] 1) (iš)tarti, pasakyti; 2) išreikšti žodžiais; ~ance [-rəns] n ištarimas, išreiškimas žodžiais.

V

vacan||cy ['veɪkənsɪ] n 1) tuštuma; 2) laisva, vakuojanti vieta; ~t a 1) tuščias, neužimtas; 2) laisvas, vakuojantis.
vacation [və'keɪʃn] n atostogos.
vacuum cleaner [ˌvækjuəm'kli:nə] n dulkių siurblys.
vague [veɪg] a neaiškus, miglotas; ~ly adv neaiškiai, miglotai.
vain [veɪn] a 1) bergždžias, tuščias; 2) išdidus, tuščiagalvis; in ~ veltui.
valid ['vælɪd] a 1) galiojantis; 2) pagrįstas; ~ate [-eɪt] v patvirtinti, ratifikuoti; ~ation n patvirtinimas, ratifikavimas; ~ity n galiojimas.
valley ['vælɪ] a slėnis.
valuable ['væljʊəbl] a vertingas, brangus.
value ['vælju:] 1. n 1) vertingumas, vertė; 2) kaina, vertė; ~added tax (sutr. VAT) pridedamosios vertės mokestis; surplus ~ pridedamoji vertė; ~r n vertintojas; įkainotojas; 2. v vertinti, įkainoti.
van [væn] n 1) furgonas; 2) prekinis ar bagažo vagonas.
vanguard['vængɑ:d] n avangardas.
vanish ['vænɪʃ] v dingti, pranykti.
vanity ['vænɪtɪ] n tuštybė.
vapour ['veɪpə] n garas, garai.

variety [vəˈraɪətɪ] n 1) įvairumas; 2) daugybė.
various [ˈveərɪəs] a įvairus, skirtingas.
varnish [ˈvɑ:nɪʃ] 1. n 1) lakas; 2) blizgesys; 2. v 1) lakuoti; 2) pagražinti.
vary [ˈveərɪ] v 1) keistis, kisti; 2) skirti, nesutapti.
vase [vɑ:z] n vaza.
vast [vɑ:st] a platus, didžiulis.
veal [vi:l] n veršiena.
vegetable [ˈvedʒtəbl] 1. n daržovė; 2. a augalinis, daržovių.
vehement [ˈvi:ɪmənt] a 1) smarkus; 2) aistringas.
vehicle [ˈvi:ɪkl] n transporto priemonė (vežimas, autobusas ir pan.).
veil [veɪl] 1. n šydas, vualis; 2. v 1) uždengti; 2) pridengti.
velvet [ˈvelvɪt] a aksomas.
vengeance [ˈvendʒəns] n kerštas.
venture [ˈventʃə] 1) rizikingas sumanymas; joint ~ bendra įmonė; 2. v 1) rizikuoti; 2) išdrįsti (on/ upon).
verbal [ˈvɜ:bl] a žodinis; ~ contract žodinis susitarimas.
verdict [ˈvɜ:dɪkt] n (teismo) nuosprendis.
verge [vɜ:dʒ] n 1) kraštas; 2) riba; on the ~ of ant ribos.
verify [ˈverɪfaɪ] v patikrinti; 2) patvirtinti, paliudyti.
versatil || **e** [ˈvɜ:sətaɪl] a visapusiškas; ~ity n visapusiškumas.
verse [vɜ:s] n eilėraštis, poezija.
versed [vɜ:st] a nusimanantis, patyręs (in).
very [ˈverɪ] 1. a 1) tikras; 2) kaip tik tas; 2. adv labai ~ well labai puikiai.
vessel [ˈvesl] n 1) indas; 2) laivas.
vest [vest] 1. n liemenė; 2. v suteikti (teises ir pan.), patikėti (in).
vex [veks] v pykinti, erzinti; ~ation n apmaudas, susierzinimas.
vice I [vaɪs] n yda, blogis.
vice II vice-.
vicinity [vɪˈsɪnɪtɪ] n 1) apylinkė, vietovė; 2) kaimynyste.
vicious [ˈvɪʃəs] a ydingas, ištvirkęs.
victim [ˈvɪktɪm] n auka.
victor || **ious** [vɪkˈtɔ:rɪəs] a pergalingas; ~y n pergalė.
view [vju:] 1. n 1) vaizdas, reginys; 2) požiūris, nuomonė; in my ~ mano nuomone; point of ~ požiūris; 2. v apžiūrėti, apžvelgti.
vigilance [ˈvɪdʒɪləns] n budrumas.

vigorous ['vɪgərəs] a energingas, stiprus.

vile [vaɪl] a žemas, gėdingas.

village ['vɪlɪdʒ] n kaimas; ~r n kaimietis.

villain ['vɪlən] n niekšas, piktadarys.

vinegar ['vɪnɪgə] n actas.

vineyard ['vɪnjəd] n vynuogynas.

violat || e ['vaɪəleɪt] v 1) pažeisti; 2) sutrikdyti (tylą); to ~ a law pažeisti įstatymą; ~ion n pažeidimas; ~or n pažeidėjas.

viol || ence ['vaɪələns] n 1) jėga; 2) smurtas; ~ent a 1) stiprus, smarkus; 2) aistringas, karštas; ~ently adv smarkiai, žiauriai.

violet ['vaɪəlɪt] n 1) žibutė; 2) violetinė spalva.

violin [ˌvaɪə'lɪn] n smuikas; ~ist n smuikininkas.

virtue ['vɜ:tʃu:] n 1) dorybė; 2) gera ypatybė; by ~ of dėka, remiantis.

visible ['vɪzəbl] a 1) matomas; 2) aiškus.

vision ['vɪʒn] n 1) regėjimas; 2) vaizdas, reginys.

visit ['vɪzɪt] 1. n 1) (ap)silankymas, viešėjimas; to be on a ~ viešėti; 2. v 1) lankyti(s); aplankyti; 2) viešėti.

visual ['vɪʒʊəl] a 1) regimasis; 2) vaizdinis; ~ aids vaizdinės priemonės; ~ arts vaizduojamasis menas.

vital ['vaɪtl] a 1) gyvybinis; 2) svarbus, esminis; ~ity n gyvybingumas.

vivid ['vɪvɪd] a ryškus, aiškus.

vocabulary [və'kæbjʊlərɪ] n 1) žodynas; 2) žodžių atsarga.

vocal ['vəʊkl] a 1) balso; ~cords balso stygos; 2) vokalinis.

vocation [vəʊ'keɪʃn] n pašaukimas, polinkis (for).

voice [vɔɪs] n balsas.

void [vɔɪd] a 1) tuščias; 2) nenaudingas; 3) teis. negaliojantis.

volume ['vɒljʊm] n 1) tomas; 2) apimtis, tūris; 3) pl. didelis kiekis.

volunt || ary ['vɒləntərɪ] a savanoriškas; ~eer n savanoris.

vote [vəʊt] 1. n 1) balsavimas; 2) (rinkiminis) balsas; 3) votumas; ~ of confidence pasitikėjimo votumas; 2. v 1) balsuoti; 2) pripažinti; ~r n rinkėjas.

vouch [vaʊtʃ] v 1) laiduoti (for); 2) patvirtinti; ~er n 1) laiduotojas; 2) investicinis čekis.

vow [vaʊ] 1. n įžadas, priesaika; 2. v duoti įžadą, prisiekti.

voyage ['vɔɪɪdʒ] n kelionė jūra arba lėktuvu.

W

wage [weɪdʒ] n pl. alga, atlyginimas; to cut ~s sumažinti atlyginimą; to freeze ~ įšaldyti darbo užmokestį.

wail [weɪl] 1. n 1) klyksmas; 2) staugimas; 2. v 1) klykti; 2) staugti, kaukti.

waist [weɪst] n liemuo; ~coat liemenė.

wait [weɪt] v 1) laukti (for); 2) patarnauti (on, upon); ~er n padavėjas; ~ress n padavėja.

wake [weɪk] v (woke, waked; waked, woken) 1) prabusti; 2) žadinti (up); 3) sužadinti.

walk [wɔ:k] 1. n vaikščiojimas; to go for a ~ eiti pasivaikščioti; 2. v 1) eiti, vaikščioti; 2) vesti pasivaikščioti; ~er n ėjikas.

wall [wɔ:l] n siena; blank ~ aklina siena.

wallet ['wɒlɪt] n piniginė.

wallpaper ['wɔ:lˌpeɪpə] n 1) sienų apmušalai, tapetai; 2) sienlaikraštis.

walnut ['wɔ:lnət] n graikinis riešutas.

wander ['wɒndə] v 1) klajoti, bastytis; 2) vingiuoti (apie upę ir pan.); ~er n keliauninkas.

want [wɒnt] 1. n stoka, trūkumas; 2. v 1) norėti, trokšti; 2) reikalauti; 3) reikėti.

war [wɔ:] n karas; to proclaim/declare war (on) paskelbti karą.

ward [wɔ:d] 1. n 1) globa; 2) kvartalas; 3) palata (ligoninėje); 2. v saugoti, sergėti; ~en [-n] n viršininkas, seniūnas; ~robe [-rəʊb] n spinta drabužiams.

ware [weə] n 1) dirbiniai; 2) pl. prekės; ~house n (prekių) sandėlys.

warlike ['wɔ:laɪk] a karingas.

warm [wɔ:m] 1. a 1) šiltas, karštas; I am ~ man šilta; 2) nuoširdus; 2. v šildyti(s); ~th [wɔ:mθ] n 1) šiluma; 2) nuoširdumas.

warn [wɔ:n] v įspėti, perspėti (of); ~ing n įspėjimas, perspėjimas.

warrant ['wɒrənt] 1. n orderis, įgaliojimas; 2. v 1) laiduoti, garantuoti; 2) įgalioti.

warrior ['wɒrɪə] n karys.

warship ['wɔ:ʃɪp] n karinis laivas.

was žr. be.

wash [wɒʃ] 1. n 1) prausimas(is); to have a ~ nusiprausti; 2) plovimas, skalbimas; 2. v praus-ti(s), plauti(s); to ~ up suplauti indus; ~-stand ['wɒʃstænd] n prausyklė.

wasp [wɒsp] n vapsva.

waste [weɪst] 1. n 1) dykuma; 2) eikvojimas; 2. a 1) tuščias, ne-gyvenamas; 2) nereikalingas; ~ paper makulatūra; 3. v eikvoti, švaistyti.

watch I [wɒtʃ] n (kišeninis, ran-kinis) laikrodis; by my ~ pa-gal mano laikrodį; wrist ~ ran-kinis laikrodis.

watch II 1. n 1) stebėjimas; 2) sargyba; 2. v 1) sekti, stebėti; 2) budėti, sergėti; ~ful a bud-rus, atsargus; ~maker [meɪkə] n laikrodininkas; ~man n (naktinis) sargas; ~strap/ band n laikrodžio dirželis.

water ['wɔ:tə] 1. n vanduo; fresh ~ gėlas vanduo; 2. v laistyti; ~ colour akvarelė; ~fall kriok-lys.

watering-place ['wɔ:tərɪŋpleɪs] n 1) girdykla; 2) gydomieji van-denys, kurortas.

watermelon ['wɔ:təˌmelən] n ar-būzas.

waterproof ['wɔ:təpru:f] a ne-peršlampamas.

wave [weɪv] 1. n 1) banga; 2) mojavimas; 2. v 1) banguoti, plevėsuoti; 2) mojuoti.

wax [wæks] 1. n 1) vaškas; 2) parafinas; 2. v vaškuoti.

way [weɪ] n 1) kelias; ~out išei-tis; 2) būdas, priemonė; ~of living gyvenimo būdas; 3) at-vejis; in any ~ bet kuriuo atve-ju.

we [wi:] pron mes.

weak [wi:k] a silpnas; ~ point silpna vieta; ~en v (su)silpnin-ti; ~ness n silpnumas, silpny-bė (for).

wealth [welθ] n 1) turtai; 2) gau-sybė; ~y a turtingas.

weapon ['wepən] n ginklas.

wear [weə] v (wore; worn) 1) ne-šioti(s), dėvėti(s); to ~ well ge-rai nešiotis; to ~ out nu(si)dė-vėti; ~ and tear susidėvėjimas, amortizacija.

weariness['weərɪnɪs] n nuovar-gis.

weary ['weərɪ] a 1) nuvargęs; 2) varginantis.

weather ['weðə] n oras, klimati-nės sąlygos; ~-beaten vėjo nu-gairintas.

weave [wi:v] v (wove; woven) 1) austi; 2) pinti; ~er n audėjas.

web [web] n voratinklis, tinklas.

we'd 1) =we had; 2) we should, we would.

wedding ['wedɪŋ] n vedybos, vestuvės.

Wednesday ['wenzdɪ] n trečiadienis; on ~ trečiadienį.

weed [wi:d] 1. n piktžolė; 2. v ravėti.

week [wi:k] n savaitė; in a ~ po savaitės; ~end n savaitgalis; ~ly 1. n savaitraštis; 2. adv kas savaitę.

weep [wi:p] v (wept; wept) verkti.

weigh [weɪ] v 1) sverti(s); 2) apsvarstyti, apgalvoti; 3) sulyginti (with, against).

weight [weɪt] n 1) svoris; to put on ~ (pa)storėti; to lose ~ (su)liesėti; 2) svarba, reikšmė; ~y a 1) sunkus; 2) svarus.

welcome ['welkəm] 1. n 1) (pa)sveikinimas; 2) svetingas priėmimas; 2. a laukiamas; you are ~ malonu jus matyti; 3. v 1) (pa)sveikinti; 2) šiltai priimti.

welfare ['welfeə] n gerovė.

well I [wel] n 1) šulinys; 2) šaltinis.

well II adv (better; best) 1) gerai; very ~ labai gerai; 2) pilnai, visiškai; 2. a (better, best) 1) geras; 2) sveikas; to feel ~ gerai jaustis.

well- [wel] pref. reiškia gerą bruožą, geranoriškumą.

well || -born [ˌwel'bɔ:n] a įžymus, aukštos kilmės; ~-bred a gerai (išauklėtas); ~-doer n geradarys; ~-grounded [-graʊndɪd] a pagrįstas; ~-known a įžymus; ~-off a pasiturintis; ~-read a apsiskaitęs (in); ~-to-do a pasiturintis, turtingas.

went žr. go.

wept žr. weep.

were žr. be.

weren't =were not.

west [west] 1. n vakarai; 2. a vakarų, vakarinis; 3. adv į vakarus; ~ern a vakarietiškas.

wet [wet] 1. a 1) šlapias; ~ to the skin kiaurai permirkęs; 2) lietingas, drėgnas; 2. n drėgnumas, drėgmė; 3. v šlap(in)ti; drėk(in)ti.

whale [weɪl] n banginis.

what [wɒt] pron koks? kas? ką? ~ever kad ir kas.

wheat [wi:t] n kviečiai.

wheel [wi:l] 1. n 1) ratas; 2) šturvalas; 2. v 1) ridenti; 2) sukti(s) ratu.

when [wen] 1. adv 1) kada? 2) kada, kai; 2. conj kada, kai.

whenever [wen'evə] 1. adv kada gi; 2. conj kai, kai tik.

where [weə] 1. adv kur? 2. conj

kur, ten kur; ~ as conj tuo tarpu kai; tada kai; ~ever adv bet kur; kad ir kur.

whether ['weðə] conj ar.

which [wɪtʃ] pron koks? kuris? kas?; ~ of you? kas iš jūsų?

while [waɪl] 1. n laikas, laiko tarpas; for a ~ valandėlei; 2. v leisti laiką; 3. conj kol, tuo tarpu.

whim [wɪm] n užgaida.

whip [wɪp] 1. n botagas; 2. v 1) barti; 2) griežtai kritikuoti; 3) čaižyti, plakti.

whirlwind ['wɜ:lwɪnd] n viesulas.

whisker ['wɪskə] n pl. 1) žandenos; 2) (katės ir pan.) ūsai.

whisper ['wɪspə] 1. n šnabždesys; 2. v šnabždėti.

whistle ['wɪsl] 1. n 1) švilpimas; 2) švilpukas; 2. v 1) švilpti; 2) (apie paukštį) čiulbėti, čirenti.

white [waɪt] 1. a 1) baltas; 2) žilas; 2. n 1) balta spalva; 2) baltymas; ~wash ['waɪtwəʃ] 1. n 1) kalkės; 2) baltinimas; 2. v baltinti.

who [hu:] pron kas? kuris?; ~ever bet kas.

whole [həʊl] 1. n 1) visuma; on the ~ bendrai paėmus; 2) viskas; 2. a 1) visas, pilnas; 2) nenugriebtas (apie pieną); ~sale ['həʊlseɪl] 1. n didmeninė prekyba; 2. a didmeninis; ~ prices didmeninės kainos; ~some ['həʊlsəm] a 1) sveikas; 2) naudingas.

whom [hu:m] pron ką, kurį.

whose [hu:z] pron kieno, ko.

why [waɪ] 1. adv kodėl?; 2. int na! ką gi! ~, of course na, žinoma!

wicked ['wɪkɪd] a 1) piktas; 2) išdykęs; 3) nedoras.

wide [waɪd] 1. a platus, erdvus; 2. adv plačiai, visur; ~n v plėsti(s).

widow ['wɪdəʊ] n našlė; ~er našlys.

width [wɪdθ] n plotis; in ~ į plotį.

wife [waɪf] n žmona.

wig [wɪg] n perukas.

wild [waɪld] a 1) laukinis; 2) baikštus; 3) audringas.

will [wɪl] n 1) valia, noras; 2) testamentas.

willing ['wɪlɪŋ] a pasiruošęs, noris; ~ly adv noriai, mielai.

willow ['wɪləʊ] n gluosnis, karklas.

win [wɪn] v (won; won) 1) išlošti, laimėti; 2) pasiekti.

wind I [wɪnd] n vėjas; ~mill n vėjo malūnas.

wind II [waɪnd] 1. n apsisukimas, posūkis; 2. v (wound; wound) 1) vingiuoti; 2) užsukti (laikrodį); 3) užbaigti, išspręsti.
window ['wɪndəʊ] n langas; ~sill palangė.
wine [waɪn] n vynas; ~ glass taurelė.
wing [wɪŋ] n 1) sparnas; 2) fligelis, priestatas; 3) teatr. pl. užkulisiai.
wink [wɪŋk] 1. n mirkčiojimas, mirksėjimas; 2. v mirkčioti, mirksėti; to ~ at mirktelėti.
winner ['wɪnə] n nugalėtojas.
winter ['wɪntə] n žiema; ~ing n žiemojimas.
wipe [waɪp] v šluostyti, valyti.
wire [waɪə] 1. n 1) viela, laidas; 2) telegrama; 2. v 1) tiesti laidus; 2) telegrafuoti; ~less ['waɪəlɪs] n 1) radijas; 2) radiograma.
wisdom ['wɪzdəm] n išmintis; ~ tooth n proto dantis.
wise [waɪz] a 1) išmintingas; 2) protingas.
wish [wɪʃ] 1. n 1) noras, troškimas; 2) linkėjimas; 2. v 1) norėti, trokšti; 2) linkėti.
wit [wɪt] n pl. 1) protas; 2) sąmojis; sąmojingas žmogus.
with [wɪð] prep su, kartu.
withdraw [wɪð'drɔ:] v (withdrew; withdrawn) 1) atitraukti; 2) at(si)imti; 3) išimti (indėlį); ~al [-əl] n 1) atitraukimas; 2) atsiėmimas; 3) išėmimas.
wither ['wɪðə] v 1) vysti, džiūti; 2) silpnėti.
within [wɪð'ɪn] 1. prep 1) viduje; 2) ribose, per; ~ 10 days per 10 dienų; 2. adv viduje.
without [wɪð'aʊt] prep be.
witness ['wɪtnɪs] 1. n 1) liudytojas; 2) liudininkas; 3) parodymas; to bear ~ to/ of paliudyti, patvirtinti; 2. v 1) būti liudininku; 2) liudyti (against, for); 3) tvirtinti (dokumentą ir pan.).
witty ['wɪtɪ] a sąmojingas.
wives [waɪvz] pl. žr. wife.
woke žr. wake.
wolf [wʊlf] n vilkas.
wolves pl. iš wolf.
woman ['wʊmən] n moteris; ~ly a moteriškas.
women pl. žr. woman.
won žr. win.
wonder ['wʌndə] 1. n 1) nustebimas; 2) stebuklas; to work ~s daryti stebuklus; 2. v 1) stebėtis (at); 2) norėti žinoti; I ~ įdomu, norėčiau žinoti; ~ful a nuostabus.

won't =will not.

wood [wʊd] n 1) miškas; 2) miško medžiaga, mediena; 3) malkos; ~en a medinis; ~ pecker [-pekɔ] n genys.

wool [wʊl] n 1) vilna; 2) vilnonis audinys; ~len a vilnonis.

word [wɜ:d] n žodis; ~ing n redakcija, formulavimas.

wore žr. wear.

work [wɜ:k] 1. n 1) darbas, veikla; 2) veikalas, kūrinys; 2. v 1) dirbti; 2) veikti; 3) duoti efektą; ~er n darbininkas; ~s n fabrikas, gamykla; brick ~ plytinė.

working ['wɜ:kɪŋ] a dirbantis, darbo; ~ capacity a darbingumas; ~ day n darbo diena; šiokiadienis.

world [wɜ:ld] n pasaulis; ~ -wide a pasaulinio masto.

worm [wɜ:m] 1. n kirmėlė, kirminas; 2. v 1) (į)šliaužti; 2) išgauti, sužinoti.

worn žr. wear.

worry ['wʌrɪ] 1. n nerimas; 2. v nerimauti, rūpintis.

worse [wɜ:s] 1. a blogesnis; 2. adv blogiau, smarkiau; ~ n v bloginti, blogėti.

worship ['wɜ:ʃɪp] 1. n 1) garbinimas; 2) pamaldos; 2. v 1) garbinti, dievinti; 2) melstis.

worst [wɜ:st] 1. a blogiausias; 2. adv blogiausiai; 3. n kas nors blogiausia.

worth [wɜ:θ] 1. n kaina, vertė; 2. a 1) vertas; 2) nusipelnęs; ~less a bevertis; ~y a 1) vertas; 2) tinkamas.

would-be ['wʊdbi:] a tariamasis, būsimas.

wound I [wu:nd] 1. n žaizda; 2. v (su)žeisti.

wound II [waʊnd] žr. wind.

wove žr. weave.

wrap [ræp] 1. n 1) skara, šalikas; 2) įpakavimas; 2. v įvynioti, apsupti; ~ping paper n vyniojamasis popierius.

wreath [ri:θ] n vainikas.

wreck [rek] 1. n sudužimas, avarija (ypač jūroje); 2. v 1) sudužti; 2) sužlugti; 3) ardyti (sveikatą).

wrestle ['resl] v sport. imtis; ~r n imtynininkas.

wring [rɪŋ] v (wrung) gręžti, grąžyti.

wrinkle ['rɪŋkl] 1. n raukšlė; 2. v raukšlėti(s).

wrist [rɪst] n riešas; ~watch n rankinis laikrodis.

write [raɪt] v (wrote; written) rašyti; to ~ down užrašyti; ~r n rašytojas.

writing ['raɪtɪŋ] n rašymas; in ~ raštu; ~-desk n rašomasis stalas.
written žr. write.
wrong [rɒŋ] 1. n 1) neteisybė; 2) blogis, skriauda; 2. a neteisingas, neteisus; to be ~ būti neteisiam; to go ~ sugesti; 3. adv neteisingai; 4. v daryti bloga, skriausti; ~doer n 1) nusikaltėlis; 2) teisės pažeidėjas.
wrote žr. write.
wrung žr. wring.

X

Xmas ['krɪsməs] = Christmas.
X-ray [ˌeks'reɪ] 1. n pl. rentgeno spinduliai; 2. v peršviesti rentgeno spinduliais.

Y

yacht [jɒt] 1. n jachta; 2. v plaukti jachta; ~ing n buriavimas.
yard [jɑ:d] n kiemas.
yawn [jɔ:n] 1. n žiovulys; 2. v žiovauti.
year [jɪə] 1. n metai; ~ly 2. a kasmetinis; adv kasmet.
yeast [ji:st] n mielės.
yell [jel] 1. n šauksmas, klyksmas; 2. šaukti, klykti.
yellow ['jeləʊ] a 1) geltonas; 2) pavydus, įtarus; ~ish a gelsvas.
yes [jes] adv taip.
yesterday ['jestədɪ] adv vakar.
yet [jet] 1. adv 1) dar, vis dar; 2) jau; 3) netgi; 4) iki šiol; 2. conj tačiau, vis dėlto.
yield [ji:ld] 1. n 1) derlius; 2) produkcijos kiekis; 2. v 1) duoti derlių ar pelną; 2) nusileisti, sutikti; ~ing a nuolaidus.
yoke [jəʊk] n jungas, našta.
yolk [jəʊk] n trynys.
you [ju:] pron tu, jūs; tave, jus; tau, jums.
young [jʌŋ] a 1) jaunas; 2) nepatyręs; ~ish a apyjaunis.
your [jɔ:] pron jūsų, tavo.
yours [jɔ:z] pron jūsų, tavo; a friend of ~ jūsų draugas.
yourself [jɔ:'self] pron 1) save, sau; 2) pats, pati.
youth [ju:θ] n 1) jaunystė; 2) jaunuolis; 3) jaunimas; ~ful a 1) jaunas; 2) jaunatviškas.

yummy ['jʌmɪ] a skanus (vaikų kalboje).

yum-yum [ˌjʌm'jʌm] int niam, niam (gardžiuojantis maistu).

Z

zeal [zi:l] n uolumas, stropumas; ~ous a uolus, stropus.

zebra ['zi:brə] n zool. zebras; ~ crossing pėsčiųjų perėja.

zero ['zɪərəʊ] n 1) nulis; 2) niekas.

zipper ['zɪpə] n užtrauktukas.

zoo [zu:] n zoologijos sodas.

LITHUANIAN–ENGLISH DICTIONARY

About 25000 words

LIETUVIŠKOJI ABĖCĖLĖ

Aa, Ąą	Hh	Rr
Bb	Ii, Įį, Yy	Ss
Cc	Jj	Šš
Čč	Kk	Tt
Dd	Ll	Uu, Ųų, Ūū
Ee, Ęę, Ėė	Mm	Vv
Ff	Nn	Zz
Gg	Oo	Žž
	Pp	

A, Ą

abejing || **as, -a** indífferent (to); ~umas indífference.

abejo || **nė** doubt [daʊt]; be ~nės without doubt; ~ti doubt; qúestion; ~tinas, ~jamas dóubtful/ quéstionable.

abipusis mútual; recíprocal; biláteral.

abiturientas, -ė school-léaver, high-school gráduate amer.

abonent || **as** subscríber; ~inis subscríber's, subscríption; telefono ~ų knyga télephone book/ diréctory.

abrikosas ápricot ['eɪ-].

absolventas, -ė gráduate.

abu (du), abi (dvi) both [bəʊθ].

act || **as** vínegar; ~tinė vinegar-cruet [-kru:].

ačiū thanks; a. tau, jums thank you, a. Dievui thank God/ héavens/ góodness.

adata néedle.

adyti darn; ~ kojines darn stóckings.

advokatas láwyer; attórney amer. (žemesnio rango) solicitor; (teisme) bárrister.

afiša bill, póster; (maža) nótice.

agrast || **as** gooseberry ['gʊz-]; ~ų uogienė góoseberry jam.

agronomas àgricúlturist, agrónomist.

aguon || **a** 1. póppy; ~os galvutė póppy-head; 2. (grūdas) póppy-seed.

agurk || **as** cúcumber; rauginti ~ai píckled cúcumbers; píckles.

agurotis mélon.

aikštė (miesto ir pan.) square; turgaus a. márket-place; futbolo a. fóotball field.

aikštelė 1. grounds pl., sporto a. sports ground; teniso a. ténnis court; krepšinio/tinklinio a. básketbáll/vólleybáll pitch; 2. (laiptų) lánding.

aiman || **a** moan; ~uoti moan.

ainis descédant, óffspring.

aistr || **a** pássion (for); ~ingas pásionate.

aiškinti expláin, elúcidáte; (įstatymą ir pan.) intérpret.

aišk || **umas** cléarness; ~us clear; (šviesus, giedras) clear, seréne.

aitr || **umas** bítterness, ránkness; ~us bítter.

aitvaras (popierinis) kite.

akci || **ja** ekon. share; ~ninkas shárehòlder; ~nė bendrovė jóint-stock cómpany, coorporátion amer.

akcizas èxcise; èxcise dúty.

akimirka ínstant, móment.

akiniai spéctacles, glásses; (apsauginiai) góggles.

akiplėša ímpudent/ínsolent pérson.

akis eye [aɪ]; geros (blogos) akys éxcellent (poor) éyesight.

akivaizd || a présence; kieno nors ~doje in smb's présence.

akivaizd || umas évidence; ~us évident, óbvious.

akl || as blind; ~lieji the blind.

akm || uo stone, rock; ~ens anglis coal; ~ens amžius the Stone Age; kertinis a. córner stóne.

akredityvas létter of crédit; neatšaukiamas a. irrévocable létter of crédit.

akt || as 1. (veiksmas) act; 2. teis. deed; kaltinamasis a. indíctment; 3. (dokumentas) státement; ~ų salė assémbly hall; 4. men. nude.

aktyvas fin. ássets pl., aktyvas ir pasyvas ássets and líabílieties.

akvarelė wátercòlour(s).

alavas tin.

alga (darbininkų) wáges pl.; (tarnautojų) pay, sálary; ~lapis páy-sheet, páy-roll amer.

alie || jus oil; saulėgrąžų ~ súnflower-seed oil; alyvų ~ ólive oil.

alinė ále-house, béerhouse, pub.

alyva 1. oil; 2. (vaisius) ólive; 3. (krūmas) lílac.

alkanas húngry, alkanas kaip vilkas húngry as a húnter.

alkis húnger.

alkūnė (rankų) élbow.

alpti faint (awáy), swoon, lose* one's cónsciousness.

al || us beer; šviesus a. pale/light beer; ale; tamsus a. dark beer, pórter; ~aus darykla bréwery.

amat || as trade, hándicráft; ~ų mokykla vocátional school.

ambicija sélf-respéct, sélf-estéem.

ambulatorija dispénsary; óutpátients' clínic/ depártment.

amžin || as etérnal, èverlásting; ~inkas contémporary.

amž || ius 1. (šimtmetis) céntury; 2. (epocha) age; viduriniai ~iai the Míddle Ages; 3. (metai, gyvenimas) age; ~iaus grupė ~ group; kiek jums metų? how old are you?

ananasas (vaisius) píneapple.

angina quínsy, tònsilítis.

anglis (kuras) coal; akmens a. coal; medžio ~ chárcoal.
anyta móther-in-law.
anket || a quèstionnáire [-stʃn-]; form; užpildyti ~ą fill in a form; compléte a form.
anks || ti éarly; ~čiau ar vėliau sóoner or láter.
ant priel. on, upón.
antakis éye-brow ['aɪbraʊ].
antena áerial ['eər-], anténna (pl-ae); kambarinė a. índoor áerial/ anténna.
antgamtinis súpernátural.
antis duck; laukinė a. wild-~.
antkapis tómbstone ['tu:m~], grávestone.
antklodė cóverlet; blánket, quilt [kwɪlt].
antplūdis flow, ínflux.
antpuolis attáck, assáult.
antradienis Tuesday ['tju:zdɪ].
antrarūšis sécond-ráte, sécond-qúality.
antr || as, -a second; balandžio ~oji the sécond of April.
antraštė títle, héading.
antspaud || as seal, stamp; ~uoti seal, stamp; put*/set* a seal (to).
anūk || as grándson, grándchild; ~ė gránddaughter, grándchild.
anul || iavimas annúlment; (skolos, nutarimo) cáncellátion; ~iuoti annúl; (skolą, nutarimą) cáncel.
apa || čia bóttom; nuo viršaus ligi ~čios from top to bóttom.
apakti becóme* blind, lose* one's (éye) sight.
apatin || is lówer ['ləʊə]; ~iai baltiniai únderwear [-weə] sg.
apdailin || imas fínishing, trímming, décorating; ~ti fínish, trim (up), décorate.
apdengti 1. cóver ['kʌ-]; a. stalą staltiese spread a cloth on the táble; 2. (uždengti stogą) roof.
apdoro || jimas tréatment; (medžiagų) prócessing. **~ti** treat; (medžiagas) prócess; (surinktą medžiagą) édit.
apdovano || jimas dècorátion; awárd; ~ti; 1. (medaliu ir pan.) décorate (with); awárd; 2. (dovana) make* a présent; presént (with).
apdrausti insúre [-'ʃʊə] a. namą nuo gaisro insúre one's house agáinst fire.
apeigos rites, céremonies, rítuals.
apelsin || as órange; ~ų sultys órange juice.
apgailestauti regrét, be* sórry (abóut).
apgalvot || as consídered, de-

líberate; ~i think* (smth) óver, consíder.

apgaudinė ‖ jimas fraud, decéption, chéating, swíndle; ~ti decéive, cheat, swíndle.

apgavikas, -ė decéiver, cheat, fraud.

apginti defénd; (apsaugoti) protéct.

apybraiža lit. sketch, éssay.

apibrėž ‖ imas (sąvokos) detèrminátion, dèfinítion; ~ti (sąvoką) detérmine, defíne.

apie 1. abóut; of; 2. (aplink) aróund, keliauti a. pasaulį trável aróund the world.

apiformin ‖ imas móunting; ~ti (apipavidalinti) get* up próperly, mount, put* into shape.

apygarda dístrict; teismo a. círcuit [-kɪt].

apykaklė cóllar.

apylinkė 1. (vietovė) envírons pl.; 2. (administracinis vienetas) cóuntry-síde dístrict; 3. rinkiminė a. constítuency.

apimtis vólume, extént; (dydis) size.

apiplėš ‖ imas róbbery, plúnder; (įsilaužimas) búrglary; ~ti rob, plúnder; (įsilaužus) commít a búrglary.

apyrankė brácelet, ármlet.

apyrašas invéntory; schédule ['ʃe-].

apysaka lit. nárrative, tale, stóry.

apyskait ‖ a accóunt; duoti kam ~ą give* an accóunt to smb (of); ~iniai metai cúrrent/ accóuntable year.

apytikriai appróximately, róughly ['rʌf-], abóut.

apyvart ‖ a túrnòver; pinigų a. móney túrnòver; prekių a. commódity cìrculátion; ~inis ekon.: ~inis kapitalas círculating/ wórking cápital.

apkabin ‖ imas embráce, hug; ~ti embráce, hug/put* one's arms (round).

apkaltin ‖ imas charge, àccusátion; ~ti accúse (of), charge (with).

apkerėti fáscinate, charm, bewítch.

apkęsti tólerate, endúre.

apkirpti (plaukus, nagus) cut*, (trumpai plaukus) crop.

apkūnus stout, fat.

aplaid ‖ umas cárelessness, négligence; ~us cáreless, négligent.

aplanky ‖ mas vísit [-z-], call; ~yti vísit, call on (smb), come* to see.

apleisti (reikalus ir pan.) negléct, abándon.

aplink 1. prv. round, abóut; (aplinkui) aróund; dairytis a. look aróund; 2. prl. round, aróund.

aplinka surróundings pl., médium; socialinė a sócial envíronment.

aplinkyb || ė (sąlyga) círcumstance; ~ės (padėtis) sìtuátion sg.

aplodismentai appláuse sg, clápping sg.

aplup || imas (žievės) péeling; (medžio) bárking; ~ti 1. (bulves ir pan.) peel; (kiaušinį) shell; 2. (primušti) beat; whip; give* smb a thráshing.

apmaudas vexátion; annóyance.

apmokestin || imas taxátion; ~ti tax.

apmokėti pay* (for); a. sąskaitą pay* a bill, séttle one's accóunt; a. skolą pay*/ dischárge a debt [det].

apmokymas instrúction, tráining.

apnuodi || jimas póisoning; ~yti póison.

apraiška mànifestátion, display.

apranga clothes [kləʊðz] pl; clóthing; (uniforma) úniform, óutfit; a skýing óutfit slidinėjimo a.

aprašy || mas descríption; gyvenimo a. biógraphy; ~ti (atvaizduoti) descríbe, depíct, portráy.

aprengti dress; clothe [-əʊð]; put* on drésses/ clothes.

apribo || jimas limitátion, restríction; ~ti límit, restríct.

aprimti calm/ quíet / séttle down; (apie audrą, skausmą) abáte, subsíde.

aprūpin || imas 1. (pragyvenimo) máintenance; 2. (tiekimas) supplý/ provísion (with); ~ti 1. províde (for); 2. (tiekti) supplý (with), fúrnish (with).

apsakymas lit. stóry, tale.

apsaug || a (gynimas) defénce; (apsaugojimas) protéction; (sargyba) guard; gamtos a. protéction of náture; ~oti shélter, protéct; presérve.

apsiaustas cloak; (neperšlampamas) máckintosh, wáterproof, ráincoat.

apsigalvoti change one's mind; think* bétter of it.

apsigyventi (įsikurti) séttle, take* up one's résidence; (trumpam) stay; apsigyventi viešbutyje stay arba put* up at a hotél.

apsikeisti exchánge [-tʃeɪ]; a. patyrimu exchánge/ share expérience.

apsikrėsti (liga) catch* a deséase; take*/ get* an inféction.
apsimauti (kelnes, pirštines) put* on, pull on. get* on.
apsime || sti preténd (to be); feign, sham; ~tėlis preténder, sham, hýpocrite.
apsiniauk || ęs (apie orą, dangų) glóomy; ~ti becóme* glóomy, get* clóudy; becóme* òvercast.
apsirengti dress (oneséłf); (apsiaustą ir pan.) put* on.
apsirgti fall* ill (with); be táken ill (with).
apsirik || imas mistáke, érror, slip; per ~imą by mistáke; ~ti make* a mistáke, be* mistáken.
apsišvie || sti enlíghten oneséłf; become*/ get* ìntelléctual; ~tęs, -usi a (wéll-) éducàted, enlíghtened; ~timas enlíghtment; cúlture.
apsitvarkyti (kambarį) do* a room; tídy up; clean up.
apskaič || iavimas càlculátion, còmputátion; ~iuoti cálculate, compúte.
apskaitininkas, -ė accóuting clerk.
apskritai prv. in géneral, génerally (spéaking); on the whole.
apskritas round.
apskųsti bear*/ lodge a compláint (agáinst); appéal (agáinst).
apspręsti defíne, detérmine.
apstatyti (baldais) fúrnish (with); a. butą fúrnish a flat.
apsukr || umas resórcefulness; ~us (vikrus) dódgy, resóurceful; (sumanus) cléver, bright.
apsvarsty || mas discússion, consìderátion; ~ti consíder; weight.
apšildymas héating; centrinis a. céntral héating.
aptarnauti atténd (to), serve.
aptarnavimas sérvice; facílities pl; medicininis a. médical sérvice.
aptikti discóver, find*.
apversti típple, turn óver; òvertúrn.
apvogti rob, clean out.
apžiūrė || jimas 1. (gydytojo) exàminátion; 2. (parodos) lóoking round, séeing; ~ti 1. survéy, view [vju:]; 2. (apie gydytoją) exámine; 3. (parodą ir pan.) see*, do*, look round.
apžvalga súrvey, reviéw.
arbat || a tea; ~ėlė (vaišės) téa-pàrty; surengti ~ėlę arránge/ give* a téa-pàrty.

arbatpinigiai tip sg.; gratúity sg.
arbūzas wáter-mèlon [ˈwɔːtə-ˌmelən].
arkl || idė stáble; ~iena hórse-flesh.
arklys horse; važiuoti arkliais go* by cártage/ cárting.
ar̃ti plough, till.
arti prl. near, close to.
asilas dónkey, ass.
asmuo pérson.
aspirantas pòst-gráduate (stúdent), reséarch-stùdent.
aš I; it's me šnek. man šalta I am cold.
ašar || a tear; ~inės dujos téar-gàs sg.
aštrus sharp, acúte.
aštuntas eighth [-tθ].
aštuon || i eight; ~iasdešimt éighty; ~iasdešimtas éightieth; ~iolika èightéen.
ataskait || a accóunt; duoti kam ~ą apie ką nors give*/ rénder an accóunt to smb of smth; repórt to smb on smth; ~inis (apie laikotarpį) cúrrent, accóuntable; ~inis laikotarpis périod únder reviéw.
atei || ti come*; atėjo žiema wínter came; atėjo naktis night fell; man atėjo į galvą (mintis) it occúrred to me, it struck me; it dawned on me; ~tis fúture.
atest || acija cèrtificátion; ~atas certíficate; brandos ~atas schóol-leaving certíficate; ~uoti (mokinius) give* marks/ grades.
atgail || a repéntance; pénitence; ~auti repént (of).
atgal back, báckwards.
atgimimas revíval, rebírth.
atidaryti ópen; a susirinkimą start/ ópen a méeting.
atidėti 1. (į šalį) put*/ set* asíde; (taupyti) lay*/ put* by; save; 2. (terminą) put* off, pòstpóne.
atidus atténtive; a. mokinys atténtive/ díligent púpil.
atimti (iš ko nors) take* from; a. iš ko pinigus take* móney from smb, rob smb of móney.
atitaisy || mas corréction; ~ti corréct, make* (smth) corréct.
atitikti còrrespónd (to, with); confórm (to); a. reikalavimus meet*/ sátisfy the requírements.
atjausti (ką) sýmpathize (with), feel (for smb.).
atkaklus 1. persístent; 2. (užsispyręs) óbstinate, stúbborn.
atkeršyti (kam už ką) revénge onesélf (upón smb for smth.), avénge (smb).
atkūr || imas rèstorátion, rècon-strúction, renéwal; ~ti rè-

creáte, restóre, rèconstrúct, rèhabílitate.

atlaidus lénient, indúlgent.

atleidim || as 1. (iš darbo) dischárge, dismíssal; 2. (kaltės) forgíveness, párdon.

atleisti 1. (iš darbo) dismíss, dischárge; fire (amer.); 2. (dovanoti) forgíve, párdon; 3 (nuo mokesčio) exémpt (from); a. nuo skolų reléase from debts;

atlyginimas 1. (užmokestis) páyment, pay; (alga) pay, sálary; (darbininkų) wáges pl.; 2. (nuostolių ir pan.) còmpensátion; indémnity.

atlyginti 1. (už darbą ir pan.) pay* (for); pay* smb; 2. (nuostolius ir pan.) make* up (for); cómpensàte.

atlik || ėjas, -a perfórmer; ~imas 1. perfórmance, èxecútion, fulfílment; 2. (bausmės) sérving

atlikti 1. (įvykdyti) cárry out, fulfíl; a. darbą do* the work.

atminimas rècolléction, remémbrance.

atminti remémber, keep* in mind; ~nai by heart; ~nas mémorable

atmint || is mémory; iš ~ies by mémory.

atnešti bring*; fetch.

atodrėkis thaw.

atostogauti (apie darbininką, tarnautoją) be* on leave, have* one's leave; (apie moksleivius) have* one's hóliday/ vacátion.

atostogos leave sg.; (tarnautojų) hóliday sg., leave sg.; (mokykloje) vacátion sg., hólidays; dekretinės a. matérnity leave.

atpažinti ìdéntify; récognize.

atrad || ėjas discóverer; ~imas discóvery.

atrakinti ùnlóck.

atrodyti look like; look

atsakymas n answer [ˈɑ:nsə], replý, respónse.

atsakingas respónsible; a. redaktorius éditor-in-chief; a. darbuotojas exécutive.

atsakyti answer 1. [ˈɑ:nsə]; reply (to); 2. (už veiksmus) ánswer (for), be* responsible (for).

atsakomybė respònsibílity.

atsakovas n teis. deféndant, respóndent.

atsargin || is (apie dalis) spare; ~ės dalys spare parts/ únits, spares; a. išėjimas emérgency éxit.

atsarg || umas care, cáution; ~us cáreful, cáutious.

atsibusti wake* up, awáke.

atsidavęs devóted (to), staunch.

atsikratyti (kuo, ko, nuo ko) get* rid (of); throw* off; shake* off.

atsilikti fall*/ drop behínd, lag behínd.

atsimin || imas rècolléction, mémory, rèmíniscence; ~ti remémber, rècolléct, recáll.

atsipraš || ymas apólogy, excúse; ~yti (ką) apólogize; beg/ ask (smb's) párdon; ~au! I beg your párdon!, excúse me! I am sórry!.

atsisaky || mas refúsal; repùdiátion; declíne; renùnciátion; (nuo ko, ko) refúse (smth), declíne (smth), (nuo teisės) renóunce.

atsisegti undó, unfásten.

atsistatydin || imas rèsignátion; ~ti resígn [-'zaın], retíre.

atsisveikin || imas fàrewéll; párting; léave-tàking; ~ti say* good-byè (to), take* one's leave; bid* farewéll.

atsitik || imas evént, íncident; nelaimingas a. áccident; ~ti háppen, come* abóut; ~tinai by chance; by áccident.

atsitraukti 1. step back; 2. kar. retréat, wìthdráw.

atsižadė || jimas renùnciátion (of); ~ti renóunce one's convíctions.

atsižvelgti (į ką) take* into accóunt/ consìderátion.

atskait || ymas dedúction, cóunting off/ out; a. iš pelno prófit dedúction; ~yti (iš atlyginimo ir pan.) dedúct, count off/ out.

atskaiting || as accóuntable; ~umas accòuntabílity.

atskiras séperate, ìndivídual.

atskirti 1. séperate, detách, disjóin; 2. (suvokti skirtumą) distínguish, discérn.

atspalvis shade; (spalvos) tint, hue.

atspar || umas resístance [-zı-]; ~us resístant; ugniai a fíreproof; a. (nelaidus) vandeniui wáterproof.

atspaudas 1. (im) print, ímpress; piršto a. fíngerprìnt; 2. (straipsnio) répriint.

atspind || ėti (šviesą ir pan.) refléct; ~ys refléction.

atstatymas 1. rèstorátion, rèconstrúction; 2. (teisių) réhabìlitátion ['ri:ə-].

atstatyti (sugriautus pastatus) rèbuíld; (atkurti) restóre, rèconstrúct; (teises) réhabílitate ['ri:ə-].

atstovas, -ė rèpreséntative; spokesman.

atstov || auti (kam) rèpresént; ~avimas rèprèsentátion.

atstovybė (įstaiga) émbassy; prekybos a. Trade Míssion.

atsuktuvas scréwdriver.

atšaukimas 1. (revizoriaus ir pan.) recáll; 2. (paliepimas nevykdyti) càncellátion.

atšaukti 1. (revizorių ir pan.) recáll; 2. (paliepti nevykdyti) cáncel, cóuntermànd.

atvaizd || as pícture, ímage, portráyal; ~uoti depíct, pícture, portráy; rèpresént, paint, expréss, refléct.

atvėsti cool (off), chill; become*/ get* cólder.

atvežti bring*, trànspórt, ship; (pristatyti) delíver.

atvyk || imas cóming, arríval; ~ti arríve, come*.

atviras 1. (apie žmogų) frank; 2. (viešas) públic, ópen.

atvirukas póstcàrd.

atžvilg || is respéct, consìderátion; kieno, ko ~iu with respéct (to).

audeklas cloth, fábric, matérial, téxtìle.

auditorija (patalpa) lécture-hall, lécture-room.

audr || a storm; (jūroje) gale; ~ingas 1. stórmy; (apie jūrą) rough [rʌf], héavy; 2. (smarkus) víolent, túrbulent.

augalas plant.

augmenija vègetátion; flóra.

augti 1. grow*; 2. (didėti) incréase.

auka sácrifìce; 1. (aukojimas) óffering; 2. (nukentėjęs) víctim; 3. (dovana) donátion, óffering.

auklė nurse.

auklėti 1. éducàte; (lavinti) train; 2. (vaiką) bring* up.

auklėtojas, -a éducátor; klasės a. form máster; klasės -a form místress.

auks || as gold; ~inis gold, gólden; ~ės vestuvės gólden wédding.

aukščiau prv. abóve; a. minėtas afòre-méntioned, afòre-sáid, abòve-méntioned.

aukštas high; (apie žmogų) tall; (apie namą) lófty; a. lubos lófty céiling.

aukštas 1. floor, stórey; 2. (teatre) círcle; tíer.

aukštasis, -oji hígher; a. mokslas hígher/ ùnivérsity èducátion.

aukštyn prv up, úpwards.

aukštis height [haɪt]; (virš žemės paviršiaus) áltitùde.

aus || is ear; ~ų gydytojas éar-spècialist.
auskaras éarring.
austi weave*.
aušra dawn, dáybreak.
aušt || i; ~a (rytas) dawn is cóming, day is bréaking.
autobus || as bus; ~ų stotis bús station; (sustojimas) bús-stop.
automobilis (motor) car, áutomobile [-i:-].
autorius áuthor, (literatūros veikalo) wríter; (muzikos kūrinio) compóser.
avalynė fóot-wear; fóot-gear.
avans || as advánce; páyment on accóunt; ~uoti advánce móney (to).
avarija wreck, av. crash, áccident; míshàp, dámage; bréakdown.
aviena mútton.
avietė ráspberry; aviečių uogienė ráspberry jam.
av || is sheep; ~ių augintojas shéep-bréeder.
aviža oat.
ąžuol || as óak(-tree); ~ynas óakwood.

B

bad || as 1. húnger; (ilgai trunkantis) stàrvátion; paskelbti ~o streiką go* on húnger-strike; 2. (žmonių nelaimė) fámine; ~auti starve, fámish; (susilaikyti nuo valgio) fast, go* withóut food.
bagaž || as lúggage, bággage; rankinis b. pérsonal/ hand lúggage; atiduoti (daiktus) į ~ą to have* one's lúggage régistered; ~o vagonas lúggage van.
baig || imas (universiteto ir pan.) gràduátion; ~ti 1. end, fínish; b. mokyklą fínish/leave* school; (universitetą ir pan.) gráduate (from); 2. stop; b. rašyti stop wríting.
bail || ys cóward; ~us cówardly, cráven.
baim || ė fear, fright; iš ~ės for fear of, out of fear; drebėti iš ~ės shíver/ trémble with fear.
bala pool; slough [slaʊ].
baland || is (mėnuo) April [-eɪ-]; ~žio pirmoji All Fools Day, Ápril Fools Day.
baldai fúrniture sg.
balotir || avimas(is) 1. vote, bállot; poll; 2. (veiksmas) vót-

ing, bálloting, pólling; ~uoti be* a cándidate for; stand* for eléction.

bals ‖ as 1. voice; ~o stygos vócal cords; 2. pol. vote; sprendžiamasis b. decíding vote; ~ų dauguma by a majórity vote; ~uoti vote (for); ~uotojas, -a vóter.

baltas white; (švarus) clean.

baltymas (kiaušinio) white (of egg), égg-whìte.

baltiniai línen sg; (skalbiniai) wáshing sg; (lovos) béd-lìnen sg; apatiniai b. únderclòthing sg; únderwear.

banda (galvijų, žvėrių) herd; (avių) flock.

bandelė roll.

banderol ‖ ė (pašto siuntinys) prínted mátter, siųsti ~e send* by bóok-pòst.

bandymas test, expériment.

bandyti (eksperimentuoti) expériment (on, with), make expériments (on, with).

bang ‖ a wave; ~uotas wávy; (apie jūrą) be* rough.

bankrut ‖ avimas bánkruptcy, insólvency; ~uoti go*/ be* bánkrupt.

barnis quárrel, row.

barti scold, abúse, call names šnek.

barzda beard; ~skutys bárber.

basas (apie žmogų) bárefooted.

baseinas básin ['beɪ-]; (vandens saugykla) réservoir; akmens anglies b. cóal-field; plaukymo b. swímming-pool.

bast ‖ ytis wánder, roam, rove; ~ūnas, -ė tramp, vágrant; hóbo amer.

bat ‖ as boot, shoe; ~ų tepalas shóepolish; ~raištis shóelace; ~siuvys shóemaker.

bauda fine, pénalty; užmokėti b. pay* a fine.

baudžiam ‖ as teis. críminal, pénal ['pi:-]; ~oji teisė críminal law; ~asis kodeksas críminal code.

bausmė púnishment; mirties b. death pénalty.

bausti púnish ['pʌ-], inflíct pénalty (on); b. mirtimi éxecùte, put* to death.

bažny ‖ čia church; ~tinė šventė relígious hóliday/ feast.

be prl. (žymi ko nebuvimą) withóut; dvi dienos be maisto two days withóut food; be reikalo in vain, to no púrpose.

bebaimis féarless, intrépid.

bebras béaver.

bėda (nelaimė) [mɪs'fɔ:tʃən]; (vargas) tróuble; patekti į b. get into tróuble.

bedarb || is ùnemplóyed; jóbless amer.; būti ~iu be* out of work.

bedugnė précipice; abýss.

beglobis stray; (benamis) hómeles.

bėgti 1. run*; b. risčia trot; 2. (slinkti) pass, elápse, go*, go* by.

bejėgiškas hélpless, weak, féeble.

bekonas 1. bácon pig/ hog; 2. (mėsa) bácon.

belaisvis, -ė slave, cáptive, prísoner; karo b. prísoner of war.

bemokslis unéducàted, unléarned.

bendraamžis, -ė coéval, contémporary; of the same age.

bendrabutis hóstel; studentų b. háll of résidence/ dórmitory.

bendradarb || iauti colláborate (with); co-óperate (with); ~iavimas collàborátion, co-òperátion; ~is, -ė (įstaigoje) colláboràtor, èmployée, wórker; mokslinis ~ reséarch féllow.

bendra || s 1. géneral; (visų) cómmon; 2. (suvestinis) joint, combíned; ~a suma sum tótal.

bendrauti assóciate (with); keep* cómpany (with).

bendrija (žmonių) commúnity; (valstybių) assòciátion.

bendrininkas, -ė partícipàtor; (nusikaltimo) accómplice.

bendrovė ekon. cómpany ['kʌmpənɪ]; akcinė b. jóint-stòck cómpany, còrporátion amer.; uždara akcinė b. prívate jóint-stòck cómpany; atvira akcinė b. públic jóint-stòck cómpany.

benzin || as (automobiliui) pétrol ['pe-], gas amer.; ~o bakas pétrol tank; ~o kolonėlė pétrol státion.

beprasm || ybė nónsense, absúrdity; ~is méaningless; sénseless; ~is žvilgsnis vácant/ blank look.

beprotybė 1. (kvailybė) fólly; 2. (pamišimas) mádness, insánity.

bernas (vaikinas) féllow, lad, chap.

berž || as birch; ~ynas birch grove.

bet 1. jung. but, 2. dll. bet kada at any time; bet kas whoéver; ánybody; ányone; bet koks ány, ány kind of.

betarpiškas immédiate, diréct, fírst-hànd.

betgi but, still, all the same.

beton || as cóncrete; ~uoti cóncrete.

beveik álmost ['ɔ:l-], néarly.

bevelyti prefér (smth to; +to inf.) man arbata geriau patinka negu kava I prefér tea to cóffee.

beviltiškas hópeless; b. atvejis hópeless case.

beždžionė mónkey; ape.

bibliotek || a library ['laɪ-]; (skaitykla) réading-room; réading-hall; ~ininkas, ~ė librárian; ~ininkystė library science.

bijoti be afráid (of); dread; nebijok(ite)! don't be afráid!

byl || a 1. (teismo) case; iškelti kam ~ą bring* an áction agáinst smb; take*/ínstitute procéedings agáinst smb; 2. (raštinės) file.

biliet || as tícket; b. ten ir atgal retúrn tícket; ~ų kasa bóoking-òffice; (teatro) bóx-òffice.

birbynė pipe, réed (-pìpe); fife.

birž || a exchánge [-'tʃeɪ-]; darbo b. lábour exchánge; fondų b. stock exchánge; ~os makleris stóckbròker.

birželis June.

biskvit || as spónge-càke ['spʌ-]; bíscuit [-kɪt]; ~inis vyniotinis Swíss-ròll.

bi || tė bee; ~čių avilys (bée) hive; ~čių medus hóney ['hʌ-].

biudžet || as búdget; ~iniai metai físcal/ búdget year; ~inės įplaukos révenue; ~inės išlaidos expénditure sg.

biuleten || is 1. búlletin ['bʊ-]; 2. (rinkiminis) bállot-pàper; 3. (ligonio lapelis) médical certíficate; jis turi ~į he is on síck-leave.

biuras búreau [-rəʊ]; óffice; informacijos b. inquíry óffice; adresų b. addréss búreau.

blaivus 1. (apie protą) sóber, sénsible; 2. (negirtas) sóber.

blank || as form; užpildyti ~ą fill in, compléte a form.

blauzda shin, shank.

blykčioti spárkle, twínkle.

blyn || as páncake; bulviniai ~ai gráted potátoe páncakes.

blizgėti shine*; (apie metalą ir pan.) glítter; (žėruoti) spárkle, glare.

blogas 1. bad, ill; (piktas) évil; b. oras bad/ wrétched/ násty/ áwful wéather; 2. (menkas) poor b. derlius poor crop; 3. (apie ligonį) weak, poor.

bloknotas nótebook.

bob || a 1. wóman; ~ų vasara Índian súmmer; 2. ~utė (senelė) grándmother; grándma.

bokalas glass, góblet.

bokštas 1. tówer; 2. (šachmatuose) rook, cástle.

boružė lády-bìrd.

botagas whip, lash.

braižymas dráwing.

braižyti (brėžinį) draw*.

branduol || inis núclear; ~iniai ginklai núclear wéapons; ~ys kérnel; riešuto ~ys kérnel of a nut.

brandus ripe, matúre.

brangus 1. (apie kainą) expénsive, cóstly, 2. dear; brangus drauge! dear friend.

braškė gárden stráwberry.

briauna edge, verge.

brokas spóilage; wáster.

brol || is bróther [-ʌ-]; ~iškas brótherly; ~ybė brótherhood, fratérnity.

brošiūra bóoklet; pámphlet.

bruknė (móuntain) cránberry; red bílberry.

brūkšn || elis dash, short stroke; (defisas) hýphen ['haɪ-]; ~ys (linija) line.

bruož || as (savybė, ypatybė) trait; veido ~ai féatures.

buč || inys kiss; ~iuoti kiss, give* a kiss.

būd || as 1. (charakteris) dìsposítion, témper, cháracter; blogas b. bad témper; 2. (priemonė) means, way, mode; (metodas) méthod; jokiu ~u by no means.

budėjimas dúty; (prie ligonio) wátch(ing).

būdelė 1. (kioskas) stall; 2. (kabina) box, cábin; telefono b. télephone box, públic cáll-bòx; télephone booth.

budėti be* on dúty; b. prie ligonio lovos watch by the pátient's bédsìde.

bufetas 1. (baldas) sídeboard; 2. (restoranas) refréshment room; búffet ['bufeɪ]; (įstaigoje ir pan.) cantéen.

buhalter || ija bóok-kèeping; vyriausias ~is accóuntant géneral, chief fináncier.

būklė state; condítion; státus; sveikatos b. state of health.

buljonas broth; jautienos b. bèef-téa; vištienos b. chícken-bròth.

bulv || ė potáto; keptos ~ės fried potátoes; chips; ~ių košė mashed potátoes.

burbėti (neaiškiai kalbėti) mútter; múmble; (niurnėti) grúmble.

būrelis círcle, socíety, club, group; dramos b. a dráma group.

būrys 1. detáchment; 2. (žmonių) crowd; cómpany; 3. (paukščių) flock, flight; (žuvų) run, shoal; (vilkų, šunų) pack.

burn || a mouth; ~os ertmė mouth cávity.
burok || as beet, béetroot; valgomieji ~ai red beet.
burt || as (sutartas ženklas) lot; mesti ~us throw*/ cast* lots; traukti ~us draw* lots; ~ti (pranašauti) tell* fórtunes; ~ininkas sórcerer, magícian, wízard; ~ininkė witch, sórceress.
būstinė head óffice, héadqúarters.
but || as flat, lódging pl; apártment amer.; ~o nuoma rent.
butel || is bóttle; ~iukas small bótlle, víal, phíal.
būti be*, becóme*, exíst.
būtybė créature; lıving béing.
būtin || as nécessary, ìndispénsable; ~umas necéssity.
būtis fil. béing, exístence.
buv || einė (gyvenamoji vieta) abóde, résidence.
buvęs, -usi fórmer; ex-; b. vyras èx-húsband.
būvis (būtis) 1. exístence; 2. fiz. state, condítion.

C

cechas (gamykloje) shop; depártment.
cenzas qùalificátion; mokslo c. èducátional qùalificátion.
cerata óilclòth, óilskin.
chalatas 1. (dėvimas namie) dréssing-gown; 2. (darbui) óveràll; gydytojo ch. dóctor's smock/ coat.
charakteringas chàracterístic (of).
charakter || is cháracter, témper; ~istika (atsiliepimas) cháracter, réference.
chirurg || as, -ė súrgeon; -ija súrgery.
choras choir ['kwaıə]; teatre chorus ['kɔ:-].
chuliganas hóoligan, rúffian.
ciferblatas díal (-plàte); (laikrodžio) face.
citata quotátion, citátion.
citrina (vaisius) lémon; (apvali) lime.
cukrainė conféctionary, conféctioner's (shop).
cukr || inė súgar-bàsin; ~iniai runkeliai súgar beet; ~us súgar; smulkusis ~us gránulàted súgar; ~aus pudra cástor súgar; ~aus fabrikas súgar-refìnery.

Č

ček || is cheque, check, mokėti pagal ~į meet* a cheque; išrašyti ~į draw* a cheque; ~ių knygelė chéque-book.
česnakas gárlic.
čia here; čia pat quite near, right here.
čiabuvis nátive, índigene.
čiaud || ėti sneeze; ~ulys sneeze, snéezing.
čiaupas tap; fáucet amer.
čigonas Gípsy.
čiobrelis bot. thyme.
čirenti chirp, twítter.
čiulp || ti suck; č. saldainį lick/ suck/ chew a sweet; ~ukas sóother, báby's dúmmy.
čiuož || ėjas, -a skáter; ~ykla skáting-rink; ~imas skáting.
čiužinys máttress.

D

dabar now; at présent; tik d. just, just now; ~tis the présent.
daikt || as thing, óbject; būtiniausi ~ai the nécessaries (of life).
dail || ė art; fine arts; taikomoji d. applíed art(s); ~idė cárpenter; ~ininkas, -ė ártist, (tapytojas) páinter; ~us élegant, gráceful.
dain || a song; (linksma) cárol; liaudies d. folk song; ~ų šventė sóng féstival; ~uoti sing*.
daktar || as 1. (gydytojas) dóctor, physícian [-'zɪ-], géneral practítioner; 2. (laipsnis) dóctor (sutr. Dr); ~o laipsnis dóctor's degrée.
dalyk || as 1. thing, óbject; dėstomas d. súbject; 2. (reikalas) mátter; kame reikalas? what's the mátter?; ~iškas búsiness-like/ mátter-of-fáct.
dal || is (visumos) part; (procentinė) share, pórtion, ~imis in parts; mokėti ~imis pay* by instállments, atsarginės ~ys spare parts.
dalyt || i 1. divíde (tarp daugelio amóng, tarp dviejų betwéen); dalyti iš (tam tikro skaičiaus) divíde by a númber; d. dešimt iš dviejų d. ten by two; 2. distríbute (to, amóng), give* out; ~is su kuo share smth with smb.

dalyv||**auti** 1. take* part (in), partícipate (in); 2. (būti kur) be* présent at; ~avimas pàrticipátion; ~is partícipant, partícipator.

danga 1. (apdangalas) cóver; 2. tech. coat, cóating.

dang||**us** 1. sky; po atviru ~umi, lauke in the ópen (air); 2. (dausos) héaven ['hevn].

dant||**is** (burnoje) tooth; ištraukti ~į (pas gydytoją) to have* a tooth out/ extrácted; užplombuoti ~į to have* a tooth stopped/ filled in; ~ų gydytojas déntist; ~ų skausmas tóoth-ache; skaudėti ~į to have (a/ the) tóothache.

dar 1. still; (neigiant) yet; dienos d. ilgos the days are still long; naktys d. ne šaltos the nights are not cold yet; 2. (daugiau) d. kartą once agáin.

darb||**as** 1. work, lábour; (sunkus) toil; fizinis d. mánual lábour, phýsical work; protinis d. méntal work; visuomeninis d. públic/ sócial work; ~o jėga mánpower; 2. (tarnyba) job, work; ieškoti ~o look for work; look for a job; būti be ~o be* out of work; ~ininkas, -ė, wórker, lábourer.

darbšt||**umas** índustry, díligence; ~us indústrious, díligent.

daryti (dirbti, gaminti) do*, make*; prodúcé; d. įspūdį make*/ prodúce an impréssion (on, upón).

darž||**as** kítchen-gárden; vaikų ~elis kíndergàrten.

daržov||**ė** végetable; ~ių parduotuvė gréengròcery.

daug (su dkt. vns) much, plénty of; a lot of; (su dkt. dgs) mány, plénty of; a lot of; d. laiko much time; d. dienų mány days.

daugia||**aukštis** mány-stòried; múltistòry; ~butis namas block of flats.

daug||**yba** mat. mùltiplicátion; ~ybos lentelė mùltiplicátion táble; ~inti múltiply; ~kartinis, -ė repéated, múltiple; ~mаž more or less.

daug||**taškis** gram. dots pl; ~uma majórity.

dauž||**yti** 1. (sumušti į gabalus) break, crush; 2. (trankyti) shake*, throw*; 3. (mušti) hit*, strike*, thrash.

dažai dgs. paint sg; (audiniams, plaukams) dye [dai]; akvareliniai d. wáter-còlour sg; aliejiniai d. óil-paint sg.; emaliniai d. enámel sg.

daž || ymas (sienos) páinting; (audinių, plaukų) dyeing; (grimavimas) máking up, páinting; ~yti (spalvoti) cólour ['kʌ-]; paint; (audinius, plaukus) dye; (lūpas, skruostus) paint, rouge [ru:ʒ]; ~ytis make* up, paint.

dažnai óften ['ɒfn], fréquently.

debes || is cloud; ~uotas clóudy.

dėdė úncle;

dėdienė aunt [ɑ:nt].

deficit || as 1. ekon. déficit; 2. (trūkumas) defíciency; ~inis (apie prekes) scarce [skeəs]; ~inės prekės commódities in short supplý, scarce goods.

degalai fúel ['fjʊ-].

deg || ti 1. burn*, be* on fire; 2. (plytas) burn, bake; d. šviesą put*/ turn/ switch on the light; d. degtuką strike* a match.

degutas tar.

deja unfórntunately; alás!

dej || avimas móaning, laménting, gróaning; ~uoti moan, groan, lamént.

dekana || s dean; ~tas dean's óffice.

dėking || as gráteful, thánkful; ~umas grátitude.

dekor || acija scénery ['si:-]; ~atyvinis menas décorative art; ~atyviniai augalai òrnaméntal plants; ~uoti décorate, órnamènt.

dėko || ti thank (smb); ~ju jums už pagalbą thank you for the help.

dekret || as decrée; édict; ~inės atostogos matérnity leave.

dėl (priežasčiai žymėti) through, becáuse of d. kieno kaltės through smb's fault; d. manęs becáuse of me; d. to kad becáuse, for, as, ówing to, on accóunt of.

deln || as palm; ploti ~ais clap one's hands.

delsti línger; lóiter, deláy, tárry, dálly.

demask || avimas ùnmásking, disclósure; ~uoti disclóse; (apgavystę ir pan.) ùnmásk, expóse.

dėm || ė spot, patch; blot, stain; išimti ~es remóve arba take* out stains

dėmes || ingas atténtive; cáreful; ~ys atténtion, nótice; kreipti ~į pay atténtion (to), take* nótice (of); patraukti kieno ~į attráct/ draw* smb's atténtion.

dengti 1. (kloti, tiesti) cóver; 2. (stogą) roof; (šiaudais) thatch; (čerpėmis) tile; 3. (saugoti) cóver, protéct, shélter; shield; (nuo saulės) shade.

den ‖ is deck; ant ~io on deck.

deryb ‖ ininkas, -ė negótiator; ~os negòtiátions, talks; vesti ~as negótiate (with), cárry on negòtiátions/ talks (with).

derin ‖ ys còmbinátion; ~ti confórm (to); co-ordinàte (with).

derling ‖ as fértile, fécund; ~a dirva rich/ fértile soil; ~umas pròductívity, crop capácity; fertílity.

derl ‖ ius hárvest, yield [ji:ld], crop; gausus d. rich/ héavy hárvest/ crop; nuimti d. gáther in the hárvest.

dėsn ‖ ingas nátural, régular; ~ingumas confórmity with the law, règulárity; ~is law; gamtos ~is law of náture.

dešimt ten; ~as tenth.

dešin ‖ ė 1. (pusė) right side; ~ėn to the right; iš ~ės on the right; pasukti į ~ę turn (to the) right; 2. (ranka) right hand; ~inis right, ríght-hànd.

dešr ‖ a sáusage ['sɒs-]; rūkyta d. smoked sáusage.

detal ‖ ė 1. détail; 2. tech. compónent, part, élement.

dėti 1. (guldyti, padėti) lay* (down); put* (down); place; 2. (kiaušinius) lay* eggs; 3. (stiklus į langus ir pan.) set*; 4. (smogti) strike*, hit*.

devyn ‖ i nine; d. šimtai nine húndred; ~iasdešimt nínety; ~iasdešimtas nínetieth; ~iolika nínetéen; ~ioliktas nìnetéenth; ~tas ninth.

devizas mótto.

dėžė box, chest; šiukšlių d. dústbin, lítter-bìn, lítter-bàsket.

didelis 1. big, large, (ūgiu) tall; d. klinika big/ large clínic; 2. (garsus) great; 3. (svarbus) impórtant.

did ‖ ėti incréase; (augti) grow*, rise*; ~ybė májesty, grándeur.

dydis (apimtis, didumas) size.

didmen ‖ a: ~omis whólesàle; ~inė ir mažmeninė prekyba whólesàle and retáil trade.

didž ‖ iulis enórmous; vast; huge; ~iuotis be* proud (of), take* pride (in).

dien ‖ a day; ~ą in the dáytime; by day; (popiet) in the àfternóon; visą ~ą all day (long), the whole day; kitą ~ą next day; gimimo d. bírthday.

dieno ‖ raštis díary; rašyti ~raštį keep* a díary.

diet ‖ a díet; laikytis ~os be* on a díet; keep* to a díet (of).

Diev ‖ as god; ačiū Dievui! thank God!; thank góodness;

~e (reiškiant nustebimą) good God! góodness!.

diever || ienė sister-in-law; ~is bróther-in-law.

dievobaimingas pious, devóut.

dygti spring*, shoot* sprout.

dykinė || ti idle, loaf; ~tojas ídler, lóafer; (tinginys) lázybònes.

dykuma désert, waste, wílderness.

dingtelėti occúr (to), strike*, come* into smb's mind, cross smb's mind; man dingtelėjo mintis it occúred to me.

diplom || as diplóma; ~inis darbas diplóma/ gràduátion thésis; diplóma páper/ work; ~inis projektas gràduátion/ diplóma próject.

dirbti 1. (atlikti) work, do*; perfórm; (sunkiai) toil, lábour; 2. (gaminti) make*, mànufácture, prodúce, 3. (žemę) till, cúltivate; ~nis àrtifícial; ~niai dantys àrtifícial/ false teeth.

dirbtuvė wórkshop; (dailininko) stúdio.

direkcija board (of diréctors), mánagement; diréctorate.

direktor || ius diréctor, (įmonės ir pan.) mánager; (mokyklos) héad (-máster), prínсipal; ~iaus pavaduotojas députy/ assístant diréctor; (einantis direktoriaus pareigas) ácting diréctor.

dirigent || as, -ė condúctor, léader; ~o lazdelė (condúctor's) báton ['bæ-].

dirv || a soil, ground; field; suarti ~ą plough/till the field.

diržas belt, gírdle, sash.

disertacija thésis (pl. theses), dìssertátion.

dispon || avimas dìsposítion; arrángement; ~uoti dispóse (of), have* aváilable.

disput || as públic debáte; ~uoti debáte.

distanci || ja dístance; ~nis remóte, dístance; ~nis valdymas remóte contról.

dobil || as clóver; ~iena clóver field.

dokumentas dócument; teis. deed; ínstrument.

domėtis be* ínterested (in), care (for).

doras hónest ['ɒn-], móral.

dorovė mórals.

dosnu || mas gènerósity; ~s génerous, líberal.

dovan || a 1. présent [-ez-]; 2. (gabumas, talentas) gift, tálent (for); ~oti; 1. (dovanų duoti) give* (smb smth); make* a présent (to); 2. (atleisti) forgíve*, párdon.

drabuž || inė clóak-room; ~inė spinta wárdròbe; gatavi ~iai réady-made clóthes.

drambl || ys élephant; ~io kaulas ívory.

drąs || a cóurage ['kʌr-], bóldness; ~inti encóurage, cheer up, rèassúre.

draskyti (plėšyti) tear*, rend; d. į gabalus tear* to píeces.

drąsus bold, courágeous; dáring.

draudimas 1. (neleidimas) pròhibítion, ìnterdíction; 2. (nuo gaisro ir pan.) insúrance; sócialinis d. sócial insúrance; d. agentas insúrance ágent.

draug || as friend [fre-]; artimas d. íntimate/ close friend; kelionės d. féllow-pàssenger, compánion; ~auti be* friends; be* on fríendly terms.

draug || iškas fríendly, ámicable; ~iškumas fríendliness, àmicabílity.

drausm || ė díscipline; ~ingas, -a dísciplined.

drausti (neleisti) forbíd*, prohíbit; ban.

drebė || jimas trémbling, quívering; žemės d. éarthquake; ~ti trémble, shíver, shake, quíver; ~ti nuo šalčio shíver with cold.

drėgmė dámpness, móisture, humídity.

drėgnas damp, húmid, moist; (šlapias) wet; (apie orą) damp wéather.

drėkin || imas ìrrigátion; ~ti írrigate.

dribsniai flakes; kukurūzų d. córnflakes.

driežas lízard.

drob || ė 1. (audeklas) línen, línen cloth; 2. (paveikslas) cánvas.

drovus shy, tímid, báshful.

drož || ėjas cútter, cárver; ~inėti cárve, cut*; ~ti 1. (pieštuką) point, shárpen; 2. (meno dirbinį) carve, fret; (graviruoti) engráve.

drungnas wármish, tépid, lúkewarm.

drusk || a salt; ~inė sált-cèllar.

du, dvi two, du šimtai two húndred.

dūd || a pipe, fife; ~ų orkestras brass band.

dugnas 1. (apačia) bóttom; 2. (fonas) báckground.

duj || inis gas; d. šildymas gásheating; ~inė viryklė gás stove; gás cooker; ~okaukė gásmask; ~omatis gás meter, ašarinės ~os téar-gas.

dukt || ė dáughter; krikšto d. góddàughter; ~erėčia niece [ni:s].

dulk || ė speck of dust; ~ės dust sg; ~ių siurblys vácuum cléaner; ~ėtas dústy.

dulk || ti drízzle; ~ia lietus it is drízzling.

dūmai, -as smoke sg.

dumbl || as silt; ~ėtas sílty.

duobė pit; šiukšlių d. réfuse pit; oro d. aír-pòcket.

duomen || ys dáta, facts, ìnformátion; ~ų bankas dátabase; ~ų apdorojimas kompiuteriu dàta prócessing.

duon || a bread [bred]; juoda d. brown bread, rye bread; balta d. white bread, wheat bread; ~os kepalas loaf of bread; ~os parduotuvė báker's (shop).

duoti 1. give* (smth to smb, smb smth); 2. d. pradžią give* rise (to); d. darbą províde (smb) with work.

dur || ys door sg; ~ų rankena dóorhàndle.

durp || ės peat sg; ~ių briketas péat-blòck; ~ynas péat-bòg.

dur || ti 1. (smeigti, besti) thrust*, stab; (su) adata d. prick with a néedle; 2. (skaudėti) ache, hurt*; jam šoną ~ia he has a stitch in his side.

dvar || as estáte; mánor ['mæ-]; ~ininkas lándowner, lándlòrd; ~ininkė lándlàdy.

dvasinis spirítual; emótional; d. būvis state of mind.

dvidešimt twénty; ~as twéntieth.

dvigubas dóuble ['dʌbl], twófòld.

dvylik || a twelve; ~tas twelfth.

dviratis bícycle ['baɪ-]; cycle, bike.

dvokti stink* (of); smell* bad/ násty.

džiaug || smas gládness, joy; ~tis be* glad/ háppy, rejóice (at).

džiov || ykla drýìng room; grūdų d. grain/ corn drýìng room/ chámber; ~inti dry; ~inti skalbinius air/ dry the línen; ~inti šieną dry the hay.

džiugus chéerful, jóyous, buóyant.

džiūti 1. dry; get*/ grow* dry; 2. (apie gėles) fade.

E, Ę, Ė

egl || ė fír (-tree); ~ynas fír gròve, sprúce gròve; Kalėdų ~utė Chrístmas tree.

egzamin || as exàminátion; exám šnek. test; laikyti ~ą take* an exàminátion; išlaikyti ~ą páss an exàminátion; susikirsti per ~ą fail at an exàminátion; stojamasis e. éntrance exàminátion; ~uoti exámine.

egzempliorius (knygos ir pan.) cópy.

eiga mótion, run; (įvykių ir pan.) course.

eigulys fórest-guàrd, fórester.

eikvo || jimas dìssipátion, squándering; ~ti díssipàte, waste; ~ti pinigus squánder móney.

eil || ė 1. (virtinė) row; line; trečioje ~ėje in Row 3; 2. (veiksmo atlikimo tvarka) turn; iš ~ės in turn; 3. (norint ką pirkti) queue [kju:]; line amer.; stovėti ~ėje stand* in a queue (for); queue up (for).

eilutė 1. (knygos ir pan.) line; 2. (kostiumas) cóstume, dress; (vyriška) suit [su:t].

einam || asis (dabartinis) cúrrent (šiandieninis) présent-dáy, todáy's; ~oji sąskaita cúrrent accóunt.

eis || ena walk, gait, step; ~mas tráffic.

eiti 1. go*, walk; e. gatve walk alóng the street; e. pasivaikščioti go* for a walk; 2. (apie traukinius ir pan.) 3. (apie filmus ir pan.) be* on; 4. (tęstis) go*, stretch.

ekipažas 1. (vežimas) cárriage; 2. crew.

ekonomi || ja ècónomy; ~ka (mokslas) èconómics; ~škas èconómic; (taupus) thrífty.

ekspon || atas 1. éxhibit; ~uoti (parodoje) exhíbit.

elektr || a elèctrícity; ~os lemputė eléctric bulb; uždegti (užgesinti) ~os šviesą turn/ switch on (turn/ switch off) the light; ~os jėgainė eléctric pówer státion; ~ikas elèctrícian.

elgesys cónduct, beháviour.

elget || a béggar; ~auti beg, go* bégging.

elgtis condúct onesélf, beháve; gerai (blogai) e. su kuo treat smb kíndly (bádly, róughly).

elnias deer; šiaurinis e. réindeer.

erdv || ė space; ~us spácious, róomy.

erelis éagle; kalnų e. móuntain éagle.

erzin || imas (dirginimas) ìrritátion; ~ti írritate; (įkyriai prikibti) tease; irk, annóy, vex, exásperàte.
esamas aváilable; exísting, béing.
eskizas sketch; stúdy; (brėžinys) draft, óutline.
esm || ė éssence; main point; ~inis esséntial; matérial.
ešerys perch; jūrinis e. séapèrch.
etapas (stadija) stage.
etat || ai staff sg.; ~inis régular; on the staff.
etiketė lábel.
ežeras lake.
ežys hédgehog.

F

fabrik || as fáctory, mill; plant; popieriaus f. pápermill; dirbti ~e work at a fáctory/ mill; ~o ženklas trade mark.
fabula lit. plot; stóry.
fakel || as torch; eitynės su ~ais tórch-lìght procéssion.
faktūra kom. ínvoice, bill.
fakultatyvinis óptional; f. dėstomasis dalykas óptional súbject.
fakultetas fáculty, depártment; filologijos f. fáculty of arts, fáculty of lánguages and líterature.
fanera (vienasluoksnė) venéer; (klijuota) plýwood; ~os lakštas a sheet of plýwood.
fant || as fórfeit; žaisti ~ais play fórfeits.
fanta || zija fántasy, fáncy; (vaizduotė) imàginátion; ~zuoti dream*; let* one's imàginátion run awáy with one.
farš || as stúffing; mėsos f. mínced meat, fórcemeat; ~iruotas stuffed; ~iruoti stuff.
fecht || avimas féncing; ~uoti(s) fence; ~uotojas féncer.
feljeton || as néwspaper/ tópical sátire; ~istas, -ė néwspaper/ tópical sátirist.
filharmonija Phìlharmónic Society.
filialas branch; subsídiary.
flakonas bóttle; kvepalų f. bóttle of pérfume/ scent.
fligelis wing, óuthouse, óutbuilding.
folkloras fólk-lòre.

fondas fund; kapitalo rezervo f. cápital resérve fund; pelno rezervo f. prófit resérve fund; gauti lėšų ~ui ráise a fund.
formuoti form, shape; (suteikti formą) mould.
fortepijon || as (grand) piáno ['pjæ-]; skambinti ~u play the piáno.
foto || aparatas cámera; ~ nuotrauka phótogràph, phóto; ~grafuoti phótogràph; take* a phótogràph (of); ~grafuotis to have* one's phóto táken.
futbol || as fóotball, sóccer, rúgby; žaisti ~ą play fóotball; ~o komanda fóotball team; ~ininkas fóotball pláyer, fóotballer.

G

gabal || as piece [pi:s]; (mažas) bit; (cukraus) lump; (muilo) cake; (riekė, griežinys) slice; ~inis cukrus lump súgar.
gaben || imas convéyance, tránsport; trànsportátion, shípping; ~ti tránsport, ship.
gab || umas abílity (for); áptitùde (for); fáculty (of, for); ~us gífted, cléver.
gadin || imas spóiling, dámage; ~ti spoil, dámage.
gaid || ys cock, róoster amer.; ~žių peštynės cóck-fìght(ing).
gailes || tingumas compássion; ~tis 1. píty; iš ~čio out of píty; 2. (dėl ko) regrét, remórse, repéntance.
gailėti 1. feel* sórry (for), píty (smb); 2. (šykštėti) grudge; ~s regrét, be* sórry.
gaisr || as fire; ~inė fíre státion; ~ininkas fíreman; ~ininkų komanda fíre brigáde; iškviesti ~ininkus call out the fíre brigáde.
gaišinimas (laiko) waste; waste of time; (trukdymas, gaišimas) deláy.
gaiv || umas fréshness; ~us refréshing, lífe-gìving.
gal máybè, perháps.
galanterij || a háberdàshery; ~os parduotuvė háberdàsher's (shop).
gal || as 1. (lazdos ir pan.) end; butt; plonasis g. tip; aštrus g. point; 2. (laiko) end, fínish; be ~o éndless.
galąsti (smailinti) shárpen; (peilį) grind*; (galąstuvu) whet.

galėti (įstengti) be* áble; jam pavyko pabėgti he was áble to escápe; aš galiu tai padaryti I can do it.

galia 1. (jėga, galybė) pówer, might; perkamoji g. púrchasing pówer/ capácity; 2. (dokumento) valídity.

galimybė pòssibílity; (proga) chance, òpportúnity.

galingas pówerful, míghty.

galin || is fínal, last; ~e stotis términal.

galioti be* válid; (apie įstatymus ir pan.) be* in force.

galv || a 1. head [hed]; 2. (vadovas) head, chief; (protas, išmanymas) mind, brains pl.; dėtis į ~ą keep* in mind.

galvijai cáttle sg.; lívestòck.

galvo || jimas thínking, thought; ~ti think* (of, abóut).

gamyb || a prodúction, mànufácture; ~os priemonės means of prodúction; ~os kaštai the cost of prodúction; ~inis, -ė a prodúction attr; industrial.

gamykla works; fáctory, mill; plant; cemento g. cemént works; plytinė bríckworks.

gamin || ys (mànufáctured) árticle; fínished/ mànufáctured próduct; ~ti 1. mànufácture, prodúce, make*; 2. (valgį) prepáre, cook; ~tojas, -a mànufácturer, prodúcer, máker.

gamt || a náture ['neɪ-]; ~os turtai nátural resóurces; ~os mokslai nátural scíences; ~ovaizdis lándscàpe.

gana (prieš bdv. ir prv.) ráther; fáirly, prétty; (po bdv. ir prv.) enóugh; g. šiltas rather warm, warm enóugh.

gandas rúmour, héarsay, cómmon talk.

gandras stork.

gan || ykla pásture; ~yti graze, pásture; (avis) shépherd.

garant || ija gúarantée, secúrity; ~uoti gúarantée, vouch (for).

gar || as steam, vápour; ~avimas evàporátion, èxhalátion.

garažas gárage ['gærɑːʒ].

garban || a curl, lock; ~os curls; ~otas cúrly; frízzly; ~oti wave; curl; frízzle; ~otis curl.

garb || ė hónour ['ɒnə]; kieno, ko nors ~ei in hónour of smb, smth; ~ės žodis! upón my word!; upón my hónour!; ~ės narys hónorary mémber; ~ės sargyba guard of hónour.

garbing || as hónourable; ~as amžius hónourable age.

garbint || i hónour; respéct; estéem; glórify; admíre; wórship; ~ojas, -a admírer, wórshipper.

garlaivis stéamer; (upinis) (ríver) steámboat; (jūrinis) ócean líner.

gars || as 1. sound; 2. (gandas) rúmour; 3. (garbė) glóry, fame; ~enybė celébrity; ~ėti (pasižymėti) be*/ become* fámous; ~inti (skelbti) annóunce; procláim; hérald.

garsty || čia 1. mústard; ~čių trauklapis mústard plàster; 2. dgs. kul. mústard.

garsus 1. (skambus) sonórous, loud; 2. (žinomas) wèll-knówn; fámous, célebràted.

gąs || dinimas fríghtening, intìmidátion; (grasinimas) thréatening; ~dinti fríghten, scare; intímidate; (grasinti) thréaten.

garvež || io mašinistas éngine drìver ['endʒ-]; ~ys éngine.

gąsdinti fríghten, scare; intímadàte; (grąsinti) thréaten ['θretn].

gastrol || ės dgs. tour [tʊə]; išvažiuoti ~ių go* on tour; ~inis spektaklis guest perfórmance.

gatv || ė street; ~ėje in the street; ~ės judėjimas street tráffic; ~elė bý-stréet; lane.

gaudy || mas cátching, húnting; žuvų g. físhing; ~ti catch*; ~yti žuvį fish.

gauja 1. band, gang; 2. (šunų, vilkų) pack.

gaus || umas abúndance, plénty; ~us abúndant, pléntiful; cópious; ~us derlius rich hávest, héavy crop.

gauti recéive [-'si:v], get*, obtáin.

gavėjas recéiver, recípient.

gėd || a shame; man g. I am ashámed; ~ingas disgráceful; shámeful; ~ytis be* ashámed (of).

gedul || as móurning; ~ingas maršas fúneral/ dead march.

gegu || tė cúckoo ['kʊ-]; ~žė (mėnuo) May; -žinė pícnic, óuting.

geis || mas lónging (for), húnger (for); wish, desíre; ~mingas volúptuous; ~ti long/ crave (for); wish (smth), desíre (smth).

gelbė || jimas réscuing; hélping; ~jimo ratas lífebuoy [-bɔɪ]; ~ti save, réscue..

gėl || ė flówer; kambarinės ~ės wíndow plànts; índoor plànts.

geležinkel || is ráilway, ráilroad amer.; ~io stotis (ráilway) státion.

gelež || is íron ['aɪən]; ~ies rūda íron-òre; ~ies liejykla íronworks.

gelton || as yéllow; ~a spalva yèllow cólour.

gelžbeton || **inis** fèrrocóncrete; ~ is rèinfórced cóncrete, fèrrocóncrete.

genys wóodpècker.

geradar || **ys** bénefàctor; ~iškas benefícient.

gerai well; g.! (sutinku) very well!, all right!, O.K. [əʊ'keɪ].

ger || **as** 1. good; g. oras good/ fine wéather; 2. (malonus) kínd, viso ~o gòod-býe!; all the best!; geraširdis gòod-nátured, kìnd-héarted.

gerb || **ėjas** admírer, wórshipper; ~ti hónour, respéct, estéem, wórship.

gerė || **jimasis** àdmirátion; delíght; ~tis admíre (smth, smb); be* delíghted (with).

gerin || **ti** impróve [-'u:v], make* bétter; ~tis (kam) fawn (upon); make* up (to); ~tis valdžiai flátter the authórities.

gerkl || **ė** throat; man skauda ~ę I have a sore throat.

gerovė wealth [welθ]; wélfare; prospérity, wèll-béing; visuotinė g. cómmon wealth/ good.

gerti drink*; take*; (mažais gurkšneliais) sip; g. į kieno nors sveikatą drink* smb's health; g. vaistus take médicine.

gerv || **ė** crane; ~ių virtinė flock of cranes.

gesinti (ugnį, šviesą) put* out; (elektros šviesą ir pan.) turn/ switch off; (gaisrą) extínguish, put* out.

gesti I (irti, trikti) spoil; detériorate; go* bad; (apie dantis) decáy; (pūti) rot; (apie vaisius) spoil.

gesti II (netekti šviesumo) go* out, die out; sink*.

gydy || **ti** treat, cure; ~tis ùndergó* a tréatment/ cure; ~tis dantis to have* one's teeth cured; ~tojas dóctor, physícian.

giedr || **as** clear; seréne; g. dangus clear/ seréne sky; ~ėti clear (up, away).

gilinti 1. (daryti gilesnį) déepen, make* déep(er); 2. (plėsti) extén̄d; g. savo žinias exténd one's knówledge; ~s go* deep (into).

gil || **uma** depth; déepness; ~us deep; ~us miegas sound/ deep sleep.

gimdy || **mas** chíldbirth, delívery; ~ti give* birth (to).

gimin || **aitė, -is** relátion, rélative; ~ystė relátionship, kíndred, kínship.

gimnazija sécondary school, high school.

gimtadienis bírthday.
gim || ti 1. be* born; jis ~ė Londone he was born in Lóndon; 2. (atsirasti) come* into béing, aríse*, spring* up; ~tinė nátive land; home, hómelànd.
ginč || as árgument; cóntrovèrsy; karštas g. héated árgument/ discússion; ~yti dispúte; ~ytis árgue (abóut, agáinst), dispúte (abóut, agáinst), árgue (with), dispúte (with).
gynėjas defénder, protéctor.
ginkl || as arm, wéapon; ~uoti(s) arm; ~avimas ármament.
gintar || as ámber; ~iniai karoliai ámber beads.
ginti (saugoti) defénd, protéct.
gird || ėti hear*; ji blogai ~i she can't hear véry well.
girinink || as fórester, wóodward; ~ija fórestry.
girt || as drunk, típsy; intóxicàted; ~auti drink* hard/ deep.
girti praise, comménd; ~s boast (of), brag (of, about).
gysla 1. (kraujagyslė) vein, ártery; 2. (lapo) fíbre, nerve, vein; 3. (žemėje) vein.
gitara guitár; groti g. play the guitár.
gyti 1. (sveiki) get* bétter, recóver, cònvalésce; 2. (apie žaizdą) heal, close.
gyv || as 1. live, líving; alíve; išlikti ~am survíve; 2. (judrus) vivácious, lívely, ánimàted, brisk; ~sidabris mércury, quíck sílver; sveikas g.! héllóǃ.
gyvat || ė snake; sérpent; víper; ~ės nuodai vénom.
gyvenam || as (is) 1. dwélling; g. namas dwélling-house; g. plotas líving-space, flóor-spàce; ~oji vieta résidence; dómicìle; 2. (apgyventas) inhábited.
gyvenim || as 1. life, exístence; ~o būdas way/ mode/ style of life; 2. (amžius) age, life.
gyven || ti 1. live, exíst; g. iš pensijos live on pénsion; 2. (turėti buveinę) resíde, dwell*; (laikinai) stay; ~tojas, -a inhábitant, résident, dwéller; ~vietė séttlement.
gyvyb || ė life; ~ingumas vitálity; ~iniai interesai vítal ínterests.
gyvul || ininkystė cáttle-breeding; ~ys ánimal; ~iai cáttle sg líve-stòck.
gyv || ūnas líving béing; ~ūnija fáuna.
glamonė caréss; ~ti caréss, fóndle, pet; ~tis embráce, hug one anóther.
glamžyti rúmple, crúmple.

glaudės dgs. (sportinės) shorts; (maudymosi) trunks; slips.
glaustas concíse, clóse.
glaust || i 1. (gretas) close; 2. (spausti) clasp (to); ~is (telktis) 1. uníte, rálly; 2. (prie ko) press onesélf (to); cúddle up (to); ~yti (prie krūtinės) clasp/ press (smb) to one's breast.
gležnas délicate, flábby, síckly; frail, weak, féeble.
glob || a guárdianship; wárdship; ~ėjas guárdian; ~ojamasis, -oji ward; ~oti be* guárdian (to).
glostyti stroke, smooth.
gluosnis wíllow, svyruoklinis g. wéeping wíllow.
gnybti pinch, nip; (apie šaltį) bite*.
gobelenas tápestry.
gobšus gréedy, ávid ['ævɪd].
graf || as earl [ɜ:l]; (ne anglų kilmes) count; ~ienė cóuntess.
grafik || a dráwing; ~os menas gráphic arts; ~as n (menininkas) gráphic ártist, dráwer.
grafikas (tvarkaraštis) tímetàble; schédule ['ʃe-].
grakštus élegant, gráceful, refíned.
granatas (vaisius) pómegranate.
grandinė 1. chain; 2. el. círcuit.
graudus tóuching, móving.
grauž || ti 1. gnaw, níbble; g. džiuvėsius eat*/ níbble rusks; nagus g. bite* one's nails; 2. (apie dūmus ir pan.) make* smart; nesigraužk! cheer up!
grav || eris, -ė engráver; (medžio) wóodcùtter; ~iravimas engráving; ~iruoti engráve; (ofortą) etch.
grąža change.
grąžinti 1. retúrn, give* back; (siųsti atgal) send* back; (pinigus) repáy, pay* back; g. skolą pay* one's debt; (išlaidas) réimbúrse; 2. (turtą) restóre; (teises) rèhabílitate.
graž || umas béauty ['bju:tɪ]; ~uolė béauty; ~us 1. béautiful ['bju:-]; nice, lóvely; (apie moterį) prétty; (apie vyrą) hándsome; gòod-lóoking; 2. (giedras) fine, lóvely; g. oras fine/ good wéather.
grėblys rake.
grei || tai 1. (sparčiai) quíckly, fast, rápidly; 2. (netrukus) shórtly, soon; ~as 1. quick, rápid, fast; 2. (netrukus įvyksiantis) near, fórthcoming; ~oji pagalba first aid.
greit || inti hásten, quícken, speed* up; ~is speed, rate.

grėsm || ė threat [θret]; ménace; ~ingas thréatening.

grėsti thréaten, ménace.

greta I 1. prv. side by side; 2. prl. near, by, beside.

gret || a II (eilė) file, rank; dviem ~omis in/ on two ranks.

gretimas adjácent [ə'dʒeɪ-]; néighbouring, next; g. kambarys next/ adjácent room.

gręžt || i 1. tech. bore; (skyles) drill, pérforàte; 2. (baltinius) wring*.

griaudė || ti thúnder; perkūnija ~ja it thúnders, it is thúndering.

griauti 1. (ardyti) destróy; demólish; tear* down; 2. (versti) bring* down, throw* down.

gryb || as (valgomasis) múshroom; (nuodingas) tóadstool; ~auti gáther múshrooms.

griebti (čiupti) snatch, seize [si:z]; grasp; grap.

grietin || ė sóur cream; ~ėlė cream; plakta ~ėlė whípped cream.

griežt || as 1. strict; sevére, stern; g. kritikas sevére crític; ~a dieta strict díet; 2. (tikslus) exáct, áccurate.

griežti 1. play; g. smuiku play the vìolín; 2. (dantimis) grind*, gnash, grit.

grik || iai búckweat; ~ių košė búckweat pórridge.

grim || as máke-ùp; ~uotis make* onesélf up.

grimzti sink* (into), plunge (into).

gryn || as 1. (be priemaišų) pure; 2. (tuščias, nuogas) bare, náked; ~ame ore in the ópen (air).

grindys floor sg.

gryn || ieji (pinigai) cash sg; mokėti ~ais pay* in cash.

griovys ditch.

grip || as ìnfluénza, flu; užsikrėsti ~u catch (the) flue; ~uoti have* the flu.

griūti 1. fall* (down); g. ant grindų fall* down on the floor; 2. crash down, túmble down, fall* in.

griuvėsiai dgs. rúins.

grįžt || i retúrn, go*/come* back; g. namo come* home.

grobuonis, -ė (žmogus) plúnderer; (žvėris) beast of prey; (paukštis) bird of prey.

grotelės gráting sg.; (židinio) fénder sg.

grož || inis ~inė literatūra fíction; ~is béauty ['bju:tɪ].

grubus 1. rough [rʌf], coarse; 2. (nemandagus) rude.

grūd ‖ as grain, corn; ~ai grain sg., corn sg.; ~ų džiovykla grain drýer; ~ų sandėlys gránery.

gruntas (dirva) soil; (tvirtas upės ir pan. dugnas) ground, bóttom.

gruodis Decémber.

gudrus cléver, intélligent; sénsible; sly, cúnning, ártful.

gulbė swan.

gulėti lie*; (apie ligonį) stay in bed, keep* one's bed.

gulti 1. lie* (down); eiti g. (miegoti) go* to bed; 2. g. į ligoninę go to hóspital.

guma (India) rúbber; kramtomoji g. (chéwing) gùm.

gundy ‖ mas temptátion, sedúcement; ~ti tempt (smb + to inf.); (suvedžioti) sedúce; ~tojas témpter; (suvedžiotojas) sedúcer.

guosti cómfort ['kʌ-], consóle.

gurkš ‖ nis drink, móuthful; (mažas) sip; (didelis) gulp; ~noti sip.

gvazdik ‖ as pink; (raudonasis) càrnátion; ~ėliai (prieskonis) clove.

H

halė 1. (patalpa) hall; 2. (prekyvietė) cóvered márket.

herbas arms pl., cóat of arms; valstybinis h. State Émblem.

hercog ‖ as duke; ~ienė dúchess.

higien ‖ a hýgiene ['haɪdʒi:n]; ~iškas higíenic(al).

himnas hymn; valstybinis h. nátional ánthem

hipnotizuoti hýpnotize, mésmerize.

hipnozė hypnósis, mésmerism.

hipoteka ekon. mórtgage ['mɔ:gɪdʒ].

honoraras fee; autoriaus h. róyalties pl.

horizontas horízon.

humaniš ‖ kas humáne; ~kumas humánity, humáneness.

humanitar ‖ as, -ė humànitárian; ~iniai mokslai the hùmánities; arts.

humor ‖ as humour ['hju:mə]; ~istinis, -ė húmorous, cómic.

I, Į, Y

į prl. (veiksmo krypčiai, vietai žymėti) in, into; to; Londone in Lóndon; į Vilnių to Vilnius; įeiti į kambarį come into the room.

įamžin || imas perpètuátion, immòrtalìzátion; ~ti perpétuate, immórtalize.

yda vice; deféct, fault.

įdeg || ęs tanned, súnbùrnt, brown; ~ti 1. (ugnį) kìndle; 2. (saulėje) become* tanned/ súnbùrnt; tan.

idėj || a idéa; (sąvoka) nótion; cóncept; romano i. the idéa/ púrpose of the nóvel; ~inis ideológical [ˌaɪdɪə-].

įdiegti prk. ìntrodúce (into/ to) spread*; implánt (idėjas) (in/ into).

įdom || ybė ínteresting thing; thing of ínterest; ~us ínteresting; ~u būtų sužinoti I wónder...; ~u kas jis yra I wónder who he is.

įdukr || a fóster-daughter; ~inimas adóption (of a girl); ~inti adópt (a girl).

įeiti énter; go* in, cóme in; go* (into), į. į kambarį énter a room, come*/ go* ínto the room.

įėjimas éntrance, éntry; pašaliniams į. draudžiama no admíttance.

ieškin || ys teis. áction, claim, suit [su:t]; pareikšti kam ~į sue/ prósecute smb; bring*/ take* an áction agáinst smb.

ieškoti 1. look (for), search (for); i. teisybės seek* jústice.

ieškovas, -ė pláintiff; prósecùtor.

iet || is 1. spear, lance; 2. sport. jávelin; ~ies metimas jávelin thrówing.

ieva (medis) bírd-chèrry (tree).

įformin || imas (formalumų atlikimas) offícial règistrátion; ~ti régister offícially; ~ti sutartį make* a cóntract offícial.

įgalinti enáble, give* (smb) a chance.

įgalio || jimas 1. (raštas) létter/ wárrant/ pówer of attórney; pagal ~jimą by wárrant arba by pówer of attórney; 2. (veiksmas) àuthorizátion; ~ti áuthorize (smb + inf.); ~tojas a príncipal.

įgelti sting*; (apie gyvatę) bite*.

įgimt || as ìnnáte, ìnbórn, nátive; į. talentas ínbórn tálent.

įgyti 1. get*, acqúire, gain; 2. (pirkti) buy*, púrchase.

įgyvendin || imas rèalizátion, pútting into práctice; èxecútion; ~ti réalize, put* into práctice.

įgnybti (kam) pinch (smb), nip (smb)

įgudęs (sumanus) skílful; (prityręs) expérienced.

įgūdis hábit, práctice; skill.

įkaino || jimas èstimátion; éstimate; vàluátion; ~ti fix the price (of); éstimàte, eváluate.

įkaitas 1. (daiktas) pledge, pawn; 2. (žmogus) hóstage.

įkalbė || jimas persuásion, ìnstigátion, incítement; ~ti persuáde (smb + to inf.); indúce (smb + to inf.); talk (smb into + ger.).

įkalin || imas imprísonment; ~ti imprison; put* into príson, jail.

įkalti (vinį ir pan.) drive* in; hámmer in.

įkaršt || is clímax; ~yje in full swing; darbas buvo pačiame ~yje the work was in full swing.

įkei || sti pawn; (nekilnojamą turtą) mórtgage ['mɔ:g-]; ~timo raštas mórtgage (paper).

iki prl. as far as; to; till; untíl; važiuoti iki stoties go as far as the státion; iki galo to the end; aš užsiėmęs nuo ryto iki vakaro I am búsy from mórning till night; palauk iki rytojaus wait untíl tomórrow.

ikikarinis prè-wár.

įkyrė || jimas wórrying ['wʌ-], péstering; ~ti péster (with), bóther (with), bore (with), wórry (with); jis man ~jo iki gyvo kaulo he bores me to death.

įkyr || uolis, -ė bore, núisance ['nju:s-]; ~us bóring, írksome, bóthering, tíresome.

įklimpti stick* (in), sink* (in, into); į. į purvą stick* in the mud.

įkop || imas ascént (of); ~ti climb up; ~ti į medį climb up the tree.

ikrai 1. (maistui) cáviar(e) sg.; 2. (daržovių, grybų) paste [peɪ-] sg.

įkristi fall*/ sink* into, į. į upę fall* into the ríver; į. į nemalonę fall* into disgráce.

įkūn || ijimas ìncarnátion, embódiment; ~yti íncarnate, embódy; ~yti troškimą réalize/ embódy one's ambítion.

įkūrėjas, -a foúnder, orìginator.

įkūrimas foundátion, formátion; valstybės į. formátion/ foundátion of the state.

įkurt || i (miestą, organizaciją) found; form; set* up; į. universitetą found a ùnivérsity; į. bendrą įmonę set* up a joint vénture; ~uvės hóuse-warming sg.

įkvėp || imas 1.ìnspirátion; 2. (oro) ìnhalátion; ~ti 1. inspíre (smb with smth); 2. (oro) inhále, breathe in.

yla awl.

įlank || a bay; gulf; ~ėlė cove; creek, ínlet.

įlašinti put*/ pour some drops (in, into); į. vaistų drop arba pour out some médicine.

įlei || dimas (pro duris) admíttance, admíssion; ~sti (pro duris) let* in, admít.

ilgaamžis lásting, lòng-líved.

ilgas 1. (erdvės atžvilgiu) i. kelias long way; 2. (laiko atžvilgiu) long; dúrable; i. gyvenimas long life; i. draugystė dúrable fríendship.

ilgesys lónging (for), yéarning (for); tėvynės i. hómesìckness.

ilgėtis miss, long (for); i. tėvų namų long for one's home, be* hómesìck.

ilg || is length; du metrai ~io two metres long; per visą ~į at full length.

ils || ėjimasis rest; ~ėtis rest, take*/ have* a rest; ~ėtis ant laurų rest on one's láurels.

įlūž || imas frácture, break; ~ti get*/ becóme* fráctured, crack.

įmanomas 1. (galimas) póssible; 2. (suprantamas) intélligible; (aiškus) clear.

įmantr || ybė fáncifulness; preténtiousness; ~us fánciful, preténtious.

įmesti throw*/ cast* in (to); drop (into); į. kamuolį į jūrą throw* a ball ínto the sea.

iml || umas rèceptívity; ~us recéptive; consúming.

įmoka páyment, fee, due; (mokant dalimis) instálment.

įmon || ė énterprise; bendra įmonė joint vénture; ~ininkas ówner, emplóyer, èntrepreneúr [ˌɒntrə-].

im || ti 1. (tverti) take*; 2. (pradėti) kūdikis ~ma šypsotis the báby begíns to smile; 3. (apie mokesčius) lévy, colléct.

imtyn || ės sport. wréstling sg; ~ininkas wréstler.

imtuvas wíreless (set), recéiver; radijo i. rádio set.

įnašas 1. còntribútion; į. į mokslą còntribútion to scíence; 2. depósit; invéstment.

ind || as dish; virtuviniai ~ai kítchen uténsils; ~ų parduotuvė chína shòp, cróckery shòp.

indėl || ininkas, -ė depósitor;

~is 1. depósit; accóunt; terminuotas ~is depósit accóunt; neterminuotas ~is cúrrent accóunt; įnešti ~į depósit móney; išimti ~į withdraw* a depósit; 2. còntribútion.

inform || acija ìnformátion; réference; (geležinkelio ir pan.) inqúiry óffice; suteikti ~aciją rénder ìnformátion; ~acinis biuras ìnformátion bùreau; ~uoti infórm.

iniciatyv || a inítiative; savo ~a on one's own inítiative; imtis ~os take* the inítiative; ~us inítiative, full of inítiative.

įnirš || is fúry, rage; ~ti becóme* fúrious; fly* ínto a rage.

inkar || as ánchor ['æŋkə]; išmesti ~ą cast* ánchor; pakelti ~ą weigh ánchor.

inkas || acija colléction; ~uoti colléct.

inkst || as kídney; ~ų uždegimas nephrítis.

inor || ingas, -a whímsical; caprícious [-ʃəs]; ~is whim, caprice [kə'pri:s].

inspektas hótbed, séed-bed.

inteligen || cija cúltural lével; ~tas, -ė ìntelléctual; ~tija intèlligéntsia.

interes || antas, -ė vísitor, cáller; priiminėti ~antus recéive vísitors.

internatas (mokykla) bóarding-school.

invalid || as ínvalid; darbo i. disábled wórker; ~umas disáblement.

inventor || ius 1. (sąrašas) invéntory; 2. (esamas turtas) stock; gyvas i. live stock; negyvasis i. dead stock; ~izuoti invéntory.

ypač espécially, partícularly.

įpareigo || jimas òbligátion; -ti óbligate; bind*.

ypat || ybė pecùliárity; ~ingas spécial, partícular, pecúliar.

įpėdin || is, -ė 1. heir [eə]; (apie moterį) héiress; 2. (tesėjas) succéssor; ~ystė inhéritance, légacy.

įplauk || os (pajamos) íncome sg; recéipts; ~ti (apie pinigus) come* in.

ipotek || a mórtgage ['mɔ:g-]; ~os bankas mórtgage bank; ~inis kreditas mórtgage loan.

įprast || as úsual ['ju:ʒ-], órdinary; ~u laiku at the úsual time; ~i get* accústomed/ used (to + ger.); accústom onesélf (to).

įpro || tis hábit; turėti ~tį be* in the hábit (of).

ir 1. jng. and; and then; and so;

duona ir sviestas bread and bútter; 2. dll. álsò, as well, too; jis groja pianinu ir dainuoja he plays the piáno and sings, too.

įranga equípment; réquisites.

įrankis ínstrument; ímplement; tool.

įrašas 1. récord; éntry; 2. (paminkle) inscríption; magnetofono į. tápe recòrding.

įraš || ymas (į sąrašą) enlísting, éntry; ~inėti recórd; ~yti (į sąrašą) énter; inscríbe (in, on); ~yti į protokolą énter in the mínutes.

įreng || imai (gamyklos ir pan.) equípment sg, óutfit; machínery; ~tas wèll-equípped; ~ti arránge, equíp, fit* out; ~ti telefoną instáll a télephone.

irgi álso, as well, too; jis i. studentas he is álso a student.

irkl || as oar; (porinis) scull; ~avimas rówing; ~uoti row; (baidare) páddle; ~tojas, -a rówer.

įrod || ymas proof, évidence, árgument; ~yti prove [-u:v]; démonstrate; į. teoremą démonstrate a théorem ['θɪə-].

irti disíntegrate, fall* to piéces, come* apárt.

irzlus írritable, short of témper, shórt-témpered.

įsaka || s decrée, édict ['i:-]; išleisti ~ką íssue a decrée.

įsakym || as órder, commánd; duoti ~ą give* an órder; íssue an órder; jo ~u by his órder.

įsakyti órder (smb + to inf.); commánd (smb + to inf.); tell* (smb + to inf.).

įsibr || auti (į šalį) inváde; break* in(to), intrúde (ínto); ~ovėlis invádor; intrúder; ~ovimas invásion (of); intrúsion (ínto).

įsigalio || jimas cóming ínto force; ~ti come*/ énter ínto force.

įsigijimas àcquisítion; gáining.

įsigilinti go* deep (ínto); į. į dalyko esmę be* gone deep ínto the éssence of the mátter.

įsigyti 1. acquíre, gain; į. patyrimo gain expérience; 2. (nusipirkti) buy*, púrchase.

įsijungti join (in); take* part (in).

įsikiš || imas ìnterférence; ~ti 1. interfére (with); ìntervéne (in); méddle (with, in); 2. put* (into, in); slip (ínto, in).

įsikūn || ijimas ìncarnátion, embódiment, pèrsonificátion; ~yti be* incarnáted/ embódied; come* true.

įsikurti séttle; make* one's

home; į. naujoje įstaigoje séttle/ estáblish onesélf in a new óffice.

įsilauž || ėlis, -ė búrglar, hóusebreaker; ~iamoji vagystė búrglary; ~ti break* in.

įsimylėti fall* in love (with).

įsiminti mémorize.

įsipareigo || jimas òbligátion; commítment; vykdyti ~jimus meet* one's òbligátions/ commítments; prisiimti ~jimą take* on a commítment; bind* onesélf to do smth.

įsipjauti cut*.

įsisavin || imas mástering, cóping (with); ~ti (žinias) máster.

įsisegti fásten, pin up.

įsiskolin || imas debts pl; arréars pl.; likviduoti ~imą pay*/ clear off one's debts; ~ti be* in débt; run* ínto debt.

įsiskverb || imas pénetràtion (into); (pro) pénetràtion (through); ~ti pénetrate (into); (pro) pénetrate (through).

įsiteikti (kam) ingrátiate onesélf (with smb).

įsitikin || ęs assúred, sure, cónfident; pósitive; cértain (of); be* convínced (of); ~imas cónfidence (in); belíeve, convíction; ~ti make* sure/ cértain

įsivaizduo || ti imágine; fáncy; ~tinis imáginary.

įskait || a (universitete ir pan.) crédit test (in); laikyti ~ą take* a crédit test (in); gauti ~ą get* a pass (in).

įskund || ėjas, -a denúnciator; sneak; ~imas denùnciátion, ìnformátion (agáinst).

įskųsti denóunce (to), infórm (on), repórt (on, to).

įspė || jimas 1. wárning; gauti ~jimą be* réprimànded; 2. (mįslės ir pan.) ánswer (to); ~ti 1. let* know befórehand (of, abóut); 2. (mįslę ir pan.) guess, ánswer.

įspūdingas impósing, impréssive, effective.

įspūd || is impréssion; efféct; padaryti kam ~į make*/ prodúce an impréssion (on, upón), impréss.

įstaiga ìnstitútion, estáblishmènt.

įstatai règulátions, státute, býlaws.

įstatym || as law; státute; laikytis ~ų obsérve laws; pažeisti ~us break, vìoláte laws.

įsteigti found; estáblish; set* up.

įstoti énter; į. į klubą join the club; į. į universitetą énter the ùnivérsity.

įsūn || ijimas adóption; ~yti adópt.

iš prl. žymi: 1. veiksmą išorės link: from, out; arríve from Lóndon; 2. laiką: from, in; iš ryto in the mórning; 3. priežastį: drebėti iš baimės trémble with fear.

išaiškinti clear up; expláin (to); (įstatymą) intérpret.

įšaldy || mas fréezing; uždarbio į. wáge-freeze; ~ti freeze.

išankstinis, -ė 1. prelíminary; advance; 2. (nuomonė) prèconcéived i. nusistatymas préjudice.

išauklė || jimas bréeding, good tráining; ~tas wèll-bréd, cóurteous ['kɔ:ʃəs]; ~ti éducate; bring* up; train.

išbandy || mas test, tríal; ~ti try, test; put* to the test.

išbrauk || imas cróssing out; ~ti cross out.

išdal || ijimas dìstribútion, dìspensátion; ~inti distríbute (to, amóng), give* out (to).

išdavik || as tráitor; ~ė tráitress.

išdavimas tréachery, betráýal.

išdažy || mas cólouring, páinting; ~ti paint, cólour.

išdid || umas pride, árrogance; ~us proud; árrogant.

išdyk || auti play pranks; be* náughty; ~ęs náughty, míschievous, spoilt..

išdrįsti dare*, make* bold.

išduoti 1. hand, give*; i. kam licenciją to give* a lícence to smb; 2. (išduoti tėvynę ir pan.) betráy; 3. (atskleisti) betráy, give awáy.

išeikvo || jimas embézzlement, pèculátion; ~ti spend*, embézzle, péculàte.

išeiti 1. go* out; leave*; i. iš namų leave* the house; 2. (apie traukinį ir pan.) leave*, depárt.

išgąsdinti fríghten, scare.

išgelbė || jimas réscue, salvátion; lìberátion; ~ti save, réscue, líberate.

išgyd || ymas cure, tréatment; ~yti cure (of).

išgijimas recóvery.

išgrob || stymas plúnder; ~styti plúnder.

išieško || jimas (mokesčių ir pan.) exáction; ~ti exáct; recóver; ~ti nuostolius recóver lósses.

išimt || i take* out, pull out; extráct; ~is excéption; ~ies keliu by way of excéption.

iškaba sign, sígnboard.

iškei || sti exchánge; pinigų ~timas chánging of móney.

iškelti 1. (aukštyn) lift, raise; 2. (iškraustyti) evict; move (from); 3. (kandidatą) nóminate.

iškepti bake; fry; roast; grill.

iškilm || ės féstival; ~ingas sólemn; féstive; gála.

išklausyti 1. lísten (to); hear (out); 2. (kursą) compléte; (ataskaitą) hear*.

iškraipy || mas (faktų) distórtion; mùtilátion; ~ti distórt; mútilate; ~ti tiesą distórt the truth.

iškviesti call out; send* (for); i. gydytoją call the dóctor.

išlaid || os expénditure sg; expénses; ~us wásteful, spéndthrìft.

išlaiky || mas 1. (aprūpinimas) máintenance; ~ti (aprūpinti) maintáin (smb), suppórt/ keep* smb; 2. ~ti egzaminą pass an exàminátion.

išlaisvin || imas lìberátion; emàncipátion; ~ti líberate; emáncipàte; (paleisti) set* free, reléase.

išleidimas 1. (pinigų ir pan.) íssue, emíssion; 2. (gaminių) óutpùt.

išleisti 1. (spausdinti) públish; íssue; 2. (pinigus) spend*.

išleistuvės séeing-òff párty sg; fárewèll párty/ bánquet.

išlep || intas spoilt; ~inti spoil.

išlydė || jimas séeing-òff; ~ti see*off.

išlikti survíve, remaín alíve.

išlipti get* out (iš traukinio) alíght (from); (iš laivo) land; (iš troleibuso ir pan.) get* off.

išlošti win*, gain; i. loterijoje win* at a lòttery.

išman || ymas ùnderstánding, knówledge; mano ~ymu to my mind, in my opínion; ~yti ùnderstánd*, know*.

išmatuoti méasure ['meʒə]; i. temperatūrą take* smb's témperature.

išmaudyti bathe; give* (smb) a bath.

išmėgin || imas test, tríal; òrdéal, ~ti try, test.

išmesti 1.throw* out; 2. (iš darbo) dismíss, sack.

išminting || as wise, sénsible; prúdent; ~umas sense, wísdom, prúdence.

išmok || a paýment; ~ėti pay* off/ out; ~ėti dalimis pay* by instálments.

išmokti learn*; máster; i. kalbą learn*/ máster a lánguage; i. amato learn* a trade.

išmon || ė 1. quick thínking; quick/ keen wits pl. 2. trick, joke; ~ingas, -a qùick-wítted, sharp; ~ingumas keen wits pl., quick thínking.

išnagrinė || jimas 1. exàminátion; (straipsnio) review [-ˈvju:], análysis; ~ti (reikalą) look (ínto), invéstigate.

išnaikin || imas destrúction, annìhilátion; ~ti destróy; anníhilàte [əˈnaɪə-].

išnaudoj || amas explóited; ~imas èxploitátion.

išnaudo || ti 1. (skriausti) explóit; 2. (išsemti) exháust; i. šulinį exháust a well; ~tojas, -a explóiter.

išnešio || jimas delívery; ~ti (laiškus ir pan.) delíver.

išniekin || imas óutràge (upón); pròfanátion; ~ti disgráce, óutràge, profáne.

išnyk || imas dìsappéarance; ~ti dìsappéar; vánish; die out.

išnuomo || jimas lease; ~ti let* hire out; (butą ir pan.) rent; let; lease.

išor || ė extérior; (išvaizda) appéarance; look(s); ~inis óutward, extérior, óuter.

išpardavimas cléarance sale; sélling off.

išparduoti sell*; sell* off.

išpildy || mas èxecútion, fulfílment; cárrying-óut; ~ti cárry out; éxecùte; (pažadą) fulfíl.

išpilti pour out; émpty.

išpirkti 1. (užstatą) redéem, buy* back, repúrchase; 2. (prekes) buy* up; 3. (kaltę) éxpìate; 4. (skolas) líquidàte, pay* off.

išplatinti 1. spread*; i. gandus spread rúmours; 2. distríbute; i. knygas distríbute books.

išplauti 1. (skalbinius ir pan.) wash; 2. (dėmes) wash off/ awáy.

išplėsti 1. enlárge, wíden; 2. (padidinti kiekiu) incréase, expánd.

išplėtimas 1. bróadening, exténsion; (prekybos ir pan.) expánsion; exténtion; 2. incréasing.

išpranašauti foretéll*, predíct; (apie orą) fòrecást*.

išprievartauti (moterį) rape; rávish.

išprotėti go* mad, go* crázy.

išpuik || imas árrogance; concéit; ~ti give* onesélf airs.

išpurvinti soil, dírty.

išrad || ėjas invéntor; ~imas invention; ~ingas invéntive, resóurceful.

išraišk || a expréssion; ~ingas expréssive.

išrasti invént.

išreikšti expréss; i. žodžiais put* into words; i. padėką thank.

išrinkti 1. choose*; (atrinkti) seléct; sort out; 2. (balsuojant) eléct.

išsamus exháustive; còmprehénsive.

išsaugo || jimas prèservátion; cònservátion; ~ti sáfe (guard) (agáinst); keep*, prеsérve (from); ~ti paslaptį keep* a sécret.

išsiblaškęs àbsent-mínded.

išsigąsti be*/ get* fríghtened/ stártled (with).

išsigim || ėlis degénerate; ~ti degéneràte.

išsikelti (kitur apsigyventi) move [mu:v], migráte [maɪ-] i. į kitą miestą move to anóther cíty.

išsilaisvin || imas lìberátion, emàncipátion; ~ti get*/ becóme* free.

išsilavin || ęs cútivated; ~imas devélopment, intélligence; ~ti becóme* devéloped/ intélligent.

išsimokslin || ęs éducated; ~imas èducátion; ~ti be* éducated; get* èducátion.

išsinarinti díslocate; i. koją sprain one's ánkle.

išsipild || ymas rèalizátion, fulfílment; ~yti be* fulfílled; cóme* true.

išsiskyrimas 1. (atsisveikinant) párting; 2. (susituokusių) divórce.

išsiskirti 1. be distínguished (for); 2. (atsisveikinant) séparate, part; 3. (apie sutuoktinius) divórce; 4. (apie nuomones) díffer/ váry.

išsiteisin || imas jùstificátion; ~ti to jústify onesélf.

išsiųsti (paštu) send*.

išsiuvinė || jimas embróidery, néedlework; ~ti embróider.

išsivaduoti get*/ becóme* free; make* onesélf free.

išsivys || tęs devéloped; ~tymas devélopment; ~tyti devélop.

išsižadė || jimas renùnciátion (of); ~ti renóunce.

išskait || ymas dedúction; ~yti (iš užmokesčio) dedúct

išskyrus excépt, with the excéption (of).

išspausdinti print; (mašinėle) type.

išspręsti (uždavinį ir pan.) solve.

iššluostyti wipe; (sausai) dry, wipe dry.

iššluoti (kambarį) sweep*.

iššūk || is chállenge; mesti ~į defý; priimti ~į accépt a chállenge.
ištaisy || mas corréction; klaidų i. corréction of mistákes; ~ti corréct.
ištarti pronóunce, útter; artículate.
išteisin || imas teis. acqúittal, dischárge; ~ti acqúit.
ištekė || jimas (už vyro) márriage; ~jusi márried; ~ti márry, get* márried (with).
ištikim || as 1. fáithful (to),lóyal (to), true (to); 2. (atsidavęs) devóted (to); ~ymė fáithfulness, lóyalty.
ištirti invéstigate, reséarch; (ligonį) exámine.
ištrauka (citata) éxtract; éxcerpt; quotátion; pássage.
ištraukti (kamštį) take* out; pull out; i. dantį to have* one's tooth táken out/ extrácted; i. rakštį extráct, remóve.
ištrėm || imas éxile, dèportátion; ~ti éxile, depórt.
ištverm || ė tenácity, endúrance; ~ingas tough [tʌf], stéadfast.
ištverti bear* [beə], stand*; endúre.
išvad || a dedúction; conclúsion; padaryti ~ą draw* a conclúsion.
išvaizd || a appéarance, looks pl; ~ingas, -a nice, béautiful, hándsome.
išvakar || ės eve sg; ~ėse on the eve (of).
išvaly || mas cléaning; ~ti clean; (šepečiu) brush; atiduoti ką ~ti have* smth cleaned.
išvargęs exháusted, tíred, worn out.
išvaryti drive* out; i. iš namų turn out of the house; i. iš mokyklos expél from school.
išvaž || iuoti leave*; jis ~iavo iš Anglijos he left England.
išvėdinti (kambarį ir pan.) air, véntilàte.
išvengti avóid; escápe; i. bausmės escápe/ eváde púnishment.
išvietė lávatory; wáter clòset.
išvyka excúrsion, trip, óuting; jóurney.
išvykti depárt (from), leave (for); i. traukiniu (autobusu) go* by train (bus).
išvirti cook; i. bulves cook potátoes.
išvyst || ymas devélopment; ~yti devélop.
įtaig || a suggéstion [-ˈdʒəstʃn]; hýpnotism; ~ingas, -a suggéstive; ~umas suggéstiveness.
įtaisas devíce, applíance.

įtak || **a** ínfluence (with, óver); daryti ~ą ínfluence smb; have* ínfluence (on).

įtar || **imas** suspícion; ~inėti suspéct (smb of).

įtartinas suspícious; shády, físhy.

įteik || **imas** hánding óver, delívery, sérving; ~ti hand; delíver, presént.

įteisin || **imas** lègalìzátion; ~ti légalize.

įtempimas ténsion, inténsity; (jėgų) strain.

įtemptas tight; strained; į. dėmesys strained atténtion.

įtikin || **imas** persuásion; ~ti convínce, persuáde.

įvad || **as** ìntrodúction; (pratarmė) préface; ~inis ìntrodúctory.

įvaikin || **imas** adóption (of a child); ~tas, -a adópted; ~ti adópt.

įvair || **ovė** variety, divérsity; ~us várious, divérse; dífferent.

įvaizdis ímage.

įvart || **is** goal; įmušti ~į score a goal.

įvelti invólve; mix up; į. ką į bėdą invólve smb in a lot of tróuble.

įvertin || **imas** èstimátion; éstimate; apprèciátion; vàluátion; ~ti éstimate, eváluate; appréciate.

įvykis evént, íncident.

įvykti háppen; occúr; take* place.

įžadas vow, pledge, sólemn prómise.

įžd || **as** exchéquer, tréasury ['treʒ-]; ~ininkas, -ė tréasurer.

įžeisti insúlt, offénd.

įžym || **ybė** 1. (žmogus) celébrity; 2. (miesto) sights pl; apžiūrėti miesto ~ybes go* síghtseeing; ~us fámous, célebrated; nótable.

įžūl || **umas** ímpudence, impértinence; ~us ímpudent, impértinent, chéeky šnek.

įžvalg || **umas** sagácity, ínsight; ~us sagácious, shrewd, acúte.

J

jachta yacht [jɒt].

jau alréady; (neiginyje) no lónger; jau seniai long since.

jaudin || **imasis** àgitátion, excítement; ~ti ágitate, excíte; ~tis be* excíted/ ágitated.

jauk || umas cósiness, cómfort; ~us cósy, cómfortable.

jaun || as young, yóuthful [ju:θ-]; ~avedžiai pl the néwlyweds; ~ikis [bríde] groom; ~imas youth; young people; ~oji bride.

jausm || as sense, féeling; humoro j. sense of húmour; ~ingas, -a sénsitive, ténder; ~ingumas sénsitiveness.

jau || sti feel*, sense; ~stis gerai/ blogai j. feel* well/ ùnwéll; kaip jaučiatės? how are you?

jautiena beef.

jav || ai (lauke) corn sg; (grūdai) grain; ~apjūtė hárvest time.

jėg || a strength, force, pówer, ~ainė power plant/ státion.

jei, jeigu if; jei aš būčiau tavo vietoje, aš jam padėčiau if I were you, I would help him.

ji she, (apie daiktus, gyvulius) it.

jie, jos they.

jis he; (apie daiktus, gyvulius) it.

jot || i ride*/ go* on hórsebàck; ~ynės hórse ràce sg; the ráces.

judė || jimas 1. mótion; móving; 2. (sąjūdis) móvement; 3. (gatvėje) tráffic; ~ti 1. move; 2. (į priekį) advánce.

jung || ti 1. join, connéct; (telefonu) put* through [θru:]; 2. (derinti) combíne (with); 3. (vienyti) uníte.

juodas, -a 1. black; j. duona brown/ rye bread; 2. (nešvarus) dírty ['dɜ:-].

juodraštis rough cópy; (sąsiuvinis) rough nótebook.

juok || as laughter ['lɑ:ftə], laugh; ~auti joke; jest; ~darys, -ė fool, jéster; ~ingas ridículous, fúnny; ~tis laugh; (tyliai) chuckle.

juost || a 1. sash; wáistband; 2. tech. tape, band; kino j. film; magnetofono j. tape; 3. geogr. zone, belt; ~i 1. (diržu) gird*; gírdle; 2. (supti) surróund, gírdle.

jūr || a sea; ~os liga séasìckness; ~eivystė nàvigátion, séafàring.

juridinis, -ė jurídical, légal; j. asmuo légal/ jurídical pérson.

jūrininkas sáilor, séaman*; návigàtor.

jutim || as sensátion; ~o organai organs of sense.

juvelyr || as, -ė jéweller; ~iniai dirbiniai jéwelry.

K

kab ||ėti hang*; ~ykla pég board, rack, stand.
kabin ||a booth; ~etas 1. (bute) stúdy; 2. (gydytojo) consúlting room, súrgery; 3. pol. cábinet.
kabinti hang*; suspénd.
kad that; jis pasakė, kad rašys laišką he said (that) he would write a létter.
kada 1. jng. when; while, as; kada jie pamatė when they saw...; kada (tuo metu kai) mes dainavome... while we were sínging...; ~nors some time, some day.
kadangi as, since, becáuse.
kadrai pèrsonnél, staff.
kailiniai fur coat sg.
kailis (oda) skin, hide; (plaukuotas) fur.
kaimas víllage; (priešpastatant miestui) cóuntry.
kaimyn ||as, -ė néighbour; ~inis néighbouring; next, adjácent.
kain ||a price; cost*; rinkos k. márket price; bet kuria k. at any cost/ price; ~uoti cost*.
kaip 1. prv. (klausiant) how; what; kaip tau patiko filmas? how did you find the film?; 2. dll. (palyginimui) as, like; šaltas k. ledas as cold as ice.
kair ||ė 1. (ranka) left hand; 2. (kairioji pusė) léft-hànd side; ~ėn to the left (of); iš ~ės on the left.
kaklaraištis tie, nécktìe.
kaklas 1. neck; 2. (indo) mouth; (butelio) neck.
kakta fórehead ['fɒ:rɪd].
kalafioras cáuliflower ['kɒl-].
kalakutas túrkey.
kalba 1. lánguage, tongue [tʌŋ]; gimtoji k. móther tongue; šnekamoji k. spóken lánguage; 2. (šneka) speech; 3. (prakalba) speech.
kalb ||ėti speak*, talk; apskritai ~ant génerally spéaking; ~ėtis talk (to, with), speak* (to, with).
kalėdos Chrístmas ['krɪsməs] sg.
kalėjim ||as príson; jail; sėdėti ~e be* imprísoned.
kalinys, -ė prísoner; cónvict.
kaln ||as móuntain; (neaukštas) hill; ~uotas móuntainous, híl-ly.
kalt ||as (kuo, dėl ko) guílty (of); aš k. it is my fault; ~ė fault; guilt.

kalti 1. (geležį) forge; 2. (pinigus) mint, coin; 3. (vinis) hámmer in; 4. (mechaniškai mokytis) cram.

kaltin || amasis (byloje) accúsed; ~imas charge, àccusátion.

kaltint || i (kuo, dėl ko) accúse (of); charge (with); ~ojas, -a prósecùtor.

kalvis (bláck)smíth; hámmersmìth.

kambar || ys room; vaikų k. chíldren's room; núrsery; sutvarkyti k. do*/ tídy up a room.

kamer || a 1. cell; chámber; 2. (padangos) tube; ~inė muzika chámber músic.

kamin || as chímney; ~krėtys chímney sweep.

kampanija càmpáign; rinkiminė k. eléction càmpáign.

kamp || as 1. córner; ant ~o at the córner; ~e in the córner; 2.: duonos k. crust; ~uotas ángular.

kamuolys 1. ball; 2. (dulkių) cloud of dust.

kanal || as canál; (jūros) chánnel; ~izacija séwerage.

kanceliarija óffice.

kančia súffering, pain; tórmènt, tórture.

kandžioti bite; (apie vabzdžius) sting*.

kankin || imas tórture, tórmènt; ~ys, -ė mártyr; ~ti tórture, tòrmént.

kantr || ybė pátience; netekti ~bės lose* pátience; ~us pátient.

kapai cémetery sg, gráveyàrd sg.

kapas grave.

kapitalas cápital; pagrindinis k. fixed cápital; įstatinis k. áuthorized cápital.

karal || aitė princéss; ~aitis prince; ~ienė queen; ~ystė kíngdom; ~ius king.

kar || as war; paskelbti ~ą decláre war (on).

kardas sword [sɔ:d]; sábre.

kareivis sóldier [ˈsəʊldʒə].

kariauti be* at war (with); fight* (with, agáinst).

kar || inis mílitary; ~inė tarnyba mílitary sérvice; ~iuomenė ármy, fórces pl.

karoliai beads.

karštas 1. hot; 2. (smarkus) hòttémpered; pássionate.

karštis 1. (oras) heat; 2. (ligonio) féver.

karta gènerátion.

kartais sómetimes, at times.

kart || as time; dar ~ą once more, once agáin; ~ą per savaitę once a week.

kartonas pásteboard ['peɪ], cárdboard.
kartoti repéat.
kartu togéther; jóintly.
kartūn || as cótton (print); ~inė suknelė cótton dress.
kart || us bítter; karčios ašaros bítter tears.
karuselė róundabout, mérry-go-rò̀und.
karv || ė cow; ~idė cówshèd.
kasa I (plaukų) plait [plæt], braid.
kasa II 1. (parduotuvėje) cash; (kasos aparatas) cash régister; (bilietų) bóoking-òffice; (teatro) bóx-óffice; savišalpos k. bénefit fund; taupomoji k. sávings bank.
kasdien dáily; évery day; ~ybė dáily routíne [ruːˈtiːn]; cómmonness; ~inis dáily, éverydày; ~iškas órdinary, cómmonplàce.
kasininkas, -ė cáshier; (banke) téller.
kaspinas ríbbon; bow.
kasti dig*; (po žemėmis) mine; k. bulves dig* up/ out potátoes.
kastuvas spade; shóvel ['ʃʌ-].
kaštai ekon. expénses; gamybos k. the cost of prodúction.
kaštonas chéstnùt.
katastrofa catástrophe; áccident; disáster.
katė cat.
katedra 1. (aukštojoje mokykloje) chair, depártment; 2. (bažnyčioje) cathédral.
kaučiukas (India) rúbber.
kaukė mask.
kaul || as bone; dramblio k. ívory; (vaisiaus) stone; ~ėtas bóny.
kaup || imas accùmulátion; kapitalo k. accùmulátion of cápital; ~ti kapitalą accúmulate cápital.
kav || a cóffee; ~os pupelės cóffee beans; ~inė café ['kæfeɪ]; ~inukas cóffeepòt.
kėdė chair; sudedamoji k. fólding chair.
keikti scold; abúse; ~s swear* [sweə], curse, call names.
keistas strange [-ei-]; queer, odd; fúnny.
keisti change [tʃeɪ-]; súbstitùte; (keisti pinigus į smulkesnius) change móney; keisti cukrų medum súbstitùte súgar for hóney.
keleiv || inis pássenger; k. traukinys pássenger train; ~is, -ė pássenger; tráveller.
keletas séveral; some, a few.

kel || ias 1. road, way; path; ~io ženklai road signs; 2. (būdas) means, way.

keliau || ti trável; k. traukiniu trável by train; ~tojas, -a tráveller.

kelion || ė jóurney; (jūra) vóyage; (trumpa) trip; tour; leistis į ~ę go* on a jóurney; ~pinigiai trávelling allówance sg.

kelnaitės pants, pánties; (sportinės) shorts; (maudymosi) slips, báthing trunks.

kelnės tróusers; apatinės k. dráwers, pants.

keltas férry (-boat).

kelti 1. (į viršų) lift, raise; 2. (klausimą) raise; 3. (mokslą) advánce, fúrther; 4. (iš miego) awake*, wake*; 5. (į kitą vietą) transfér/ move (to).

kenk || smingas hármful, bad, injúrious; ~ti ínjure, harm, hurt*.

kentė || jimas súffering; ~ti súffer, endúre; ~ti šaltį endúre cold.

kepenys líver.

kep || ykla bákery, báker's shop; ~ti (krosnyje) bake; (keptuvėje) fry; (orkaitėje) roast, grill; (ant ugnies) broil, grill; ~tuvė gríddle; frỳing pàn.

kepur || ė cap, kailinė k. fur cap; užsidėti ~ę put on one's cap; nusiimti ~ę take* off one's cap.

kerš || ijimas véngeance [-dʒəns]; revénge; ~yti revénge onesélf (upón for); take* véngeance (on for); ~tingas revéngeful, vindíctive.

kėsin || imasis attémpt (at), encróachment (on, upón); ~tis attémpt, encróach (on, upón); ~tis į kieno turtą encróach on smb's próperty.

ketin || imas inténtion, púrpose; ~ti inténd (+ to inf); be* abóut (+ to inf).

ketur || i four; ~iasdešimt fórty; ~iasdešimtas fórtieth; ~iolika fòurtéen; ~ioliktas fòurtéenth.

ketvirtadienis Thúrsday.

ketvir || tas fourth; k. numeris númber four; ~tis quáter; ~tis valandos a quárter of an hour.

kiaul || ė pig, swine; hog; ~ių ferma píg-breeding farm; ~idė pígstý [-taɪ]; ~iena pork; ~lytė med. mumps pl.

kiaušinienė ómelet(te) ['ɒmlɪt]; plakta k. scrámbled eggs pl.; neplakta k. fried eggs pl.

kiaušinis egg; minkštai išvirtas k. sòft-bóiled egg; kietai išvirtas k. hàrd-bóiled egg.

kibir || as búcket, pail; pila kaip iš ~o it is póuring.

kiek 1. how mány (su suskaičiuojamais dkt.); how much (su nesuskaičiuojamais dkt.) k. turi draugų? how mány friends háve you? k. cukraus nori pirkti? how much súgar do you want to buy?; 2. as far as, so far as kiek man žinoma as far as I know.

kiek || ybė quántity, amóunt, ~is quántity, amóunt; númber; ~kart how mány times; ~vienas each, évery, éveryòne.

kiemas 1. court [kɔ:t], yard, cóurtyàrd; 2. (atskira kaimo sodyba) fármstead.

kieno whose.

kietas 1. (ne minkštas) hard; (ne skystas) sólid; 2. (apie mėsą) tough [tʌf].

kilimas cárpet; (nedidelis) rug.

kilm || ė órigin; ~ingas nóble.

kilno || jamas 1. (vežiojamas) mobile; ~jamoji biblioteka móbìle líbrary; 2. (apie turtą) móvable; ~jimas lifting; sunkumų ~jimas wéight-lìfting; ~ti lift, raise.

kiln || umas gènerósity; nobílity; ~ūs génerous; nóble.

kilpa loop; (sagai susegti) búttonhòle; (mezginio) stich.

kil || ti rise*; go* up; kainos kyla príces go up.

kinas címema, tálkies pl.; móvies pl.; kilnojamas k. móbìle cínema.

kintamas chángeable; váriable; ~is kapitalas váriable cápital.

kioskas kiósk, booth, stall; stand; laikraščių k. news stall, néwsstànd.

kirp || ėjas, -a bárber; (moterų) háirdrèsser; ~ykla (vyrų) bárber's (shop); (moterų) háirdresser's.

kirpti (plaukus, nagus) cut*; -s (pačiam) to cut* one's hair; (kirpykloje) to have* one's hair cut.

kirv || is axe; ~ukas hátchet.

kišen || ė pócket; ~tuščios ~nės émpty póckets; ~inis pócket; ~pinigiai pócket money sg; ~vagis, -ė píckpòcket.

kyšinink || as, -ė bríbetàker; gráfter; ~avimas bríbery.

kyšis bribe; pálm-oil.

kišk || is hare; ~io kopūstai wóodsòrrel.

kišti poke (in, into); thrust*, slip; k.ką į kišenę thrust*, slip smth ínto one's pócket; ~tis 1. put (ínto), thrust* (ínto); 2. méddle (in); ínterfère (with, in); poke one's nose (ínto).

kit || as 1. (ne tas) other, anóther; duok man ~ą knygą give me anóther book; 2. (ateinantis) next ~tą vasarą next súmmer.

kitur élsewhère, sómewhère else.

klaid || a mistáke; érror; (didelė) blúnder; padaryti k. make* a mistáke; ištaisyti k. corréct a mistáke; per ~ą by mistáke; ~ingas erróneous; ~inti misléad*, delúde; klaidinti žmones misléad the péople.

klastingas insídious, cráfty.

klasto || jimas fàlsificátion, fórgery; ~tė fàlsificàtion, cóunterfeit [-fɪt].

klastoti cóunterfeit, fálsify ['fɔ:-]; (parašą ir pan.) forge, fábricàte.

klaus || a ear, héaring; gera k. keen/ good ear; groti iš ~os play by ear.

klausim || as quéstion [-stʃn]; (reikalas) mátter, point; duoti ~ą ask/ put* a quéstion; atsakyti į ~ą ánswer a quéstion; kelti ~ą raise a quéstion.

klaus || yti 1. lísten (to); 2. (paklusti) obéy; fóllow; k. patarimo fóllow smb's advíce; k. tėvų obéy one's párents; ~ytis lísten in (to); ~ytis žinių lísten in to the news.

klausti ask (abóut); (teirautis) inqúire (áfter, abóut); k. patarimo ask (smb) for advíce.

klebonas dean, réctor.

klest || ėjimas prospérity, flóurishing; ~ėti prósper, flóurish, thrive*.

klevas máple.

klied || ėjimas delírium; ~ėti be* delírious.

klij || ai glue sg.; (iš miltų) paste; ~uotė óilcloth; óilskin; ~uoti glue; (miltelių) paste.

kliūtis óbstacle, impédiment, híndrance.

klumpė clog, sábot ['sæbəʊ].

knyg || a book; telefonų k. télephone book/diréctory; ~ynas bóokshop; bóokstore; ~rišys, -ė bóokbinder.

kodeksas code; baudžiamasis k. críminal/ pénal code; civilinis k. cívil code; darbo k. lábour code.

kodėl why [waɪ].

koj || a (pėda) foot; (iki pėdos) leg; priekinės ~os fore legs; fore feet; užpakalinės ~os hind legs; hind feet; ~inė stócking; (vyriška) sock.

kokybė quálity; gera k. high/ poor quálity; bloga k. inférior/ poor quálity.

koks 1. what; koks gražus oras what lóvely wéather; 2. some, any; k. nors ány, some; k. bebūtų any.

kol 1. while; kalk geležį kol ji karšta strike* while the íron is hot; 2. (tol) till, untíl; dirbkite, kol baigsite work till you fínish.

kolon || a cólumn; arch. píllar; ~ų salė hall of cólumns.

komanda 1 (įsakymas) commánd, órder; 2. (laivo) crew/ cómpany; 3. sport. team; 4. gaisrininkų k. fíre-brigàde.

komandir || uotė míssion, búsiness trip; važiuoti į ~uotę go* (awáy/ out) on a míssion.

koment || aras cómment, cómmentary; ~uoti cómmènt (on, upón).

komer || cija cómmerce, trade; ~cinis commércial; ~santas, -ė mérchant, búsiness man; (apie moterį) búsiness woman.

komisija commíssion; commíttee; gydytojų k. médical board; egzaminų k. exámining board.

komitet || as commíttee; būti ~o nariu be*/ sit* on a commíttee.

kompens || acija còmpensátion; nuostolių k. recóvering lósses; ~uoti cómpensate, rèimbúrse.

kompeten || cija cómpetence; próvince; tai ne mano ~cijoje it is òutsíde my próvince, it is not withín my pówers; ~tingas cómpetent.

komplekt || as set; suite [swi:t]; baldų k. set of fúrniture; ~avimas 1. compléting, replénishment; 2. (etatų) stáffing; ~uoti 1. compléte, replénish; 2. (etatus) staff.

kompon || avimas arrángement, pútting togéther; ~entas compónent; ~uoti arránge, put* (smth) togéther.

kompozitorius compóser.

kompromit || acija discrédit; ~avimas discréditing, cómpromising; ~uoti cómpromise; discrédit.

komun || alinis cómmunal, munícipal, ~alinis ūkis cómmunal/ munícipal ecónomy; ~aliniai patarnavimai commúnity service.

koncert || as cóncert; (vieno artisto) recítal; ~ų salė cóncert hall; ~uoti give* a cóncert.

konditerija 1. conféctionary; 2. (parduotuvė) conféctioner's (shop).

konkuren || cija còmpetítion; ~tas compétitor; ríval.

konkurs || as còmpetítion; ~inis

compétitive; ~iniai egzaminai compétitive exàminátions.

konkuruoti compéte (with); rîval (smb).

konserv || ai tinned/canned food sg; mėsos k. canned meat; žuvies k. canned fish.

konspekt || as súmmary, ábstract; ~uoti make*/ take* note (of).

konstat || avimas státement; ~uoti state; ascértain.

konsult || acija (veiksmas) cònsultátion; kreiptis į specialistą ~acijos consúlt a spécialist; ~uoti advíse; ~uotis consúlt (with).

kontrakt || as cóntract, agréement; sudaryti ~ą make* a cóntract.

kopėčios ládder sg.

kopi || ja cópy; (antras egzempliorius) dúplicate; ~javimas cópying.

kopti (aukštyn) climb; (laiptais) go* upstáirs.

kopūst || as cábbage; ~o galva head of cábbage; rauginti ~ai sáuerkraut.

korekt || orius, -ė próof-rèader; ~ūra (nuotrauka, skiltis) proof, próofsheet; taisyti ~ūrą read*/ corréct the proofs.

korpusas 1. (kūnas) bódy; 2. tech. frame, case; 3. (pastatas) buílding.

kort || a card; lošti ~omis play cards; ~ų kaladė pack of cards.

kosėti cough [kɒf].

kostiumas suit; (moteriškas) cóstume.

košė pórridge; grúel; bulvių k. mashed potátoes.

kotas 1. hándle; (kirvio) haft; 2. (lapo) stalk, stem; (vėliavos) staff.

kotletas cútlet, chop; ríssole.

kova strúggle, fight.

kovas (mėnuo) March.

kovoti fight* (smb, with, agáinst); strúggle (with, agáinst, for).

krakmol || as starch; ~ytas starched; ~yti starch.

kramtyti chew; (lūpas) bite*; k. nagus bite* one's nails.

kranas (keliamasis) crane.

krant || as (upės, ežero) bank; (jūros) séashòre; ~inė embánkment, quay [ki:].

krapas bot. fénnel, dill.

kraštas 1. (šalis) land; gimtasis k. nátive land; 2. (sritis) térritory.

kraštovaizdis lándscape, scénery ['si:-].

krauj || as blood [-ʌd]; ~o spaudimas blood préssure; perpilti

~ą transfúse blood; ~uoti bleed*.

krauti 1. (į krūvą) pile, heap (up); 2. (kaupti) accúmulàte; 3. (laivą) ship, load; 4. (pakuoti) pack.

krautuv || ė shop; store amer.; universalinė p. depártment/ géneral store; stores amer.; bakalėjos p. grócery; mėsos p. bútcher's; gėlių p. flórist's; pieno produktų p. dáiry; ~ininkas, -ė shópkeeper; stórekeeper amer.

kredit || as crédit; ~an on crédit; duoti ~ą give* crédit; nutraukti ~avimą take* off créditing; ~orius créditor.

kregždė swállow.

kreida chalk; spalvota k. cráyon.

kreipti 1. diréct (at); 2. (telkti) cóncentràte; call, draw*; kreipti dėmesį cóncentràte/ pay* one's atténtion (to); ~s applý (to); (prašant) appéal (to).

kreivas cróoked [-ɪd]; curved; wry.

krepš || ininkas básketbàller; ~inis básketball.

krėsti 1. shake*; obuolius k. shake* ápple-trees; 2. (kratą daryti) search; 3. (kaminus) sweep*, clean.

kriaušė pear [peə]; (medis) péartree.

krienas hórse-ràddish.

krikšta || duktė góddaughter; ~motė gódmother; ~sūnis gódson; ~tėvis gódfather.

krikštyn || os báptism sg.; chrístening; ~ti báptize; chrísten [-sn].

kryptis 1. diréction; 2. (srovė) trend, ténor.

kristi 1. fall*; 2. (žūti) die; 3. (apie gyvulius) pérish, die; 4. (mažėti) fall*/ go* down, sink*; kainos krinta prices are góing down.

kryž || ius cross; Raudonasis k. Red Cross; ~kelė cróssroad(s).

krūm || as bush, shrub.; ~ai (sodiniai) shrúbbery.

kruop || a gránùle; grain; manų ~os sèmolína sg.; grikių ~os búckwheat, avižinės ~os óatmeal.

kruopštus thórough, tédious; (apie žmogų) páinstaking; scrúpulous.

krūtin || ė breast; bósom [bʊz-]; ~ės lasta chest.

krūvis 1. el. charge; 2. load; visuomeninis k. sócial chárges pl.; nepilnas darbo k. hálf-tíme job; pilnas darbo k. fúll-tíme job.

Kūčios Chrístmas Eve.

kūdik || is báby, ínfant; ~ystė bábyhood.

kukl || umas módesty, ~us módest.

kukurūzas maize, Índian corn; corn amer.

kultūr || a cúlture; materialinė k. matérial cúlture; dvasinė k. spirítual cúlture; ~ingas cúltured pérson; ~inis cúltural.

kumpis ham; rūkytas k. smoked ham.

kūn || as bódy; skystasis k. líquid; dujinis k. gas; kietasis k. sólid; ~o kultūra phýsical cúlture/ èducátion.

kunigaikš || tienė príncèss, dúchess; ~tis prince, duke; didysis ~tis grand duke; ~tystė prìncipálity; dúchy.

kunigas priest.

kupr || a hump; hunch; ~otas húmp-bàcked; hunch-backed.

kur (klausiant) where; which way.

kuras fúel; skystas (kietas) k. líquid (sólid) fúel.

kurč || ias deaf [def]; ~nebylys deaf-and-dumb pérson.

kūrėjas, -a creátor; (autorius) áuthor; (mokslo) fóunder, oríginator.

kūryb || a creátive work; ~inis creátive.

kūrinys work, prodúction; meno k. work/ piece of art.

kuris, -i įv. 1. (klausiamasis) which; kuris namas which house? ~i valanda what is the time?; 2. (santykinis) which (apie daiktus); who (apie žmones).

kurort || as héalth resòrt; spa; gydytis ~e ùndergó* spa tréatment, ùndergó* tréatment at a héalth resòrt.

kurs || as (kryptis) 1. course; 2. (politikos) pólicy; 3. (mokslo, gydymo ir pan.) course; 4. (aukštosiose mokyklose) year, course; pirmo ~o studentas fírst-yéar stúdent; 5. (valiutos) rate of exchánge.

kvail || as fóolish, stúpid, silly; ~ys, -ė fool; blóckhead.

kvalifik || acija qúalificátion; skill; kelti ~aciją impróve one's (proféssional) skill; ~uotas skilled, trained.

kvap || as (kvepėjimas) smell; ódour, scent; geras k. sweet scent; ~nus ódorous ['əʊ-], frágrant.

kvartal || as (miesto) block; séction amer.; gyvenamųjų namų ~ai hóusing estátes.

kvepalai pérfume sg, scent sg.

kvėpuoti breathe, respíre.

kviesti invíte, ask; k. pietų invíte/ ask to dínner.

kvie || tys wheat; ~čiai (javai, grūdai) wheat.

kvitas recéipt; bagažo k. lúggage tícket.

kvosti quéstion; intèrrogáte.

kvota teis. inquíry; ínqúest; invèstigátion.

L

labai prv. véry, véry much; gréatly; bádly; l. įdomu véry ínteresting; man tai l. patinka I like it véry much; man l. reikia šios knygos I need this book bádly.

lab || as: l. rytas! good mórning!; ~a diena! good day!; (iki vidurdienio) good mórning!; (po vidurdienio) good àfternóon!; l. vakaras! good évening!

labdar || a chárity, philánthropy; ~ingas cháritable.

lagaminas trunk; (nedidelis) súitcase.

laida 1. (veikalo) edítion; 2. (studentų) gráduates pl.; 3. (radijo) bróadcast; (televizijos) télecàst.

laid || as (garantija) gúarantée; pledge; ~ai (elektros) wíres, ìnstalátion sg.

laidot || i búry; ~tuvės fúneral sg.

laik || as 1. time; daug ~o much time; mažai ~o líttle time; laisvu ~u at léisure; 2. (metų) séason.

laikin || as témporary; (apie dokumentus) províśional; l. liudijimas témporary/ ínterim certificate; ~oji vyriausybė províśional góvernment.

laik || yti 1. hold*; keep* (rankose ir pan.) l. skėtį hold* an umbréllа; 2. (turėti) keep*; l. šunį keep* a dog; 3. (saugoti) keep* l. pinigus banke keep* móney in a bank; 4. (kuo) consíder; jis ~o jį protingu žmogumi he consíders him a cléver man; 5. l. egzaminą take* an exàminátion; ~ytis 1. (nepasiduoti) hold* out, stand* firm; 2. (gyvuoti) live, exíst, go* on; 3. (nenutolti nuo papročių ir pan.) keep* to, obsérve.

laikro || dininkas wátchmaker; ~dis (stalinis, sieninis) clock; (kišeninis, rankinis) watch; (žadintuvas) alárm-clock; ~dis skuba the watch/ clock is fast; ~dis vėluoja the watch/ clock is slow; pagal mano ~dį dvi valandos it is two (o'clock) by my watch.

laim || ė 1. háppiness; 2. (sėkmė) luck; (mūsų) ~ei lúckily, fórtunately.

laimėti win*; gain; l. pergalę gain the víctory.

laimingas 1. háppy; 2. (sėkmingas) fórtunate, lúcky.

laipsn || is 1. degrée; extént; tam tikru ~iu to some extént; 2. (mokslinis) (academic) degrée; 3. (temperatūros) degrée; ~iškas grádual.

laipt || ai stairs; stáircàse sg; ~ų aikštelė lánding; ~as step, fóotstep.

laisv || as 1. free; ~a dvasia free spírit; 2. (neužimtas) vácant; (apie žmogų) free; not búsy; ~a vieta vácant seat; l. laikas free time, léisure.

laisv || ė fréedom, líberty; paleisti į ~ę set* free; sąžinės l. líberty of cónsciense [-nʃəns].

laišk || as 1. létter; registruotas l. régistered létter; 2. (augalo) leaf; ~anešys póstman.

laiv || as ship, véssel; karo l. wárship; keleivinis l. pássenger ship, líner; povandeninis l. súbmarìne; ~elis boat.

lakštingala níghtingàle.

lakūnas, -ė flíer, pílot.

lakuot || as várnished, lácquered [-kəd;] ~i várnish, lácquer.

lang || as wíndow; žiūrėti pro ~ą look out of the wíndow; ~elis small wíndow; ~inė shútter [ˈʃʌ-].

lank || yti 1. call on; vísit; 2. (paskaitas) atténd; ~ytis drop in (at); call upón/ on (each óther); ~ytojas, -a vísitor, cáller.

lankstus fléxible; (apie kūną) lithe [laɪð]; (apie protą) vérsatile.

lap || as 1. (augalo) leaf; (žiedlapis) pétal; 2. (popieriaus ir pan.) sheet, leaf; knygos ~ai páges of a book; 3. (metalo) sheet, plate.

lap || ė fox; ~ės uodega (fóx-) brúsh.

lapkritis Novémber.
laš || as 1. drop; 2. (truputis) bit, grain; nė ~o not a bit; ~ėti drip, drible, drop.
lauk || as 1. ópen air; ~e out of doors; óutside; 2. (dirva) field.
laukinis (žiaurus) sávage; crúel, fierce.
laukti wait (for); (tikėtis) expéct (smth).
laužyti 1. break*; 2. (įstatymą ir pan.) break*, víolate.
lazda stick; (pasivaikščiojimui) wálking-stick.
lažyb || os bet sg.; wáger; eiti ~ų bet*, wáger (on).
led || as 1. ice; 2. (valgomieji ledai) íce cream; ~inukas (saldainis) frúit-drop; súgar-càndy.
legal || izuoti légalize; ~us légal.
leid || ėjas, -a públisher; ~yba: įstatymų ~yba législàtion; ~imas 1. edítion; pùblicátion; 2. (teisė) permíssion, pérmit; 3. (dokumentas įeiti) pass.
leisti 1. (duoti sutikimą) let*, allów, permít; 2. (pinigus) spend*; (laiką) pass.
lėktuvas áircràft, áeroplàne; áirplàne, plane.
lėl || ė doll; žaisti ~ėmis play (at)dolls.
lemp || a lamp; stalinė 1. desk lamp; ~utė: elektros ~utė eléctric bulb.
lengvabūdiškas light, líght-mínded, líght-héaded.
lengv || as 1. (svoriu) light; 2. (nesudėtingas) éasy; 3. (menkas, silpnas) light, slight; l. kosulys slight cough [kɒf]; ~oji atletika tráck-and-fíeld athlétics.
lengvat || a prívilege, adv́ántage; suteikti kam ~ą give* smb a prívilege (of).
lenkti bend*; crook, curve.
lenktyn || ės 1. (arklių) hórse-ràce sg; automobilių l. mótor race sg; 2. còmpetítion; ~iauti compéte (with).
lent || a board; klasės l. bláckboard; šachmatų l. chéssboard; skelbimų l. nóticeboard; ~elė 1. plate; (ant durų) dóor-plàte; 2. table; daugybos ~elė mùltiplicátion táble; ~yna shelf.
lepin || imas pámpering, spóiling; ~ti spoil, pámper.
lėšos dgs. means, resóurces.
lėtas slow; l. žmogus slówcóach.
liaud || is péople, nátion; ~ies daina folk song.
lydėti accómpany; (išvykstant)

see* off; l. ką namo see* smb home.

liep || a 1. (medis) líme (-tree), ~os žiedai líme blòssom; 2. (mėnuo) Jùlý.

liepsn || a flame, flare; (šviesi) blaze; ~oti flame, blaze.

liep || ti órder (+ to inf.), tell* (+ to inf.); jis man ~ė sugrįžti the órdered/ told me to retúrn.

liesas 1. lean, thin; 2. skimmed; l. pienas skimmed milk.

lietingas ráiny, wet; l. oras ráiny wéather.

lietus rain; l. lyja it is ráining, it rains.

liežuvis tongue [tʌŋ]; aštrus l. sharp tongue.

liga íllness; (konkreti) diséase; (negalavimas) áilment; málady; užkrečiama l. inféctious/ cantágious diséase.

lygint || i 1. (dalykus) compáre (to, with); 2. (paviršių) éven, smooth; 3. (lygintuvu) íron ['aɪən]; ~uvas íron.

lyg || is 1. lével; aukščiau jūros ~io abóve séa-level; 2. (ekonominis, kultūrinis) stándard; kultūrinis l. stándard of cúlture.

ligon || inė hóspital; gulti į ~inę go* to hóspital; išleisti iš ~inės dischárge from hóspital; ~is, -ė pátient.

lygus 1. flat, éven; l. stalas flat táble; 2. (dydžiu, kokybe) équal.

likimas fate; (dalia) déstiny; fórtune; l. mus suartino déstiny drew us togéther.

likti remáin; stay; l. namie stay at home; lik sveikas! góod-byè!; fárewèll.

likutis remáinder, rest.

lin || as flax; ~ai flax sg.;

linija 1. line; geležinkelio l. ráilway line; oro l. áir line; 2. (kryptis) course.

link towárds; in the diréction (of).

linkėjim || as 1. wish, desíre; geriausi ~ai best wíshes; 2. cómpliments, regárds.

linkęs (į ką) inclíned (+ to inf.); suscéptible (to illness); jis l. tinginiauti he is inclíned to be lázy.

link || ėti wish (smb smth); ~iu jums sėkmės! good luck to you!

linksmas mérry, gay, lívely; chéerful; jólly.

linksm || inimas amúsement, èntertáinment; ~intis enjóy oneséIf, make* mérry; have* a good time; ~umas gáiety, líveliness.

linktelė || jimas (galva) nod; (nusilenkimas) bow [baʊ]; ~ti (galva) nod; (sveikinantis) bow.
lipti (kopti) climb [klaɪm]; l. laiptais (aukštyn) go* ùpstáirs; (žemyn) go* dòwnstáirs.
ly || ti rain; smarkiai ~ja it is ráining héavily, it is póuring.
liūd || esys mélancholy, sádness; grief, sórrow; ~ėti grieve (for, at, óver); be* sad.
liudi || jimas (dokumentas) certíficate, lícence; gimimo l. certíficate of birth; ~ninkas, -ė wítness.
liudyti 1. (teisme) be* a wítness, wítness; 2. (patvirtinti) téstify (smth; that).
liūdn || as mélancholy, sad, glóomy; sórrowful; man ~a I am sad.
liūt || as lίon, -ė lίoness.
lizd || as 1. nest; susikrauti ~ą build* a nest for onesélf; 2. tech. sócket.
lombardas páwnshop, hóckshop amer.
lopš || elis: vaikų l. creche [kreɪʃ]; (day) núrsery; ~inė lúllaby; ~ys crádle.
lov || a bed; vaikiška ~elė cot, crib; gulėti ~oje lie* in bed; kloti ~ą make*/ do* the bed; ~tiesė bédspread, cóverlet.
lūkestis wáiting, èxpectátions, àspirátions.
lukštas husk; (svogūno, grūdo) rind, peel; kiaušinio l. égg-shell.
lūpa lip; viršutinė (apatinė) l. úpper (lower) lip.
lupti 1. (bulves, vaisius) peel; (kailį, odą) skin; ~s scale, peel off; jam oda ~asi his skin is cóming/ scáling off.
lūžti 1. break*; 2. (būti perkrautam) burst* with (smth); with plénty lūžti nuo pertekliaus.

M

mad || a fáshion; vogue [vəʊg]; būti ~oje be* in fáshion/ vogue; išeiti iš ~os be*/ get* out of fáshion; ~ingai fáshionably; ~ingai rengtis be* fáshionably dressed; ~ingas fáshionable, stýlish.
magistralė híghway; geležinkelio m. main line; vandentiekio m. wáter-main.

magistr ‖ as (mokslo laipsnis) máster of scíence; humanitarinių mokslų m. máster of arts; ~o disertacija máster's dìssertátion/ thésis.

magnetofonas tápe-recòrder.

main ‖ ai exchánge [-tʃeɪ-] sg; prekių m. bárter; ~ais in exchánge (for).

maist ‖ as 1. fóod; 2. (maisto produktai) fóod-stùffs pl; ~ingas nóurishing, nutrítious.

maišas bag; (didelis) sack.

maišyti 1. stir, mix; m. cukrų arbatoje stir one's tea; 2. (daryti mišinį) mix (with); 3. (trukdyti) hínder; impéde.

maišt ‖ as revólt, ríot; ~auti rebél, revólt; ~ingas rebéllious; ~ininkas rébel, ríoter.

maitin ‖ imas féeding; nóurishment; ~ti feed*; nóurish; ~ti vaiką feed* a child; ~tis feed* (on).

makleris bróker; biržos m. stóck broker.

mald ‖ a práyer; kalbėti ~ą say* one's práyers; ~aknygė práyer-book; ~ingas devóut, píous.

malon ‖ ė 1. (palankumas) fávour, grace; įsigyti kieno ~ę get into fávour with smb; 2. (paslauga) fávour; padaryti kam ~ę do* smb a fávour.

malon ‖ umas pléasure ['pleʒə]; su ~umu with pléasure; ~ėkite be* so kind as (+ to inf.).

malšinti 1. (sukilimą) supréss, représs; 2. (pyktį) calm; 3. (alkį) sátisfy; 4. (skausmą) soothe.

malti grind*, mill; m. grūdus mill/ grind* corn/ grain.

malūn ‖ as mill; vėjinis m. wíndmill; vandens m. wátermill; ~ėlis; kavos ~ėlis cóffee-grìnder/ mill.

man me, to me, for me; duok m. knygą give me the book, give the book to me; jis m. nupirko flakoną kvepalų he has bought a bóttle of scent for me; m. šalta I am cold.

mandag ‖ umas políteness, cóurtesy ['kɜːt-]; ~us políte, cóurteous ['kɜːt-].

mandarinas (vaisius) tàngeríne, mándarin(e).

mane me jis paklausė m. he asked me.

manier ‖ a mánner; (stilius) style; jis yra gerų ~ų he has good mánners; jis yra blogų ~ų he has no mánners; ~ingas, -a affécted, preténtious.

mankšt ‖ a gymnástics pl.; rytinė m. mórning éxercìses; ~inti (lavinti) éxercìse, train; ~is do* éxercìses, train (onesélf).

mano my (su daiktavardžiu); mine (be daiktavardžio); tai mano automobilis this is my car; this car is mine.

marinuot || as píckled; m. pomidoras píckled tomáto; ~i (konservuoti) píckle.

marl || ė gauze; chéesecloth; ~ės tvarstis gauze bándage.

marmuras márble.

marškiniai (vyriški) shirt sg; (moteriški) chemise [ʃɪ'mi:z]; naktiniai m. níghtgown, níghtdrèss; apatiniai m. úndershirt.

maršrutas route [ru:t], itínerary [aɪ-].

marti (sūnaus žmona) dáughter-in-làw.

mas || ė 1. (kūno medžiagos kiekis) mass; ~ės vienetas mass únit; 2. (daugybė) mass, a large amóunt, a lot, a great mány; ~ės žmonių crowds of péople.

mast || as 1. (dydis) diménsion; 2. perk. scale; dideliu (mažu) ~u on a large (small) scale.

mąsty || mas thínking, thought; ~ti think* (of, abóut); méditate (on, upón); pónder (óver, on); ~tojas thínker.

mašin || a 1. machíne [-'ʃi:n]; (variklis) éngine ['endʒ-]; siuvamoji m. séwing-machìne; 2. (automobilis) (motor) car; (sunkvežimis) lórry; ~ėlė (rašomoji) týpe-wrìter.

mat || as méasure (matavimo vienetas); pagal ~ą to méasure; ~avimas méasuring, méasurement; (žemės) súrvey; (temperatūros) táking.

mat || yti see*; ar ~ai ką tolumoje? can you see ánything or ánybody in the dístance?

maudy || mas báthing; ~mosi kostiumas báthing suit; ~tis bathe; (vonioje) take* a bath.

mazg || as 1. knot; sumegzti ~ą tie/ make* a knot; 2. (kelio) junction; geležinkelio m. (ráilway) júnction.

maža líttle (su dkt. vns.); few (su dkt. dgs.); m. laiko líttle time; m. knygų few books.

mažas small, líttle*; (ūgio) short; m. namas small/ líttle house.

maždaug appróximately, róughly ['rʌf-], abóut.

mažė || jimas dìminútion, décrease; ~ti dimínish, decréase; (apie kainas) go* down; (apie skausmą) abáte.

mažin || imas dìminútion, décrease; (skausmo) abátement; ~ti dimínish, dècréase, léssen; (kainą) redúce; (greitį) redúce, slow down.

mažmen || os small things/ árticles; ~inė prekyba retáil trade.

mažuma minórity; nacionalinė m. nátional minórity.

medicin || a médicine; ~os fakultetas médical fáculty/ depártment; ~os sesuo nurse; ~inė pagalba médical aid/ sérvice.

medinis wóoden; m. namas wóoden house.

me || dis 1. (augalas) tree; vaisiniai ~džiai frúit-trees; 2. (mediena) wood, tímber.

med || us hóney ['hʌ-]; ~aus mėnuo hóneymoon.

medvilnė (augalas) cótton (-plànt); (žaliava) raw cótton; (audeklas) cótton fábric.

medžiaga 1. matérial; stuff; 2. fil. mátter; 3. (audeklas) matérial, cloth, fábric.

medžiokl || ė hunt, húnting; paukščių m. fówling; ~inis šautuvas spórting gun; ~is húnter.

medžioti hunt; shoot*; m. paukščius fowl.

mėgautis (kuo) take* pléasure/ delíght (in), enjóy smth; m. jaunyste enjóy youth.

mėgėjas 1. (ne profesionalas) ámateur [-tɜ:]; 2. lóver (of); fan; meno m. lóver of art.

mėgin || imas trýing, attémpt; ~ti attémpt/ try (+ to inf.).

mėg || stamas fávourite; m. patiekalas fávourite dish; ~ti like, be* fond (of); m. muziką like/ be* fond of músic.

megzti (mezginį) knit*; (kabliuku) cróchet.

megztinis swéater ['swetə]; júmper.

meil || ė love [lʌv]; iš ~ės for the love (of).

meil || us fríendly, kind; afféctionate, ténder, sweet; ~užis lóver; ~užė místress.

meistr || as, -ė 1. (gamykloje) fóreman; 2. (amatininkas) máster; 3. (žinovas) éxpèrt; máster; ~iškas másterly, másterful; ~iškumas mástery, mástership.

melag || is, -ė líar; fíbster; ~ystė lie, fálsehood; ~iškas false, decéitful.

mėlynas blue; m. dangus blue sky.

melionas mélon; músk mélon.

melior || acija lánd rèclamátion, lánd impróvement; ~uoti impróve, recláim.

melsti pray (smb for), entréat (smb for); m. malonės cry/ ask for mércy.

meluoti lie, tell* lies.

men || as 1. art; ~o kūrinys work/ piece of art; vaizduojamasis m. fine arts; taikomasis m. applíed art(s); 2. (meistriškumas) skill, profíciency.

men || ininkas, -ė ártist; (tapytojas) páinter; ~iškas artístic; ~inė saviveikla ámateur art actívities.

mėnul || is moon; ~io šviesa móonlight; jaunas m. new moon.

mėn || uo month [mʌ-]; pereitą (kitą) ~esį last (next) month.

merg || aitė girl, lass (poet.); ~autinė pavardė máiden náme.

mes wc [wi:].

mėsa flesh; (valgiui) meat; virta m. boiled meat; kapota m. minced meat; troškinta m. stew.

mėsmalė méat-chòpper, míncing-machíne.

mesti 1. throw*, (sviesti) hurl, chuck; prk. cast, dart; m. žvilgsnį cast* a glance (at); 2. (nustoti ką daryti) give* up (+ ger.); m. rūkyti give* up smóking.

mešker || ė físhing-ròd, rod; ~ioti fish, ángle; ~iotojas, -a ángler.

mėšlas dung, manúre; dróppings pl.

met || ai year sg; šiais ~ais this year; kitais ~ais next year; pereitais ~ais last year; 1990 m.nínetéen nínety; ūkiniai m. búsiness year; apyskaitiniai (finansiniai) m. fiscal year; Naujieji m. New Year sg; laimingų Naujųjų ~ų! a Háppy New Year!

metal || as métal; spalvotieji ~ai nón-fèrrous métals; taurieji ~ai the nóble/ précious métals.

metin || ės ànnivérsary sg; minėti ~es célebrate the ànnivérsary; ~is ánnual, yéarly; ~ė apyskaita ánnual repórt.

metras méter; kvadratinis m. square métre; kubinis metras cúbic métre.

metrikacij || a régistry; ~os biuras régistry óffice.

metro the únderground; súbway amer.; (Londone) tube.

mezgykla knítting-shop.

mieg || as sleep; kietas m. sound sleep; prieš ~ą before bédtime.

miegoti sleep*; eiti m. go* to bed.

mielas 1. (malonus) nice, sweet; 2. (brangus) dear; m. drauge! dear friend!.

mielės yeast sg; léaven ['levn].

miest || as town, city; ~o valdyba mùnicipálity; tówn cóuncil; ~ietiškas úrban.

miežis 1. bárley; 2. (javai, grūdai) bárley sg; 3. (akies) sty.

migla haze; mist; fog.

miglotas 1. házy; místy; fóggy; m. rytas fóggy mórning; 2. prk. vague, obscúre; m. atsakymas vague ánswer.

mygt || i press; squeeze; (mygtuką) push; ~ukas el. bútton.

mik || čioti stútter, stámmer; ~čius stútterer, stámmerer.

mylėti love.

milijard || as mílliard; bíllion; ~ierius, -ė múltimillionáire.

milijon || as míllion; ~ierius, -ė mìllionáre.

mylim || as dear; loved; belóved; ~asis, -oji swéetheart, belóved.

milt || ai flour sg; meal sg; avižiniai m. óutmeal; ~eliai pówder sg; dantų ~eliai tóothpowder.

milžin || as gíant; ~iškas gigántic, huge, enórmous.

minė || jimas 1. méntion(ing); 2. (šventės, sukakties) cèlebrátion; ~ti 1. (daiktą, vardą) méntion; refér (to); 2. (šventę, sukaktį) célebrate.

minia crowd; throng.

minkyti (tešlą, molį) knead, work; mix.

minkšt || as 1. soft; ~a oda soft/géntle skin; m. kiaušinis sòft-boiled egg; 2. (klimatas) mild.

mintinai prv. by heart, from mémory.

mint || is thought, idéa; ~ies laisvė fréedom of thought.

minut || ė mínute [-it]; ~ėlę! wait a mínute, just a móment!.

mirgėti twínkle, shímmer, glímmer; spárkle.

mirt || i die; pass awáy; (nuo ligos) die (of); (nuo žaizdų) die (from); m. badu starve to death; ~inas mórtal, déadly; ~inas priešas déadly énemy.

mirt || is death; ~ies nuosprendis séntence of death; ~ies bausmė cápital púnishment.

mįsl || ė ríddle; púzzle; užminti ~ę ask a ríddle; įspėti ~ę solve a ríddle.

miškas fórest, wood; woods pl.

mišrainė sálad; daržovių m. végetable sálad.

miting || as méeting; rálly; su-šaukti ~ą call a méeting; ~uoti hold* a méeting.

mokėjimas I (mokesčių) páyment; m. dalimis páyment by instálments.

mokėjimas II (sugebėjimas) abílity, skill; (žinojimas) knówledge ['nɒ-].

mokestis 1. (valstybei) tax; pajamų m. íncome táx; 2. nario m. mémbership dues pl; stojamasis m. éntrance fee; 3. (nuomos) rent; 4. (muito) cústoms dúty.

mokėti pay*; m. grynais pay* in cash; m. pagal sąskaitą séttle the accóunt.

mokėti II (sugebėti) be* áble (+ to inf); know* (how + to inf); can (+ to inf) jis m. skaityti ir rašyti angliškai he can read and write English.

mokykla school; pradinė m. èleméntary school; vidurinė m. sécondary shool; high school; aukštoji m. hígher school.

mokymas téaching; tráining, instrúction.

mokinys, -ė (mokykloje) púpil; schóolboy; schóolgirl; (aukštesniosiose klasėse) stúdent.

mokyt || as léarned ['lɜ:nɪd], érudite; ~i teach*, instrúct; ~is learn*, stúdy; ~is anglų kalbos learn*/ stúdy English.

mokytojas, -a téacher; schóoltèacher, schóolmàster; anglų kalbos m. Énglish téacher.

moksl || as 1. scíence, stúdy; humanitariniai ~ai the humánities; tikslieji ~ai exáct scíences.

moksli || ninkas, -ė scíentist; (humanitarinių mokslų) schólar; ~nis scìentífic; àcadémic; ~nis darbas scìentífic/ reséarch work; ~nis laipsnis àcadémic degrée.

molin || is made of clay, clay; ~iai indai éarthenwàre (cróckery) sg.

mol || is clay; ~io dirbiniai póttery.

moneta coin; sidabrinė m. sílver coin.

mont || avimas assémbling, móunting, instálling; ~eris, -ė fítter; (elektros) elèctrícian; ~uoti assémble, fit, mount.

moral || ė móral philósophy, éthics pl; mórals; ~ės principai móral prínciples.

mork || a cárrot; ~ų sultys cárrot juice.

mostas gésture; gražus m. fine gésture.

moter || is wóman; ištekėjusi m. márried wóman; ~iškas fémale; ~iškas balsas fémale voice.

motin || a móther; ~iškas matérnal; mótherly.

motyv || as 1. (priežastis) mótive, cause, ground; réason (for); rimti ~ai serious motíves/ grounds/ réasons; 2. (meno kūrinio) motíf; 3. muz. tune; ~uoti mótivate, give réasons (for).

motocikl || as mótorcycle; važiuoti ~u ride* a mótorcycle.

motoroleris scóoter.

mugė fair; prekybos m. trade fair.

muilas soap; skalbimo m. láundry soap; tualetinis m. tóilet soap.

muit || as dúty; cústoms pl; įvežamasis m. ímport dúty; ~inė cústom house; ~ininkas, -ė cústoms offícial.

municipali || nis munícipal; ~tetas (savivaldybė) municipálity.

mūr || ininkas, -ė (stóne) máson, brícklayer; ~inis stone, brick; ~yti build* (of stone, bricks).

musė fly; ~gaudis (popierinis) flý-pàper.

mūsų (prieš daiktavardį) our; (be daiktavardžio) ours; mūsų namas our house; the house is óurs.

mūšis báttle; Žalgirio m. Grúnwald báttle.

mušti 1. beat; thrash; 2. (daužti, kirsti) hit*, strike*; 3. (apie laikrodį) strike*; ~s (peštis) scúffle; fight*; (kovoti) fight* (with); strúggle (agáinst).

muziejus muséum; britų m. the British Muséum.

muzik || a músic; ~antas, -ė musícian; ~inė klausa an ear for músic; ~uoti play músic.

N

nafta oil; petróleum; naftos gręžinys óil-well.

nagas nail; (žvėries) claw.

nagrinė || jimas invèstigátion, exàminátion; análysis; ~ti exámine; (klausimą, bylą) invéstigate, look (ínto).

naikin || imas destrúction, annìhilátion [əˌnaɪə-]; ~ti destróy, anníhilate; (gyventojus) extérminàte.

nakt || is night; ~į at/ by night; labos ~ties! good night!.

nam || as 1. (pastatas) house; (daugiabutis) block of flats; 2. (namų židinys) home; ~uose at home.

nar || ys mémber; (mokslo draugijos) féllow; ~io bilietas mémbership card.

narkomanas, -ė (drug) áddict.

narvas cage, (naminiams paukščiams) coop.

našlaitis, -ė órphan.

našta 1. búrden; 2. prk. (sunkumas) weight, load, búrden.

našus prodúctive, effícient.

naud || a use, prófit, advántage; bénefit; duoti ~ą be* of use/ bénefit; be ~os úseless; ~ingas úseful, hélpful; (sveikatai) héalthy, whólesome.

naudo || ti use, emplóy, make* use (of); ~tis make* use (of), use; ~tis proga take an òpportúnity.

nauj || as new; (šviežias) fresh; (dabartinis) módern, récent; kas ~o? what's the news?

naujovė nóvelty, ìnnovátion.

neaiškus (neryškus) ìndistínct, dim, obscúre; (neapibrėžtas) vague, indéfinite.

neapykanta (kam) hátred (of, for).

neapkęsti dislíke, hate; (bjaurėtis) detést, abhóre.

neatidė || liojamas; ~tinas úrgent, préssing; n. reikalas úrgent mátter.

neatitikimas inádequacy.

neatleistinas unpárdonable.

neatsaking || as ìrrespónsible; ~umas írrespònsibílity.

neatsarg || umas cárelessness; ~us cáreless.

neatšaukiamas irrévocable.

nebrangus ìnexpénsive.

nedarbas únemplóyment.

nedarbing || as disábled, ínvalìd; ~umas disáblement; ìnvalídity.

nedaug (bent kiek) a líttle; (mažai) líttle, not much; (su dkt. dgs.) few, not mány; n. rašalo a líttle ink; n. žmonių; few péople.

nedėkingas unthánkful, úngràteful.

nedoras immóral, wícked; (nesąžiningas) dishónest.

nedrąs || a timídity; ~us tímid, báshful.

nedūžtamas unbréakable; n. stiklas sáfety glass.

negailestingas pítiless, mérciless; (kietaširdis) rúthless.
negalėjimas ìnabílity, íncapácity.
negalė || ti not be* áble, be* unáble; aš ~siu tau padėti I shall not be áble to help you; (esam. l.) cannot; (būt. l.) could not.
negalim || as impóssible; ~a (neįmanoma) it is impóssible.
negalioj || antis inválid, null, void; ~imas ìnvalídity, núllity.
negaluoti feel*/ be* unwell, not feel* quite well.
negarb || ė dishónour, disgráce; ~ingas dishónourable, disgráceful.
negilus shállow; (paviršutiniškas) sùperfícial.
negyvenamas ùninhábited.
nei jng. nei..., nei... neither... nor... aš nenoriu nei šokti, nei dainuoti I want néither to dance nor to sing.
neigiamas négative, bad; ~atsakymas négative ánswer.
neįkainojamas inváluable, príceless.
neįprastas unúsual, ùnaccústomed.
neįstatymiškas unláwful, illégal.
neišauklėtas ìll-bréad, ìll-mánnered.
neišgydomas incúrable.
neišsilavinęs unéducàted, unléarned.
neišspręstas unsólved, ùnresólved, unséttled.
neištikim || as unfáithful; sutuoktinio ~ybė adúltery.
neišvengiam || as inévitable, ùnavóidable; ~ybė inèvitabílity.
neįtikėtinas incrédible, ùnbelíevable.
neįveikiam || as insúperable, ìnsurmóuntable; ~a kliūtis insúperable óbstacle.
nejudamas immóvable, mótionless, still; n turtas immovable próperty; real estáte.
nekaltas ínnocent, gúiltless, not gúilty.
nekantrus impátient.
nekvalifikuotas unskílled, unquálified.
nelaim || ė misfórtune; (bėda) disáster; ~ingas unháppy, míserable; (nesėkmingas) unlúcky; ~ingas atsitikimas áccident.
neliečia || mas invíolable; ~mybė inviolabílity; deputato ~mybė the inviolabílity of a députy.

nelyg ‖ **ybė** inequálity; ~us 1. unéqual; 2. (apie paviršių) unéven, rough [rʌf].

nemalon ‖ **ė** disfávour, disgráce; patekti į ~ę fall* into disgráce/ disfávour; ~us unpléasant, disagréeable.

nemiga sléeplessness; insómnia.

nemokamas free (of charge); n. bilietas free tícket/ pass.

nemok ‖ **umas** (skolininko) insólvency; ~us (nemokąs) insólvent.

nemokš ‖ **a** ignorámus; ~iškas ígnorant.

nenaud ‖ **a** dìsadvántage; (nuostolis) dámage, harm; ~ingas úseless, dìsadvàntágeous.

nenoras relúctance, unwíllingness.

nenugalimas uncónquerable.

nenumatyt ‖ **as** ùnforséen; dėl ~ų aplinkybių through ùnforséen círcumstances.

nenuoseklus immóderate, unréasonable.

nenuoširdus insincére, false.

nenutrūkstam ‖ **as** contínuous, unbróken; ~umas còntinúity.

neoficialus ùnoffícial, infórmal.

nepadorus indécent, impróper; n. elgesys indécent/ disgráceful beháviour.

nepagarb ‖ **a** dìsrespéct; ~us dìsrespéctful.

nepageidaujamas ùndesírable, unwélcome.

nepagrįstas gróundless, báseless, unfóunded.

nepaisant regárdless of; in spite of.

nepaisyti negléct, dìsregárd.

nepakankamas insuffícient, inádequate.

nepakeliamas (neištveriamas) intólerable, unbéarable.

nepaklusnus dìsobédient; (apie vaiką) náughty.

nepalankus unfávourable; (kam) ìll-dispósed (towards).

nepalaužiamas unshákable, firm, stéadfast.

nepaprastas unúsual, uncómmon, remárkable; (ypatingas) extraórdinary.

nepasisek ‖ **imas** fáilure; ~ti fail, have* bad luck.

nepasitikė ‖ **jimas** distrúst (of), lack of cónfidence (in); ~ti distrúst, mistrúst.

nepastov ‖ **umas** instabílity; incónstancy; ~us unstáble; (apie žmogų) incónstant; (apie orą) chángeable,váriable.

nepataiky ‖ **mas** miss; ~yti miss, fail to hit.

nepatikimas ùnreliable; untrústwòrthy.
nepatog || umas inconvénience, discómfort; ~us uncómfortable, inconvénient; (nejaukus) áwkward.
nepažįstam || as (kam) ùnfamiliar (to), (svetimas) strange; ~asis stránger.
nepeln || ingas unprófitable; ~ytas úndesérved.
neperskiriamas inséparable.
neperšlampamas wáterproof.
nepilnavert || is inférior; ~iškumas infèriórity.
nepriekaištingas irrepróachable, immáculate.
nepriimtinas ùnaccéptable.
nepriklausom || as indepéndent; ~ybė indepéndence.
nepritarimas disappróval.
neprotingas unréasonable, irrátional.
neram || umai distúrbance(s); ~umas unrést; ~us 1. ánxious, unéasy, tróubled; 2. (sukeliąs nerimą) distúrbing, tróublesome; ~ios žinios distúrbing news; 3. (nerimstantis) réstless; ~us žmogus réstless pérson.
nerangus slow, slúggish; (nevikrus) clúmsy, áwkward.
neraštingas illíterate.
nereikalingas unnécessary, néedless.
neribotas unlímited, ùnrestrícted.
nerimas anxíety, unéasiness, wórry.
nerimauti (dėl) be* ánxious/unéasy/ wórried (abóut), wórry (abóut).
neryžtingaas irrésolute, indecísivc.
nerūpestingas (be rūpesčių) cáreless, cárefree, untróubled.
nerv || as nerve; ~ų liga nérvous diséase; ~ingas nérvous; ~uoti get* on (smb's) nérves.
nes for, as, because.
nesąmon || ė nónsense, rúbbish, absúrdity; kalbėti ~es talk nónsense; ~ingas uncónscious.
nesant in the ábsense (of).
nesantaika discórd, disagréement.
nesaugus unsáfe, insecúre.
nesąžiningas unscrúpulous; dishónest.
nesėkm || ė fáilure; ~ingas ùnsuccéssful; unlúcky.
neseniai not long ago, récently, látely.
neskoning || as tástless; ~umas bad/ poor taste.

nesuderinamas ìmcompátible.

nesusipratim || as mìsunderstánding; per ~ą through mìsunderstánding.

nesuskaičiuojamas incálculable, cóuntless.

nesutar || imas dìsagréement; discórd; ~ti dìsagrée (with), be* at váriance.

nesveik || as unhéalthy; būti ~am be* unwéll.

nėščia prégnant; n. moteris prégnant wóman, expéctant móther.

nešikas, -ė pórter; cárrier.

nešioti 1. cárry; bear* [beə]; n. ginklą cárry arms; 2. (dėvėti) wear* [weə]; n. akinius wear* spéctacles/ glásses.

nešti 1. cárry, bear* [beə]; 2. (duoti, teikti) bring*, cárry; n. mirtį bring*/ cárry death.

nešvarus uncléan, dírty, soiled.

net éven.

neteisėtas illégal; unláwful; (apie vaiką) ìllegítimate.

neteisybė injústice, unfáirness.

neteisingas wrong, ìncorréct.

netekimas loss; darbingumo n. dìsabílity.

netekti lose*; n. sąmonės lose* one's cónsciousness; n. teisių fórfeit one's rights.

netikėt || ai ùnexpéctedly; ~as ùnexpécted.

netikras 1. untrúe; (neteisingas) ìncorréct; 2. false; (apie dokumentus) forged; n. pinigas false coin.

netinkamas unfít; (nederamas) unsúitable, impróper.

neturtingas poor, índigent.

netvarka disórder.

netvarkingas 1. disórderly; n. kambarys untídy/ disórderly room; 2. (apsileidęs) slóvenly ['slʌ-], untídy.

neužimtas unóccupied, vácant; (apie žmogų) free.

neužmiršt || amas ùnforgéttable; ~uolė forgét-me-nòt.

nevaisingas bárren, stérile; prk. frúitless, ùnprodúctive.

nevertas (ko) unwórthy (of); nieko n. wórthless.

nevilt || is despáir; pulti į ~į give* way to despáir.

nevirškinimas ìndigéstion.

nežalingas hármless, innóxious.

nežymus 1. (nesvarbus) ìnsignífícant; ìnconsíderable; 2. (nedidelis) small, slight.

nežmonišk || as 1. (žiaurus) inhúman, brútal; 2. (labai didelis) sùperhúman; ~umas ìnhumánity, brutálity.

niekad(a) néver.

niek ‖ as 1. (joks žmogus) nóbody, no one; aš ~am nepasakysiu I shall tell nóbody; 2. (joks daiktas) nóthing; ant stalo ~o nėra there is nóthing on the táble.

niekinti despíse, scorn, look down (on, upón).

niekšas, -ė scóundrel, víllain.

niekur nówhere.

nykti 1. (dingti) dìsappéar; vánish; 2. (smukti) fall* into decáy.

nykus (niūrus) grim, dísmal, dréary.

nioko ‖ jimas dèvastátion; ~ti dévastate, rávage.

noras wish; (stiprus) desíre.

nor ‖ ėti want; like; wish, desíre; n. gerti be* thírsty; n. valgyti be* húngry; ~ėčiau aplankyti I should like to vísit.

norma 1. stándard, norm; 2. (nustatytas kiekis) rate, quóta; dienos n. dáily work quóta; pelno n. rate of prófit.

nors 1. jng. though, althóugh; 2. dll. (bent) at least, just.

nosinė hándkerchief.

nosis 1. nose; 2. (gyvulio) snout.

notar ‖ as nótary; ~inė kontora nótary óffice.

nubrėžti 1. (liniją ir pan.) draw*; 2. prk. óutline.

nudžiūti 1. dry off, wíther; 2. (išdžiūti) dry up.

nueiti 1. (tolyn) go* awáy; 2. (žemyn) go* down; 3. (kur) go (to); (iki kur) go* as far as; 4. (atstumą) cóver, go*.

nugalė ‖ jimas víctory; (sunkumų) òvercóming; ~ti 1. (įveikti) òvercóme*, deféat; (nukariauti) cónquer; 2. sport. win*.

nugar ‖ a back; spine; gulėti ant ~os lie* on one's back; ~kaulis báckbone.

nugraibyti skim off/ awáy; n. putas take* off the scum.

nugriebt ‖ as n. pienas skimmed milk; ~i grietinę cream/ skim the milk.

nugrimzti skin*, plunge; submérge.

nugriūti fall* down; collápse.

nuimti 1. take* off, remóve; (iš viršaus) take* down; 2. (derlių) gáther in, reap, hárvest.

nujausti forebóde, have* a preséntment (of, abóut).

nukainoti redúce the price (of).

nukariaut ‖ i cónquer; ~ojas cónqueror.

nukelti 1. (į kitą vietą) move; (į kitą tarnybą) transfér; 2. (vėlesniam laikui) put* off, postpóne; n. posėdį postpóne the méeting.

nukentėti (nuo) súffer (from); (už) súffer (for).
nukirsti 1. cut* off/ down; (šakas) lop off, chop off; 2. (javus) reap.
nukraustyti: n. stalą clear the táble.
nukreip || ti 1. (į) diréct (to); turn (to); 2. (pasiųsti) send*, refér; mane ~ė pas jus I have been sent/ reférred to you; 3. (į šalį) turn aside; divért.
nukryp || imas divérgence; dèviàtion; ~ti divérge [daɪ-]; déviate; n. nuo temos get* off the point.
nulis nought, zéro; (sporte) nil; (sakant telefono numerį) o [əʊ].
nuliūdęs sad, sórrowful.
numeris 1. númber; namo n. house númber; 2. (batų, drabužių) size; 3. (laikraščio ir pan.) issue, númber; 4. (viešbutyje) room; 5. (koncerto) item.
nunešti take* (awáy), cárry (awáy).
nuo prl. 1. (vietai žymėti) from; nukristi n. stalo fall* from the táble; 2. (laikui žymėti) from, since; aš nieko nevalgiau n. pusryčių I haven't éaten anything since bréakfast; 3. (priežasčiai žymėti) of, from; kentėti n. skausmo súffer from pain.
nuobodus dull, bóring, tédious.
nuod || ai póison sg.; išgerti ~ų take* póison.
nuodėm || ė sin; offénce (agáinst); išpažinti ~es conféss one's sins.
nuod || ijimas póisoning; ~ingas póisonous; ~yti póison.
nuog || as 1. (apie žmogų) náked, nude; n. kūnas náked bódy; 2. (niekuo neapaugęs, neapdengtas) bare, náked; ~i medžiai bare trees; ~os rankos bare arms; ~a tiesa náked truth.
nuolaid || a 1. concéssion; cómpromise; daryti ~ų make* concéssions (to); 2. kom. discóunt, rébate.
nuolankus submíssive (to), obédient (to); jūsų n. tarnas your obédient/ húmble sérvant.
nuolat || inis cónstant; (nekintamas) pérmanent, régular; n. adresas pérmanent addréss.
nuom || a lease; ~os sutartis lease; ~ininkas léaseholder, lèssée, (buto) ténant, lódger.
nuomon || ė opínion; mind; viešoji n. públic opínion; mano ~e in my opínion, to my mind.

nuom || oti 1. (duoti nuomon) let*, rent; (pagal sutartį) lease; 2. (imti nuomon) rent, hire; (pagal sutartį) lease; ~otojas (kas nuomoja kitam) léssor.

nuopelnas mérit, desért.

nuoraš || as cópy, tránscript; (antras egzempliorius) dúplicate; padaryti ko nuorašą make* a cópy of smth.

nuoroda réferrence (to).

nuosav || as own; ~ybė próperty; (priklausymas) ównership; asmeninė n. prívate próperty.

nuosprend || is séntence; (prisiekusiųjų) vérdict; padaryti ~į pass a séntence (on).

nuostabus wónderful, márvelous, remárkable; (stebinantis) astónishing, amázing.

nuostatai règulátions, státùte sg, bý-laws.

nuostol || is loss; (žala) détriment, dámage; atlyginti ~ius recóver lósses.

nuošimtis 1. per cent; (nenurodant skaičiaus) percéntage; 2. dgs. (palūkanos) ínterest sg.

nuošird || umas sincérity; còrdiálity; ~us sincére, héarty.

nuotaik || a mood, húmour, témper; būti geros (blogos) ~os be* in high (low) spírits.

nuotyk || is advénture; ~ių ieškotojas advénturer.

nuotolis dístance, space.

nuotrauka phóto(gràph); mėgėjiška n. snápshot.

nuovada políce óffice, políce station.

nuraminti quíet, calm, soothe.

nurašyti 1. cópy (down); 2. (išlaidas, skolą) write* off.

nurody || mas 1. ìndicátion; réference; 2. (instrukcija) diréction, instrúction; ~ti 1. índicàte; point (to); (pažymėti) spécify; 2. (į ką) refér (to); diréct (to).

nusidėvė || jimas wear [weə]; ~ėti wear* out; be* worn out.

nusifotografuoti to have* one's phóto táken.

nusikalstam || as críminal; ~umas crìminálity.

nusikalsti commít a crime/ offénce, be* guílty (of).

nusikalt || ėlis, -ė críminal, offénder; ~imas crime, offénce.

nusileisti 1. (nuo kalno) come*/ go down; descénd; 2. (apie saulę) set*; 3. (ginče) yield [ji:ld] (to); (sutikti) give* in.

nusilenkti (žemyn) stoop, bend* (down); (nuolankiai) bow [baʊ].

nusipeln || ęs, -usi 1. desérved,

mérited; 2. hónoured; ~yti desérve; ~yti apdovanojimą desérve a rewárd.

nusiraminti calm/quíet/séttle down.

nusirengti undréss, strip; n. iki juosmens strip to the waist.

nusistat ||ymas áttitude (to); (apsisprendimas) rèsolútion; išankstinis n. préjudice; ~yti (apsispręsti) séttle (on, upón); resólve.

nusiteik ||ęs (ką daryti) dispósed (+ to do inf; for), in the mood (+ to inf; for); aš nenusiteikęs juokauti I am not in the mood for jóking; ~ti be*/ feel* dispósed.

nusivilti be* dìsappóinted (in).

nusižemin ||imas humìliátion; abásement; ~ti abáse/ húmble onesélf.

nusiženg ||imas offénce (agáinst); fault; ~ti be* at fault, commít an offénce.

nusižud ||ymas súicìde; ~yti commít súicide.

nuskęsti sink*, go* down; (apie žmones) drown.

nuskriausti hurt*, wrong.

nuslėpti concéal; (nutylėti) keep* to onesélf; (ką, nuo ko) keep* smth back.

nuslopin ||imas suppréssion; représsion; ~ti 1. (sukilimą ir pan.) suppréss, représs; 2. (garsą) múffle, deaden ['dedn].

nuspręsti decíde, resólve.

nustatyt ||as 1. estáblished; (apibrėžtas) définite; 2. (paskirtas) fixed, appóinted; ~i 1. estáblish; ~i tiesą estáblish the truth; (apibrėžti) detérmine, defíne; (laiką, kainą ir pan.) fix, set*, séttle.

nusteb ||inti surpríse, astónish, amáze; ~ti be*/ get* surprísed/ astónished/ amázed (at).

nutarim ||as decísion; (teismo) decrée; priimti ~ą pass a rèsolútion.

nutarti (nuspręsti) decíde; resólve; n. balsų dauguma decíde by a majórity vote.

nuteis ||imas convíction; ~tasis cónvict; ~ti convíct; séntence (to); ~ti mirti séntence to death.

nutiesti 1 (ištiesti) stretch; n. virvę stretch a rope; 2. (kelią) build*; n. tiltą per upę build*/ throw* a bridge óver/ acróss a ríver.

nutraukimas (sutarties, santuokos) dìssolútion, annúlment; diplomatinių santykių n. rúpture/ séverance of dìplomátic relátions.

nutraukti 1. tear* off, break* off; n. siūlą break* off a thread; 2. prk. break off; (santykius) rúpture; n. kalbą break off (a talk); 3. (nustoti) cease, stop; n. ugnį cease fire; 4. (panaikinti) cáncel, , dissolve, annúl; n. kontraktą dissólve a contract.

nuvarg || ęs tíred, wéary; ~ti get* tíred/ fatígued.

nuvertin || imas deprèciátion; devàluátion; ~ti depréciate, deválue, devalúate.

nuvy || sti fáde, wíther; ~tęs, ~usi wíthered.

nužemin || imas humìliátion; ~tas humíliated; ~ti humíliate.

nužudy || mas kílling, múrder, (klastingas) assàssinátion; ~ti kill, múrder; (klastingai) assássinàte.

O

obel || is ápple-tree; ~ų sodas ápple órchard.

obligacija bond; paskolos o. state (loan) bond.

obuol || ys ápple; ~ių pyragas ápple-píe; ~ys nuo obels netoli krinta like fáther like son.

od || a 1. (gyvulio, žmogaus) skin; 2. (medžiaga) léather; ~inis léather; ~iniai dirbiniai léatherware.

omen || is: turėti ~yje bear*/ keep* in mind.

operac || ija òperátion; padaryti operaciją perfórm an òperátion; daryti ~ijas (finansines) do*/ éxecute òperátions; ~inė óperating room/ théatre; ~inis stalas óperating tàble.

operatorius 1. óperàtor; 2. (kino) cámeramàn; garso o. sound ènginéer.

operetė músical cómedy.

operuoti 1. óperate (on); operuoti skrandį óperate on the stómach; 2. perk. use (smth.), óperate (with); o. skaičiais use fígures.

opus 1. (lepus) délicate; 2. (svarbus) sore; ténder; o. klausimas sore súbject.

or || as 1. air; ~e in the air; ~o paštas air mail; 2. (klimatinės sąlygos) wéather; geras o. good/ fine wéather; blogas o. bad/ násty wéather; ~o prognozė wéather fórecàst; 3. (laukas) òutdóors.

orderis wárrant, vóucher; órder; o. gyvenamam plotui wárrant for líving accòmodátion; pajamų (išlaidų) orderis recéipt (expenditure) vóucher.
ordin || as órder, dècorátion; gauti ~ą be* décorated with an órder.
organ || as 1. biol. órgan; 2. (įstaiga ir pan.) órgan, bódy; valdžios ~ai lócal bódies; ~izuoti órganize, arránge.
orientacija òrientátion.
orientuoti órient, órientate; ~s órientate/ órient onesélf; be* guíded (by).
original || as oríginal; skaityti knygos originalą read* a book in the oríginal; ~us oríginal.
orkaitė óven ['ʌvn].
orkestras órchestra; simfoninis o. sýmphony órchestra; liaudies instrumentų o. folk órchestra; pučiamųjų o. (brass) band.
oru || mas dígnity; ~s dígnified; (garbingas) respéctable.
oš || imas múrmer, rústle; ~ti múrmer, rústle.
ovacij || a ovátion; sutikti ką ~omis meet* smb with ovátion.
ožys 1. hé-goat, (bílly-) goat; 2. (malkoms pjauti) (sáw-) horse; atpirkimo o. scápegoat.
ožiukas kid.
ožk || a goat, shé-goat; nánny-goat; ~os pienas goat's milk.

P

paaiškin || imas èxplanátion; ~ti expláin; expóund; (nušviesti) elúcidate.
paaugl || ys, -ė júvenile; téenager; ~ystė àdoléscence.
paaukštin || imas (tarnyboje) promótion; ~ti (tarnyboje) promóte.
pabaig || a 1. end; eiti į ~ą come* to an end; 2. (straipsnio ir pan.) conclúsion.
pabaigt || as fínished; complétéd; 2. (aukštąją mokyklą) gráduate (from, at); (mokyklą) fínish.
pabaud || a fine, pénalty; uždėti ~ą impóse a fine.
pabėg || ėlis, -ė rúnaway; (karo ir pan.) rèfugée; ~ti run* away; (išsigelbėti) escápe.
pabuč || iavimas kiss; ~iuoti kiss; give* a kiss.

padanga (automobilio) tyre.
padaryti make*; p. klaidą make* a mistáke; p. įspūdį make* an impréssion (on, upón).
padaugin || imas 1. íncrease; 2. mat. mùltiplicátion; ~ti increase; múltiply.
padavėjas, -a wáiter; wáitress.
padažas sauce; grávy; (salotoms) dréssing.
padėjėjas, -a assístant; help, hélper.
padėk || a thanks pl; grátitude; ~os laiškas létter of thanks.
padeng || imas (deficito) dischárge, páyment; išlaidų p. defráyal of expénses; ~ti (apmokėti) meet*, pay* off; ~ti išlaidas cóver expénses.
padėti 1. lay*/ put* (down); (patalpinti) place; 2. (pagelbėti) help, assíst, aid.
padėtis 1. (vieta) posítion; locátion amer.; 2. (būklė) condítion, state, státus; (situacija) sìtuátion; šeimos p. fámily státus.
pagal (sutinkamai su) accórding (to); in accórdance with; by; p. planą accórding to plan.
pagalb || a help, assístance, aid; suteikti ~ą give* help; rénder assístance; pirmoji p. first aid; ~inis subsídiary.
pagalvė (lovos) píllow; (sofos) cúshion.
pagarb || a hónour; respéct; ~us 1. respéctful; 2. (gerbiamas) respéctable.
pagauti 1. catch*; (pagriebti) seize [si:z], snatch; 2. (suprasti) grasp, catch*.
pagerb || imas hómage, hónour; ~ti pay*/ do* hómage (to); hónour.
pagerinti impróve, make* bétter.
pagreitin || imas accèlerátion; ~ti spéed ùp; accélerate.
pagrind || as 1. foundátion; 2. (priežastis) básis; ground(s) (pl); 3. (principai) fùndaméntals, prínciples; ~inis fùndaméntal, básic; main, príncipal.
pagrįst || as wèll-fóunded, (wèll-) gróunded; ~i ground, base.
pagund || a temptátion; ~yti tempt.
paguo || da cómfort, cònsolátion; ~sti còmfort, consóle.
pajamos recéipts, retúrns; (pelnas) íncome; p. ir išlaidos íncome and expénditure.
pajėg || ti be* áble; ~umas capácity; (galingumas) pówer, might.
pajuoka móckery; (pašaipa)

sneer; ~os objektas a láughing-stock.

pajūris séaside; (jūros pakrantė) séashore.

pakankamas suffícient, enóugh.

pakarti hang*.

pakartoti (anksčiau išmoktą) revíse, go* óver.

pakeisti 1. change, álter, módify; p. pažiūras change one's óutlook; 2. (darbuotoją) repláce; súbstitùte; 3. (ką kuo) súbstitùte (for smth).

pakelti 1. (lift (up), raise; p. ranką raise one's hand; 2. (nuo žemės) pick up; 3. (tarnyboje) promóte.

pakęsti bear* [beə], endúre, stand*.

paklausa demánd; p. ir pasiūla demánd and supplý.

paklysti lose* one's way, get* lost.

paklodė sheet, bédsheet.

pakuoti pack; ~s pack (up);

palaidinukė blouse; tunic ['tju:-].

palangė wíndow-sill.

palank || umas benévolence, gòodwíll, fávour; ~us benévolent, dispósed (to); (tinkamas) fávourable.

palapinė tent; pastatyti p. pitch a tent.

palata ward.

palengvė || jimas (a sense of) relíef; ~ti 1. become* éasier; (apie svorį) become* líghter; 2. (pasidaryti geriau) feel* bétter/ relíeved.

palyd || ėti accómpany, go* (with); (išvykstant) see* (off); p. ką namo see*/take* smb home; ~ovas atténdant, guard, condúctor.

palygin || imas compárison; ~ti compáre (with).

palikimas (turtas) inhéritance; (testamentu) légacy.

palikti 1. leave*; 2. (apleisti) abándon, desért.

palikuonis descéndant.

paltas (óver) còat, tópcoat.

palūkanos ínterest sg.

pamain || a (fabrike ir pan.) shift; dirbti ~omis work in shifts.

pamald || os sérvice sg; laikyti ~as hold* a sérvice; ~umas píety, devótion; ~us píous, devóut.

pamatas base, foundátion, gróundwork.

pamatyti see*; (pastebėti) catch*/ get* sight (of).

pamesti (prarasti) 1. lose* [lu:z]; 2. (palikti) abándon, desért.

paminė || jimas (metinių ir pan.) commèmorátion; ~ti (sukaktį ir pan.) commémorate.

paminklas mónument; memórial; memorialinė lenta memórial pláque.

pamok || a lésson; vėluoti į ~as be* late for school.

pamoksl || as sérmon; sakyti ~ą preach; ~ininkas préacher.

pamotė stépmother.

pamušalas líning.

panaikin || imas àbolítion, abólishment, repéal; ~ti abólish, do* awáy (with).

panaš || us resémbling; alíke; símilar (to); būti ~iam be* like, resémble.

panaudo || jimas use, ùtilizátion; ~ti use, útilize; emplóy.

paneig || imas negátion; deníal; ~ti dený, discláim.

paniek || a contémpt, scorn, disdáin; ~inamas disdáinful, scórnful; ~inti disdáin, scorn.

papėd || ė (kalno ir pan.) foot; kalno ~ėje at the foot of a móuntain.

papeik || imas réprimànd; (priekaištas) repróof; ~ti réprimànd, repróve, rebúke.

papild || ymas addítion; replénishment; ~yti replénish; fill up; (pridėti) add, súpplemènt; ~omai in addítion.

papirk || imas bríbery; ~ti bribe.

paplūdimys beach.

paprastas 1. (įprastas) úsual ['ju:ʒ-]; 2. (eilinis) órdinary, cómmon; plain; 3. (nesudėtingas) símple.

paprotys cústom.

papūga párrot.

papuoš || alas adórnment, dècorátion, órnament; ~ti adórn, décorate.

paragauti taste, sámple.

paraiška (kam gauti) claim (for), àpplicátion (for).

parama suppórt, máintenance.

parašas sígnature; padėti ~ą write*/ put* one's sígnature.

pardav || ėjas séller; (parduotuvėje) sálesman; shóp assístant; ~ėja (parduotuvėje) sáleswoman, shóp assístant; ~imas sale, sélling.

parduoti sell*; p. kreditan sell* on crédit; p. už grynus pinigus sell* for cash.

pareig || a dúty, òbligátion; ~ybė post; ~ingas dútiful.

pareikšti decláre, state.

pareiškimas 1. (raštu) àpplicátion; 2. (oficialus pranešimas) státement, dèclarátion.

parengiam || **asis** prepáratory; ~ieji kursai prepáratory course(s).
pargriūti fall* down, túmble.
parink || **imas** seléction; ~ti seléct, choose*.
paroda èxhibítion, show.
parodym || **as** (liudytojo) téstimony, évidence; duoti ~us téstify; give* évidence (of).
parteris (pirmosios eilės) the stalls pl; (užpakalinės eilės) the pit.
paruošt || **as** prepáred, réady; ~i 1. (kam) prepáre (for); 2. (mokyti) train; 3. (padaryti) prepáre, make*; p. pietus make*/ prepáre dínner; p. pamokas do* one's hómework.
pasak || **a** fáiry-tàle; sekti ~as tell* fáiry-tàles/ tales.
pasako || **jimas** narrátion, stóry, tale; ~ti narráte (abóut), tell* (of); ~tojas, -a narrátor, stóry-teller.
pasaulėžiūra world óutlook; philósophy of life.
pasaulis 1. world; 2. (visata) úniverse.
pasenti (apie žmogų) get*/ grow*/ becóme* old.
pasiauko || **jimas** sèlf-sácrifice; renùnciátion; ~ti sácrifice onesélf.
pasibaig || **imas** end; (termino) tèrminátion, èxpirátion; ~ti come* to an end; be* óver; (apie terminą) términate, expíre.
pasiduoti (kam) surrénder (to); yield [ji:ld] (to); p. pagundai yield to temptátion.
pasiekti 1. reach; 2. (iškovoti) attáin, achíeve.
pasielg || **imas** áction, act, deed; ~ti 1. act, do*; 2. (su kuo) treat (smb, smth), deal* (with).
pasienis (valstybės) fróntier; bórder.
pasigailėti 1. take*/ have* píty (on); 2. (dovanoti) párdon, forgíve*.
pasigesti miss (smth, smb).
pasikalbė || **jimas** talk, cònversátion; ~ti have* a talk/ chat (with about); ~ti telefonu speak* óver/ on the télephone.
pasikėsin || **imas** attémpt; ~ti make* an attémpt (on), attémpt; ~ti į kieno gyvybę attémpt upón smb's life.
pasikliauti (kuo) relý (upón), count (on, upón), depénd (upón).
pasilikti 1. remáin, stay; 2. (sau) keep*/ resérve (for onesélf).
pasimaty || **mas** méeting, appóintment; date; paskirti ~mą

fix/ make* an appóintment/ date.

pasipeln || ymas gain, prófit; ~yti prófit (by).

pasipiktin || ęs indígnant; ~imas ìndignátion; ~ti becóme*/ be* indígnant (at smth, with smb).

pasipirš || imas propósal; ~ti propóse (to).

pasipriešin || imas resístance; òppositíon; ~ti show*/ óffer resístance, oppóse.

pasiraš || ymas 1. (parašo dėjimas) sígning; 2. subscríption; ~yti sign (one's name); 3. (paskolą ir pan.) subscríbe (for, to).

pasiremti prk. (nurodyti pagrindą) refér (to); base onesélf (on).

pasirinkti choose*/ seléct/ pick; make* one's choice.

pasiryž || imas rèsolútion; detèrminátion; ~ti detérmine, resólve.

pasirod || ymas 1. appéarance; 2. (scenoje) perfórmance; ~yti 1. appéar; 2. (paaiškėti) turn out to be; 3. (scenoje) appéar, perfórm.

pasirūpinti (kuo) take* care (of), look (áfter); see* (to).

pasisak || ymas 1. (pareiškimas) státement; 2. (kalba) speech, spéaking; 3. (oficialus) addréss; ~ti (susirinkime ir pan.) speak* at a méeting; addréss a méeting; 4. (už, prieš) speak* (for, agáinst).

pasisek || imas succéss; good luck; ~ti be* a succéss.

pasiskolinti bórrow.

pasistengti make* éfforts; try, do* one's best.

pasisvečiuoti stay (with smb); be* on a short vísit.

pasisveikin || imas gréeting, salúte; ~ti gréet, hail, exchánge gréetings.

pasišvent || ęs dédicated; ~imas devótion (to).

pasišvęsti devóte/dédicate onesélf (to).

pasitar || imas cónference; méeting; ~ti (su) consúlt (smb).

pasiteisin || imas 1. jùstificátion; 2. (pasiaiškinimas) excúse [ɪkˈskju:s]; ~ti jústify onesélf; make* excúses [-sɪz].

pasitenkin || imas sàtisfáction, gràtificátion, contént; ~ti be* sàtisfied (with).

pasitik || ėjimas cónfidence, trust, relíance; ~ėti (kuo) confíde (in), trust, relý (on, upón).

pasitikti 1. meet*; 2. (priimti) recéive [-ˈsi:v].

pasitobulin || **imas** impróvement, perféction; ~ti perféct onesélf (in); impróve onesélf.

pasiūla ekon. supplý; p. ir paklausa supplý and demánd.

pasiūl || **ymas** 1. suggéstion [-stʃn], óffer; propósal; ~yti 1. óffer; p. darbą óffer a job; 2. (svarstyti ir pan.) suggést; propóse.

pasiuntin || **ybė** émbassy; ~ys, -ė 1. méssenger; 2. (valstybės atstovas) énvoy.

pasivaikščio || **jimas** walk; stroll; eiti ~ti go* for a walk/ stroll.

pasivažin || **ėjimas** drive; p. dviračiu ride; ~ėti go* for a drive/ ride.

pasivėlinti be* late (for); p. į mokyklą be* late for school;

pasivyti òvertáke*, catch* up (with).

paskait || **a** léctture (on, abóut); lankyti ~as atténd léctures; skaityti ~ą give*/ delíver a lécture.

paskambinti ring*; (telefonu) ring*/ call (smb) up.

paskatin || **imas** stìmulátion; encóuragement; ~ti stímulate, encóurage, prompt.

paskelb || **imas** dèclarátion; pròclamátion; ~ti declàre, annóunce; (spaudoje) públish; p. karą decláre/ procláim war (on).

paskirst || **ymas** dìstribútion, allótment; àllocátion; ~yti allót; distríbute, állocàte; ~yti pelną allót/ distríbute prófits.

paskirti 1. p. dieną fix/ appóint a day; p. bausmę inflíct a pénalty; p. pasimatymą make* a date; 2. (suteikti) allót, assígn; (premiją) awárd; p. pensiją grant a pénsion; 3. (vaistus) prescríbe.

paskirt || **is** púrpose; naudoti pagal ~į use smth for its próper púrpose.

paskol || **a** loan; duoti kam ~ą grant a loan to smb; ~inti lend*; loan amer.

paskutin || **is** 1. last; (galutinis) fínal; 2. (naujausias) látest; ~ės žinios látest news.

paslapt || **ingas** mystérious; ~is 1. mýstery; 2. (kas slepiama) sécret.

paslaug || **a** sérvice; padaryti kam ~ą do*/ rénder smb a sérvice; ~us oblíging, hélpful.

pasmerkti 1. condémn, doom; teis. convíct; 2. (nepritarti) dìsappróve.

pastab || **a** remárk, òbservátion;

padaryti ~ą make* a remárk; ~us obsérvant.

pastang || a éffort; dėti visas ~as make* évery éffort.

pastatas buílding, strúcture.

pastebėti (pamatyti) nótice, catch* sight (of); see*.

pastov || umas cónstancy, stabílity; ~us cónstant, stéady.

pasveikin || imas 1. gréeting; salúte; 2. (kokia nors proga) congràtulátion; ~ti 1. greet, wélcome; 2. (kokia nors proga) congrátulate (on).

pasveikti recóver, get* bétter.

pašalinti remóve; (iš darbo) dismíss; (iš mokyklos) expél, exclúde; (panaikinti) elíminate.

pašalp || a grant, súbsidy, allówance, bénefit; paskirti ~ą grant an allówance.

pašt || as 1. post; ~o dėžutė póstbox; ~u by post; 2. (įstaiga) póst office; ~ininkas póstman.

pataikauti tóady (to); (gerintis) ingrátiate onesélf [-ʃɪeɪt] (with), fawn [ɔ:] (upon).

pataisa (projekte ir pan.) améndment; įstatymo projekto p. améndment to a bill.

patais || ymas 1. corréction; 2. (suremontavimas) repáir(ing), ménding; ~yti 1. corréct; ~yti klaidą corréct a mistáke; 2. (suremontuoti) repáir, mend.

patalpa (gyvenamoji) lódging, room; (įstaigos) prémises.

patar || ėjas, -a advíser, cóunsellor; ~imas advíce, cóunsel.

patarlė próverb, sáying.

patarti advíce; cóunsel.

pateikti 1. presént; (parodyti) prodúce; p. ataskaitą presént a repórt; 2. (duoti) give*.

pateisin || imas jùstificátion; ~ti jústify.

patenkin || amas sàtisfáctory; ~tas sátisfied, pléased (with); ~ti sátisfy.

patėvis stépfather.

patiekalas dish; (pietų dalis) course.

patikimas relíable; trústworthy.

patikrin || imas 1. (kontrolė) chéck ùp, control; 2. (žinių, sveikatos) exàminátion; ~ti 1. (faktus) vérify, check; 2. (apžiūrėti, ištirti) exámine.

patikti (kam) please (smb); like (smb/smth).

patyrimas expérience, knówhow.

patog || umas convénience, cómfort; ~us convénient; cómfortable.

patrauklus attráctive; (apie žmogų t.p.) engáging.

patraukti 1. (virvę ir pan.) pull, draw*; 2. attráct; p. kieno dėmesį attráct/ draw* smb's atténtion; 3. teis.: p. į teismą bring* to trial.

patvarus stéadfast, stéady, stáble.

patvirtin || imas cònfirmátion; gavimo p. acknówledgement; ~ti confírm; (sankcionuoti) appróve; (paktą) rátify, ~ti parašą wítness/ attést a sígnature.

paukš || tis bird; ~čių ferma póultry farm.

pavadin || imas 1. name; 2. (knygos) títle; ~ti 1. call; (duoti vardą) name; 2. (duoti antraštę) entítle, head.

pavaduot || i (ką) act (as, for); súbstitute (for); ~ojas, -a súbstitute, próxy; députy; direktoriaus ~ojas députy/ assístant diréctor; pirmininko ~ojas vìceprésident.

pavaišinti treat (to); (svečius) èntertáin.

pavaldus (esantis kieno žinioje) subórdinate (to), súbject (to).

pavardė (súr)name, fámily name, lást name amer.

pavasar || is spring; ~į in spring.

pavedim || as commíssion, érrand; (diplomatinis) míssion; duoti ~ą charge.

paveiksl || as 1. (menininko) páinting, pícture, cánvas; ~ų galerija pícture gàllery; 2. (vaizdas) pícture, scene.

paveldas héritage, légacy.

paveldė || jimas inhéritance; ~ti inhérit; ~tojas inhéritor; heir [eə]; ~toja héiress.

paversti (kuo) convért (ínto), transfórm (ínto), turn (to, ínto).

pavesti (kam ką) charge/ commíssion (smb with).

pavidalas shape, form.

pavyd || as 1. énvy; 2. (dėl meilės) jéalousy [ˈdʒe-]; ~ėti 1. (kam ko) énvy (smb smth); 2. (pavyduliauti) be* jéalous; ~us énvious, jéalous.

pavirš || ius súrface; ~utiniškas sùrperfícal; (apie žmogų t.p.) shállow.

pavyti 1. catch* up (with), òvertáke*; 2. (pavaryti šalin) drive* awáy.

pavyzdingas exémplary; módel; p. vaikas módel child.

pavyzd || ys 1. ínstance, exámple; 2. (medžiagos) páttern; (prekių) sámple, spécimen; ~žiui for exámple.

pavoj || ingas dángerous; ~us dánger.

pažad || as prómise; ištesėti ~ą keep* a prómise; ~ėti prómise.

pažang || a prógress; ~us progréssive, advánced.

pažei || dimas 1. breach; (įstatymo) vìolátion, infríngment; ~sti (tvarką ir pan.) break*, distúrb; (įstatymą) víolate.

pažyma réference, certíficate.

pažymėjimas (dokumentas) certíficate; gimimo p. certíficate of birth.

pažymys (mokyklinis) mark.

pažįstamas 1. bdv. famíliar; 2. dkt. acquáintance.

pažiūra (nuomonė) view, óutlook, (nusistatymas) áttitude.

pečiai shóulders.

pėda foot.

pėdsakas 1. track; (žmogaus t.p.) fóotprint, fóotstep; 2. perk. trace, sign.

peikti blame, rèprehénd.

peilis knife; stalo p. táble knìfe; virtuvės p. kítchen knìfe.

peizažas 1. (paveikslas) lándscape; 2. (gamtovaizdis) view, lándscape, scénery.

pel || ė mouse; gaudyti ~es catch* mice.

pelėda owl.

pelenai áshes.

peln || as prófit, gain; retúrn; duoti ~o yield/ show* a prófit; ~ingas prófitable, páyable.

penk || i five; p. šimtai five húndred; p. tūkstančiai five thóusand; ~iasdešimt fífty; ~iasdešimtas fíftieth; ~iolika fìftéen; ~ioliktas fìftéenth; ~tas fifth.

pensija pénsion; senatvės p. óldàge pénsion; išeiti į ~ją retíre on a pénsion, be pénsioned off.

per 1. (vietai žymėti) through, acróss; 2. (laikui) in, within, dúring; p. dvi dienas in/ withín two days; 3. (priežasčiai) through, becáuse; p. mano klaidą through my fault; 4. (virš saiko) too; p. šalta too cold.

perdėti 1. exággerate, òverstáte; 2. (į kitą vietą) put*/ place sómewhere else.

perduoti 1. pass, give* (over); 2. (turtą, teises) trànsfér.

pereinamasis transítional; p. laikotarpis transítional périod.

pereiti 1. cross, get* acróss; p. gatvę cross a street; 2. (baigus vieną imtis kito) procéed (to).

perėjimas pássage, transítion.

pergalė víctory, tríumph; pasiekti p. gain/ win the víctory.

pergyven || imas expérience; ~ti (patirti) expérience, live/ go* through.

perimti (patyrimą ir pan.) adópt, take*; (pareigas) take* óver.

perkelti 1. (į kitą miestą ir pan.) transfér, move; 2. (mokinį į aukštesnę kl.) promóte; 3. (per upę) take* acróss.

perkūn || as thúnder; ~ija thúnderstorm.

perlaida remíttance; pašto p. póstal órder.

perlaik || ymas (egzamino) rè-exàminátion; ~yti retàke*/ resít an exàminátion.

permain || a change, àlterátion; ~ingas chángeable.

permok || a òverpáy; ~ėti óverpáy (to).

perregistravimas rèregistrátion.

perrinkimas (valdybos ir pan.) rè-eléction.

perriš || imas (žaizdos) dréssing, bándaging; ~ti bándage, dress.

persekio || jimas pèrsecútion; ~ti pérsecute; (teismo keliu) prósecute.

persikas peach.

persišald || ymas cold, chill; ~yti catch* cold; take*/ catch* a chill.

persišviesti 1. (būti permatomam) be* translúcent; 2. (rentgenu) be* X-ráyed.

persitvark || ymas rèstrúcturing; reòrganizátion; ~yti rèstrúcture; refórm, reórganize.

persodin || imas žem., med. trànsplantátion; (gyvo audinio) gráfting; ~ti 1. (ką į kitą vietą) move (to); 2. žem., med. transplánt; (gyvą audinį) graft.

perspėti warn (against); cáution ['kɔːʃn] (against).

perš || alimas cold, chill; ~alti catch* cold, get* a cold.

peršlapti get* wet/ soaked.

peršvie || sti med. X-ray; ~timas X-ray exàminátion; ràdioscópy.

perteik || imas réndering; ~ti (vaizduoti) rénder, convéy.

perteklius súrplus, redúndancy; (gausumas) abúndance.

portrauka ínterval, break.

pertvarky || mas reòrganizátion, rèconstrúction; ~ti reórganize, rèconstrúct, refórm.

perversmas rèvolútion, upheával; valstybinis p. coup.

peržiūr || a (filmo ir pan.) view; revíew; ~ėti (iš naujo) look óver/ through; ~ėti nutarimą revíse a decísion.

pėsč || **ias(is)** pedéstrian; ~iomis on foot; eiti ~iomis go* on foot, walk.

peteliškė bútterfly.

piemuo shépherd.

pien || **as** milk; ~o produktai milk próducts; ~inė dairy ['deərı].

piešt || **i** draw*; pícture; ~ukas péncil; p. pieštuku draw in péncil.

pietauti have* one's dínner; dine.

piet || **ūs** 1. dínner; kviesti ką ~ų ask/ invíte to dínner; 2. (vidurdienis) noon, mídday; po ~ų in the àfternóon; 3. south; vykti į ~us go* south.

pieva méadow.

pigus cheap; (apie kainas) low.

pikt || **as** 1. ángry; 2. (blogas, rūstus) malícious, spíteful.

pykt || **i** (ant ko) be* ángry (with); ~is dkt. spite, málice; ánger.

piktnaudž || **iauti** abúse; ~iavimas abúse, misúse.

piliet || **ybė** cítizenship; ~inis cívic, cívil; ~is, -ė cítizen.

pilis cástle.

pilkas grey.

pilname || **tis** ádult; pasiekti ~tystę come*/ be* of age.

pilnas 1. full; 2. (visas) compléte, tótal; 3. (visiškas) pérfect, ábsolute; 4. (apkūnus) stout, plump.

pilti pour; p. pieną į puoduką pour milk into a jug.

pilv || **as** stómach, bélly, ábdomen; skaudėti ~ą to have* a stómache àche.

pinig || **as** 1. (moneta) coin; 2. móney; gryni ~ai réady móney sg; cash sg; 3. (kapitalas, lėšos) cúrrency.

pinigin || **ė** purse; (popieriniams pinigams) wállet, pócket-book; ~is móney, mónetary; ~is vienetas mónetary únit.

pinti weave*; twine; (kasas) braid, plait [plæt].

pipir || **as** pépper; ~inė pépperbòx.

pyrag || **aitis** pástry, cake; ~as pie, cake.

pirkti buy*, púrchase.

pirmadienis Mónday.

pirm || **as** first; balandžio ~oji the first of Ápril.

pirmenyb || **ė** 1. préference; (pranašumas) adývantage; 2. dgs. sport. chámpionship; ~inis priórity.

pirmyn fórward.

pirminink || **as** cháirman, cháirperson; ~ė chairwoman, cháirperson; ~auti presíde (at/ óver) a méeting.

pirminis prímary; (pradinis) inítial.
pirštas fínger; (kojos) toe.
pirštinė glove [-ʌv]; (kumštinė) mítten.
pirtis bath; (pastatas) báthhouse.
pjauti 1. (peiliu) cut*; knife; (mėsą) carve; (riekėmis) slice; 2. (javus) reap; 3. (šieną) mow, cut*.
pjesė 1. lit. play; 2. muz. piece.
plakti 1. (mušti) flog, thrash; 2. (apie širdį) beat*, throb; 3. (kiaušinius) whip, whisk.
plaktukas hámmer.
plat || us wide; broad; ~ūs pečiai broad shóulders; ~aus vartojimo prekės consúmer goods.
plauč || iai lungs; ~ių uždegimas pneumónia.
plauk || as hair; žili ~ai grey hair sg.
plaukti 1. (apie žmogų, gyvulį) swim*; 2. (apie debesis) float, drift; (apie laivą) sail.
plauti wash; (gerklę) gárgle.
plentas híghway, híghroad.
plėsti wíden, bróaden.
plėšikas róbber; (kuris įsilaužia) búrglar.
plėto || jimas devélopment; ~ti devélop.
plienas steel; nerūdijantis p. stáinless steel.
plik || as 1. (be plaukų) bald; 2. (nuogas) náked, nude, bare; ~os kojos bare legs; p. kūnas náked bódy; ~ti grow*/ go* bald.
plyt || a 1. brick; 2. (viryklė) kítchen range; ~elė (šokolado ir pan.) bar.
plojimas appláuse, cláp(ping) sg.
plokščias flat; (apie paviršių) plain.
plokštė slab, plate; betono p. cóncrete slab.
plomb || a med. stópping, fílling; ~uoti stop/ fill a tooth.
plonas thin; (laibas) slénder, slim.
plotas (apimtis) área; (erdvė) space; gyvenamasis p. líving/ dwélling space; flóorspàce.
plunksna 1. (paukščio) féather; 2. (rašymui) pen.
pluta crust; duonos p. crust of bread.
pobūvis párty, sócial.
podukra stépdaughter.
poelgis act, deed, áction.
poils || iauti rest; ~iautojas, -a hóliday-màker; ~is rest.
poliklinika health céntre.

pokšt || as trick, joke; iškrėsti kam ~ą play a trick on smb.
polit || ika pólitics; (kursas) pólicy; ~ikas pòlitícian; ~iškas, -a polítical.
pomidor || as tomáto; ~ų sultys tomáto juice.
popier || ius páper; ~iaus fabrikas páper-mìll.
popietė àfternóon.
popiežius Pope.
pora pair, cóuple.
porcija pórtion; (valgis) hélping.
poreikis need, requírement.
portfelis bríefcase; bag.
posėdis sítting, méeting.
posūkis turn, túrning.
posūnis stépson.
potvark || is decrée; išleisti ~į íssue a decrée.
potvynis flood.
požymis sign, ìndicátion.
požiūris stándpoint; point of view.
prabang || a lúxury; ~us luxúrious.
pradėti (ką) begin* (smth, + to inf., + ger.), start (smth, + to inf., + ger.).
pradin || is èleméntary; ~ė mokykla prímary schóol; èleméntary schóol amer.
pradurti prick, pierce; (padangą) púncture.
pradž || ia begínning, óutset.
praeiti pass; (pro šalį) go* by/ past.
praeitis the past, býgones.
praeivis pàsser-bý.
pragyven || imas líving; ~ti make* a líving.
prakait || as sweat, pèrspirátion; ~uoti sweat, perspíre; ~uotas swéaty.
pralaimė || jimas loss, deféat, ~ti lose*, be* deféated.
praleisti 1. (susirinkimą ir pan.) miss; 2. (laiką) spend*, pass.
pramoga amúsement, èntertáinment.
pramon || ė índustry; ~inės prekės mànufáctured/ indústrial goods.
pranaš || auti fòretéll, predíct; ~autojas, -a fòretéller, fòrerúnner; ~ystė próphecy, predíction.
pranašumas advántage, sùperiórity.
praneš || ėjas, -a 1. repórter, spéaker; 2. (lektorius) lécturer; ~imas 1. (žinia) repórt, ìnformátion; 2. (mokslinis) páper (on); (apie susirinkimą ir pan.) nòtificátion, nótice.
pranešti 1. (kam ką) infórm (smb of), let* (smb) know; 2.

(apie susirinkimą ir pan.) nótify, infórm.

prarasti lose* [lu:z]; be* deprívẹd (of); p. viltį lose* hope.

prasidėti begín*, start; set in; susirinkimas prasideda šeštą valandą the méeting begíns at six.

prasm || ė sense; méaning; tam tikra ~ę in a sense.

prašym || as 1. requést; 2. (rašytinis) àpplicátion.

prašyti (ką ko) ask (smb for smth), beg (smb for smth).

pratęsti prolóng, exténd; p. terminą prolóng the term.

pražūting || as, -a rúinous, disástrous; ~os pasekmės rúinous/ fátal efféets.

pražūtis rúin, destrúction.

prekė goods pl; ekon. commódity.

prekiauti (su kuo) trade (with); (kuo) deal* (in).

prekyb || a trade; (stambi) cómmerce; ~inis commércial; ~inė atstovybė trade míssion.

premija prémium; (piniginė) bónus; (prizas) prize.

premijuoti gíve*/ awárd a bónus, prémium; awárd a príze.

premjera teatr. first/ ópening night, prémiere ['premeə].

prenumer || ata subscríption; laikraščių p. subscríption to néwspapers; ~atorius subscríber; ~uoti subscríbe (to).

pretenz || ija claim, preténsion; pareikšti ~iją make* a claim; ~ingas preténtious, assúming.

prieblanda twílight; dusk.

priedanga cóver; (prk. t.p.) screen, cloak.

prieglobstis shélter, réfuge, asýlum.

prieiti (prie) come* up (to), appróach (smth, smb).

priekaišt || as repróach, rebúke; ~auti repróach (smb with/ for).

priemiestis súburb, óutskirts (of the town).

priėmimas 1. (svečių) recéption; 2. (į mokyklą) admíssion (to); 3. (rezoliucijos ir pan.) adóption.

priemon || ė means sg. ir pl; susisiekimo ~ės means of commùnicátion; (būdas) méasure ['meʒə].

priepuolis fit, attáck.

priesaika vow, oath; duoti ~ą make*/ take* an oath.

prieš befóre, in front of; (priešais) ópposite.

priešakinis 1. front, fore; 2. prk. fórward, advánced.

priešas énemy.
priešingybė cóntrast, òpposítion.
priešintis oppóse; resíst.
priešišk || as hóstile; ~umas énmity, hostílity.
prieštar || auti (kam) còntradíct (smb, smth); (pasisakyti prieš) objéct (to); ~avimas còntradíction; ~ingas còntradíctory.
prietaisas àpparátus; devíce, ínstrument.
prievart || a compúlsion; per ~ą under compúlsion.
priežastis cause, réason; sprogimo p. cause of explósion.
prigimt || is náture; iš ~ies by náture.
priimti 1. (imti) take*, accépt; 2. (svečius) recéive; 3. (balsavimu patvirtinti) pass, adópt; p. įstatymą pass a law; ~nas accéptable.
priklausyti 1. (kam) belóng (to); 2. (nuo ko) depénd (on).
priminti 1. (kam ką) remínd (smb of/ abóut); 2. (būti panašiam) resémble.
primokė || jimas éxtra, additíonal páyment; ~ti pay* the éxtra/ excéss.
pripažin || imas acknówledgement, rècognítion; ~ti acknówledge, récognize.
prisiekti make* a vow; take*/ swear* an oath.
prisiminti remémber, rècolléct, recáll.
prisipažin || imas conféssion; ~ti conféss.
prisiriš || ęs, -usi (prie ko) attáched (to); ~imas attáchment (to, for); ~ti (jausti simpatiją) becóme*/ be* attáched (to).
prisitaik || ėlis, -ė tímesèrver; ~ėliškas, -a tímesèrving; ~ymas àdaptátion; ~yti (prie ko) adópt/ adjúst onesélf (to).
prislėgtas depréssed, dispírited.
pritaik || ymas àdaptátion; àpplicátion; ~yti (priderinti) fit (to); adápt (to).
pritaisyti fix (to), attách (to).
pritar || imas appróval; ~ti appróve (of); nepritarti dìsappróve (of).
privalomas oblígatory, compúlsory.
priversti 1. compél, force, make*; 2. (krūvą) heap.
prižiūrė || jimas 1. care, lóoking áfter; 2. sùpervísion; ~ti (rūpintis) look (áfter), nurse.
pro 1. through; 2. (šalia) by.
procent || as per cent; ~inis (duodąs procentus) ínterestbèaring.

proga occássion, chance; (tinkama) òpportúnity.
prokur || atūra (įstaiga) públic prósecùtor's óffice; ~oras públic prósecùtor.
prot || as mind, (sumanumas) intélligence; (intelektas) íntellect; išeiti iš ~o go* mad; ~ingas cléver, intélligent; ~inis méntal, ìntelléctual.
protokol || as mínutes; (teismo) récord; rašyti ~ą take* the mínutes.
pulti (priešą) attáck, assáult.
punktas 1. point; 2. (organizacinis centras) státion; 3. (paragrafas) páragraph, ítem; point.
puod || as pot, pan; ~elis cup, mug.
puoselėti chérish, fóster.
puoš || nus, -i smart, wèll-dréssed; (puikus) spléndid; ~ti adórn, décorate, órnament.
pup || a bean; kavos ~elės cóffebeans.
purv || as mud; (nešvarumai) dirt, filth; ~inti soil, dírty.
pusė 1. half; part; p. tiek half as much; 2. (šalis) side; (kryptis) diréction.
pusiausvyra èquilíbrium, bálance; išlaikyti ~ą keep* one's bálance.
puslap || is page; penktame ~yje on page five.
pusryč || iai bréakfast; ~iauti have* bréakfast.
pusseserė (first) cóusin [ˈkʌzn].
pūsti blow*.
pusvalandis half an hour.
puta foam; (alaus) froth; (muilo) láther.
pūti rot, decáy.
puto || tas fóamy; (apie alų) fróthy; ~ti foam; (apie alų) froth.

R

radij || as rádio, wíreless; klausyti ~o lísten in, lísten to the rádio.
raginti incíte, urge.
raidė létter, cháracter.
raižy || ba cárving; engráving; ~ti (medyje) carve (on), engráve (on); (stiklą) cut*.
rajonas 1. (administracinis) dístrict; (miesto) ward; 2. (vietovė) région, área.
rakt || as key; automobilio ~eliai the car keys.

ram || ybė rest, peace; ~us calm, quíet.
rank || a 1. (plaštaka) hand; (nuo plaštakos) arm; ~ena hándle, knob; ~inis laikrodis wrístwàtch; ~inukas hándbag.
rankšluostis tówel.
rasti find*; (atskleisti) discóver.
rašal || as ink; ~inė ínk-pòt.
rašyt || i write*; ~ojas wríter, áuthor.
rašt || as 1. wríting; (rašysena) hándwríting; ~u in wríting; 2. (oficialus) létter, páper; 3. (audeklo) páttern; ~ingas líterate.
ratas wheel; atsarginis r. spare wheel.
ratelis (žmonių) círcle, socíety; group; dramos būrelis dráma socíety/club/group.
raudon || as red; ~uoti rédden.
raukšl || ė 1. (veido) wrínkle; 2. (drabužio) crease, fold; ~ėtas wrínkled.
recenz || entas reviéwer; ~ija reviéw; ~uoti reviéw, críticize.
receptas 1. (kul.) récipe; 2. (gydytojo) prescríption.
redaguoti édit.
redak || cija 1. (apdorotas tekstas) wórding; 2. (redaktorių kolektyvas) èditórial staff; 3. (patalpa) èditórial óffice; vyriausiasis ~torius éditor-in-chief.
regėjimas sight; éyesìght.
reginys view; sight, spéctacle.
reglament || as (įstatymas) règulátions pl.; ~uoti régulàte.
reikal || as affáir; búsiness, mátter; ~ui esant in case of need.
reikal || auti (iš) demánd (of, from), claim (from); (ko) insíst (on + ger.); ~avimas 1. demánd; 2. (norma) stándards, requírements; atitikti ~avimus meet* the requírements.
reikaling || as nécessary; ~umas necéssity, need.
reikšm || ė méaning, sense, signíficance; ~ingas signíficant.
reikšti 1. mean*, sígnifý; 2. (turėti reikšmės) mátter; 3. (išreikšti žodžiais) expréss.
reklam || a advértisement; (kaip priemonė) publícity; ~uoti ádvertìse, públicize.
rėkti cry, shout.
rėmėjas suppórter, spónsor.
remont || as repáir(s); máintenance amer.; ~uoti repáir, rèfít.
remti (palaikyti) suppórt; (kandidatūrą) back up; ~s (laikyti pagrindu) base onesélf (on).
reng || imas (susirinkimo ir pan.) òrganizátion, arránge-

ment; ~ti (susirinkimą) arránge; ~tis (egzaminams) revíse (for).

repeticija rehéarsal; generalinė r. dress rehéarsal.

restoranas réstaurant.

ret || as 1. (netankus) thin, sparse; ~a barzda sparse beard; 2. (nedažnas) rare, uncómmon.

reviz || ija inspéction, áudit(ing); ~orius áuditor.

režis || ierius, -ė prodúcer; stáge mànager; (kino) diréctor; ~uoti prodúce, stage.

riaušės polit. distúrbance(s), ríot.

rib || a límit; ~otas límited; (apie žmogų) nárrow(-mínded); ~oti límit, restríct; ~otis (su) bórder (on), adjóin (smth).

riebal || ai fat sg.; (taukai) grease; ~uotas fátty, gréasy.

rieb || us 1. fat; ~i mėsa fat meat; 2. (apie valgį) rich; ~i sriuba rich soup.

riešut || as nut; ~auti go* nútting.

rimtas sérious, éarnest.

rink || a márket; ~os kaina márket price.

rinkėjas, -a 1. (rinkimuose) eléctor, vóter; 2. (kas ką nors renka) colléctor, gátherer.

rinkimai eléction sg., eléctions; visuotiniai r. géneral eléction; (patalpa) pólling státion.

rinkinys colléction, set.

rinkti 1. gáther, colléct; r. pinigus colléct móney; 2. (balsuojant) eléct.

ryšys 1. (tarpusavio) connéction; 2. (bendradarbiavimas) relátion; ties; cóntact.

ryšulys pácket, párcel; búndle.

ryt || ai the east; ~uose in the east.

ryt || as mórning; ~ą in the mórning.

rytdiena tomórrow.

rytinis 1. éast(ern), éasterly; 2. (ryto) mórning; r. vaidinimas mórning perfórmance.

rizik || a risk; házard; ~ingas rísky; ~uoti risk, run*/ take* the risk (of).

ryžiai pl. rice.

ryž || tas rèsolútion; ~tingas résolute; firm, detérmined.

rodyti 1. show*; 2. (žinias, sugebėjimus) show*, displáy.

rog || ės sledge sg; sleigh sg; ~utės sled(ge) sg, tobóggan sg; važinėtis ~utėmis tobóggan.

romanas 1. nóvel; 2. (meilės santykiai) love affáir.

ropė túrnip.

rotušė town hall.

rūb || ai clothes; ~inė clóak-room.
rudas brown; (apie plaukus) red.
rud || uo áutumn; fall amer.; ~enį in áutumn.
rug || pjūtis Áugust; ~sėjis Septémber.
rūkas mist, fog.
rūk || ymas smóking; (mėsos) cúring in smoke; ~ytas, -a smoked; ~yti 1. smoke; 2. (mėsą) smoke, cure in smoke; (žuvį) bloat; ~ytojas, -a smóker.
rūmai 1. pálice sg. mánsion; 2. (įstaigos) chámber; prekybos r. Chámber of Cómmerce; kultūros r. commúnity céntre.
rungtyn || ės pl. còmpetítion sg.; cóntest sg.; (tarp komandų) match sg.; game sg.; ~iauti compéte (with, in), conténd (with, for).
ruoša (namų) hóusekeeping.
rūpestingas cáreful, thóughtful.
rūpestis anxíety, tróuble.
rūpin || imasis care (for, of), concérn (for); ~tis look (áfter), take* care (of).
rūšis 1. (prekių kategorija) quálity, grade; 2. (pobūdis) sort, kind.
rutul || ys 1. ball; sphere; Žemės r. the globe, sphere; 2. sport. shot; ~io stumimas shót-put.

S

sag || a bútton; skylutė ~ai bútton-hòle; ~styti bútton (up).
saik || as 1. méasure ['meʒə]; 2. (nuoseklumas) mòderátion; ~ingas, -a móderate, témperate.
sąjūdis móvement.
sąjunga 1. (susivienijimas) únion, allíance; 2. (organizacija) únion, league.
sak || yti say* (to); (pasakyti) tell*; (kalbą) speak*; tiesą ~ant to tell the truth.
sala ísland; isle [aɪl].
sald || ainis sweet, cándy amer.; ~us sweet.
salė hall; aktų s. assémbly hall; gimnastikos s. gymnásium.
sąlyg || a condítion; (sutarties ir pan.) term; su ~a, kad on/ únder condítion that; províded; ~oti condítion; stípulate (by).
salot || a 1. léttuce; 2. (valgis) sálad; ~inė sálad-dish.
sąmat || a éstimate; sudaryti ~ą draw*/ make* up an éstimate.

samdyti hire, emplóy, engáge.
sąmoksl || as plot, conspíracy; ~ininkas conspírator, plótter.
sąmon || ė cónsciousness; ~ingas cónscious.
sandėr || is transáction, bárgain, deal; sudaryti ~į do*/ arránge a deal; strike* a bárgain.
santyk || is relátion; relátionship; íntercourse; diplomatiniai ~iai dìplomátic relátions.
santuoka márriage.
santvarka sýstem, órder, valstybės s. státe sýstem.
sapn || as dream; ~uoti dream* (abóut, of).
sąraš || as list; įtraukti į ~ą énter in a list.
sargyb || a watch, guard; garbės s. guard of hónour; ~inis séntry, séntinel.
sąsiuvinis wríting book; (mokyklinis) éxercise book.
sąskait || a 1. (už prekes) bill; accóunt; 2. buh. accóunt, atidaryti ~ą ópen an accóunt (with); 3. (tarpusavio pretenzijos) accóunts, scores; ~ininkas accóuntant.
saugykla 1. stórage, depósitory; 2. (vandens) stórage, réservoir.
saug || umas sáfety; (visuomenės) secúrity; ~us safe.
saul || ė sun; ~ės šviesa súnlight; ~ėtas súnny.
sausainis bíscuit, crácker.
sausas dry; s. vynas dry wine.
sausis Jánuary.
sausra drought [draʊt], dry.
savait || ė week; ~galis wèekénd.
savanaud || is sélfish pérson; ~iškas, -a sélfish; ~iškumas sélfishness.
savanor || is vólunteer; ~iškas vóluntary.
savarankiškas ìndepéndent, oríginal; s. darbas oríginal work.
savi || kaina cost; cost price; parduoti pagal ~kainą sell* at cost price; ~kritika sèlf-críticism.
savininkas propríetor, ówner; hólder.
savitas distínctive, oríginal.
savi || valda sèlf-góvernment; ~valdybė ìnstitútion of lócal admìnistrátion/ góvernment; lócal authórity.
saviveikl || a ámateur actívities; ~ininkas ámateur perfórmer; ~inis ámateur; ~inis menas ámateur art.
sąžin || ė cónscience; ~ingas hónest, cónsciéntious.
scena 1. (teatre) stage; 2. (veiksmo dalis arba kūrinio epizodas) scene.

schema díagram; scheme.
sėdėti sit*; s. už stalo sit* at a táble; s. ant kėdės sit* on a chair.
sekmadienis Súnday.
sėkm‖ė succéss; luck; ~ingas succéssful, lúcky.
sekti (paskui ką) fóllow; s. kieno pavyzdžiu fóllow smb's exámple; (stebėti) watch, obsérve.
senas 1. old; (senovinis) áncient; 2. (apie duoną) stale.
senatvė old age; senílity.
senel‖ė grándmother, grándma; ~is grándfather, grándpa.
seniai long ago.
senis old man; (senelis prie eglutės) Sánta Claus, Fáther Chrístmas.
senov‖ė óld(en) times; ~inis áncient.
septyn‖i séven; ~iasdešimt séventy; ~iasdešimtas séventieth ~iolika sèventèen; ~ioliktas sèventèenth; septintas séventh.
serbent‖as (uoga) cúrrant; raudonieji ~ai red cúrrants.
servizas sérvice, set; arbatinis s. téa-set; téa-things.
ses‖erėčia 1. (first) cóusin; 2. (sesers duktė) niece; ~erėnas néphew.
sėsti(s) 1. sit* down; 2. (užimti vietą važiuojant) take*, get* on a train(bus).
sesuo sístеr; medicinos s. nurse.
sėti sow*.
siaub‖as térror, hórror; ~ingas térrible, hórrible.
siaur‖as nárrow; (apie drabužį) tight; ~ėti get*/ grow* nárrow.
sidabr‖as sílver; ~inės vestuvės sílver wédding; ~iniai dirbiniai sílverware.
siekti seek*, strive* for, aim (at); s. susitarimo seek* agréement (with).
siela soul; prk. heart.
sielvartas grief, sórrow.
siena 1. wall; 2. (riba) fróntier.
sijonas skirt.
silkė hérring.
silpnas weak; (apie garsą, šviesą) faint; (ligotas) délicate, féeble.
simpat‖iškas lík(e)able, attráctive, nice; ~izuoti like.
sirgti be* ill (with); be* down (with).
siūlas thread; įverti s. į adatą thread a néedle.
siūlyti óffer; (svarstymui) suggést; propóse.
siųsti send* (smb, smth), dispátch.
siūti sew*; (drabužį) make*.

siuv || ėjas táilor; -ėja dréssmàker.
siuvin || ėjimas embróidery; néedlewòrk; ~ėti embróider.
skaič || iuoti count; compúte; ~ius númber; lyginis/ nelyginis 1. even/ odd númber.
skaityt || i 1. read*; 2.: skaityti paskaitas give*/ delíver léctures; ~ojas, -a réader.
skalb || ykla láundry; ~imo mašina wáshing machine.
skambėti 1. sound; ring*; 2. (girdėti) be* heard.
skambutis bell; durų s. dóorbell.
skanus delícious, tásty.
skatinti indúce, stímulate.
skaudėti ache, hurt*, have* a pain; s. galvą have* a héadache; s. gerklę have a sore throat; s. pilvą have a stómach àche.
skausm || as pain; (staigus) pang; (pastovus) ache; ~ingas páinful.
skelb || imas 1. (veiksmas) annóuncement; 2. (tekstas) annóuncement; (iškabintas) nótice; (laikraštyje) advértisement; ~ti annóunce; (pareikšti) decláre; (reklamuoti) ádvertìse.
skėtis umbrélla; (nuo saulės) súnshàde.
skiep || ijimas med. inòculátion; vàccinátion; ~yti med. (ką nuo ko) inóculàte (smb agáinst); váccinàte (smb with).
skylė hole; (anga) gap, ópening.
skinti (raškyti) pluck, pick; s. kelią push/ work one's way.
skyrius 1. (knygos) chápter; séction; 2. (įstaigos dalis) depártment; séction; (filialas) branch.
skirsty || mas dìstribútion; ~ti distríbute; ~tis dispérse; break* up.
skirti 1. séparate, detách; (dalyti) divíde; 2. (daryti skirtumą) distínguish; 3. (teikti) allót, asígn; 4. (į tarnybą) appóint; nóminate.
skirtingas dífferent; (įvairus) divérse, várious.
skirtis 1. (būti nepanašiam) díffer (from, in); 2. (su draugais ir pan.) part (with); 3. (apie sutuoktinius) get*/ be* divórced.
skirtumas dífference; dispárity.
skystas 1. líquid; 2. (vandeningas) wátery; (netirštas) thin.
sklypas (žemės) plot, lot.
skol || a debt; ~ingas ówing; indébted; ~ininkas débtor.
skolinti lend*; ~s bórrow.

skon || ingas tásteful; ~is taste; be ~io tástless; dėl ~io nesiginčijama tastes díffer.
skri || dimas flight; ~sti fly*.
skruostas cheek.
skubėti húrry, make haste.
skund || as compláint; paduoti ~ą lodge/ make* a compláint.
skurd || as póverty; ~us poor, béggarly.
skųsti repórt (on); infórm (agáinst); ~s (kam kuo) compláin (to of).
slaptas sécret; cònfidéntial.
slėpti hide*, concéal.
slid || ės ski(s) sg; ~inėjimas skíing; ~inėti ski, go* skíing.
slidus slíppery.
slysti slide*, slip, glide.
slyva plum; (džiovinta) prune.
sloga cold (in the head); gauti slogą catch* a cold.
smailus sharp, póinted.
smals || umas cùriósity; ~us cúrious.
smėl || is sand; ~io laikrodis sándglàss.
smerkti condémn, blame.
smūgis blow; stroke; saulės s. súnstroke.
smuik || as vìolín; griežti ~u play the vìolín.
smulkmena trífle; (detalė) détail.
smurtas víolence.
snieg || as snow; ~o pusnis snówdrift; ~ti snow.
sodas gárden; (sodo sklypas) gárden plòt.
sodinti (augalus) plant.
spalis (mėnuo) Octóber.
spalv || a cólour; veido s. compléxion; ~ingas, -a cólourful.
sparnas wing; (automobilio) fénder.
spauda (leidiniai) the press.
spaudimas préssure; kraujo s. blood préssure.
spausdinti 1. (spaudoje) públish; 2. (mašinėle) print.
spausti 1. press, squéeze; 2. (apie avalynę) pinch; be* too tight.
specialybė spèciálity [ˌspe-]; proféssion; òccupátion.
speciali || stas spécialist (in), éxpert (in/ on); ~zuotas, -a spécialized; ~zuotis spécialìze (in).
specialus spécial.
spektaklis play, perfórmance, show.
spekul || iacija pròfitéering; spèculátion; ~iuoti spéculate (in); pròfitéer.
spėti 1. guess; (manyti) suppóse; 2. (suskubti) have* time; be* in time (for).

spindul ‖ys ray, beam; ~iuoti rádiate, beam.
spinta cúpboard; drabužių s. wárdrobe; knygų s. bóokcàse.
spirti 1. (koja) kick; 2. (versti) compél, press (to).
spjauti spit*.
sport ‖as sport; sports; ~o aikštė spórts ground; ~o salė gymnásium; ~ininkas, -ė áthlete.
sprendimas 1. (nutarimas) decísion, rèsolútion; (teismo) júdgement, vérdict.
spręsti 1. judge; (nutarti) decíde; 2. (uždavinį ir pan.) solve; (svarstyti) discúss.
sprindis span.
sprogdinti blow* up; (miną) explóde; (uolą) blast.
sprog ‖imas explósion; prk. óutburst; ~menys explósives; ~ti 1. burst*; blow* up; 2. (apie lapus ir pan.) burst*, blóssom out.
sraigtas screw.
sritis 1. (krašto dalis) région, próvince; area ['eərɪə]; 2. (sfera) field, sphere.
sriuba soup [su:p].
srovė 1. cúrrent, stream; 2. (pakraipa mene ir pan.) cúrrent, trend.
stabdyti stop; (stabdžiai) brake.
staig ‖a súddenly; ~us súdden.
stal ‖as táble; padengti ~ą lay* the táble; ~tiese táblecloth.
stambus large, big.
statyba búilding; constrúction.
statyti 1. (pastatą ir pan.) build; constrúct; 2. (spektaklį ir pan.) stage, prodúce.
status steep; ~ kalnas steep hill.
stаž ‖as 1. (prévious) expérience; 2. (patirties įgijimas) probátion; ~uotis work on probátion; ~uotojas, -a probátioner.
stebė ‖jimas òbservátion; ~ti obsérve; ~tojas, -a obsérver.
stebukl ‖as míracle, wónder; ~ingas miráculous, (nuostabus) wónderful; daryti ~us work míracles.
steig ‖imas fóunding, estáblishment, sétting up; ~ti found, estáblish, set* up.
stich ‖ija élement; ~inė nelaimė nátural calámity; act of God; ~iškas 1. èleméntal; 2. (neorganizuotas) spontáneous.
styga string; chord.
stikl ‖as glass; ~inis glass; ~iniai indai glássware.
stipendija schólarship, grant.
stipr ‖umas strength; ~us strong; (tvirtas) firm; (apie šaltį) sevére, hard.

stogas roof; (šiaudų) thatched roof; čerpių s. tiled roof.
stok ‖ a lack (of), shórtage (of); ~oti lack, be* short of.
storas 1. thick; (apie medžiagą) héavy; 2. (apie žmogų) fat.
stoti (įstoti) join, énter; s. į universitetą énter ùnivérsity; s. į draugiją join a society.
stovėti 1. stand*; 2. (būti kur) be* situated.
stovykl ‖ a camp; ~auti camp (out).
stovis state, condition.
straipsnis árticle; (dokumento) clause.
stropus diligent, indústrious.
studij ‖ a (dirbtuvė) stúdy; ~os stúdies; ~uoti stúdy.
stulpas post, pole, cólumn.
suaugęs ádult; grówn-up.
subr ‖ endęs, -usi matúre; ~ęsti matúre.
subtilus súbtle, fine, délicate.
sudarymas 1. formátion; 2. (sutarties) conclúsion.
sudaryti 1. form, make*, creáte; 2. (planą, projektą) draw* up, work out; 3. (sutartį) conclúde.
suderin ‖ imas coòrdinátion; ~ti 1. coórdinàte (with); 2. muz. (instrumentą) tune.
sudėtingas cómplicàted, cómplex.
sudėt ‖ is 1. còmposition; (struktūra) strúcture; 2. mat. addition.
suduž ‖ imas wreck, rúin; ~ti 1. break*, get*/ be* bróken; 2. (apie laivą) be* wrecked; (apie lėktuvą) crash.
sugadinti spoil*, ruin, dámage.
sugalvoti think* (of), devise, invént.
sugebė ‖ jimas ability, càpability, skill; ~ti be* áble.
sugedęs spoiled; (apie produktus) rótten.
sugesti get*/ be* spoiled.
sugrąžin ‖ imas retúrn; (pinigų) réfùnd; (turto) rèstitútion; ~ti retúrn; (pinigus) refúnd.
suinteresuot ‖ as concérned (with); (sudomintas) interested (in); ~i interest (in).
sujaudinti move [mu:v], excite.
sujung ‖ imas jóining, connéction; ~ti 1. (nustatyti ryšį) connéct; 2. prk. join; unite.
sukaktis ànnivérsary; júbilee.
sukč ‖ iauti swindle, cheat; ~ius swindler; crook.
sukelti 1. raise; s. aliarmą raise the alárm; 2. (būti priežastimi) cause, provóke; (jausmus) aróse, excite.
sukilimas revólt, rebéllion.
suknelė dress, gown, frock.

sukrėtimas 1. 1. shake; smegenų s. concússion of the brain; 2. prk. shock.

sukti 1. twist; twine; 2. (kreipti) turn; s. į dešinę (kairę) turn (to the) right (left).

sulaikyti 1. (kvėpavimą) hold* one's breath; (ašaras) hold* back one's tears; 2. (suimti) detáin, arrést.

sulysęs gaunt, thin.

sultingas júicy; (apie augalus) sáppy.

sultinys clear soup; broth.

sultys juice; (augalų) sap.

suma sum; (pinigų) amóunt.

sumanus quíck-wítted, intélligent, bright.

sumišęs confúsed, embárrassed.

sunkumas 1. héaviness; (svoris) weight; 2. (kas sunku padaryti) dífficulty.

sunkus 1. (svorio atžvilgiu) héavy; 2. (nelengvas atlikti) hard., dífficult; 3. (rimtas) sérious, grave.

sunkvežimias lórry; truck amer.

sūnus son.

suolas bench; mokyklinis s. desk.

supuvęs rótten.

surengti arránge [-eɪ-], órganìze, hold*.

sūris cheese; varškės s. cóttage cheese.

surūd || ijęs rústy; ~yti get* rústy.

sūrus salt; sálty; s. mėsa salt meat.

susidoroti 1. (pajėgti atlikti) mánage, cope (with); 2. (panaudoti smurtą) have* done (with).

susid || ūrimas collísion, clash; ~urti 1. collíde (with); (turėti konfliktą) conflíct (with); 2. (netikėtai susitikti) run* (into).

susieti reláte, connéct.

susijaudin || ęs excíted, ágitàted; ~imas excítement; àgitátion; ~ti becóme*/ get* excíted/ ágitàted.

susijęs connécted, reláted.

susijung || imas júnction; (įmonių) amàlgamátion; ~ti join; (susilieti) amálgamàte, merge.

susikaup || ęs cóncentràted, intént; (susirinkęs) accúmulàted; ~ti 1. cóncentrate (on, upón); 2. (susirinkti) accúmulàte.

susikirsti 1. (per egzaminą) fail, flunk; 2. (susilažinti) bet*.

susilaik || ymas ábstinence (from); ~yti abstáin (from), refráin (from).

susimąst || ęs thóughtful, lost in thought; ~yti fall* to thínking.

susimušti 1. (muštynėse) have* a fight; 2. (užsigauti) hurt* oneself.

susipažin || imas 1. máking an acquáintance; ~ti make* the acquáintance (of smb).

susiraš || inėjimas còrrespóndence; ~inėti còrrespónd (with).

susirgti fall* ill (with); to be* táken ill (with).

susirink || imas 1. méeting, gáthering, 2. (valstybinis organas) assémbly; ~ti gáther (togéther), assémble.

susirūpin || ęs ánxious, wórried [ˈwʌ-], ~imas wórry, anxíety [-ŋˈz-]; ~ti become* ánxious (abóut).

susisiek || imas commùnicátion; ~ti commúnicate (with).

susitaiky || mas rèconciliátion; ~ti 1. be* réconcìled (with smb); 2. (apsiprasti) réconcìle onesélf (to smb); (su padėtimi) put* up (with).

susitar || imas agréement, ùnderstánding; ~ti (dėl) arránge (abóut, for), agrée (abóut).

susitik || imas méeting; ~ti meet* (smb, with); (atsitiktinai) come* across.

susivaldy || mas restráint, sèlf-contról; ~ti restráin/ contról onesélf.

susižalo || jimas ínjury; ~ti hurt*/ ínjure (onesélf).

susižieduoti be*/ becóme* engáged (to).

sustingęs stiff; (apmiręs) numb.

sustiprin || imas stréngthening; (valdžios) consòlidátion; ~ti stréngthen, inténsify; (valdžią) consólidate.

sustoti stop; (laikinai) pause.

sušal || ęs frózen; ~ti get*/ be* frózen.

sušaudy || mas (bausmė) shóoting; ~ti shoot* (dead).

sušaukti call; (konferenciją ar pan.) call/ convéne/ súmmon a cònference.

sutap || imas coíncidence; ~ti còincíde (with); (atlikti) confórm (with).

sutartas agréed, fixed; (sąlyginis) convéntional.

sutart || is agréement, cóntract, (tarp valstybių) tréaty, pact; sudaryti ~į conclúde a tréaty.

suteikti 1. (duoti) give*; (teises ir pan.) grant; (pagalbą) rénder, lend*; 2. (titulą) confírm; 3. (reikšmę) attách (to).

sutikimas 1. méeting; (priėmimas) recéption; Naujųjų metų s. New Year('s) Párty; 2. (pritarimas) consént.

sutikti 1. meet*; 2. (priimti) recéive, greet; s. Naujuosius metus see* the New Year in; 3. (su nuomone) agrée (to smth, with smb).

sutinkamai in accórdance (with).

sutrukdyti prevént, impéde.

sutrumpin || imas shórtening; ~ti shórten.

sutuokt || i wed, márry; ~inis, -ė spouse; ~uvės wédding sg.; márriage sg.

suvažiavimas cóngress, convéntion.

suvedžioti 1. sedúce; 2. (suklaidinti) misléad*.

suvok || imas àpprehénsion; percéption; ~ti àpprehénd; percéive.

sužadinti (a)róuse, (a)wáken; (paskatinti) stímulate.

sužalo || jimas ínjury, hurt; ~ti ínjure, hurt*.

sužinoti learn*, get* to know; (informaciją) find* out.

svain || ė síster-in-law; ~is bróther-in-law.

svajo || nė dream; ~ti dream (of).

svarb || a impórtance; signíficance; ~us impórtant, signíficant.

svarst || ymas discússion, consìderátion; ~yti (nagrinėti) consíder; (diskutuoti) discúss, debáte.

svečias guest, vísitor.

sveik || as 1. héalthy, strong; sound; 2. (naudingas sveikatai) whólesome; ~ata health.

sveikin || imas gréeting, sàlutátion; ~ti 1. greet, wélcome; 2. (kokia nors proga) congrátulàte (on, upón); 3. (perduoti linkėjimus) give*/ send* one's (best) regárds.

svetimas (ne iš savųjų) strange, fóreign.

svetingas hóspitable.

sviest || as bútter; ~inė bútter-dish.

svogūnas ónion.

svor || is 1. weight; 2. fiz. grávity; priaugti ~io put* on weight.

Š

šachmat || ai chess; ~ų figūros chéssmen; ~ų lenta chéssboard.
šaka branch, limb, bough; (šakelė) twig.
šaknis root; leisti ~ strike*/take* root.
šakutė (valgant) fork.
šaldytuvas refrígerator; fridge; ícebox amer.
šaligatvis pávement; sídewàlk amer.
šalikas scarf; (megztas) múffler; (moteriškas) shawl.
šalininkas, -ė pàrtisán, suppórter.
šalinti remóve [-u:v]; (naikinti) elíminate.
šal || is 1. side; pasukti į ~į turn asíde; 2. (kraštas) land, cóuntry; 3. (sutartyje) párty.
šalt || as cold; (vėsus) cool; ~i 1. freeze*; 2. (jausti šaltį) feel* cold.
šaltinis 1. spring; 2. prk. source, órigin.
šaltis cold, chill.
šantaž || as bláckmail; ~uoti bláckmail.
šaškės (žaidimas) draughts [drɑ:fts]; chéckers amer.
šaudyti shoot* (at), fire (at).
šaukimas 1. call; 2. (posėdžio ir pan.) cálling, cònvocátion; 3. (į teismą) súmmons; 4. kar. cáll-ùp.
šaukštas spoon; valgomasis š. sóupspoon.
šaukti 1. cry, shout; 2. (kviesti) call; (posėdį) convóke, convéne; 3. (į teismą) súmmon; 4. kar. call up, conscrípt.
šaulys shot.
šautuvas gun, rífle.
šedevras másterpìece.
šefas 1. (vadovas) chief; 2. (globėjas) pátron, spónsor.
šeim || a fámily; ~os padėtis fámily státus.
šeimininik || as máster; boss; (buto ir pan.) lándlord; (svečių atžvilgiu) host; ~ė místress; (buto) lándlady; (svečių atžvilgiu) hóstess; namų ~ė hóusewife; ~auti keep* house.
šepetys 1. brush; 2. (plaukams) háirbrush.
šerti 1. feed*; (pašaru) fódder; 2. (kirsti) strike*, hit*.
šešėlis shádow, shade.
šeš || i six; ~iasdešimt síxty; ~iasdešimtas sixtieth; ~iolika sìxtéen; ~ioliktas sìxtéenth.
šeštadienis Sáturday.

šešuras fáther-in-law.
šiąnakt tonight, this night.
šiandien todáy; ~ykštis today's.
šiaudas straw; (stogui) thatch; (pakratui) litter.
šiaur || **ė** north; ~inis north, nórthen.
šienapjūtė 1. háymàking; 2. (šienavimo laikas) háymàking time.
šien || **as** hay; ~auti mow*, hay.
šifer || **is** slate; dengti š. slate.
šykštus stíngy, míserly.
šilkas silk; dirbtinis š. àrtifícial silk.
šilt || **as** warm; man ~a I am warm.
šiluma 1. warmth; 2. (energija) heat.
šimtas hundred; ~is húndredth.
šimtmetis céntury.
šiokiadienis wéekday; wórkday.
šyps || **ena** smile; ~otis smile.
širdis heart; gera/ jautri š. kind/ soft heart.
šis this, (kalbamasis) the présent.
šiukšl || **ės** rúbbish sg.; ~ių dėžė dústbin.
šiuolaikinis contémporary; módern, ùp-to-dáte.
šiurkštus rough [rʌf]; (apie medžiagą) course; (nemandagus) rude.
šiurp || **as** shúdder, shíver; ~us hórrible, ghástly.
šlam || **ėjimas** rústle; ~ėti rústle, múrmur.
šlamštas trash, rúbbish.
šlap || **ias** wet, moist; ~imas úrine; ~intis úrinate.
šlepetė slípper.
šliaužti crawl, creep*.
šlykštus detéstable, disgústing; (nešvankus) fílthy.
šlov || **ė** glóry; hónour ['ɒnə]; ~ingas glórious.
šlub || **as** lame, límping; ~čioti limp.
šluost || **ė** (dulkėms) dúster, cloth; (indams) díshcloth; ~yti wipe; (dulkes) dust.
šluot || **a** broom; ~i sweep*.
šmeiž || **tas** slánder; ~ti slánder.
šmėkla ghost [gəʊ-]; spéctre.
šnabžd || **ėjimas** whísper; (lapų) rústle; ~ėti whísper; (šlamėti) rústle.
šnekam || **asis** collóquial; ~oji kalba collóquial lánguage.
šnip || **as** spy; ~inėti spy (on).
šok || **is** dance; ~ių vakaras dáncing pàrty.
šokoladas chócolate.
šokti 1. jump, leap*; 2. (šokį) dance.
šonas side.
šonkaulis rib.

šovinys cártridge.
špaga sword [sɔ:d].
šriftas print, type; juodas š. fat/ bold type; smulkus š. small/ print type.
štabas hèadquárters.
štamp || as 1. tech. punch; 2. (antspaudas) stamp; ~uoti 1. tech. punch; 2. (antspauduoti) stamp.
šukos comb [kəʊm].
šukuo || sena (moters) háirdo; (vyro) háircùt; ~ti comb; (šepečiu) brush.
šulinys well.
šuo dog; kambarinis š. láp-dog.
šuolis jump, bound, leap*.
švaistyti squánder, waste.
švarkas coat, jácket.
švarus 1. clean; (tvarkingas) neat; 2. (be priemaišų) clear, pure.
švelnus soft; (jautrus) ténder, délicate; (minkštas) mild.
švent || as 1. sácred; 2. hóly, ~asis raštas Hóly Writ/ Scrípture; ~a diena hóliday.
šventė hóliday, feast; (iškilmės) féstival, festívity.
šventikas priest.
šventovė sánctuary, témple.
švęsti célebrate, obsérve.
švies || a light; ~ti shine*.
šviesus light, bright.
šviež || ias fresh; ~ia duona new bread.
švilpti whístle.
švinas lead [led].
švirkš || tas med. sýringe; ~ti (vaistus) injéct.
švisti dawn; švintant at dawn.
švyturys líghthouse; béacon.

T

tačiau howéver, but.
tada then, at that time.
taik || a peace; ~ingas péaceful.
taikyti 1. aim (at); point (at); 2. (naudoti) applý.
taikom || asis applíed; ~oji dailė applíed art.
taisykl || ė rule; règulátions; laikytis ~ių keep* the rules/ règulátions.
taisyti corréct; (remontuoti) repáir; (drabužius) mend; (sveikatą) impróve.
takas 1. path, walk; 2. av. rúnway.
taksa (fixed) rate; táriff.

takt || **as** I muz. time; mušti ~ą beat* time.
takt || **as** II (apie elgesį) tact; ~iškas táctful.
talent || **as** tálent, gift; ~ingas tálented, gífted.
talka (colléctive) assístance, help.
talp || **a** capácity; ~us capácious; (apie patalpą) spácious.
tams || **a** dárkness; ~us 1. dark; 2. (neaiškus) obscúre; 3. (abejotinas) shády.
tank || **us** thick, dense; ~ūs dantys clóse-sèt teeth.
tapatyb || **ė** idéntity; nustatyti ~ę ìdéntifý.
tapyba páinting.
tapyt || **i** paint; ~ojas, -a páinter.
tardy || **mas** invèstigátion; inquest; ~ti hold* an invèstigátion; (kvosti) exámine, intérrogàte; ~tojas invéstigàtor.
tarėjas asséssor.
taryba cóuncil, board; direktorių t. Board of Diréctors.
tarifas rate, táriff.
tarimas pronùnciátion.
tarytum as if, as though.
tarn || **aitė** máidsèrvant; ~as sérvant, mánsèrvant; ~auti serve; ~yba sérvice; job; (vieta) óffice, post.; valstybinė t. cívil sérvice.
tarp betwéen; (tarp daugelio) amóng.
tarpas ínterval, dístance, space; laiko t. space/ périod of time.
tarpinink || **as** ìntermédiary, médiator; ~auti médiate, ìntermédiate; ~avimas mèdiátion.
tarptautin || **is, -ė** ìnternátional; ~ė padėtis ìnternátional sìtuátion.
tarti 1. pronóunce; 2. (sakyti) útter, say*.
tartis 1. (su) consúlt (smb); 2. (dėl) consúlt (on, abóut); 3. (vesti derybas) negótiate (abóut).
taškas 1. point; (dėmė) dot, spot; 2. (skyrybos ženklas) full stop, périod.
taup || **ymas** sáving; ~yti save (up) ecónomize; ~oji kasa sávings bank; ~us thrífty, èconómical.
taurė 1. góblet; glass, cup; (vynui) wíneglàss; 2. sport. cup; 3. med. cúpping-glass.
taurus nóble.
taut || **a** péople, nátion; ~ybė nàtionálity; ~inis nátional.
tavo your; (be daikt.) yours; t. knyga your book; the book is yours.

teatr ‖ alas théatre-gòer; ~as théatre; ~o kasa bóx òffice.

technika 1. (veiklos sritis) ènginéering; techníque; 2. (atlikimo būdas) techníque; 3. (įrengimai) equípment; (mašinos) machínery.

teigiamas affírmative, pósitive.

teigti affírm, assért.

teis ‖ ė 1. right; 2. (mokslas) law; 3. (liudijimas) lícence; vairuotojo ~ės dríving lícence.

teisėjas 1. judge; 2. sport. rèferée, úmpire.

teisėtas ríghtful, láwful, légal.

teisybė 1. truth; 2. (teisingumas) jústice.

teisingas right, corréct; (teisus) just.

teisininkas, -ė láwyer, júrist.

teisin ‖ ti jústify; ~tis jústify onesélf.

teism ‖ as (láw-) court; ~o procesas tríal; atiduoti ~ui put* on tríal.

teisti try, judge.

tekėti 1. flow [-əʊ], run*; 2. (būti prakiurus) leak; 3. (apie saulę ir pan.) rise*; 4. (už vyro) márry.

telefon ‖ as télephone; t. automatas públic télephone; ~o ragelis (télephone) recéiver; t. stotis télephone exchánge; ~u on/ óver the (téle)phone.

televizij ‖ a télevision; TV; ~os antena TV áerial ['eər-].

televizorius TV set, télly šnek.

tema súbject, theme; (pokalbio) tópic.

tempas rate, pace, speed, témpo.

temti grow*/ get* dark.

ten prv. there.

tenkinti sátisfy, meet*; t. kieno nors norus meet* smb's wíshes.

tepalas grease; (odai) óintment; (skystas) líniment; tech. lúbricant.

tept ‖ i 1. (tepalu) oil, smear, grease, (mašiną) lúbricate; 2. (dėti sluoksnį) spread* on; (dažais) paint; 3. (purvinti) soil; stain; ~ukas brush.

termin ‖ as 1. term, date; 2. (žodis) term; ~ologija tèrminólogy.

termometras thermómeter.

teršti soil, make* dírty; (aplinką ir pan.) pollúte.

testament ‖ as will, téstament; surašyti ~ą make* one's will.

tęsti (toliau daryti) contínue (smth, + to inf., + ger.) go* on (with + ger.); ~is 1. (už-

trukti) contínue, go* on, last; 2. (driektis) stretch.
teta aunt [ɑ:nt].
tėvai párents.
tėv ‖ as fáther; párent; ~avardis pàtronímic.
tėvynė nátive/ móther cóuntry, mótherland.
tyčia prv. on púrpose, inténtionally.
tyčiotis (iš ko) mock (at smb, smth) jeer (at).
tiek ‖ imas supplý, provísion; ~ti (ką) supplý (with), fúrnish (with), províde (with).
tiesa truth; gryna t. náked/ símple truth.
tiesiai straight, right.
tiesiogin ‖ is through, diréct; t. traukinys through train; t. mokestis diréct tax; ~ė kalba gram. diréct speech.
tiesti 1. (ranką ir pan.) stretch; 2. (kelią ir pan.) build*, lay*; 3. (staltiesę ir pan.) spread*.
tik dll. ónly, mérely.
tikėjimas belíef [-i:f], faith.
tikė ‖ ti belíeve [-li:v]; (pasikliauti) trust; t. Dievą belíeve in God; ~tis (ko) hope (for).
tikėtin ‖ as próbable; ~umas pròbabílity.
tikrai sure [ʃuə], súrely, indéed, réally.
tikras real [rɪəl], true; (nesuklastotas) génuine, authéntic.
tikriausiai próbably, most líkely.
tikrin ‖ imas vèrificátion; (sveikatos ir pan.) exàminátion; (kontrolė) chéck(ing), contról; ~ti vérify, check (up), contról; (praktikoje) test; (tirti) exámine.
tikrov ‖ ė reálity, fact; ~iškas, -a realístic.
tikslas aim, púrpose, objéctive, goal.
tikslus exáct, precíse; (teisingas) áccurate.
tikti 1. be* fit (for), serve, do*; 2. (būti tinkamu) suit; t. prie veido becóme* (to).
tyl ‖ a sílence; ~ėti be*/ keep* sílent, keep* sílence.
tiltas bridge; pakeliamas t. dráwbridge.
tylus 1. (negarsus) soft; (apie balsą) low; 2. (be garso) sílent, still; (be triukšmo) quíet.
tingė ‖ jimas láziness, ídleness; ~ti be* lázy.
tingin ‖ iauti ídle, be* ídle; ~ių pantis lázybones.
tinkam ‖ as 1. fit (for), súitable; 2. (prideramas) próper, right.
tinklas 1. net; 2. (sistema) nét-

work, sýstem; prekybos t. tráding nétwork.
tinklinis sport. vólleyball.
tinti swell* (out).
tipiškas týpical, chàracterístic.
tyrim || as reséarch [-ˈsɜːtʃ]; invèstigátion; tiriamasis darbas reséarch (work).
tirpti 1. melt; (apie sniegą) thaw; 2. chem. dissólve; 3. (apie ranką, koją) go* numb.
tirštas thick, dense.
titul || a; ~inis puslapis títlepàge.
tobul || as pérfect; ~ėti impróve; be*/ become* pérfect.
todėl thérefòre, that is why.
toks such; so (tik prieš bdv.); t. daug so mány/ much.
tol (apie laiką) till, untíl.
toli far; (apie atstumą) a long way off/ awáy; (nuo) far (from).
toliau 1. (apie vietą, nuotolį) fárther, fúrther; 2. (po to) fúrther, then.
tolimas dístant, remóte; t. giminaitis dístant rélative.
tolim || a dístance; ~oje in the dístance.
tomas vólume.
transliuoti bróadcast; (iš teatro ir pan.) reláy.
transport || as tránsport; ~o priemonės means of tránsport; ~avimas trànsportátion; ~uoti transpórt, convéy.
trasa route [ruːt], road.
trąša fértilizer.
traukin || ys train; keleivinis t. pássenger train; važiuoti traukiniu go* by train.
traukti 1. (imant iš kur) draw* (out), pull (out); 2. (vilioti) attráct, draw*.
trečiadienis Wédnesday [ˈwenzdɪ].
treč || ias third; ~iųjų teismas court of àrbitrátion.
tremti exíle, depórt; ~nys, -ė éxile; dèportée.
treneris sport. tráiner, coach.
tribūna 1. (oratoriui) róstrum, plátform; 2. (žiūrovams) stand.
trikotažas 1. knítted fábric; 2. (dirbiniai) knítwear.
trylik || a thírtéen; ~tas thìrtéenth.
trynys (kiaušinio) yolk [jəʊk].
trinti 1. rub; 2. (smulkinti) grind*.
trys three; ~dešimt thírty; ~dešimtas thírtieth.
triukšm || as noise; sukelti ~ą make* a noise; ~ingas nóisy.
triušis rábbit.
triuškinti (naikinti) crush, smash.

trokšti (geisti) desíre, wish, long (for).
troškinti 1. (norėti gerti) be* thírsty; 2. (dusinti) súffocate.
trukdy || mas híndrance; (kišimasis) ìnterférence; ~ti (kliudyti) hínder; (neleisti) prevént; (kištis) ìnterfére.
trūkti 1. (stigti) be* lácking, be* míssing; 2. (plyšti) burst*, break*.
trūkumas 1. (stoka) lack (of); shórtage (of); 2. (yda) shórtcòming, fault.
trumparegis shòrt-síghted.
trumpas short; (neilgai trunkąs) brief.
truputis a little, a bit, some; t. rašalo a líttle ink.
tu you.
tualetas tóilet; (išvietė) lávatory, wáter clòset.
tūkstantis a thóusand.
turbūt próbably, véry líkely.
turėti 1. have*; (valdyti) posséss, own; 2. (laikyti rankoje) hold*.
turgus márket.
turinys (esmė) cóntent, súbstance, mátter; forma ir t. form and cóntent.
turt || as 1. wealth; 2. (nuosavybė) próperty; ~ingas rich, wéalthy.
tuščias 1. émpty; (neužimtas) vácant; (neprirašytas) blank; 2. (nerimtas) shállow; (lengvabūdiškas) frívolous.
tvankus stúffy, close.
tvark || a órder; (veikimo būdas) mánner, procédure; ~ingas órderly; (švarus) neat, tídy.
tvarkyti 1. put* in órder; 2. (valdyti) mánage, keep*; 3. (švaros prasme) clean, tídy (up), do*.
tvirtas (stiprus) strong, firm.
tvirtin || imas (teigimas) assértion, státement; ~ti 1 (teigti) affírm, assért; 2. (sankcionuoti) confírm, appróve.
tvirtovė 1. strónghold, cítadel; 2. kar. fórtress.
tvora fence.

U, Ų, Ū

ūgis height [haɪt]; státure.
ugn || is fire; sukurti ~į make* a fire.
ūkis 1. ecónomy; 2. žemd. farm.
ūkiskaita òperátion on a sèlf-suppórting básis.

ungurys eel.

universal || us ùnivérsal; ~inė parduotuvė depártment/ géneral store.

uodega tail, (lapės) brush; (kiškio) scut.

uog || a bérry; ~ų sunka bérry-juice; ~auti pick bérries.

uol || a rock; ~ėtas rócky.

uoslė 1. (sense of) smell; nose; 2. prk. scent, nose.

uostas port, hárbour.

uostyti smell*, sniff; nose.

uošv || ė móther-in-law; ~is fáther-in-law.

upė ríver, stream.

urvas cave, hole.

ūsas 1. (žmogus) moustáche [məs'tɑ:ʃ]; 2. (gyvulio) whísker.

užburt || as charmed, bewíched; u. ratas vìcious círcle; ~i bewítch, cast* a spell (óver).

uždang || a (scenos) cúrtain; pakelti/ nuleisti ~ą raise/ drop the cúrtain.

uždar || as closed, close; ~a bendrovė prívate cómpany.

uždarb || iauti earn; ~is éarnings pl.; (darbininkų) wáges pl.

uždarymas clósing, shútting.

uždaryti 1. shut*, close; (užrakinus) lock in; 2. (į kalėjimą) lock up, impríson.

uždegti 1. (šviesą) light (up); (elektros šviesa) turn/ put*/ switch on the light; 2. (sukelti) stir, infláme.

uždels || imas deláy; ~ti deláy.

uždengti 1. cóver (up); 2. (stogą) roof.

uždėti 1. put* on; lay* on; 2. (mokestį ir pan.) lay* on, impóse.

uždirbti earn; gain.

uždraudimas pròhibítion, ban.

uždrausti forbíd*, prohíbit, ban.

užgauti 1. (sumušti) hurt*; 2. (įžeisti) insúlt, hurt*, offénd.

užges || inti put* out; u. šviesą put* out the light; ~ti be*/ go* out.

užgrob || imas seizure ['si:ʒə], cápture; ~ti seize, cápture; (teritoriją) óccupy.

užimtas búsy ['bɪzɪ]; engáged.

užimti 1. take* (up), óccupy; 2. (turėti pareigas) hold* (a post); 3. (svečius) èntertáin.

užjausti sýmpathize (with); feel* (for).

užkariauti 1. cónquer; 2. prk. (įgyti) win*, gain.

užkąsti (užvalgyti) have* a snack, have* a bite.

užkim || ęs hoarse, húsky; ~ti get*/ becóme* hoarse.

užkirsti (kelią) block up, stop.

užklaus || imas inquíry; ~ti (ko) inquíre (of smb).

užkrečiamas inféctious, cátching šnek.

užkrėsti (liga) inféct; (vandenį) contáminate.

užleis || tas (be priežiūros) negléctеd; ~ti 1. (kam ką) let* smb have (smth); 2. (palikti be priežiūros) negléct.

užmiest || is cóuntry; ~yje out of town, in the cóuntry.

užmiršti 1. forgét*; 2. (palikti) leave* behínd.

užmojis scope, range.

užmušti kill, do* for; (nužudyti) múrder.

užpakal || is 1. back; ~yje behínd, at the back; 2. (sėdmenys) búttocks pl., bóttom.

užprenumeruoti subscríbe (for, to).

užpulti attáck, assáult.

užrašas 1. note, récord; inscríption; 2. dgs. notes.

užsak || ymas órder; pagal ~ą to órder; ~yti órder, book.; u. iš anksto book in advánce; make* a rèservátion.

užsegti do* up, fásten (up); (sagą) bútton (up).

užsidegti 1. catch*/ take* fire; (užsižiebti) light* up.

užsiėmimas 1. òccupátion; 2. (darbas) emplóyment.

užsieniet || is fóreigner; ~iškas fóreign.

užsien || is fóreign cóuntries; ~yje abróad; vykti į ~į go* abróad.

užsigrūdin || imas hárdening; ~ti be*/ become* hárdened; get*fit.

užsiiminėti óccupy onesélf (with); go* in (for).

užsiimti 1. (vietą ir pan.) take* up, óccupy for onesélf; 2. (būti užsiėmusiam, veikti) be* óccupied/ búsy (with); be* engáged (in).

užsikrėsti be* inféctеd (with), catch*.

užsimušti be* killed; lose* one's life.

užsiregistruoti régister onesélf; u. pas gydytoją make* an appóintment with the dóctor.

užsispyręs 1. óbstinate, stúbborn; 2. (atkaklus) persístent.

užspringti choke (with, over).

užstatas pledge, pawn; déposit; (piniginis) secúrity.

užtarti take* (smb's) part, stand* up (for); put* in a word for smb.

užtekti be* suffícient/ enóugh, suffíce.

užtiesalas cloth, spread; lovos u. bédspread, cóunterplàne.
užtikrin || imas sáfeguàrding; assúrance; ~ti ensúre, secúre.
užtrauktukas zípper, zípfàstener.
užtrukti 1. (sugaišti) be* deláyed; 2. (tęstis) last.
užuojauta sýmpathy; compássion; pareikšti ~ą presént one's condólences (to).
užuolaida cúrtain, (portjera) blind.
užuomazga 1. (literatūrinio kūrinio) plot; 2. biol. émbryo, rúdiment.
užuomin || a hint, allúsion; padaryti ~ą drop/ give* a hint.
užuot instéad of.
užvalkalas slíp còver; (pagalvės) píllowcase.
užvir || inti boil, bring* to the boil; ~ti boil up, be* on the boil; (ant lėtos ugnies) símmer.

V

vabalas béetle.
vadas 1. léader; 2. kar. commánder.
vadovas, -ė 1. léader, guide; 2. (įstaigos) chief [ʃi:f], head.
vadovau || ti lead*, guide, diréct; mánage; ~tis fóllow; ~tis įstatymais fóllow/ obsérve laws.
vadovėlis téxtbook, mánual.
vadovybė (vadovai) the léaders/ chiefs pl; góverning bódy, mánagement.
vag || is thief; ~ystė theft; (įsilaužiant) búrglary.
vagonas (keleivinis) cárriage, car, coach; v.-restoranas réstaurant car.
vaidin || imas play, perfórmance; ~ti 1. (scenoje) play, act, perfórm; 2. (dėtis) preténd to be.
vaidmuo 1. role, part; 2. (svarba) part, impórtance.
vaiduoklis ghost, spéctre.
vaik || as child; son or dáughter; ~ų darželis kíndergàrten; ~ų lopšelis creche [kreɪʃ].
vaikinas lad, boy.
vaikystė chíldhood.
vaikščioti 1. walk, pace; 2. (dažnai eiti) go*, atténd.
vainik || as 1. (pynė) gárland, wreath; pinti ~ą twine a

wreath/ gárland; 2. (medžio šakų) crown; 3. (karūna) crown.

vair || as (automobilio) (stéering-) wheel; (laivo) rúdder; ~uoti (automobilį) drive*; stear.

vaisingas frúitful, prodúctive.

vais || ius fruit; ~iai fruits.

vaist || as médicine, rémedy; gerti ~us take* médicine; paskirti ~ų prescríbe some médicine.

vaist || inė chémist's (shop); drúgstore amer.; ~ininkas chémist, drúggist.

vaiš || ės feast sg., èntertáinment sg; párty; ~ingas hospítable; ~inti èntertáin (to), treat (to).

vaivorykštė ráinbow.

vaizd || as 1. view; sight, scene; 2. (įsivaizdavimas) ímage, pícture; ~ingas fígurative, pìcturésque; ~inis vísual; v. priemonės vísual aids.

vaizduo || jamasis fígurative; v. menas fine arts pl; ~tė imàginátion, fáncy; ~ti 1. pícture, portráy; 2. prk. rèpresént, depíct; ~tis imágine, pícture.

vakar yésterday.

vakar || as 1. évening; ~e in the évening; 2. (pasilinksminimas) évening pàrty.

vakarien || ė súpper; ~iauti have* súpper.

valand || a 1. hour ['aʊə]; 2. (laiko tarpas) o'clock; dabar penkios ~os it's five o'clock now; kuri dabar v.? what is the time now?

valdyba board; (įstaiga) óffice, admìnistrátion.

valdymas 1. góverning, mánagement; 2. (turėjimas nuosavybėje) ówning, ównership.

valdininkas, -ė ófficer,offícial; fúnctionary.

valdiškas offícial, públic.

valdyt || i 1. góvern ['gʌ-], rule (óver); mánage; 2. (turėti nuosavybėje) own, posséss; 3. (tvardyti) contról, góvern; ~ojas mánager.

valdytojas mánager; reikalų v. búsiness mànager; namų v. hóuse mànager.

valdov || as lord, rúler, sóvereign, ~ė místress, sóvereign.

valdžia pówer, authórity; vykdomoji v. exécutive pówer; įstatymų leidžiamoji v. législative pówer; vietinė v. lócal authórities pl.

valgykla díning room, éatery.

valg || is 1. food; 2. (patiekalas) dish; ~yti eat*; have*, take*.

valia will; gera v. good wíll.

valykla cléaner's; cheminė v. dry-cléaner's.
valyti 1. (daryti švariu) clean; 2. (šepečiu) brush.
valiuta cúrrency; užsienio v. fóreign cúrrency; tvirta v. hard cúrrency.
valkata tramp, vágabond, hóbò amer.
valsčius (rúral) dístrict.
vamzdis 1. pipe; vandentiekio v. wáter pìpe; 2. (šautuvo) bárrel.
vanagas hawk.
vandenynas ócean; Atlanto v. the Atlántic Ócean.
vandentiekis wáter supplý.
vanduo wáter; geriamas v. drínking wàter.
vardas name; tėvo v. pàtronýmic.
varg || as 1. (varginimas) hárdship; mísery; 2. (rūpestis) tróuble; ~inti (kamuoti) tormént, tire; tróuble.
vargon || ai órgan sg; groti ~ais play the órgan.
variantas 1. váriant; 2. (kitoks pateikimas) vérsion.
variklis mótor; (mašina) éngine.
var || is cópper; ~io ruda cópper ore.
varlė frog.
varna crow [-əʊ].
varnėnas stárling.
varp || as bell; ~inė church/ bell tówer, bélfry.
varškė curd, curds pl; ~tis curd/ cheese páncake.
vartai gate sg, gates; sp. goal.
varto || jimas use, úsage, consúmption; ~ti use; (vaistus) take*.
varžybos sport. cóntèst sg; còmpetítion.
varžyt || i límit (to), restríct (in); ~inės áuction; ~is 1. (drovėtis) feel* shy; 2. (rungtyniauti) compéte (with).
varžovas ríval.
vasar || a súmmer; ~ą in súmmer; bobų v. Ìndian súmmer.
vasaris Fébruary.
vašk || as wax; ~o žvakė wax cándle.
vata (tvarstymui) cótton wool.
vaza vase [vɑ:z]; (taurės pavidalo) bowl.
važiuoti (vykti) go*; (automobiliu) drive*; (dviračiu) ride*, cycle; (traukiniu, autobusu) go* by train (bus).
veid || as face; ~o bruožai féatures.
veidrodis lóoking glàss, mírror.
veik || alas work; meno v. work of art; ~ėjas 1. státesman; poli-

tinis ~ėjas pòlitítian; 2. teatr. lit. pérsonage, cháracter.

veikla actívity, actívities pl; work.

veiksm || as 1. áction, òperátion, actívity; 2. act; dviejų ~ų pjesė play in three acts.

veiksmingas efféctive, effícient.

veikti 1. do*; 2. act, óperate; (apie mechanizmą) fúnction, work; 3. (apie įstatymus) be* in force.

veislė (naminių gyvulių) race, breed, spécies; prk. kind, sort.

vėj || as wind; (švelnus) breeze; stiprus v. gale, storm wind; ~uotas wíndy.

vekselis prómissory note; bill (of exchánge), draft.

vėl again, anéw.

vėlai late.

vėliav || a flag; bánner; pakelti ~ą hoist a flag.

Velykos Éaster sg; Éaster Day.

veln || ias dévil, deuce; ~iai žino! deuce/ dévil knows it!.

veltui 1. in vain, to no púrpose; 2. (nemokamai) for nóthing, free (of charge).

vėluoti(s) 1. be* late (for); 2. (apie laikrodį) be* slow.

vengti avóid, eváde.

verb || a yew, twigs; ~os Palm Súnday.

vergas, -ė slave.

verkti cry, weep*, shed* tears.

versl || as 1. òccupátion, proféssion; 2. (gamyba) trade, búsiness; ~ininkas búsiness man; ~ininkė búsiness wóman.

versmė spring; prk. source.

versti 1. bring*/ throw* down; 2. (atimti valdžią) òverthrów; 3. (knygą) transláte; (žodžiu) intérprete.

verš || elis calf; ~iena veal; ~is bull.

vertė 1. ekon. válue; pridedamoji v. súrplus válue; 2. (kaina) cost, válue.

vertėjas, -a translátor; (žodžiu) intérpreter.

vertyb || ė válue; ~iniai popieriai secúrities.

vertingas váluable.

vertin || imas èstimátion, evàluátion; ~ti válue, éstimate, appréciate.

vestibiulis éntrance hàll, lóbby.

vestuv || ės wédding sg; kelti ~es célebrate one's wédding.

veterinaras véterinary.

vėtra storm, témpest.

vežim || as cart; vaikų ~ėlis perámbulator; pram.

vėžys 1. cráwfish; jūros v. lóbster; 2. (liga) cáncer.

vidinis insíde, intérior, intérnal.

viduramžiai the Míddle Áges.
vidurinis míddle.
vidur || naktis mídnight; ~naktį at mídnight.
vidutin || ybė mèdiócrity; ~is médiocre; ~is studentas médiocre stúdent; ~io amžiaus žmogus míddle-áged man.
viela wire; spygliuota v. barbed wire.
vienbalsis unánimous.
vienas 1. one; 2. bdv. alóne.
vienašalis òne-síded; ùniláteral.
vienatvė sólitude, lóneliness.
vienetas 1. one; 2. (pažymys) véry bad mark; 3. (pastovus dydis) únit; piniginis v. mónetary únit.
viengungis báchelor.
vienybė idéntity, únity; (solidarumas) solidárity.
vieningas uníted; unánimous; (bendras) cómmon.
vienintelis ónly; v. vaikas the (an) ónly child.
vienišas 1. alóne, lónely; lónesome; 2. (nevedęs, netekėjusi) síngle.
vienyti uníte, únify.
vienodas the same (as); (vienos rūšies) úniform.
vienuolik || a eléven; ~tas eléventh.
vienuol || ynas (vyrų) mónastery; (moterų) núnnery; cónvent; ~is monk [mʌŋk]; ~ė nun.
viešas 1. públic; 2. (atviras) ópen; a. balsavimas ópen bállot.
viešbut || is hotél; apsigyventi ~yje stay at a hotél.
vieš || ėjimas stáying (with), béing on a vísit; ~ėti stay (with); be* on a vísit.
viešpatauti 1. (turėti valdžią) rule (óver); 2. (vyrauti) preváil, reign; 3. (karaliauti) reign.
viešpats 1. (valdovas) lord, rúler, sóvereign ['sɒvrɪn]; 2. God, the Lord.
vieta 1. place, spot; (statybai) site; (vietovė) locálity; 2. (teatre) seat; 3. (tarnyba) post; óffice.
vieversys (skÿ) làrk.
vykd || ymas (užduoties, įsakymo) èxecútion, fulfílment; reàlizátion; ~yti éxecùte; fulfíl, cárry out; ~yti savo įsipareigojimus meet* one's engágements/ commítments.
vikrus nímble, swift; deft.
vykti 1. (eiti, važiuoti) go*, make* (for); 2. (sekti) be* a succéss; 3. (atsitikti, vykti veiksmui) háppen, occúr; take* place, go* on.
vilkas wolf [wʊ-].

viln || a wool [wʊl]; ~onis wóollen.

viltis (tikėtis) hope (for; + to inf.).

vil || tis hope; turėti ~tį chérish a hope.

vynas wine.

vynioti 1. wrap (up); 2. wind* (round); 3. (siūlus) wind*, reel.

vin || is nail; (plačia galvute) tack; įkalti ~į drive* in a nail.

vynuog || ė grape; ~ės grapes; ~ynas víneyard.

vyras 1. man, male; 2. (sutuoktinis) húsband.

vyr || auti prevái1, predóminate; ~avimas predóminance, prévalence.

virbalas (megzti) knítting néedle.

virėjas, -a cook.

vyresnybė authórities pl.; admìnistrátion.

vyresnis 1. (pagal metus) élder; ólder; 2. (pagal tarnybą) sénior.

vyriausias 1. head; ~is gydytojas head physícian; ~is inžinierius chief ènginéer; ~is buhalteris accóuntant géneral.

vyriausyb || ė góvernment; ~inis gòvernméntal.

viryklė (kítchen-) rànge; dujinė v. gás stòve.

vyriškas 1. másculine; (vyriškos lyties) male; 2. prk. mánly; brave, strong.

viršininkas, -ė head, chief; supérior.

viršyti 1. (būti pranašesniam) excél (in); 2. (planą ir pan.) excéed.

virškin || imas digéstion; ~ti digést.

viršuj abóve; (ko) óver.

viršūnė (medžio) top; (kalno) súmmit; top, peak.

virš || us 1. (viršutinė dalis) top; head; į ~ų up, úpward; (laiptais) ùpstáirs; 2. (priedas) éxtra; addítion.

viršutinis úpper; v. aukštas úpper stórey.

virti 1. (gaminti) cook; v. sriubą cook soup, v. pietus cook/make* dínner; 2. (virinti) boil.

virtuv || ė kítchen; ~ės indai kítchen uténsils; ~inė spinta drésser.

virvė (stora) rope; cord, string.

visada álways.

visai prv. quite, complétely, entírely, àbsolútely.

visapusiškas, -a (universalus) ùnivérsal; còmprehénsive, thórough; àll-róund; v. išsilavinimas àll-róund èducátion.

vis || as all; whole, entíre; po ~ą šalį all over the cóuntry.
vysku || pas bíshop; ~pystė díocese ['daɪəsɪs].
vysty || mas devélopment; ~ti devélop.
visuma the whole; tòtálity; the sum tótal.
visuomen || ė socíety; ~inis públic; sócial.
visuotinis ùnivérsal, géneral; v. susirinkimas géneral méeting.
vyšnia (vaisius) chérry.
višta 1. hen; 2. (patiekalas) chícken.
vitražas stàined-gláss.
vogti steal*.
vokas 1. (akies) éyelìd; 2. (laiškui) énvelòpe.
von || ia bath; maudytis ~ioje have*/ take* a bath.
vor || as spíder; ~atinklis cóbwèb.
voveraitė squírrel.
vulgarus vúlgar.

Z

zirsti 1. (apie vabzdžius) hum, buzz, drone; 2. (verkšlenti) whine, whímper.
zomša chámois (léather) ['ʃæmɪ], suede [sweɪd].

Ž

žadė || jimas prómise; ~ti prómise.
žadin || ti 1. (budinti) wake* up, awáken; 2. (sukelti) aróuse, evóke; ž. prisiminimus evóke mémories; ~tuvas alárm clòck.
žagsėti híccup.
žaib || as líghtning; ~uoti flash.
žaid || ėjas, -a pláyer; ~imas play, game; ~ynės pl. games.
žaislas toy.
žaisti play, sport.
žaizda wound.
žala harm, ínjury; dámage; daryti žalą harm, do* dámage.
žalias 1. green; 2. (nevirtas) raw, ùncóoked; 3. (nesunokęs) green, ùnrípe.
žaliava raw matérial/ stuff.
žalingas hármful, bad; (sveikatai) unhéalthy.

žandas 1. (skruostas) cheek; 2. (žandikaulis) jaw.
žarija live coal.
žarna 1. anat. gut, intéstine; 2. (ugniagesių) hose.
žąsis goose.
žav || esys charm, fàscinátion; ~ėti charm, fáscinàte; ~ingas chárming, fáscinàting.
žemas 1. low; 2. deep; ž. balsas deep voice.
žem || ė 1. earth; ~ės drebėjimas éarthquake; 2. (kraštas) land; 3. (dirva) soil.
žemėlapis map; (jūros) sea chart.
žemyn prv. down, dównwards; leistis laiptais ž. go* dòwnstáirs.
žemynas cóntinent; máinland.
žemin || imas humìliátion; ~ti 1. (niekinti) humíliate, humble; 2. (mažinti) ž. kainas lówer príces.
žemuogė (wild) stráwberry.
žemvaldys lándowner.
žengti step, walk, march.
ženklas 1. ómen, sign; tóken; 2. (žymė) mark; sutartinis ž. convéntional sign.; pašto ž. (póstage) stamp.
ženkliukas 1. mark; 2. (nešiojimui ant drabužių) badge.
žentas són-in-law.
žiaur || umas crúelty; ~us crúel; brútal.
žibintas lántern; (automobilio) fláshlight.
žibur || ys light; uždegti ~į put* on the light.
žydėti flówer, bloom, blóssom.
židinys 1. hearth [hɑ:θ]; kultūros ž. prk. céntre of cúlture; 2. (šaltinis) seat, bréeding ground, céntre.
žied || as I blóssom; liepų ~ai límeblòssom.
žiedas II ring; vestuvinis ž. wédding ring.
žiem || a wínter; atšiauri ž. sevére wínter; ~ą in wínter.
žievė 1. (pluta) crust; 2. (vaisių) peel, rind; (medžių) bark.
žygdarbis éxploit, feat, heróic deed.
žil || as grey; ~i plaukai grey hair; ~ti grow, turn grey.
žymus (žmogus, kūrinys) nótable, distínguished; éminent.
žind || yti nurse; ~ukas sóother, bába's dúmmy.
žingsn || is step; (ilgas) stride; ~iuoti walk, pace.
žin || ia 1. news, ìnformátion; paskutiniosios ~ios the látest news; 2. knówledge sg.; įsigyti ~ių acquíre knówledge.

žin || **oti** know*; kiek ~au as far as I know.
žinovas, -ė éxpert, cònnoisséur [ˌkɒnɪˈsɜ:].
žiogas grásshòpper.
žiotys 1. (žvėries) mouth sg; 2. (upės) mouth sg.
žiovauti yawn.
žirgas horse, steed.
žirklės scíssors [ˈsɪzəz] sg.; (didelės) shears.
žirn || **is** pea; žalieji ~iai green peas.
žiūrėti look (at); stare (at), gaze (at).
žiuri júdges pl., júry.
žiurkė rat.
žiūr || **onas** binócular(s), óperaglàsses; ~ovas, -ė spectátor, ónlooker.
žlėgtainis chop, béefstake.
žlug || **imas** (valstybės) fall, dównfall; (plano) rúin, fáilure; ~ti (apie planą) fáil, be* a fáilure.
žmog || **iškas** húman; ~us man, pérson.
žmona wife.
žmon || **ės** péople; ~ija humánity, mànkínd.
žmoniškas humáne.
žnybti pinch, nip.
žodynas díctionary; (žodžių atsarga) vocábulary.
žodis 1. word; 2. speech, addréss; žodžio laisvė fréedom of speech; garbės ž. word of hónour.
žolė grass; vaistažolės (médical) herbs.
žudik || **as** kíller, múrderer; ~ė múrderess.
žudyti kill, múrder.
žurnalas pèriódical, màgazíne, jóurnal.
žūti pérish, fall*, die.
žuvauti fish, catch* fish.
žuv || **is** fish; ~ų konservai tinned/ canned fish.
žvaigždė star; kino ž. film star.
žvair || **as** squínt; ~os akys squínt eyes.
žvak || **ė** cándle; ~idė cándlestick.
žvalgas sécret sérvice man, intélligence ófficer.
žvalus chéerful; brisk, smart.
žvejyba físhery, físhing.
žvėr || **is** beast; medžiojamieji ~ys game; ~iškas brútal, sávage.
žvilgsnis look; (įsmeigtas) gaze, stare; (greitas) glance.
žvyras grável [-æ-].
žvirblis spárrow.

Geografiniai pavadinimai

Daiktavardis	Būdvardis; Asmuo
Afghanistan [æf'gænɪsta:n]	Afghan ['æfgæn]
Africa ['æfrɪkə]	African ['æfrɪkən]
Albania [æl'beɪnɪə]	Albanian [æl'beɪnɪən]
America [ə'merɪkə]	American [ə'merɪkən]
Argentina [ˌa:dʒən'ti:nə]	Argentinian [ˌa:dʒən'tɪnɪən]
Asia ['eɪʃə]	Asian ['eɪʃn]
Australia [ɒ'streɪlɪə]	Australian [ɒ'streɪlɪən]
Austria ['ɒstrɪə]	Austrian ['ɒstrɪən]
(the) **Baltic** ['bɔ:ltɪk]	Baltic ['bɔ:ltɪk]
Belgium ['beldʒəm]	Belgian ['beldʒən]
Brazil [brə'zɪl]	Brazilian [brə'zɪlɪən]
Britain ['brɪtn]	British ['brɪtɪʃ]
Bulgaria [bʌl'geərɪə]	Bulgarian [bʌl'geərɪən]
Canada ['kænədə]	Canadian [kə'neɪdɪən]
Chile ['tʃɪlɪ]	Chilian ['tʃɪlɪən]
China ['tʃaɪnə]	Chinese [ˌtʃaɪ'ni:z]
Cuba ['kju:bə]	Cuban ['kju:bən]
Cyprus ['saɪprəs]	Cypriot ['sɪprɪət]
Czechia ['tʃekɪə]	Czech [tʃek]
Denmark ['denma:k]	Danish ['deɪnɪʃ]
Egypt ['i:dʒɪpt]	Egyptian [ɪ'dʒɪpʃn]
England ['ɪŋglənd]	English ['ɪŋglɪʃ]
(The Republic of) **Estonia** [es'təʊnɪə]	Estonian [es'təʊnɪən]
Europe ['jʊərəp]	European [ˌjʊərə'pi:ən]
Finland ['fɪnlənd]	Finish ['fɪnɪʃ]

France [frɑ:ns]	French [frentʃ]
Germany ['dʒɜ:mənɪ]	German ['dʒɜ:mən]
Great Britain [ˌgreɪt 'brɪtn]	British, Briton ['brɪtn]
Greece [gri:s]	Greek [gri:k]
Holland ['hɒlənd]	Dutch [dʌtʃ]
Hungary ['hʌŋgərɪ]	Hungarian [hʌŋ'geərɪən]
Iceland ['aɪslənd]	Icelandic [aɪs'lændɪk]
India ['ɪndɪə]	Indian ['ɪndɪən]
Indonesia [ˌɪndə'ni:zɪə]	Indonesian [ˌɪndə'ni:zɪən]
Iran [ɪ'rɑ:n]	Iranian [ɪ'reɪnɪən]
Iraq [ɪ'rɑ:k]	Iraqi [ɪ'rɑ:kɪ]
(The Republic of) **Ireland** ['aɪələnd]	Irish ['aɪrɪʃ]
Israel ['ɪzreɪl]	Israeli [ɪz'reɪlɪ]
Italy ['ɪtəlɪ]	Italian [ɪ'tælɪən]
Japan [dʒə'pæn]	Japanese [ˌdʒæpə'ni:z]
Korea [kə'rɪə]	Korean [kə'rɪən]
(The Republic of) **Latvia** ['lætvɪə]	Latvian ['lætvɪən]; Lettish ['letɪʃ]
Lebanon ['lebənən]	Lebanese [ˌlebə'ni:z]
(The Republic of) **Lithuania** [ˌlɪθju:'eɪnɪə]	Lithuanian [ˌlɪθju:'eɪnɪən]
Mexico ['meksɪkəʊ]	Mexican ['meksɪkən]
the **Netherlands** ['neðələndz]	
Norway ['nɔ:weɪ]	Norwegian [nɔ:'wi:dʒən]
Palestine ['pæləstaɪn]	Palestinian [ˌpæləs'tɪnɪən]
Poland ['pəʊlənd]	Polish ['pəʊlɪʃ]
Portugal ['pɔ:tʃʊgl]	Portuguese [ˌpɔ:tʃʊ'gi:z]
Romania [ru:'meɪnɪə]	Romanian [ru:'meɪnɪən]
Russia ['rʌʃə]	Russian ['rʌʃn]

Scotland ['skɒtlənd]	Scotish ['skɒtɪʃ]
Slovakia [slɒ'veɪkɪə]	Slovak [sləʊ'væk]
Spain [spcɪn]	Spanish ['spænɪʃ]
Sweden ['swi:dn]	Swedish ['swi:dɪʃ]
Switzerland ['swɪtsələnd]	Swiss [swɪs]
Syria ['sɪrɪə]	Syrian ['sɪrɪən]
Turkey ['tɜ:kɪ]	Turkish ['tɜ:kɪʃ]
(the) **United States of America**	
Vietnam [ˌvjet'nɑ:m]	Vietnamese [ˌvjetnə'mi:z]
Wales [weɪlz]	Welsh [welʃ]

Laimutė Zabulienė
TRUMPAS ANGLŲ–LIETUVIŲ
IR LIETUVIŲ–ANGLŲ KALBŲ ŽODYNAS

Tiražas 3000 egz.
UAB „Vaiga“, Draugystės g. 19,
LT-51230 Kaunas
Puslapis internete www.vaiga.lt
El. paštas vaiga@vaiga.lt
Spausdino UAB BALTO print,
Utenos g. 41A, LT-08217 Vilnius